国学经典文库

图文珍藏版

五千年风云变幻 八万里驰骋纵横

中华宫廷秘史

孙桂辉⊙主编

线装书局

目 录

国学经典文库

宋元秘史

宋宫秘史

国学经典文库

宋元秘史

三

元宫秘史

国学经典文库

中华宫廷秘史

国学经典文库

宋元秘史

中华宫廷秘史

宋宫秘史

孙桂辉◎主编

线装书局

第一章　大宋帝王篇

英雄大都顶天立地，不信鬼神，不惧天地，欲与天公试比高。他们胸襟开阔，天下之才趋之若鹜；他们大义凛然，为正义敢闯龙潭虎穴。无论是时势造就英雄，还是英雄造就时势，不可否认，正是因为他们的出现，他们身上充满着令人眩目的神秘色彩，人类历史才会显得更加奇丽与壮阔。今天，我们不必去评价那些巨人们，我们应该做的，只是从他们身上汲取人生的智慧和经验。

赵匡胤的身世

在历史上，赵匡胤可谓是一个具有太多传奇色彩的皇帝。后唐天成二年的一天，赵匡胤出生在洛阳夹马营一个祖辈做官的家庭中，他的父亲赵弘殷是后唐庄宗李存勖的爱将。

出身将门的赵匡胤自幼便学习骑射，表现出极强的恒心和毅力。他曾找了一匹没有驯服的烈马来练骑术。赵匡胤才跨上马，那马却不甘人骑，使起性子来，直朝城门狂奔。赵匡胤猝不及防，一头撞在城楼上摔了下来。在场的人大惊失色，都以为他一定受了重伤。哪知赵匡胤却猛地从地上跃起，迅速追上烈马，纵身跃上，将烈马驯服，自己却毫发无损。令在场的人大为吃惊，都连连称赞："不愧是出生将门！"

赵匡胤在青少年时代，亲眼目睹了两个朝代的更迭。他的父亲赵弘殷也在后唐庄宗被杀后备受冷落，赵家逐渐衰落。到赵匡胤21岁时，就连生活也变得十分艰难。赵匡胤正值风华正茂之时，他眼见不能依靠父亲谋取

前程,便辞别父母和成婚三年的妻子,离家外出闯荡,并立志一定要改变赵家的生活现状。

赵匡胤一路南下,由于没有多少钱财,带的银钱很快也就花光了,由此也变得穷困潦倒,受了许多白眼和冷遇。他曾投奔父亲昔日的同僚王彦超,希望能谋个一官半职。王彦超看到赵匡胤落魄的样子,竟像打发乞丐一样,给了他几贯钱,便把他赶走了。备受冷

赵匡胤

落的赵匡胤心中非常气愤和郁闷,于是无奈中拿着这几贯钱去赌博,哪知手气竟是出奇地好,盘盘皆赢。后来当他满心欢喜地拿钱离开时,那些红了眼的赌徒却欺负赵匡胤是外地人,一拥而上,将他按在地上,一阵拳打脚踢,抢了他的钱财之后扬长而去。赵匡胤伤痕累累地爬起来,跌跌撞撞地离去。就这样,在困苦和别人的冷眼嘲讽中,他过了两年的流浪生活,其艰辛可想而知,但却磨炼了赵匡胤的意志,也大大开阔了眼界。这对于他以后成就事业也是一份不小的收获。

一天,赵匡胤到了襄阳一所寺庙里。当时寺中住持饱经沧桑,阅世知人颇深。他见赵匡胤方面大耳,虽风尘仆仆,还多少有些寒酸,但是却难掩富贵之相,一身不起眼的装束,却透出英伟之气。又见赵匡胤谈吐不凡,胸中自有一番天地,便劝赵匡胤北上。他说:"南方地区相对较稳定,而北方却是战乱频繁,乱世方出英雄。"

赵匡胤觉得住持说的非常有道理,也就接受了住持的建议,便骑着住持送给他的驴北上。赵匡胤到了邺都后,投奔了后汉枢密使郭威。乾祐三年,郭威发动兵变,建立了后周,这就是周太祖。赵匡胤因战功也被升为皇宫禁卫军的一个小头目。周太祖的养子、开封府尹柴荣时常出入皇宫,见赵匡胤

颇有才能,便将他调到自己帐下,让他做开封府的骑兵指挥官。周太祖没有儿子,柴荣是皇位继承人。就这样,歪打正着,赵匡胤到了未来皇帝的门下,由此走上了通往权力顶峰的道路,也开始了他更为传奇的一生。

赵匡胤"黄袍加身"之谜

乱世是武人的天下,五代十国是中国历史上一个相当混乱的时期,当时武官当政,战乱频繁、生灵涂炭,百姓流离失所。处于水深火热之中的百姓,极度渴望统一,希望过上和平安定的生活。在这种历史背景下,后周世宗柴荣在位之时,锐意改革,着力于统一大业。然而柴荣英年早逝,留下七岁的儿子柴宗训即位,史称周恭帝,军事大权则掌握在殿前都点检、归德军节度使赵匡胤手中,朝廷内政外交大事则交由文官宰相范质和皇太后主持。

宋太祖赵匡胤

周世宗驾崩次年,即公元960年元旦,正值后周君臣欢庆新春佳节之际,探马突然从北方送来紧急军事报告:大辽联合北汉十余万人马,准备南下入侵。敌兵压境,情况危急,小皇帝幼不知事,皇太后束手无策,惶急之下,只有与文官出身、不谙边务的范质、王溥两位宰相商定。仓促之间,二人匆忙决定派遣赵匡胤率兵前去迎击。后周军队出发后走到开封东北40里的陈桥驿时天就黑了。赵匡胤下令让将士们就地安营扎寨,埋锅造饭。吃饭时,赵匡胤一反以往战前谨慎的常态多喝了几杯酒醉卧床上,似乎已经完全将辽兵大兵压境的事置于脑后了。此时,军中有个叫苗训的人,他精通天文,他与门徒夜观天象,这时天上也出现了奇怪的景象,发现红日之下又有一日,两日共悬天上,四周黑光隐烁,经久不退。赵匡胤之弟赵光义与归德军掌书记赵普则带领一批将领吃过晚饭就秘密聚集到了赵光义的大帐中,赵

五

国学经典文库

宋宫秘史

普反复几次地说:"小皇帝年幼无知,我们拼死拼活为他打仗,到头来还不知落个什么下场呢! 只要我们拥立赵点检做皇帝,大家就都是开国元勋,夺取江山后我们就可以永保富贵了!"此话说得一伙将领群情激昂。但是,赵光义却没表态,只是推诿着说:"我兄长自幼深明大义,万事以义字当先,他和柴荣有八拜之交,怎会忍心去夺小皇帝的宝座?"只听部将高怀德大声说道:"你下决心吧! 只要决心下定,我有办法让点检穿上龙袍。"赵光义接着说:"这件事好像很难办,你如何来干这件事呢?"众人一听这话中包含着赵光义同意拥兄为帝的意思,纷纷表示支持,赵普又与高怀德在旁密谋大事。

次日早,赵匡胤还未醒来,将士们就已围住赵匡胤的大帐,让赵光义进屋告知。赵匡胤惊醒后急忙出帐查看,一些将领上前说:"现在朝中无主,我们要太尉作天子。"还不等赵匡胤回答,高怀德从赵普身后转过来,几步来到赵匡胤身后,二话没说就麻利地把一件黄袍

陈桥驿兵变遗址

披在了赵匡胤身上,众将士一起跪下山呼万岁,并将赵匡胤拉上坐骑。那些不明真相的士兵们一看自己的长官都跪下了,也纷纷放下手中武器跪在地上,口中喊起万岁来。

赵匡胤觉得不妥要取下黄袍,但被高怀德按住,赵匡胤无奈说道:"各位兄弟,你们自己贪图一时富贵,要立我为天子,这不是害我吗? 如果你们真心让我当皇帝,需答应我几个条件,否则我宁死不从。"众将高呼:"愿听指挥。"赵匡胤说道:"我本是太后、恭帝的臣下,你们不得侵犯他们。朝中大臣,本都是我的同事,你们不得凌辱。朝廷的府库,百姓的家,你们也不得强扰侵犯。遵令者有重赏,谁若违犯,格杀勿论。"听到满意的答复后,赵匡胤立即整顿兵马回转京师。

留守京师的大将石守信等人也是赵匡胤的心腹将领,他们早已在城内

做好接应的准备,等赵匡胤的军队一到城外,石守信就下令大开城门迎接新皇帝。宰相范质、王溥等官员纷纷逃回各自家中,整个入兵过程,果真纪律严明,不像五代时期其他朝代更换时纵城抢掠,丧失民心,赵匡胤的军队受到了人们的拥护。

赵匡胤进城后,登上明德门城楼,命令将士们各回营房,自己仍回原来公署。不一会儿,诸将拥着宰相范质等前来。见面后,赵匡胤流着眼泪说:"我违心从事,实在愧对天地,到了现在这个地步,真不知该如何是好?"范质一看赵匡胤的样子,马上想劝说他,但还来不及答话,将领罗彦环就按剑大叫:"国中无主,点检应做天子。"范质等朝臣相顾无言,迫于无奈,只好跪伏朝拜称臣。周恭帝年幼无知,皇太后一个妇人哪见过这种场面,只知哭泣。朝中百官见大势已去,只得请周恭帝禅位于赵匡胤。赵匡胤入封周恭帝为王,尊符太后为周太后,然后请周恭帝与符太后住进西宫。

是年正月,赵匡胤大赦天下,改年号为建隆,国号称"宋",赵匡胤即为宋太祖。

从上面叙述的"陈桥兵变"的整个过程来看,似乎赵匡胤当这个皇帝是情非得已,但是仔细看来赵匡胤在整个兵变过程中应付自如,适时适地,而且从种种迹象来看,赵匡胤的这次兵变可能是有预谋的,与五代其他几次兵变毫无区别,只是手段更为高明。为什么这么说呢?首先"黄袍加身"的"黄袍"是早已准备好的,私藏皇袍的人在古代是要杀头的,如果不是预谋反叛,黄袍是从哪里来的呢?其二,宋太祖登基后,史书既没有记载关于辽兵入侵的任何结果,也没有记载北宋有否发兵制止辽兵入侵,辽的所谓攻袭一夜之间销声匿迹,岂不可疑?其三,宋太祖之母杜太后得知陈桥驿之夜,赵匡胤黄袍加身后,一点都不惊慌,不但不感到其欺君罔上,大逆不道,将使得全家被诛的悲惨结局,反而还称赞赵匡胤"一向有大志,现在果然如此"。可见,赵匡胤谋权篡位之心早有,杜太后所说的"大志",不是指当节度使而是当皇帝。所以赵匡胤真的是被部下"逼扶上马"的吗?他自己意图"黄袍加身"的动机到底有多少,这些问题随着昔人已逝,早已成为历史之谜了,后人只是妄加揣测罢了。

宋太祖如何"杯酒释兵权"

赵匡胤发动陈桥驿兵变,一举夺得政权,成为大宋的开国皇帝。按理说他应该春风得意,但是他心中却一直惴惴不安。虽然说这帮结拜兄弟对赵匡胤可以做到侠肝义胆、忠心耿耿,但是正如宰相赵普所言,"万一有变,将军却不能力压结拜兄弟,如果酿出兵变,那时局面就不好收拾了。"这一番话使赵匡胤马上就联想到了陈桥驿兵变,部下将自己拥上皇位的那一幕。现在宋朝的兵权牢牢地掌握在大将石守信等人手中,他非常担心历史会重演。

杯酒释兵权

于是就召见赵普问道:"为什么从唐末以来,数十年间帝王换了八姓十二君,争战无休无止? 有没有息灭天下之兵,建国家长久之计?"赵普精通治道,对这个问题也早有所考虑,听了太祖的发问,他便说这个问题的症结在于方镇太重,君弱臣强而已,治理的办法也没有奇巧可施,只要"削夺其权,制其钱谷,收其精兵",天下自然就安定了。赵普的话还没说完,宋太祖就连声说"你不用再说了,我全明白了"。没过多久,一出"杯酒释兵权"的好戏便上演了。

公元 961 年,赵匡胤在宫中安排了一个酒局,召集禁军将领石守信、王审琦等武将前去饮酒。

酒席上赵匡胤效仿儿女情状,唉声叹气个不停:"我当上皇帝,全靠你们。如果没有你们这些全心全意效力的人,就不会有我的今天。可当了皇帝以后,才知道不如做节度使时快乐,晚上经常失眠啊!"石守信等人不解其意,忙问其故,赵匡胤回道:"我身下的这个宝座,多少人挤破了脑袋想坐,我怎么能睡得安稳呢?"石守信等人听后十分惊慌,忙不迭地跪下磕头:"陛下为什么会说出这种话呢? 现如今天命既定,又有谁敢有如此异心呢!"这句话正中赵匡胤下怀,但他不动声色,缓缓地说道:"你们都对我忠心耿耿,并无异心,我担心的是如果你们部下有贪图富贵之人,有朝一日也强将黄袍加到你们其中某个人的身上,到时你们就是不想当皇帝也不行了。"石守信等人方才明白,原来是赵匡胤担心他们以后有可能效仿造反,谋取皇位。于是他们一边磕头,一边惊恐地回道:"臣等愚笨,没想到这点,希望陛下给一条出路吧!"

赵匡胤便按照同赵普密谋的计策,语重心长的说:"人生如白驹过隙,从幼年到衰老,是瞬间的事情,人们追求富贵,不过是想多享点乐,长保子孙过上好日子,你们何不趁年壮多积累些金钱美女,享受荣华富贵呢? 依我看来,众兄弟可以解除兵权,到地方上任个清闲的官职,置上良田美宅,为子孙立业。自己买些美姬舞女,朝夕饮酒欢乐,过着神仙般清闲日子,以终天年。而我还可以与众兄弟结为亲家,君臣之间互不猜疑,大家安然度日,相安无事。这岂不比手握兵权,终日受惊强许多?"

听了这番话,石守信等人大悟,马上叩头谢恩:"陛下真是太体谅臣下了,臣等一定不忘陛下大恩!"

第二天,石守信、高怀德、王审琦、张令铎、赵彦徽等上表声称自己有病,纷纷要求解除兵权,宋太祖一一照准,解除了他们的禁军职务,同时赏赐他们大量金帛,让他们做了只有空头衔而没有实权的节度使,众人都欢天喜地的向赵匡胤辞行,到各地赴任去了。在这些人离任后,另选一些资历浅,个人威望不高,容易控制的人担任禁军将领,这就加强了皇权对军队的控制。不久,赵匡胤又以同样的方法罢免了各地方藩镇节度使的兵权。以后宋太祖还兑现了与禁军高级将领联姻的诺言,把守寡的妹妹嫁给高怀德,把女儿嫁给石守信和王审琦的儿子,张令铎的女儿则嫁给太祖三弟赵光美。这就是历史上著名的"杯酒释兵权"。

在后世,颇有一些学者对于此举不以为然。理由是,赵匡胤在此倡导了一种醉生梦死、及时行乐的人生哲学,因此不足为训。事实上这种看法是相当肤浅的,它没有看到赵匡胤的良苦用心。

通过这项措施,整个宋朝的权力,从禁军到藩镇的兵权,都集中到了皇帝一个人的手中。唐朝时独霸一方的节度使,从此成为毫无实权的空衔,而后赵匡胤又派文官到地方管理各种事务。就这样宋太祖没有动用一兵一卒,变革了五代以来武人当政的政治局面,加强了皇帝的权力。

但是这项措施也带来很大的弊端。"杯酒释兵权"后官员形同虚设,名义上是节度防御使,实际上什么事也不管,只是依照品级领取俸禄。实际管理军政事务的官员,是由朝廷临时差遣。因为是临时差遣,像走马灯一样转来转去,他们不肯也不可能安下心来办几件实事,这样就造成了兵不知将,将不知兵的局面。虽然成功地防止了军队的政变,但却大大削弱了部队的作战能力,这一弊端在其后与辽、金、西夏等少数民族政权的战争中明显地体现出来:宋军在作战中连连败北,被迫向少数民族称臣纳贡。这恐怕是"杯酒释兵权"的策划者赵匡胤始所未料的。

宋太祖的死亡之谜

宋太祖赵匡胤死的蹊跷,宋太宗赵光义又弟继兄位,有悖常理。两者之间究竟有没有关系? 是否太宗真的是杀兄篡位了呢? 正史中说太祖是善终,而现在所传下来的野史笔记又说太祖并非善终,其具体说法也是各不相同,不过在后人关于太祖赵匡胤猝死的种种传说中,最令人信服的就是烛影的传说,那么烛影究竟是怎么回事呢,它和太祖的猝死又有何关系呢?

传说太祖还没有做皇帝的时候,曾经和太宗与一位道士游历关河。这位道士是个奇人,他没有姓名,身世也不太清楚,可是却有一项绝活变金之术。他们三人一同交游，每次没有银两时，就见他从自己随手携带的空袋中掏，一掏准能掏出金子，要多少就有多少，十分神奇。太祖、太宗与这道士都爱饮酒，有一天仁人再次喝得醉醺醺，那个奇怪的道士唱起了《步虚》曲，冥冥之中赵氏兄弟听到了"猴年正月初四"以及"十月二十日夜"……奇怪的两句话，当下两兄弟就觉得奇怪，可旁边的人却说连道士大声唱歌都没有听见。等到赵氏兄弟俩酒醒再问，道士却矢口否认，说什么都没有说。

后来等到赵匡胤登基称帝那日，正是猴年正月初四，应验道士所说的那句话，太祖猛然惊觉，遂下诏全国找寻这位道士，然而斯人已去，音信全无，道士隐身不拜。

直到宋太祖登基 16 年后，一日太祖祭祀完毕回宫途中，忽见道士醉卧在道边树荫下，笑着向太祖问安。太祖匆忙命人将道士请至皇宫后殿，又担心他逃走，匆匆上朝完毕即从前殿回来见他。两人像以前同游关河一样，畅饮纵谈，太祖盛情款待，令道士住在后花苑。守苑的官吏见他天天住在树梢的鸟巢中，行为也很是怪异，几天之后竟神不知鬼不觉地不见了踪影。太祖牢记道士所说过的话，到十月二十日夜间，登上太清阁观察天气。起先天气晴朗，太祖心中一阵暗喜。可是不久天气陡变，风卷残云，雪雹骤降。太祖叹气，移步下阁，当夜即召见赵光义。回到寝宫，太祖遣散宦官和宫妾，只留赵光义，两兄弟对饮畅谈。两人谈话内容现已不得而知，只是宦官宫女在远处依稀望见烛光之下，赵光义时而避席，似乎不胜酒力。饮罢酒，已是深夜，殿前的积雪已有数寸，太祖拿着斧子砍殿前的雪，还回头向赵光义说着话，而后便悄无声息。这一夜，后来成为宋太宗的赵光义留宿禁宫之中。而到天明之时，人们发现太祖早已驾崩，赵光义于灵柩前受遗诏继位。

宋太祖死前唯一接触过的与皇位继承有关的人物就是其弟赵光义。宋太祖的猝死可能性只有两个：一是疑难病症导致速亡；二是宋太宗为即皇位谋杀其兄。对于第一个可能，已经无从考证。而对于第二种可能后人作了种种推测。刘耕荒先生在《宋太祖大传》中就提出了四个疑点，为了使读者更好地了解这一疑案，我们将刘先生的观点引用如下：

首先，赵匡胤临终交代后事，赵光义灵柩前即位，这些都是朝廷中的头等大事,本来应当在官修史书《国史》和《实录》中提到,可是太宗朝在修《国史》与实录时为什么却未记载太祖遗嘱,对于太宗即位更是没有提到一个字。另外,据各种文献所载,赵光义在其他场合,对这件事也是闭口不谈。这些都给后人留下了疑惑。

其次,赵匡胤身患重病,到了生命垂危才急召赵光义入宫受命是有疑惑的。史料记载,赵匡胤患病时间较长,他应当提早处理传位的问题,对于相关问题也一定会早有安排,为何要等到病情危急时才召见晋王受命。还有正史中说既然是临终遗嘱,那必定病得很重了,为何又在召见晋王时能饮酒,举斧戳雪呢?这里面一定有什么蹊跷。

第三,对于这样一个病危的皇帝,手下人自然应当寸步不离地守在皇帝身边,可是从十月二十日晚赵光义入宫,直到次日太祖去世,在这么长的一段时间内,皇帝的身边竟然没有一个人,这实在是太不合情理的事情。就是赵匡胤向赵光义交代后事应当屏退左右,但是难道英明的宋太祖赵匡胤竟会愚蠢到如此地步,让赵光义既充当遗嘱受命的当事人,又充当遗嘱受命的见证人,以至于自毁遗嘱的权威性吗?

第四,赵匡胤曾召赵光义入宫受命,可是正史记载宋皇后却在赵匡胤临终前派宦官王承恩火速召德芳入宫,看到赵光义到来又惊愕地说不出话来,这些都说明赵光义在太祖临终受遗嘱丝毫无根据。更令人怀疑的是,给太祖看病的医官程玄德竟然在太祖驾崩的当天凌晨守在开封府门口,随同赵光义一同入宫呢。如果不是事先知道,这个医官又怎么会到开封府门口等着赵光义呢?(当时赵光义任开封府知府)而后来程玄德在赵光义手下很是得宠,这又说明什么呢?

种种迹象都表明,赵匡胤不明不白的死亡与赵光义篡位有着直接的联系,很可能赵匡胤就是死于亲兄弟赵光义的谋杀。

宋太宗继位之谜

开宝九年的一个夜晚,宋朝的缔造者太祖突然驾崩,年仅50岁。之后,

晋王光义即赵匡义即位，这就是宋太宗。太祖英年早逝，太宗继位又不合情理，所以有人对此有很多的猜疑，有的说赵匡义进殿后，趁太祖昏睡时去挑逗在旁陪侍的太祖妃子费氏。太祖醒来，见状大怒，抛出斧子去砍赵匡义，赵匡义闪开，斧子掉到了地上，于是赵匡义捡起，砍死了自己的哥哥；有人说太祖觉得有鬼缠身，赵匡义替他舞斧驱鬼，所以有斧子着地声音。总之，当初的"烛影斧声"成了千古疑案，历史上没人能拿出一个确凿的证据，给出一个较为合理的解释。

乾德五年腊月，宋太祖就与赵普商议立后的事。第一次，太祖拟立花蕊夫人为皇后，但是赵普说她是亡国的妃子，无法母仪天下，请太祖另择淑女，以主后宫。到最后，太祖选来选去，宫中的众嫔妃，竟然选不出哪个很中意的，唯有长春宫宋贵妃，端庄守礼，又十分柔顺。于是，就问赵普："宋妃久处宫中，贤名素著，朕打算册立她为后，爱卿认为如何？"赵普趁机说："既是圣上看准的，一定不会错的。"

听到赵普应允，太祖这才决意立宋贵妃为后，下诏改元开宝，召入司天监，命占选佳期，以便举行册立仪式。司天监不敢怠慢，当下择定二月吉日，为册立良辰，奏与太祖。太祖即传礼官，筹备册立典礼。等到了吉日，太祖御乾元殿，降诏册立宋氏为皇后，接受文武百官的庆贺。

之后，宋皇后搬到了坤元殿，接受六宫嫔嫱的庆贺，奏"新宫舞"。新宫舞原是花蕊夫人所作，因花蕊夫人自知难以为后，特意创作此舞，献给太祖，预备在新皇后册立之日，用于后宫庆贺的典仪。太祖此刻排演此舞，其实心中还是在怀念花蕊夫人，只是在立宋氏为皇后的时候不便说出罢了。

太祖从建立北宋之日算起，已经南征北战十多年，江南已平，江淮安宁，就西去河洛祭告天地，准备迁都洛阳。太祖虽然建宋，此时仍循周旧制，定都于开封，称东京，而以河南府为西京。群臣一听要迁都洛阳，都说定都开封已久，不宜轻动，顿时朝中大臣都大加反对。

此时，赵匡义一听要迁都，更是心急如焚，赶紧见太祖，极力反对。太祖说："朕不但要迁都洛阳，以后还要迁都长安呢！"光义听了更是吃惊，忙问原因。太祖回答说："汴梁地居四塞，位于平原，无险可守，我意徙都关中，倚山带河,裁去冗兵,重新依照周、汉故事,作为长治久安的根本,岂不是一劳永逸?"

这时,赵匡义心里头只想着汴京,又劝宋太祖说:"圣人定天下,在德不在险,何必一定要迁都呢?"太祖听了,长长地叹了一口气说:"连你也是这样迁执,今日依了你,恐不出百年,天下的民力就会耗尽了。"说完挥挥手让赵匡义出去了。

太祖离开洛阳后,就满脸愁容地返回汴京,不久就生了病。直到孟冬,才渐渐恢复些,出去随便走走,来到晋王光义府第,欢聚宴饮。但是,没想到欢宴之后又旧疾复发,不能支持,一病不起,一切国政都委托光义代理。而赵匡义白天处理国家大事,晚上去服侍太祖,日夜忙忙碌碌。

一天晚上,天气突然变得阴沉,不多久就下起鹅毛大雪。赵匡义刚准备入宫,宫中内侍已匆匆赶来,要他即刻进宫。等到光义急驰入万岁殿,只见太祖已呼吸急促,眼睛看着光义,一时说不出话来。光义站立了一会儿,也未奉面谕,只好贴近病榻轻声询问。但是太祖仍然说不出话,只是眼睁睁地瞧着外面,似乎在等什么人进来。

光义看到他这个样子,思索了一阵子,就自作主张,命令内侍等一齐退出,殿内只留自己一人,静听顾命。内侍等不敢拒绝,都退出了寝宫,远远地立在外面,静静地探看门内的动静,以便知道里面发生了什么。

过了一会儿,似乎听到太祖在嘱咐光义,言语时断时续,声音又过低,也没听清楚他到底说的是什么。又过了一会儿,又见烛影摇动,或明或暗,光义的人影在窗上摇晃,时远时近,忽然又逡巡退避,离席而去。接着,一声巨响,是柱斧戳地声,随之传来太祖高声说:"你好自为之!"声音非常凄惨。内侍等只听到声音不知道发生了什么,突然看到光义在寝宫门侧传呼内侍。待上前时,太祖已闭上眼睛,离开了人世。

之后,汴京城里便有了多起谣言,有的说太祖死得不明不白,留下烛影斧声疑案;有的说光义谋害太祖,特屏去左右,以便下手;也有的说太祖生一背疽,痛苦异常,光义入视时,见一女鬼用手捶背,就执斧向鬼劈去,不料斧落地上,太祖忍痛不住而死了。

当时，宋皇后听到太祖崩于万岁殿，忙命内侍王继恩，速传皇子德昭入宫。谁知这宫中上下早已与光义连通一气，不过片刻工夫，宫中传来很多脚步声，是王继恩叫赵匡义来了。宋后一见光义，只好流着眼泪说："我母子性命，都托付给你了。"光义安慰宋皇后说："我们要共享富贵的，你不必为此太过忧虑了！"

那么，赵匡义和宋皇后的话里是什么意思呢？原来，皇子德昭是太祖原配贺皇后所生，当初花蕊夫人曾劝太祖立其为太子，太祖因杜太后有遗命没有允许。皇子德芳是宋氏所生，宋后欲请立为太子，因太祖孝友性成，誓守金匮遗言，不欲背盟。宋后没有办法，此时只有隐忍过去说出此话。想到太祖骤崩，孤儿与寡妇，如何立足？这大权尽掌握在晋王之手，势不能与他相争，只好低首下心，含哀相嘱。

而赵匡义此时也乐得客气，顺水推舟，满口应承，敷衍眼前。第二天，赵匡义即皇帝位，大赦改元，即以本年为太平兴国元年。降诏薛居正为左仆射，沈伦为右仆射，卢多逊为中书侍郎，曹彬仍为枢密使并同平章事，楚昭辅为枢密使，潘美为宣徽南院使，内外各官，均进秩有差。第二年夏初，葬太祖于永昌陵。晋王赵匡义嗣位后，史家因他庙号太宗，于是称其为宋太宗。

宋太宗为何要杀李后主

李煜（937—978 年）出生于帝王之家，南唐的君主，世称李后主。他自幼聪明好学，熟读历代经典，精于诗词歌赋，洞晓音律乐曲，深谙书法绘画，是一个才子皇帝。青年时期有过一段风华旖旎、富贵豪华的青春岁月，18 岁时先娶三朝元老、大臣周宗长女娥皇（人称"大周后"）为妻，后又续娶娥皇之妹女皇（人称"小周后"）。但是到了中年后厄运也到来了，先是丧偶，幼子夭折，随后便遇到了北宋的军事压力。李煜虽为国君，但其父李璟留给他的是一个国势羸弱的半壁河山。开宝八年，也就是 975 年，南唐被北宋灭亡，李煜投降，被押往开封。

从此之后，一个堂堂的国君，变成了阶下之囚，虽然名义上被封侯，但是

一个"违命侯"，实际上过着比囚房还难堪的生活。宋太祖本来非常傲慢，有时对他激言相讽，弄的他哭笑不得。他在寄给金陵旧宫之人的信中这样描绘自己的处境："此中旦夕只以眼泪洗面"。有次太祖设宴，席间让李煜吟诗助兴，李煜推辞不过，就念出自己的旧作"揖让丹在手，动摇满风怀"。太祖不懂诗，也没有说什么。但是后来遇到李煜便说："好一个翰林学士"。实际上是取笑李煜只会吟诗作画，但不配做君主。把做过皇帝的李煜看的一文不值，这不啻在李煜的心坎捅上一刀。

宋太祖死后，宋太宗赵光义即位，对李煜同样尖刻。虽然摘掉了他头上"违命侯"的帽子，进封陇西郡公，但是李煜仍然过着十分压抑的生活。有一次太宗到崇文院，召来李煜及南汉后主孟旭一同来观书。宋太宗指着一橱书对李煜说："听说你在江南的时候就非常喜欢读书，这些书都是从你的宫殿里拿来的，不知你都读了多少？"李煜听后满脸羞愧，什么话也没有说。宋太宗比哥哥太祖更加猜忌。李煜虽然被俘后衣食还算无忧，但是精神上十分压抑，因而不免有时表露出不满和对故旧的怀念，这就触犯了太宗。有一次宋太宗派李煜的故臣徐铉来见李煜，李煜不知道他的来头，抱着徐铉大哭起来，许久后长叹一句："悔当时杀了潘佑、李平！"这句从积郁的胸中迸发出来的话，可以看出李煜是多么的悲苦和悔恨！徐铉既然是太宗派来查看动静的，自然不敢隐瞒，如实告诉了太宗。太宗因此更加猜忌，李煜日子注定更加难过。

公元978年七月七日，在开封过了两年多以泪洗面生活的李煜，终于迎来了自己的四十二岁生日。李煜在家中作乐庆贺，声音传出，有人禀报给太宗，宋太宗听后十分恼怒，特别是听到李煜作出"小楼昨夜又东风"和"一江春水向东流"的词句后，认为李煜贼心未灭，眷念故国，私存报复之心。于是命弟弟廷美送给他一壶鸩酒。廷美把酒送上后，说是皇上赐的，敬贺生日，但是从廷美刻板严肃的表情就能够看出事情并非如此。李煜又看到酒杯是特制的，与一般的酒杯不同，便知自己死期已至，于是面对朗朗星空，一边望着渐渐靠拢的牛郎织女星，一边在泪光里吞下了全部的毒酒。第二天早晨，李煜毒发身亡。一个可怜的亡国之君，终于没能在宋太宗的卧榻之旁，求得

国学经典文库

中华宫廷秘史

一个苟延残喘的机会。

　　有人认为，李煜之所以不得善终，主要是他原本就没有什么治国才能，又适逢南唐已呈江河日下之势，国势颓败无可挽回，而他却又偏偏不识时务，主动求降，待到国都被攻破后，才勉勉强强地向宋朝称臣，一副委曲求全的样子，让宋太宗看了很不舒心。而且，国破家亡之后，李煜又不学当年的刘阿斗，还念念不忘自己当皇帝时的奢华生活，经常写一些怀念故土的诗词，这让疑心病本来就很重的宋太宗更是恼火，以为李煜还想谋求复辟机会，于是下了杀机，赐上一杯毒酒，将他鸩杀了事，从而彻底解除心头之患。

　　其实，以李煜的性情，他连自己的国家都保不住，谈何复辟之举？李煜的悲剧，看起来好像是缺乏审时度势、灵活多变的能力，而在本质上却是浪漫天性的性格悲剧，是角色错位的命运悲剧，是一种文人治国的悲剧。李煜是一个出色的文人，但是要他对上不负先辈创下的基业，对下不负千万民众，经世治国，这是不可能的。

　　"流水落花春去也，天上人间。"李煜以浪漫之心铸就一生惨剧，同时又以浪漫之心成为一代词人。"最是仓皇辞庙日，教坊犹奏别离歌，垂泪对宫娥"，"问君能有几多愁，恰似一江春水向东流……"今天，当我们读着这些诗句，多少还能感受到那颗失散的亡国悲苦之心。

宋真宗是怎样登上皇位的

　　传说宋太宗晚年时候，曾经请当时的著名隐士陈抟为几个儿子观相。陈抟向太宗回奏道："遍观诸王，皆不如寿王。寿王乃他日天下之主也。"寿王就是指元侃，后来元侃真的成了北宋的第三代皇帝，是为宋真宗。

　　元侃，是赵光义的第三个儿子。本名赵恒，初名德昌，开宝元年（968年）12月出生。相传赵恒出生的前夜，他的母亲李夫人梦见太阳照射，第二天就生下了他。赵恒生下来后，左脚的指纹成一个"天"字。其实这是谣传，无非是给这位日后的皇帝抹上一点神秘色彩罢了。

　　赵恒非常聪明，深得太祖、太宗的喜爱。7岁时候能够诵读经书，胸怀大志,显示出超人的气质。据说赵恒随太祖到万岁殿,他顽皮的坐在了太祖的御座上玩耍,太祖逗他,问道:"这可是皇帝的宝座,孩儿你愿意做皇帝吗?"年幼的赵恒竟然回答:"天命有此,孩儿亦不敢辞。"这一句话使太祖大为惊讶。又过了几年,太宗当政,让他练习草书,赵恒却说:"草书的构造,尽管飘逸,但是孩儿听说学习需要一定时日。而王者事业,功侔日月,我害怕耽误正事,谨求罢习。"这一番话说的太宗目瞪口呆。

宋真宗

　　太平兴国八年(983 年),赵恒被封为韩王,改名元休。雍熙三年(986 年),被赐名元侃,改封襄王。这时宋朝的政治出现一点波折,北方的辽国,西边的西夏国时常骚扰宋朝边境,而国内又发生了王小波、李顺起义。太宗年事已高,这是事情处理起来有些力不从心了。因此大臣上书要求立太子,太宗以种种理由搪塞。醇化二年(991 年),宋沆、冯拯等五人联名上书再次请求立皇太子,惹的太宗大发脾气,将这五人一一贬职,从此朝廷再没有大臣敢提这件事了。

　　其实,宋太宗并不是反对立太子,只是在人选上一直不能满意。太宗一共有九个儿子。大儿子元佐非常聪明,但是由于廷美被贬一事受了刺激,精神失常,纵火烧东宫,因此被废为庶人,幽禁南宫,这件事情闹的太宗非常烦闷,非常忌讳别人再提立太子之事。二儿子元僖,虽然平时沉默寡言,但是姿貌雄毅,也深受太宗喜爱。被封为广平郡王,后来又被改封为陈王。在哥哥元佐染病被禁之后,他受到太宗的器重,被任命为开封伊,进封许王,加官中书令。照这个趋势发展,有可能被立为太子。但是很不幸的是,淳化三年(992年),元僖突然得病死去,年仅27岁。元僖的死使太宗再次陷入悲痛之中,太宗感觉到应该加快立太子的节奏,不应再拖延下去了。

淳化五年(994年)9月,太宗立元侃为开封府伊,并晋升为寿王,正式立为太子。

赵恒表现的确实不错。被封为开封伊之后,他兢兢业业,秉公办事,几年来京城平安无事。后来奉命视察京畿的民田,他认为农民负担过重,于是实行减负措施,收拢了不少民心。他被册封为皇太子之后,京城内外的平民百姓非常高兴,在拜庙时候夹道欢迎,称赞他是"真社稷之主"。尽管开始时候太宗心里有点失落感,但在宰相寇准的开导下,心思扭转了过来。他任命李至、李沆二人为东宫长官,对太子赵恒加以辅佐。

至道三年(997年)在吕端等人的辅佐下,在太宗的灵前,赵恒即位,时年30岁。

天书之谜

宋真宗赵恒刚刚即位时,任用李沆等人为宰相,也能注意节俭,政治较为安定。1004年秋,辽国萧太后和圣宗亲自率领20万大军南下,直逼黄河岸边的澶州城下,威胁宋的都城。警报一夜五次传到东京,真宗就和群臣商量对策。副宰相王钦若、陈尧叟主张逃跑,任职才一月的宰相寇准则厉声反对说:"出这种主意的人应当斩首!"他还说:"如果放弃汴京南逃,势必动摇人心,敌人会乘虚而入,国家就难以保全了;如果皇上亲自出征,士气必定大振,就一定能打退敌兵。"

没想到,真宗一口答应御驾亲征,由寇准随同指挥。到了韦城,真宗听说辽兵势大,又想退兵。寇准严肃地说:"如今敌军逼近,情况危急,我们只能前进一尺,不能后退一寸。河北我军正日夜盼望陛下驾到,进军将使我河北诸军的士气倍增,后退则将使军心涣散、百姓失望,敌人乘机进攻,陛下恐怕连金陵也保不住了。"

真宗听了寇准的话才勉强同意继续进军,渡河进入澶州城。远近各路宋军见到皇上的黄龙大旗,都欢呼跳跃,高呼"万岁",士气大振。寇准指挥宋军出击,个个奋勇冲杀,消灭了辽军数千,射死了辽军主将萧达兰。萧太后见辽军陷入被动,要求议和。经过寇准的坚持和使者曹利用到辽营一再讨价还价,于十二月正式议定由宋朝送给辽国岁币银10万两,绢20万匹,换得辽军撤走。这就是历史上的"澶渊之盟"。从此,岁币

寇准

成为北宋人民长期的沉重负担,让百姓背负了很多年。但是之后,真宗又听信王钦若的谗言,认为"澶渊之盟"是奇耻大辱,是辱没大宋的面子,就罢免了寇准的宰相职务。

之后,宋真宗总是听信王钦若的话,弄得他整日怏怏不乐。王钦若见到这样的情况,就窥伺意旨,试探着说:"陛下欲雪耻,只须进取幽蓟,即可得志。"真宗说:"河北兵戈才息,不忍再兴师,须另图别的计策。"钦若说:"陛下不忍劳师,只有封禅,可以镇服四海,夸示外国。""这更不可行了,"真宗为难地说,"自古封禅都是应得天瑞,总要得到世上罕见的端征,这才足以服人。那天瑞岂是容易得到的?"钦若说:"天瑞自然求之不易,不过,可以用人力造成。前代史书记载的种种天瑞,多是人力造成,靠人主尊信崇奉,把它明示天下,就如同真正的天瑞一样了。譬如那河图洛书,谁敢说不是天瑞?陛下以为真是河能出图,洛能出书吗? 这全是圣人用神道设教,假造出来的,用以诱服天下人心。你看如何?"

宋真宗再次被王钦若说动,他沉思了一会儿说:"只恐王旦不赞成。"王钦若说:"圣意既决定,臣当转告王旦,让他遵行就是了。"真宗点点头表示认可,钦若退出,就转身与王旦商议去了。

等到第二天钦若就来到宋真宗这里交代说王旦已遵旨。听得回报,真

宗心里也就踏实了些，但是钦若一走，他心里又七上八下不安起来，当下亲往秘阁，想问个明白。直学士杜镐忙叩首迎驾。真宗询问他说："古所谓河出图，洛出书，果然有这等事吗？"杜镐对奏说："这只不过是圣人神道设教罢了，大可不必相信。"

听到杜镐这样回答，真宗心里有了底，打算按王钦若的奏议办，又怕王旦反对，就召他入朝赐宴便殿，宴毕又赐酒一樽，亲手交给他，说是让他的妻子也尝尝。但是，王旦回家打开樽口，里面哪里有酒？全是粒粒如豆的珍珠！顿时领悟了真宗的意思，也就不再过问这件事了。

景德五年元旦，真宗御大明殿，正在接受群臣朝贺。忽然，皇城司进奏说："而今左承天门南鸱尾上，有黄帛曳着，约有二丈许，像是缄着书卷，用青丝缠着封处，隐约有字迹。""莫非真是降了天书吗？"真宗对群臣惊讶地说，"去冬十一月庚寅夜半，朕方就寝，忽然满室生光，蓦见一神人，星冠绛衣，降于朕前，对朕说：'来月宜于正殿建道场一月，当降天书大中祥符三篇。'朕正要说话，神人却隐身不见了。朕自十二月朔日，便虔诚斋戒，在朝元殿设道场，伫俟神贶。如今果有帛书，莫非就是神人所赐？"王钦若听了皇帝这话首先站出来，称贺说："陛下盛德至诚，固当天降赐书！"宰相王旦也随着跪拜称贺，之后，祝贺声在朝廷中震天动地。

真宗高兴地站起来说："天赐符瑞，朕须亲往拜受才是。"说着，步出殿廷，诸臣随后，至承天门。内侍设梯，敬谨取下，王旦跪进真宗。真宗拜受，亲奉至道场，授与陈尧叟启封。陈尧叟跪接，战战兢兢启开，只见帛上书着二十一个字，有书三篇，全是黄字。真宗马上向书跪拜，再看书中大意，头篇讲真宗能以至孝至道绍世，中篇讲清静简俭，末篇述大宋朝世祚永久。陈尧叟读完后，真宗仍将原帛裹好，郑重其事，藏于金匮之中，并命人严加看管。

就这样，这件事在举国上下引起了轩然大波，人人都去搜寻祥瑞，居然形成风气。宰相王旦又率着文武百官，诸军将校，官吏藩夷，僧道耆老两万余人，上表请真宗封禅。连续上表五次，真宗乃决意封禅，诏翰林太常详定仪注，命王旦为封禅大礼使，王钦若为经度制置使，冯拯、陈尧叟为分常礼仪使，丁谓计度财用，一直筹备了两个月。到了六月，真宗命王钦若先赴泰山，搜寻祥瑞，筹备封禅事宜。

过了没多长时间，王钦若拜表上奏说："泰山醴泉出，锡山苍龙现。"说是泰山有一木工，名叫董祚，在醴泉亭北林里，又发现一幅黄帛，上面写着御名，知是天书，因此驰驿献上。真宗即御崇政殿，对群臣说："朕于五月丙子夜半，又梦见先前的神人，告诉朕说，来月上旬，当赐天书于泰山。如今，果然有醴泉出在泰山，有苍龙现于锡山，又得帛书，正符合朕的梦兆，足见上天保佑了。"

王旦

听了这话后，王旦赶忙率群臣称贺，迎奉天书于含芳园正殿。真宗戒斋沐浴，拜受完后，又授与陈尧叟启封宣读。陈尧叟依旧是跪接，战战兢兢地启开，然后朗读道："汝崇孝奉，育民广福。赐尔嘉瑞，黎庶咸知。秘守斯言，善解吾意。国祚延永，寿历遐岁。"

当时，真宗及百官都洗耳恭听。等陈尧叟读完后，群臣三呼，手舞足蹈，同声祝贺，齐表上尊号崇文广武仪天尊道宝应章感圣明仁孝皇帝。王钦若献上芝草八千本，赵安仁献五色金玉丹及紫芝八千七百余本。诸州、郡、县，所献芝草、嘉禾、瑞木等瑞物，不可胜数。真宗又命建造玉清昭应宫一座，土木之盛，空前绝后。因有人上书谏阻，便问丁谓说："你看这件事应该如何办才好呢？"丁谓说："陛下富有天下，建一座宫又算得了什么。再有谏者，只要说是为祈皇嗣，看看还有没有人敢阻拦。"

真宗听了丁谓的话后就立即下诏，果然再无人开口，一切所行，畅通无阻。契丹听说宋朝得了天书，正欢天喜地，举国欢庆，也遣使前来，请在岁币之外，另赐些钱币。真宗便传谕，在岁币之外，另发银三万两，绢三万匹，又遣使询问是否够用。十月初二那天，真宗择良辰由汴京起程，用玉辂载了天

中华宫廷秘史

书，新制仪仗，途中历经十七日，亲赴泰山封禅。当时，王钦若率领着典礼各使，奉迎道旁，又献上芝草三万八千余本。真宗非常高兴，慰劳有加，斋戒三日，遂率群臣登泰山，行封禅礼。

宋真宗在礼成之后御寿昌殿，受群臣朝贺，大赦天下，文武百官尽皆晋爵加禄，又赐通国大典三日，诏改乾封县为奉符县，大宴群臣于穆清殿，泰山父老也赐宴于殿门。世人都说："这样君臣军民兴高采烈的气象，前所未闻。"几天后，归途又幸曲阜，谒孔子庙。真宗令群臣分祭七十二贤人，加谥孔子为玄圣文宣王。谒圣完后，又率领群臣游孔林，尽兴才回来。十一月，真宗仍用玉辂载奉天书，由王钦若护驾，按驿还京，于朝元殿上受尊号。群臣迎合着旨意，争先恐后进献颂赞。王钦若更是联合了一些媚子谐臣，朝奏符瑞，暮颂功德，捧得真宗如堕九霄云团，自以为可比古来三皇五帝。朝堂上，三司使丁谓献上封禅祥瑞图，口诵大中祥符封禅记，集贤校理晏殊献河清颂。

真宗听了眉飞色舞，也御撰一篇奉天庇民述，颁示群臣。群臣又大肆歌颂一番。真宗当时已经被夸赞得冲昏了头脑，东封不足，又议西封。只是因为徐州、兖州大水，江淮大旱，金陵大火，连连入报朝廷，西岳封禅的事，才得以暂时停了下来。

但是，到了第二年，一切平息之后，真宗又旧事重提，封祀西岳，依样闹了一场。还宫后，大宴群臣，宰相亲王以下均进秩有差，诏命陈尧叟、王钦若为枢密使，丁谓参知政事，林特为三司使。向敏中为五岳奉册使，加上五岳帝号，奉祀五岳。

王钦若、丁谓、林特三人，互相勾结，专言符瑞，又与经度制置副使陈彭年串通一气，谬讲经典，说得天花乱坠，极力迷惑真宗。真宗赵恒也着了迷一样，弄假成真，对鬼魅荒唐的事，竟然深信不疑，整日眷遇着王钦若这五人，简直是到了言无不听，计无不从的地步。五人于是作威作福，朝中称他们为"五鬼"。谁知真宗听到"五鬼"的谬妄，更大兴土木，广修道观，把个宋廷里面，弄得每逢朝议，只是谈神道圣，讲得有声有色，至于万民的疾苦，一概置之度外，无人关心百姓的疾苦。真宗还把天书刻于玉石，藏在玉清昭应宫内,加王旦为玉清昭应宫使,掌管宫中祀事。

宋真宗信用王钦若、丁谓等奸人为相,伪造"天书",封禅泰山,提倡佛、道、儒教,大搞迷信活动,广建宫观,劳民伤财,政治腐败,社会矛盾趋于尖锐,更是为北宋的统治留下了不小的隐患。

宋真宗"泰山封禅"始末

宋真宗赵恒即位初期,以勤政治国,广开言路,锐意革兴,使宋代朝廷政治清明,社会经济大大发展,出现了"咸平之治"的小康局面。自从宋真宗勉强打退萧太后带领的契丹兵的大举进攻,屈辱地与辽国订立了"澶渊之盟"后,他的进取精神就日渐泯灭,每年向辽国纳些岁币以求苟安,施政思想也日益保守,并且还崇道信佛,讲求迷信,这么劳民伤财地一折腾,宋朝的国势就逐渐衰微下去了。

公元1005年,宋真宗赵恒听信谗言,提升了善于阿谀奉承的主和派官员王钦若为资政殿大学士,居于百官之首。王钦若是个十分懂得迎合主子的小人,他看准了赵恒讨厌战争而又好大喜功的心理,就向真宗提出了"封禅泰山"的建议。他向真宗建议道:"自古以来,就有圣人以神道设教的说法。祥瑞虽不是人力可为,但是只要皇上深信而崇奉,昭示天下,其实与天降祥瑞是一样的。"宋真宗听信了他的话,立刻下旨昭示天下。不久,全国各地就争先恐后地将祥瑞之物进献给皇帝。著名的"天书"就是在这种背景下出现的。

有一天,真宗上早朝时候,有官员报告,在宫城左承天门南角发现了一条两丈多长黄帛。这黄帛像书卷一样,上面隐约有字。真宗说:"去年我曾梦见神人,说今年会降《大中祥符》三篇,想来正是天书下降了。"于是,真宗率领群臣来到承天门,焚香望拜,取回"天书"。"天书"的内容是称赞宋真宗的,还勉励他要善始善终,永保宋祚。赵恒把这充满恭维之词的"天书",藏在金匮之中,然后大宴群臣,庆祝得此"天书",而后立刻改元为大中祥符,改"左承天门"为"左承天祥符门",并且派遣使者祭告天地、宗庙、社稷、京城寺庙以及各地宫观。各位臣子也纷纷上表称贺。

大中祥符元年初，兖州知州亲率一千二百八十多人来到京师上表说，天降祥符，国运昌盛，请赵恒封禅泰山，以报天地。不久，宫中的功德阁又发现"天书"一幅。宰相王旦率文武百官、中外使臣、僧道各界等两万多人伏阙上表，请行封禅。真宗非常高兴，于是，决定在当年十月"封禅泰山"。六月，王钦若又上奏说，泰山下澧泉涌出处又有"天书"出现。群臣再次纷纷上表称贺，并上奏要加给赵恒尊号"崇文广武仪天尊宝应章感圣明仁孝皇帝"。这些阿谀之词，宋真宗赵恒竟然全都接受了。

十月，庞大的仪卫护从跟随赵恒离开京城前往泰山封禅。用玉辂运载的"天书"行于队伍前列，表示此次封禅"师出有名"，是宋真宗前来拜谢上天所恩赐的"天书"教诲的。真宗及随从人马，经过十七天的长时间行路来到了泰山脚下，仪仗队及士兵每两步一人、隔八步树一旗，直从山脚通到山顶。真宗的这次封禅可谓是浩浩荡荡，极为风光。

泰山天贶殿

十月十三日早晨，赵恒头上戴着通天冠，身上穿着绛纱袍，乘了金辂，后面装备法架，在文武百官的簇拥下，登上了泰山顶，准备封禅。次日，真宗以隆重的仪式封祭昊天上帝及各路神明，很长时间礼仪才完毕，真宗即日下山。后来真宗又以同样隆重的仪式在杜首山祭祀天祉神，最后又登上朝觐坛，接受百官、使臣及僧众的朝贺，并颁布诏令大赦天下。封禅完毕后，真宗下诏改泰山脚下的封县为"奉符县",并且作《庆东封礼成诗》,还下令群臣唱和,又设下盛宴,君臣同庆封禅成功。

十一月,宋真宗回到京师开封,诏定"天书"降临京城的那天为"天庆节",并且命人将他泰山封禅一事编成《大中祥符封禅记》一书,还命人专门制造了奉迎"天书"而使用的"天书玉辂",群臣为了讨好皇上,争相上奏表章,赞颂赵恒功德无量,才感动上天得降"天书"。

其实,自秦汉以来,只有少数帝王因为天下大治,四海升平、国富民强,才有理由去泰山封禅。然而,宋真宗在位期间,不仅政绩不显著,还同辽国签订了屈辱的条约,就是这样一个平庸的皇帝竟然也跑去泰山封禅,所以宋真宗封禅不被后人称赞。并且真宗在内扰未平、外患未安的衰弱国势下,做这样劳民伤财的事,不过是为了满足自己的虚荣心而已,根本于国于民无益。而那些阿谀奉承的大臣们,也不顾连年水旱灾造成民心动摇,还投真宗所好,屡屡谎报所谓"祥瑞",说什么"池盐不种自生""仙书《灵宝真文》问世""黄河自清"等旷世谎言,对于这些真宗居然都深信不疑。相反,宋真宗对于忠臣的进谏,却当作耳旁风,丝毫不予理会,彻底地退去了即位之初的进取心。

此后,宋真宗又于大中祥符四年,再次封禅泰山;大中祥符七年还到南边驾临亳州。沿途所费估计不下数十万钱帛,给劳动人民带来了更加沉重的赋税负担,宋朝积贫积弱的形势更加严重了。

宋真宗昏庸的晚年

宋真宗统治前期,是比较励精图治的。他即位时,曾下诏说:"前朝的庶政,都有一定的成规,我们需要遵行,不敢偏离统治政策。但是我们也需要提拔茂异之才,广开谏净之路。"表明了自己锐意改革、励志图强的决心。公元998年正月,宋真宗改元咸平,正式启动改革之路。由于这一时期他能广开言路,勤政爱国,因此咸平年间社会经济大发展,全国人口由即位初年的四百万户增加到近八百万户,出现了后世所称的"咸平之治"的局面。

到了统治中期,宋朝的外部威胁暂时缓解,但是朝廷内部矛盾却激化起来。真宗统治初期的激情也日益泯灭。

大中祥符九年(1016年),真宗颁诏来年改元天禧,以示敬天,祈求吉祥。以绍继祖业、谨守圣训为理由,大力标榜礼乐并举、儒术化成,思想上尊奉孔孟、提倡佛道,经济上倡导经史学术,政治上持盈守成,统治措施日益保守。

然而自大中祥符九年夏季开始,京畿、河北、陕西以及江浙、荆湖的大部分地区大旱,发生了蝗灾,各个地区关于蝗情的奏报不断地送进皇宫。为此真宗忧心忡忡,几次建道场祈祷上天,祈求保佑,然而灾情不但没有减轻,反而继续扩大。到了七月的某一天,真宗听到报告说有飞蝗经过京城,急忙出门临轩观望,但见飞蝗遮天蔽日,不见首尾。真宗忧形于色,自此,忧郁成疾。

这时的真宗,被众多不顺事务折磨得病情一直不见好转,于是更加的迷信。不断的幸谒宫观,拜神求佛,将国家大事置于脑后不顾,大权逐渐落到了刘皇后的手中。

朝廷的大臣看到这样的局面对国家不利,入内副都知周怀正联合客省使(掌管契丹、高丽等夷邦的朝觐之事)杨崇勋,准备刺杀丁谓,复相寇准,让真宗传位太子,同时废刘皇后。计划原定天禧四年(1020年)七月二十五日晚行动。但是在计划的前一天晚上,杨崇勋临阵畏惧,向丁谓告发了这件事。丁谓于是联合刘皇后,连夜逮捕了周怀正等人,将这件事绞杀于胚胎之中。此后,借助这一事件,丁谓大兴冤狱,排除异己,宰相寇准被贬往道州。在排除了异己后,朝政被丁谓、曹利用等人把持,史称"朝中正人为之一空"。

真宗的病情这时也愈发严重了。不仅喜怒无常,而且健忘。在寇准被罢免宰相之位后,他还经常问身边的大臣,为什么久日不见寇准。朝廷的大臣慑于丁谓的权势,也不敢把真情告诉真宗。天禧四年十一月,真宗病情更加严重,不得不命太子监国,让太子与皇后同理国政。自己则建万寿殿,让道尼、僧徒日夜为自己祈祷。

第二年正月某天晚上,真宗在东华门观完灯,回去后就卧床不起,于二十九日病逝,享年55岁。十月,葬于定陵(于今河南巩县),谥号"文明章圣元孝皇帝",庙号真宗。在位前后共计26年。

宋仁宗久不立嗣内幕

一个王朝最重要的就能够长治久安,而作为那些"王天下"的皇帝来说,他们最想的就是能让自己的后世子孙也能够统治天下,所以秦朝刚建立时,嬴政就称自己是"始皇帝",他的愿望也不过就是让自己的子孙千世万世的坐拥天下。所以,选择继承人就成了皇室极其重要的一项大事,而且一旦这件事情处理不好,可能就是兄弟的自相残杀,玄武门之变的原因就是如此。但是,奇怪的是宋仁宗在位的时候,却是久久不能确立继承人,这是什么原因呢?

宋仁宗13岁即位,15岁就由当时的刘太后指定为她选了秀女郭氏为皇后,而且随着仁宗年龄的增加,又有许多的佳丽充盈在宫中,其中重要的目的就是能够指望着多生几个皇子,以便可以继承宋的大统。但是很长时间过去了,宋仁宗还是没有一个皇子,这可急坏了宋仁宗和刘太后。为了能有个皇子,宋仁宗甚至将赤帝的像供奉起来,日夜祷告,以求天降皇嗣。在接下来的几年里,后宫的俞美人、苗美人和朱才人先后生了三个皇子,这可让宋仁宗乐不可支,心想赵氏江山可以传承下去了。但是这三个儿子都没有长大便夭折了。宋仁宗为此深受打击,对皇位的继承问题十分担忧,而朝野上下也是十分担心皇嗣问题。就在此时京城发生了一件闹剧,使皇位继承问题变得更加严峻。

嘉祐二年四月份,正是春暖花开的季节,京城里出现了一名自称全大道的和尚,身边跟着一个风度翩翩、仪表堂堂的青年。更让人惊奇的是这个和尚逢人便说这是当今皇上遗留在民间的亲骨肉,现在是进京来面见圣上,父子相认的。他们这么一说,就如晴天里的霹雳一样,京城可就炸开了锅,街头巷尾的纷纷议论此事。当然这件事情也传到了官府的耳朵里,开封府的知府钱明逸就命令手下将全大道和这个青年请到了开封府衙门,一面安顿

中华宫廷秘史

下来，一面派人报告朝廷派人来处理此事。

消息一传到朝廷，各位朝廷大臣都十分的震惊，皆言道："圣上的三个皇子都没有成年就夭折了，这是天下人皆知的事情，怎么可能有一个这么大的皇子，明显就是有人在招摇撞骗，制造事端。"对这样的事情，应该严加惩治，否则扰乱民心，动摇社稷，后果很严重。宋仁宗更是愤怒万分，本来这就是他的一块心病，没有皇子

包拯

已经使他厌烦无比了，现在竟然有人来冒充皇子，这当然是应当严惩了。于是，宋仁宗就派翰林学士赵概和知谏院包拯前去查明此事。

包拯接到皇上的诏令，丝毫不敢怠慢，马上去审查那个和尚和青年，经过包拯的详细查问，终于把真相弄清楚了：原来这个青年名叫冷青，其母是仁宗宫中的一个宫女，但是犯了点错误被赶出了宫。后来她就嫁给了一个江湖郎中冷绪，生了冷青。冷青为人懒惰，好吃成性，后离家出走，就来到了庐山，遇到了和尚全大道。全大道知道冷青的母亲是一个宫女，而他又长得眉目清秀，便认为可以用来有番作为。可是万万没有想到刚到京城，连皇帝的面还没有见到，便被包拯给查清楚了，最后只落得个身首异处，成为一个笑话。

尽管这场闹剧很快就平息了，但是宋仁宗经过这件事情后更加着急，特别是他最宠爱的妃子张氏染病去世之后，更是极为沮丧。为了能有个皇子，宋仁宗又重新找回了原先宠爱的杨美人，并且又选了良家女十人充备后宫，一一召幸，结果自己就沉溺于后宫而不可自拔，身子也搞垮了。朝廷的大臣真是看在眼里，急在心里，请求宋仁宗早立皇嗣，而且呼声也越来越高。嘉祐初年，宰相文彦博、富弼等人上书劝宋仁宗早立继承人，宋仁宗含糊答应。后来又有很多人上书请求早立继承人，但是宋仁宗竟然震怒，将上书的范镇

罢官。

　　后来朝廷的官员害怕得罪皇帝,所以就不敢上谏。只有包拯心存社稷,还是上书言道:"东宫虚位已久,天下人都很担忧,朝廷的大臣也为此事担心,但是圣上到现在还没有下决定,究竟是什么原因?"宋仁宗听到这些,有点生气地说:"你们都让我立太子,你们说得容易,我立谁呢?"包拯言道:"臣没有什么才能,却能得到了圣上的恩遇。臣乞求圣上预立太子,无非是为了宗庙社稷。臣也是快七十了,却也没有子嗣,现在让圣上立太子,不是为了虚名,而是为大宋着想。"宋仁宗才面色缓和,说道:"以后再议了。"

　　嘉祐六年闰八月,知谏院司马光又上书早立继嗣。宋仁宗思索了好长时间,这几年来这么多大臣不断上书,不能不慎重对待了,知道自己的寿命有限,而自己生子嗣已经是不可能的了,没有办法就只好立宗室其他的人了。于是召见宰相韩琦等人,宣示了司马光等人的奏折,然后就对韩琦等大臣说:"立嗣的事情,我也是考虑了好久,但是一直没有合适的人。"这时大臣们说:"一切由皇上做主。"宋仁宗缓缓地说道:"朕在宫中养了宗室的两个儿子,小的虽然纯洁可爱,但是不甚聪慧,那就立大的吧!"韩琦害怕引起宫廷争斗,就对宋仁宗说:"请圣上指出其名。"宋仁宗说:"就是宗实。"直到这个时候,宋仁宗才将立嗣之事定下来,而宗实就是后来的宋英宗赵曙。

宋仁宗的功与过

　　宋仁宗在位时间是宋代皇帝中最长的一个,他在政治上有一定的作为,却没有做出很大的贡献。在对外方面,和辽、西夏的战争多以失败告终。但是从一个人的人格来说,宋仁宗是一个非常仁和的君主,而且有着很多的其他皇帝所没有的优点。

　　宋仁宗虽然贵为一国之君,拥有天下的财富,但是生活却是极为俭朴。有一次,正是初秋,宋仁宗很长时间没有食欲,侍卫人员非常着急。于是一个官员献上蛤蜊。宋仁宗看到蛤蜊,便问这是从哪里弄来的。那个大臣只好老实地回答说从远道运来。宋仁宗又问要多少钱,那位大臣回答说共28

枚蛤蜊，每枚一千钱。宋仁宗生气地说："我常常告诫你们要节省，现在吃几枚蛤蜊就得花费28000钱，我吃不下！"

谏官王素曾劝谏宋仁宗不要亲近女色，应该用心于朝政。宋仁宗回答说："近日，王德用的确将一些美女进献给我，现在就在宫中，我很中意，你就让我留下她们吧。"王素正言道："臣今日进谏，正是恐怕陛下为女色所惑。"宋仁宗听了，虽然面有难色，但还是

宋仁宗

命令太监说："把王德用送来的女子，每人各赠钱三百贯，马上送她们离宫，办好后就来报告。"讲完，他还是依依不舍的。王素说："陛下认为臣的奏言是对的，也不必如此匆忙办理。女子既然已经进了宫，还是过一段时间再打发她们走为妥。"宋仁宗说："朕虽为帝王，但是也和平民一样重感情。将她们留久了，会因情深而不忍送她们走的。"

宋仁宗在位时候，善于纳谏，而且对于臣下的进谏虚心接受。包拯在担任监察御史和谏官期间，就曾屡屡犯颜直谏，有时候甚至唾沫星子都飞溅到仁宗脸上，但仁宗一面用衣袖擦脸，一面还接受他的建议。有一次包拯上书请求免掉三司使张佐尧的职务，理由是他平庸无长，不能尽到职责。但是张佐尧是宋仁宗宠妃张贵妃的伯父，因此宋仁宗就觉得有点为难，便想了办法，让张佐尧去当节度使。包拯还是不愿意，认为这样也不妥，并且言辞更加激烈，宋仁宗生气地说："你就是抓住张佐尧不放了，节度使是个粗官，你又何必如此计较。"包拯不客气地回答道："节度使，太祖太宗皆曾为之，恐非

粗官。"张最终没能当成节度使,仁宗回到宫中只好对贵妃说:"你只知道要你的伯父做宣徽使,你可知道包拯是御史呀?"

嘉祐七年十二月,宋仁宗已经处理完皇位的继承人的问题,困扰多年的心事终于放下了,心情稍微好转。在下旬,宋仁宗召见文武大臣,还有宗室皇子等,游幸龙图阁、天章阁、保文阁等,并且挥毫泼墨,分赐众臣。其后,又召群臣,在天章阁设宴,宋仁宗异常的亢奋,众臣也是尽情豪饮,直到夜幕降临才回去。

孰料乐极生悲,宋仁宗本来就不健康的身体又一次染病。宫廷内的御医朱安道等人尽心诊治,但是未见好转。于是就召当时以医术闻名的孙兆和单骧等进宫,为宋仁宗诊治。嘉祐八年(1063年)三月二十九日晚,宋仁宗病情加剧,御医赶紧急救,并且召曹皇后等进宫,但是此时的宋仁宗已经不能说话。到夜深,宋仁宗在福宁殿驾崩。终年54岁,被葬在昭陵(在今河南巩县),

仁宗驾崩的消息传出后,"京师罢市,巷哭数日不绝,虽乞丐与小儿皆焚烧纸钱哭于大内之前。"洛阳焚烧纸钱的烟雾飘满了洛阳城,以至天日无光,偏远地区的人们也带孝帽哀悼。

宋英宗大志难酬的短暂一生

自从两宫的矛盾化解之后,宋英宗开始正式亲政,并且决心干出一番大事业,力求天下大治。而且此时的一个重要的条件就是在朝中聚集了韩琦、富弼、欧阳修等一批非常有才干的大臣。宋英宗有了这些仁人志士的帮助,对于治理国家非常的有把握,有着雄心壮志。

刚刚登上帝位的宋英宗,很快就发现了朝廷的弊端。因此询问大臣施政的意见,问道:"自先朝以来,朝廷的积弊甚多,诸位大臣有何措施。"富弼经历了宋仁宗庆历改革失败,总结了失败的教训,建议采取稳妥的办法,进行逐渐的改革,欲以"宽治"为本。枢密副使吴奎则上书奏曰:"从古至今,圣人治国都是历来主张以宽为本,但是也要注意一个度,不可宽无节制。"随

后，宋英宗又向当时的端明殿学士张方平询问治国之道，张方平对以"简、易、诚、明"四个字，宋英宗十分赞赏并擢升张方平为翰林院学士承旨。韩琦也提出了"贤者进、愚者退"的思想。宋英宗将这些建议都——的采纳。

就在宋英宗踌躇满志，致力于天下大治的时候，西夏却加紧了对北宋的入侵，从而使宋英宗不得不从改革内政上转到谋划国防上。西夏的使者在宋仁宗大殓之日对宋示威之后，又在宋英宗的即位典礼上与宋朝的官员发生争执。宋英宗回书指责西夏国王擅起事端，不料西夏国王却以此为借口，发兵七万，劫掠了大宋的西北边境，宋兵和百姓大量伤亡，大量的牲畜被劫掠一空。对于西夏的进攻，宋英宗先是遣使责问，然后接受韩琦的建议，先命陕西的百姓组成义勇军以守边疆，后又任命由欧阳修举荐的良将来负责防御西夏的进攻。此后西夏不断发动小规模的入侵，西界的边臣请求朝廷增兵，部署反击，但是宋英宗认为防守的兵卒已经不少了，可以放心了。但是孰料 1066 年九月，西夏再次发动了对宋的大规模进攻。西夏国王亲自带兵，围攻大顺城。宋英宗闻此消息，急召两府大臣商议退敌之策。宰相韩琦提出，首先停止"岁赐"，然后派遣使者对其责问。宋英宗采纳了他的建议。就在此时西夏的军队对大顺城久攻不下，而且西夏的国王也是被箭射伤，因为恐怕宋真的停止"岁赐"，就带领军队在宋的边地里大肆抢劫而去。而对此入侵，宋英宗的反应是非常软弱的，尽是"谴责"，他这种软弱的外交政策给子孙留下了更大的隐患。

在外患还没有除掉的情况下，内忧却更加严重。从宋仁宗时期，官员尸位素餐，无所作为的情况就很严重了，逐渐形成了冗官的局面。宋英宗虽然极力地想要革除积弊，但是没有采取有力的措施。相反，由于达官贵族的奏荐恩泽，宋朝以来的冗兵冗官的局面不仅没有缓解，反而逐渐加重。特别是在宋英宗亲政初期，为了修治黄河，征调了大量的农民，从而耽误了农时，引起了沿河人民的强烈不满。随后又是大兴土木，重修内官的宫殿，规模宏大，致使徭役频频，大肆搜刮，人民怨恨而生。尽管宋英宗对于当时的皇亲国戚的奢侈萎靡之风感到气愤，曾经准备整治，但是在豪强贵族强烈反对的情况下，也没有实施成功。

面对这外忧内困,宋英宗不禁心情很差,忧郁无比。在治平三年十月,宋英宗旧病复发,卧床不起,逐渐严重。朝廷大臣为社稷着想,先后有人上书请求早立皇太子。当时,宋英宗有三个儿子,长子赵顼被封为王,次子赵颢被封为祁国公。赵顼作为皇位的继承人,已经得到了韩琦等大臣的同意,但是其他的两位皇子也同样是有力的竞争者。宋英宗出于对自己得病的忌讳和考虑到自己年龄不大,所以对大臣奏立皇太子极为反感。一天,韩琦看望宋英宗出来之后,赵顼就跟韩琦到门外,满怀忧虑地问韩琦怎么办。韩琦说:"希望大王能够时刻陪在皇上身边,时刻照顾皇上,不离左右。"赵顼恍然大悟,点头应允。

到治平三年十二月,宋英宗的病情更加严重,已经基本上失去了说话的能力,凡是重大事情都是用毛笔写在纸上。十一月中旬,韩琦率领大臣看望宋英宗,发现宋英宗已经非常憔悴了,几乎很难站起来了,于是进奏说:"陛下不上朝,中外忧恐,所以应该早立太子,来平定天下人的心。"这时的宋英宗也感到自己的时日不多了,就接过纸笔,用颤抖的手在纸上写道:"立大王为皇太子"几个字。韩琦是经历过大世面的人,因此他又加问:"陛下是立赵顼为皇太子吗?"宋英宗点头同意。于是韩琦召翰林学士承旨张方平草拟诏制。

治平四年(1067 年)正月初八,宋英宗驾崩,年仅 36 岁,在位不到四年,便带着自己未完成的志愿离开了人世。

宋神宗是怎样登上皇位的

宋神宗是宋朝历史上一位比较有作为的皇帝,他在位期间改革宋初自建立以来形成的种种体制上的弊端,意图再现汉唐盛世,使得积贫积弱的宋朝能够重新振作精神,让全国上下焕发出新的活力。客观地说神宗实行的改革在某些方面取得了大的成效,如国家边防实力有所加强,阶级矛盾有所缓和,国家财力有所增强。可是由于神宗实行变法没有经验可循,再加上改革触及了许多官僚地主的利益,而且自己又不能够无视这些压力,所以新法存在着不少弊端。在神宗逝世后，新法就完全被废除掉了，神宗的变法改革也由于后继无人而完全失败了。后人对宋神宗的评价是他是中国历史上一位值得赞颂的具有悲剧色彩的皇帝。那么宋神宗是怎么样登上皇位的呢？

宋神宗

宋神宗（1048～1085年），名赵顼，原名仲，英宗赵曙长子。其母是宣仁圣烈皇后高氏，也就是后来垂帘听政的高太后。宋神宗在庆历八年（1048年）四月出生。嘉祐八年，为了陪伴宋英宗入居庆宁宫。在宋英宗当皇上的时候，授予他安州观察使，封为安国公。同年九月，又加忠武军节度使、同中书门下平章事，封为淮阳郡王，改名赵顼。治平元年（1064年），进封为王。

少年时代的赵顼，非常的好学，喜爱读书，关心天下大事，读书废寝忘食，并且懂得变通古今的道理，将它们应用到实践中去。赵顼小时候上课时，从来都是正襟危坐，谦恭有礼。即便是夏天也从不叫人挥扇，任由汗流浃背，仍能专心致志。他博闻多识，在老师讲课时经常会出人意料地向老师提问，有些时候那些讲官都答不上来。有个叫苏子容的讲官就曾说过："我每次进讲时，未有不曾出汗的。"

随着年龄的增长，赵顼越来越多地了解到一些世事。他知道了自己的国家已经衰弱不振了，而且趋势也是越来越不好了，对西夏和辽一再地退让妥协，所以他早就有要扭转这种局面的愿望。有一次，他在宫廷中披挂上全副的盔甲去见祖母曹太后，说："娘娘，我穿着这身盔甲好不好？我要穿这身盔甲上战场，为我们大宋拓疆开土。"

在宋英宗刚刚晏驾的时候，左右大臣急忙派人去急召太子进宫，准备随时继承皇位。但是在赵顼还没有进宫的时候，宋英宗的手突然动了一下，好像还活着,有的大臣就非常地害怕,连忙告知宰相韩琦说:"皇上好像还活着,这如何是好,赶快派人阻止太子进宫。"韩琦在这个紧要的关头,一心以社稷为重,果断地拒绝了这个建议,冷静地说:"如果先帝复生,那就是太上皇。"

当时身为太子的赵顼突然接到召见,预感到有什么重大的事情发生,就急匆匆地对东宫的仆人说:"一定谨守我的门户,如果皇上有了适当的皇位继承人,我还是要回来的。"可是没想到,赵顼这样一去就没有再回来,留在皇宫作了 18 年的皇帝,开创了宋朝的大变法时代。

宋神宗是个理想至上的人吗

宋神宗是宋朝历史上一位比较有作为的皇帝,他在位期间改革宋初以来形成的种种体制上的弊端,意图再现汉唐盛世,使得积贫积弱的宋朝能够重新振作精神,让全国上下焕发出新的活力。客观地说神宗实行的改革在某些方面上取得了大的成效,如国家边防实力有所加强,阶级矛盾有所缓和。可是由于神宗实行变法没有经验,再加上改革触及了许多官僚地主的利益,所以新法存在着不少弊端。在神宗逝世后,新法就完全被废除掉了,神宗的变法改革也由于后继无人而完全失败了。后人对宋神宗的评价是他是中国历史上一位值得赞颂的具有悲剧色彩的皇帝,悲剧是对美好的东西加以破碎。为什么要这么说神宗皇帝呢?

宋神宗赵顼天性勤奋好学,从小读书废寝忘食,并且懂得变通古今道理,将它们应用到实践中去。神宗小时候上课时,从来都是正襟危坐,谦恭有礼。即便是夏天也从不叫人挥扇,任由汗流浃背,仍能专心致志。神宗博闻多识,在老师讲课时经常会出人意料地向老师提问,好些时候那些讲官都答不上来。有个叫苏子容的讲官就曾说过:"我每次进讲时,未有不曾出汗的。"

治平四年(公元 1067 年)正月,宋英宗病逝,宋神宗继位为皇帝,那年他才 20 岁,正是血气方刚,发誓要建立一番事业的年龄。可是在继位初始,宋

神宗却面临着宋初以来由于体制上的问题造成的冗官弊政,国势衰弱的艰难局面。这些问题日夜困扰着神宗,它们让年轻的宋神宗如履薄冰,十分担心宋朝的江山会毁在他的手里。于是,宋神宗经常向富有政治经验的曹太皇太后请教,也能听取大臣们的意见。他曾屡次下诏广求直言,深入了解实际情况,然后自己再加以分析裁判,以使政事尽量明了公正。神宗总是任事择理而从之,凡是说得有理,他就并不太顾及谁的颜面,而是依理办事。

神宗强烈的责任感和他的聪明才智让他不甘做一个平庸的皇帝,他想在自己的有生之年为赵氏子孙解决好这些体制上的问题,他在寻找着治国的人才,也在寻找着治国的真理。神宗是一个典型的理想主义者,他的一生一旦认准了治国的真理,就百折不挠地执行下去,即便遭到所有人的反对。

当初宋神宗在任用王安石为宰相前,曾经广泛询问大臣们的意见。大臣唐介说王安石好学泥古,议论迂阔,难当大任。侍读孙固也说王安石品行文章虽好,但是狷狭不容人,没有宰相度量。虽然这些大臣都说王安石的缺点,王安石本人所受的争议也颇多,可是神宗看准了王安石的能力,在重重压力之下还是任用了王安石为宰相,让他主持了赫赫有名的熙宁变法。变法涉及方方面面,有富国之法,强兵之术,整顿教育,科举进士等等。由于熙宁变法是制度方面的革新,所以不可避免地要涉及很多人的利益,再加上变法步骤太快,急功近利,这就招致了满朝文武的非议和抱怨,四面八方都传来了不支持变法的声音。连曹太皇太后也劝阻神宗不要轻改所谓祖宗法度,高太后更是从来不支持神宗的变法,神宗的统治地位受到了空前的威胁。怎么办?在这些阻止变法的声音中退缩吗?不要再继续变法了吗?不,永远都不。这是神宗作为一个理想主义者自己的回答。他从来都是那种一旦认为自己找到了治国真理,便会踌躇满志直到成功。可惜,北宋毕竟积弊太深,重重矛盾让王安石在这次变法中担心主上神宗的皇位,终于自己向神宗请求辞职。神宗四次挽留不成,只好封他做了观文殿大学士兼知江宁府。

王安石罢相后,变法进入了第二阶段,即元丰新政时期。经过十年的熙宁变法,神宗已经有了丰富的政治经验。他仍旧求言虚己,讲求义理,只是更加稳健深沉,甚至有时独断偏激。神宗这时表现出了过强的理想主义的色彩,他认为变法是好的,所以他不能容忍别人反对新法,甚至言语上反对也不行。当时苏轼仅仅用诗来非议新法,便被关入大牢呆了130天,另外还波及了三十余位朝内外大臣。不过,元丰新法从后人的眼光来看,仍旧是进步的。

宋初建制是针对五代战乱频频建立起来的一套强内虚外、沉稳内向的文治靖国体制。这种体制的特征是皇权高度集中,官员冗多且权力分散。太祖皇帝久经沙场,渗透了人生的大道理,自然懂得其中奥妙,只是继位的太宗皇帝却血气方刚,屡屡对外用兵,才造成了宋朝积贫积弱的情况。神宗皇帝虽然下定决心要痛改先帝的建制失误,也找到了自己理想的支撑点——变法,可是无奈冰冻三尺,所以最终只有痛心疾首,遗憾生命短暂,后继无人,悲剧结局自是无法避免。

宋哲宗是怎样即位的

胸怀大志的宋神宗终究还是没有从兵败西夏的痛苦中挣脱出来,在元丰八年三月去世。随后登基的是宋神宗的长子赵煦,即历史上的宋哲宗。而宋哲宗登基的时候,只有10岁。这样一个年龄的小皇帝是怎样即位的呢?

宋哲宗的原名叫赵佣,生于熙宁九年(1076年)十二月七日,原本是宋神宗的第六个儿子,但是他的前五个儿子在出生不久就相继夭折了。本着希望第六个儿子能够像平民的子女一样的缘故,宋神宗就没有给他起非常好听的名字,而是取名为赵佣,同时授予他为检校太尉、天平军节度使,封为均国公。元丰五年(1082年)尚为幼童的赵佣又升迁为开府仪同三司、彰武军节度使,进封延安郡王。

赵佣没有辜负其父亲的期望,不仅健康苗壮的成长,而且天资聪颖,勤奋好学。宋神宗又是一个年轻有为、锐意进取的青年君王,不但善于处理朝政,而且很善于处理复杂的家庭关系,对于这个聪明的儿子更是宠爱有加。

宋神宗在处理完朝政之后,闲暇之余,总是忘不了对自己儿子进行一番教导,所以父子关系非常好。赵佣也是非常的懂事,在父亲的教导下,虽然没有专门的拜师求学,却也能背诵七卷的《论语》了,字也是写得非常工整。

宋哲宗

元丰七年三月的一天,在富丽堂皇的集英殿内,乐声绕梁,宫廷大宴正在进行。文武群臣分作两班,内侍宫女穿梭其中,热闹非凡。年方 37 的宋神宗比往常更加的神采奕奕、容光焕发,心情显得格外的高兴。此时他的长子赵佣就坐在身旁,他是特意安排赵佣来侍宴的,并且特意把他郑重其事地介绍给文武大臣。虽然,赵佣是第一次经历这样大的场面,但是却没有显得丝毫的紧张,相反,他的表情自始至终都是非常的温和雅俗,礼数也是进出有度,因此博得集英殿中文武大臣的交口称赞。

孰料到了这一年的冬天,精神焕发的宋神宗竟然生起病了,而且愈加的严重。明智的宋神宗非常了解自己的病情和社稷的安危,所以在得病之初就有了立太子的打算,他说等到来年的春天,就将赵佣立为太子,并且请司马光、吕公著来做他的老师。宋神宗的母亲高太后、皇后向氏,还有当时的重臣王珪等人对于立赵佣为太子的安排并没有什么异议,高太后甚至做好了准备,命内侍秘密赶制了一套小孩穿的龙袍,供赵佣仓促即位时用。但是当时的右相蔡确和职方员外郎刑恕却有另外的打算,他们图谋将宋神宗的胞弟岐王或嘉王推上皇位。他们想通过高太后的侄子高公绘、高公纪来达到目的。刑恕找到这两个人说:"圣上看样是很难支撑下去了,而延安郡王又非常年轻,所以太子之事应该早点决定,岐王、嘉王都非常的贤明的。"高

公绘一听就明白他的意思，就愤怒地说："你这是什么话！这些事情是我们能做主的吗？你这不是想让我们家惹来祸患吗？"刑恕知道自己碰了钉子，知道自己的阴谋是没有多少人来支持的，所以就和蔡确转过头来，支持延安郡王来继承皇位，来获得赵佣的赏识，同时想借机除掉和蔡确有矛盾的王珪。

　　二月底，各个省院的长官到福宁殿来探望宋神宗的病情，并没有当着宋神宗的面谈论立储的事情。待到退下之后，群臣在枢密院的南厅议论此事，蔡确一个劲地逼王珪对此事表态，假若王珪稍有异议，就有事先安排好的开封知府蔡京率领的杀手将王珪杀死。但是王珪向来谨慎怕事，而且又是口吃的厉害。面对蔡确的追问，他结结巴巴的连说了几个是字，然后才慢慢吞吞地说："圣上有自己的儿子，这件事情还用得着讨论？"至此，蔡确无计可施。

　　这样大臣的矛盾没有公开化，没有形成可怕的事件。随后又一天，几位重臣来到宋神宗的病榻之前，王珪就立太子之事询问宋神宗："去年冬天圣上曾经说，等到今年的春天就立延安郡王为太子，圣上是否现在还是这个决定，这事关百姓社稷。"宋神宗点头表示同意。随后王珪又奏请由皇太后权同听政，宋神宗也点了点头。

　　三月初一，王珪等人又到皇帝的居所探望，此时高太后已经垂帘坐在一旁了。高太后说："各位大臣拥立的这个太子很好。他非常的孝顺，自从圣上得病后，从没有离开其左右，而且每天都吃素、写经，为圣上祈福。"说完就从帘内传出两本经书，王珪接过来一看，是《延寿经》和《消灾经》，每卷后面还写有"延安郡王臣某奉为皇帝服药日久，写某经卷，愿早康复"等字。这时，宫女从帘内抱出赵佣，只见他戴着帽子，衣着衫带，站在帘子外边。大臣环视一周，没有说什么话，就上前读了事前写好的制词："立赵佣为皇太子，改名煦，令有司择日备礼册命"。同时还公布诏令说："所有军国大事，由皇太后权同处理，直到皇帝康复为止。"

　　但是宋神宗并没有熬到康复的那一天，三月五日便在福宁殿与世长辞了。当天，赵煦就在失去父亲的悲痛中登上了皇帝的宝座，就是历史上的宋

哲宗。

宋徽宗是如何将画院发扬光大的

众所周知,在北宋末年,出现了两位历史上有名的昏君,其中一个就是宋徽宗。他重用奸人,不用忠良,只知享乐,不思进取,从而造成了宋朝的灭亡。但是我们在评价宋徽宗在政治上一无是处的同时,不能不看到,宋徽宗在历史上还是有着正面的影响。在艺术上,可能宋徽宗是中国历史上最出色的一位皇帝。他的绘画水平在宋朝后期非常高,他将画院发扬光大,将绘画并入科举取士的科目。

其实,画院并不是在宋朝时代才设的,而是设于晚唐五代。汉朝时,宫廷曾设有画室,但规模不大,到五代西蜀和南唐时,翰林图画院正式从翰林院中分出单独设立,可算是中国历史上画院真正设立的时候。北宋历朝皇帝,从来都是重文轻武,所以从太祖时起,就很注重绘画艺术,但是这时的画院只是

宋徽宗

供养画家的地方,规模也很小。到宋徽宗的时候,将绘画纳入科举取士之列后,画院就不仅仅是供养画家的地方了,皇家还在画院内建制设学,后人将这时期的画院比作西方中世纪的皇家美术学院,可见徽宗时期,画院的规模确实很大。

宋徽宗时的画院有一套完整的教学计划和方法,还有一套完备的招生考试制度,画院为宋朝皇室培养了专门的绘画人才,朝廷的提倡是宋朝绘画艺术达到高峰的有利条件。

宋朝画院的入学考试十分有趣,讲究诗画相映成趣。考试的内容常以唐朝名人的诗句来命题。有一次考试画"野渡无人舟自横",第一名的画中

只有一条孤船横在江上，划船的人卧在舟尾，身边还有一根笛子。因为诗中所说的"孤舟"，并非船上无人，而是说没有过路的行人，显得环境荒僻安静。画面上的情景正好表明终日没有过路的"渡人"，船夫等待得疲倦不堪，以至丢下吹弄的笛子睡着了。这一构思突出了孤舟的寂寞和环境的荒僻。而第二名及以下的所有人都只是画空舟系在岸边，或者画一只白鹭立在船弦上。从中可看出前后两者意境上的差距。

还有一次命题"踏马归去马蹄香"，获第一名的考生画了一群蜜蜂、蝴蝶追逐着飞奔的马蹄。又有一次以"蝴蝶梦中家万里"命题，夺魁的考生别出心裁，画了苏武牧羊小睡，苏武从汉朝以来就成为历代使者的典范，离家数十年，可见"出家万里"的深意；还有那次"竹锁桥边卖酒家"，各位考生都在"酒家"上下功夫，可是大画家李唐却独出新意，偏偏在"竹锁桥边"上立意，画面上桥头竹竿上挂一酒帘，可谓是真正"锁"住桥边酒家，深深为徽宗皇帝所喜爱。还有一次题目是"乱山藏古寺"。很多人把古寺画得只露出一个角落。被认为画得最好的，是在满幅荒山之中，只画了一根作佛寺标志的幡竿。这样，"藏"的境界就得了更巧妙的表现。

宋徽宗时，画院的招生对象很复杂，有士大夫出身的"士流"，也有民间工匠出身的"杂流"，这体现了绘画选才的公平竞争。不过，画院也有它失之偏颇的一面，因为被选入画院的画家们一旦进入了画院，就必须按宫廷的意愿来作画，如果合乎皇帝意思就会嘉赏进爵，可一旦不合皇帝心意，那马上就会招来斥责，施加严厉批评，这样的结果是限制了画家的创造力。像宣和年间，画家薛志所画的鹤十分符合皇帝旨意，就获得了徽宗皇帝"赏赉十倍"。而徽宗如果对画家所画之画稍有不称意，就会严厉批评，责令另选题材。

宋徽宗时对于画院的绘画教学十分严厉，他甚至多次亲自去"教授"画院的学生，他本人作画的态度也十分的认真细致，所以能够以理服人。一次，徽宗在龙德宫看见一幅拱眼斜枝月季花图，十分惊讶这幅画的作者竟然是位年轻人，于是特别奖励了这位年轻人。徽宗身旁的人看到那画本也平常，就很不解地问徽宗到底这幅画有什么精妙的地方，徽宗说："天下最难画的就是月季,因为它四季早晚的花蕊叶片各不相同。而这幅画中画的月季是春天日中时的月季,这又是一年当中最难画的月季花,可是这位画者虽然年纪轻轻,却画得一点不差,他是费了很大功夫去观察了的,所以应当受到重赏。"人们听了,都很佩服宋徽宗那细致入微观察能力。还有一次,宋徽宗要大家画孔雀,那些画士们各显神通,画得惟妙惟肖。但是宋徽宗却说画得不对头,所有的人都迷惑不解,这时才听徽宗细细道来:你们这些人,作画一定要观察仔细,孔雀上台阶时迈的是左脚,不是右脚,怎么能只凭想象呢?

宋徽宗不仅严格要求画院的学生,他自己对于山水画和花鸟画也是无所不精,无所不能,他的《池塘秋晚》《五色鹦鹉》等作品人们都评价很高。宋徽宗时,画院的规模建制十分严格,与现代美术教育有些相似。当时,画院的学制班次仿太学制,分为三舍三等。三舍由低到高分成外舍、内舍、上舍。画院的三舍升级十分严格。每月教师要考试学生一次,检验学习成果,补足内舍生;每年要舍试一次,补足上舍生。至于三等指的是上舍生分为三等:上等生充任官员;中等生免礼部考试;下等生免除解试。画院平时的课程设置分为专业课和公共课两类,看起来十分重视学生的全面素质培养。专业课分为佛道、人物、山水、鸟兽、花竹、屋木等六门,公共课则为《说文》《尔雅》《方言》《经义》等等。

由于徽宗时对画院的重视,使得画院在北宋末年得以兴盛起来。当时画院培养了一大批绘画人才。南宋著名的绘画大师李唐、苏汉臣、王希孟等都出自徽宗时所设的画院。

宋徽宗是怎样"玩掉"国家的

宋徽宗是历史有名的"贪玩"皇帝,他少年时代喜爱诗词书画,对于蹴鞠、玩鸟、赏石一类的技术是无所不能,无所不会。即位后更是置国家大事于一旁,任用阿谀奉承的奸臣蔡京辅政,重用童贯为其搜括玩物。他在杭州设立造作局,挑选东南的能工巧匠,为他制造玉器,雕刻象牙,又下令设苏杭应奉局,专为皇帝搜集江南的奇异花木,怪石珍玩,用大批船只运往京城,称作"花石纲"。其实,纲是自唐宋以来,对全国各地运往京城的同一种类的大批货物所编的组名,以前有"盐纲""粮纲",专为救急使用,而宋徽宗时运往京城的"花石纲",却为享乐用。"花石纲"船队,日夜行走在淮河、汴水之间,首尾上千里,影响农业生产。有时甚至拦截州县运送粮饷的官船和私人的商船,给东南地区和运河沿岸人民带来了极大的灾难,不少人甚至为之倾家荡产。宣和二年,江浙等地百姓不堪忍受"花石纲"之苦而爆发了方腊起义。

蔡京

当时苏杭应奉局的主管叫朱冲,他专为皇帝搜集江南的奇花异木,怪石珍玩。朱冲本是苏州的市井之徒,后来由于与蔡京相识,蒙蔡京的栽培,受宠若惊,办事格外卖力,不管是平民百姓还是官宦之家,只要有些稍可观赏的花石,朱冲和他的儿子朱勔便叫人贴上黄色封条,表示已属于"御用之物",稍有违抗者,差官立刻借口"对皇帝大不恭",轻则罚款,重则抓起来投入监牢,任意治罪。他动不动就拆屋毁墙,弄得鸡飞狗跳,比强盗还凶恶。

民间搜遍了,就到长江和太湖中去打捞怪石。此外,应奉局还要替皇帝采办荔枝、龙眼、椰子等时令佳果,网罗供皇帝玩赏的珍禽奇兽。在几千里长的京杭大运河上,行驶着运送花石、贡果的船队,这些船十几只编组为一纲浩浩荡荡地向开封进发。有一次,为了运送一块巨大的太湖石,曾用上千人拉纤,悲凉的纤歌响彻运河两岸,在路过城镇桥梁时,大石难以通过,便扒开城墙,拆毁桥梁,总要按时将奇花异石送往京城。

朱家父子如此用心为皇帝办事,自然不愁高官厚禄的报酬,而且还可以出入皇帝的内殿,直接感受到天子的深仁厚泽。一次,朱勔在皇帝这边侍

中华宫廷秘史

宴,酒兴浓时,皇帝突然起身说:"卿父子为朕日夜操劳,无以为报,朕今为卿斟满这杯酒。"朱勔哪里敢受如此大恩,连忙诚惶诚恐地下跪,把头叩得捣蒜似地咚咚响,口里还不住地称"死罪,死罪",弄得皇帝也紧张起来,他连忙伸手去拉朱勔的胳膊,并笑着说:"卿是朕喜欢的忠臣,往后内廷不要多礼。"朱勔这才稍稍定神。从此之后,朱勔便用一块黄布把皇帝碰过的地方缠着,名义上是对皇帝摸过的地方不敢冒犯,实则是给自己贴上了"御用"商标,增加个人的身价。东南的地方官对朱家父子更是毕恭毕敬,谁要是不卖账,用不了几天就得卷铺盖走人。朱家的奴仆也都衣紫腰金地当上了官,因此人们称朱家父子为"东南小朝廷",还编了这样的顺口溜:"金腰带,银腰带,赵家世界朱家坏。"

对于"花石纲"所运来的珍奇花木,宋徽宗先后役使上万工匠,修建了举行祭祀活动的"明堂",举行宴会活动的"延福宫"和为祈求多生儿子而在方圆十里垒土建成的假山艮岳。艮岳是以人造山岳为主体的综合风景区,它巧夺天工,也是当时最大的动植物园。

而为了造成艮岳上的袅袅云雾,徽宗要工匠们制造了一些很大的油布袋,在水里浸湿以后,由宦官们在黎明时设在怪石之间,以捕捉早晨的云雾,然后妥为保藏,一旦皇帝游幸于此,便打开这些口袋,顿时,山间云雾缭绕,使人有置身洞天福地之感。这个花样叫作"贡云"。

这里还饲养着天南地北网罗来的各种动物,由专人驯养它们。有一次,赵佶领官僚去游万岁山,山上上万只鸟的声音响彻四野,赵佶大喜,这时,近侍又说:"万岁山珍禽迎驾",赵佶立即封了这人高官。

宋徽宗常常将价值百万贯的装点有奇花异石的华丽宅第赐给那些吹牛拍马奉承自己的大臣。宋徽宗宠爱的人有六个,被人们称为"六贼",即蔡京、朱勔、王辅、李彦、梁师成和童贯六人。他们像苍蝇一样守在皇帝身边,奉承着皇帝,而背地却干着贪污受贿,搜刮民财的勾当。

宋徽宗不仅爱玩,还很迷信。在他统治期间,全国各地都在忙着搜集天神降临的征兆,今天是天神显灵坤宁殿,明天又是什么地方飞龙出现,要么在什么地方又看见了天书、地诰之类的东西,他都一一封赏。他喜欢道教,自封为"道君皇帝",也喜欢别人称呼他"道君"或"道君皇帝",有时甚至亲率道士数百人,前呼后拥去祀天。赵佶不仅自己信仰道教,还要下令让他的子民全都信奉道教。他每年拨给道士们大量钱财,一个寺院的上千亩田地也可以免税。在他的带领下,宋朝道士人数空前增多,而这些道士领到国家的钱后,就到处招摇撞骗,成为社会的寄生虫,腐化着社会的肌体,侵蚀着宋朝这个国家的活力。

宋徽宗这个"贪玩"皇帝将宋朝变得乌烟瘴气:官吏腐败,政治黑暗,民不聊生,怨声载道,农民起义此起彼伏,边境更是毫不稳定,北宋政权摇摇欲坠。到了靖康二年(公元 1127 年)四月,徽宗和他的儿子钦宗被金人俘虏,自此,统治中国 167 年的北宋王朝宣告灭亡。

宋徽宗寻妓秘事

宋徽宗赵佶的一生与南唐后主李煜的一生有着惊人的相似之处,他们在政治上都重用奸邪,十分地腐朽昏愦;在生活上都是挥霍无度,穷奢极欲;在艺术上,又都是十分有才华的,有着很深的造诣和对书画诗词的独到见解;在宗教上,徽宗好佛,后主好道;并且二人最终都作了敌国的俘虏。不过二人也有不同的地方,就是后主不嗜女色,可是徽宗赵佶却生性轻浮,除了爱好花木竹石、鸟兽虫鱼、钏鼎书画、神仙道教外,还嗜好女色如命,后来更是终日沉湎其中,放浪形骸,不能自拔。

赵佶是十七岁正式大婚的。婚后,他不喜欢相貌平平的皇后,却宠爱太后的侍女郑氏和王氏以及出身寒微的刘贵妃等人。因为这些女人个个袅娜动人、姿色出众。有的是善解人意,温柔多情;有的是能说会道;还有的心灵手巧,温柔体贴。这几个人各领风骚,人人都能够擅一时之宠。她们曲意奉承,对徽宗无微不至,直令得徽宗赵佶与这些妃子日夜缠绵,朝夕相拥。不过再美味的佳肴吃多了也会腻烦,再绮丽的景致眼熟了也不再新奇。徽宗是个有着艺术气质的人,他讲求新奇。十几年如一日地享受太平之乐,早已使风流成性的赵佶对宫中那甜得发腻的谄媚和刻意的奉迎,感到索然寡味了。一天，他闲得无聊，在一个团扇上提笔写了"选饭朝来不喜餐，御厨空费八珍盘"十四个字，忽然文思枯竭，让一位大学士续下一句。那人特别会揣摩赵佶的心思，就续了句"人间有味俱尝遍，只许江梅一点酸。"是啊，甜酸爽口的杨梅当然会解御厨八珍之腻。赵佶的人间女色"一点酸"就是名满京师的青楼歌妓李师师。

徽宗虽然贵为皇帝，可是他信奉着中国古代男人中流行的一句话"妻不如妾，妾不如妓，妓不如偷"，他实际上也是这么做的。他不喜欢后宫中的那些嫔妃们的虚伪与争风吃醋，他喜欢狎妓时的轻松、自然，没有丝毫做作，所以徽宗也不管什么皇帝尊严，也不受那些封建礼教的束缚。他好像甚至不把自己当作万人之上的皇帝，他习惯了端王的生活，只是在敷衍着皇帝的责任罢了。他贪恋女色，追求的是色声俱佳的丽人，也追求那种风流才子与绝代佳人互相倾慕的意境，李师师正好圆了他的风流梦。

李师师原本是京城的一位穷染匠的女儿，本姓王，小时候因为父母双亡，所以为隶属娼籍的李姥收养，从此改姓李，名叫师师。经过李姥多年的悉心调教，李师师成为风姿绰约、技艺卓越的歌妓，芳名远扬开封城。可能由于童年凄凉的生活在李师师心里刻上了深深的烙印，成名之后，她给人的感觉始终总是淡淡的忧伤，她喜欢凄婉清凉的诗词，爱唱哀怨缠绵的曲子，常常穿着乳白色的衣衫，轻描淡妆，这一切都构成了一种"冷美人"的基调，徽宗第一次见面就被她的这种气质迷倒了。

徽宗赵佶第一次去妓院是乔装打扮成商人模样的。他见到李师师不是那种浓妆艳抹、倚门卖笑的荡妇，却反而有一种凛然不可侵犯的尊严。她没有半点曲意讨好的媚态，言语中更是没有一些庸俗的气味，她有礼貌地接待赵佶，看起来淡雅，闻起来馨香，直令人神清气爽，心情大好。徽宗被李师师的气质所折服了，特别是当李师师知道赵佶真实身份后，依然保持着自我尊严，不卑不亢。当她与赵佶有了感情后，她也没有特别的感恩戴德，更没有过分的需求，而是与他论诗词、评书画、弹琴曲、下围棋，倾听他的烦恼，分享他的喜悦。徽宗赵佶认为李师师不染半点世俗泥尘，心甘情愿地拜在她的石榴裙下。唐代诗人白居易《长恨歌》中"春宵苦短日高起，从此君王不早朝"此时用来形容徽宗十分恰当。可是徽宗赵佶依然我行我素,在李师师那里流连忘返,有时到第二天也不回来,还传旨给百官,说自己有些小风寒,不能上朝了,真是把江山都丢在脑后了。

李师师

徽宗赵佶与李师师相交越深,越觉得她珍贵,徽宗三番两次想请李师师入宫为妃,都被李师师拒绝了。久而久之,徽宗也不提这件事了,认为她自由惯了,也许不想当那种毫无自由的皇家玩物。于是,赵佶只得仍旧偷偷摸摸溜出宫门,到李师师身边去享受那种若即若离的爱情生活。后来,他怕人家发觉自己狎妓的丑事,干脆打着给禁卫军建造宿舍的名义,从宫苑侧门开通了安全保密的通道。不过,世上没有不透风的墙,很快徽宗赵佶狎李师师的事情,就闹得人尽皆知了。

徽宗赵佶风流好玩,实实在在是误了国家,败坏了江山,辜负了祖宗社稷,最后自取其辱,客死敌国。一代名妓李师师,在国破家亡后,却没有继续沉沦,当了女道士,也不枉徽宗疼爱她一场。后来兵荒马乱中,据说李师师流落南方,实在是令人无限同情。后人曾经写诗感叹:

辇毂繁华事可伤,师师垂老过湖湘。
镂金檀板今无色,一曲当年动帝王。

宋钦宗临危受命难救国

面对金兵南下,宣和七年(1125年)十二月二十三日,宋徽宗终于决定将皇位上让给太子赵桓,赵桓在一番推辞之后即位,是为钦宗,第二年改年号为"靖康"。

赵桓（1100～1161年），原名
宣，又名桓。是徽宗的长子。赵桓
治理国家像幼时读书一样，勤勤勉
勉，中规中矩。即位后，他每天都
临御便殿，召见大臣，批阅各方奏
折和章书，常常忙到半夜还不休
息，个人生活上也是艰苦朴素，无
所嗜好。但是他有个致命的弱点，
就是柔弱寡断，多疑多变，遇到这
种对付凶悍金兵的入侵的难题更
是显得方寸大乱。赵桓上台伊始，
就惧怕金人，主张讲和，但是议和

宋钦宗

没有坚持几天，在主战大臣们的力谏下，他又变成了主战，后来又变成主和，
整天徘徊在战和二者之间，有时甚至战与和双管齐下，并行不悖，既主战又
主和，他做出和还是战的决定不是依靠自己作为一个君主的判断，而是依据
不时变换的各种耳边风的强弱，他的命令很多时候都是一天之内变几变。
在变来变去，朝令夕改中终于演出了一幕亡国的悲剧。

宋钦宗赵桓在太上皇赵佶南逃之后，首先召集宰相等人议事，他们主张
赵桓跟着向南逃，来避金兵锋芒。后来兵部尚书李纲为钦宗出谋划策，希望
钦宗坚持守城，等待各地勤王之师共助退金，正好这时燕王、越王赶到，都主
张固守京城，赵桓这才稍微安定下来预备迎战，当天白天钦宗还对李纲说：
"朕今天是为你留下来的，治兵退敌，全由你来操办。"然而夜里，赵桓就告诉
宰臣，准备离京。第二天早晨赵桓等人被李纲拦住，六军将士也表示愿意誓
死守城，赵桓这才又勉强留下来。但是，他又派人偷偷出城，到金人营中议
和去了。宋朝廷提出，愿派亲王、宰相到金营议和，同意每年增加岁币，另外
还答应犒劳金军，但不同意割地。而且当时就派人押送去一万两金子及其
他礼物，送给金军统帅宗望。宗望喜出望外，收下礼物，还不肯罢休，又提出

犒师金银帛绢各以千万计,马驼骡驴等各以万计,宋朝尊金国为伯父,以河为界,割让太原、中山、河间三镇之地,另外让宋朝的亲王、宰相到金国作人质。宋朝君臣商议后不答应,于是第一次议和破裂。金兵开始攻城,宋军顽强抵抗,两军相持半月不下。这时各地勤王之师十余万人陆续到达,金兵恐慌,稍作撤退。李纲等人为钦宗献策说,我方目前已有二十多万人,而金兵只有六万人左右,他们又是孤军深入,现在不能迅速攻下汴京,必然要撤退。那么宋军就可趁其回撤渡河之际,加以攻击,然后联络河北各地,从背后袭击拦截金兵,这样就可以全歼金军。这个作战方案可谓天衣无缝,只要执行肯定胜券在握。可是赵桓却毫不理会,又错误地采纳了姚平仲夜袭金营的计策,背着李纲出兵,结果劫营失败。朝中主和派乘机抱怨此次劫营使勤王之师及京城部队尽被金兵消灭。赵桓吓得急忙罢免了李纲的职务,并下诏不准再战,去向金人谢罪。太学生陈东等人听闻李纲被罢免,数百人齐上书为李纲喊冤,京城数万军民也闻讯赶来,人们打破了登闻鼓,呼声动天。赵桓只好又恢复了李纲尚书右丞之职,并任京城四壁守御使。此时金兵派人责问赵桓为何派兵袭营,赵桓连忙说这不是朝廷的命令,一定治罪偷袭之人。然后,让人带着同意割让太原、中山、河间三镇的诏书前往金营,并让皇弟赵构到金营作人质。金人拿着割地诏书,押着赵构撤军了。宣抚使种师道请示趁金兵半渡河之际,出兵攻击,赵桓竟然不答应。而主和派李邦彦等人则宣布军法,谁敢擅自出动攻击,格杀勿论。种师道等人眼睁睁地看着金兵渡河而去十分气愤,但也无可奈何。

金兵退去后,北宋朝廷又恢复了以往那样平静的生活,钦宗赵桓更是以为天下太平,丝毫没有加固边防的意思。只有大臣李纲忧心忡忡,多次上书请求加强战备,以防金兵再侵。赵桓不仅不采纳李纲的意见,反而通知门下侍郎耿仲南等人对于李纲上书不得上报,全部扣押。

金国派出的刺探回报说宋朝廷没有什么举动,金国认为宋朝软弱可欺,于是仅仅过了半年,又卷土重来,再度南侵。靖康元年,两路金军会师围住汴京城。此时由于各地勤王兵接到不得妄动的命令,并且离京城甚远,不能解燃眉之急,而赵桓身边也只有卫士和弓箭手七万人左右,形势危急。钦宗病急乱投医，听信一个自称能撒豆成兵，生擒敌帅的骗子郭京，赐金帛数万，召来市井无赖七千七百七十七人，于次日出城决战，结果"神兵"一败涂地，郭京也逃跑了，金兵趁机攻进了汴京城。赵桓悔恨万分，痛哭道："朕不用种师道之言，以至于此。"可惜后悔已晚。此时，汴京百姓奋勇巷战，吓得金人宣布要议和退兵，赵桓仿佛捞到了一根救命稻草，亲自出城向金人恳求，奴颜婢膝，低声下气地俯首称臣，乞求宽恕。签字已毕，赵桓又摆下香案，望金国方向拜了几拜，算是尽了臣礼，金人这才同意放他回城。

回城后，赵桓下令搜集金银、骡马、美女送与金使。计有金一千万锭、银二千万锭、帛一千万匹、牲畜七千余匹、少女一千五百人，甚至连自己的嫔妃也拿来充数。但金人贪得无厌，嫌所得金银数量不足，声称要洗劫城池，并要赵桓再去金营议和。吓破了胆的赵桓只得再次前往，却被金人当作人质扣留下来。赵桓被迫下令城中官吏加紧搜刮金银，即使妇女的钗钏之物也在搜刮之列。直弄得汴京城里翻江倒海，民不聊生。

这次"议和"让赵桓在金营内受尽了苦头和屈辱。他整天被囚在一间小屋里，忍受着砭骨寒风，缺吃少喝，晚上蜷缩在一铺土坑上，连被褥都没有，真是生不如死。后来，他的父亲太上皇赵佶也被押来了。四月一日，金兵在大肆掳掠后开始撤退。金兵退走时，带走了大量金银财宝、仪仗法物、图书典籍、古董文物、百工技艺、倡优杂技人等，北宋王朝"二百年府库蓄积"为之一空。赵桓及赵佶、皇后、妃嫔宗室、大臣等两三千人也成为俘虏，随金兵北归。

赵桓到金国后，头戴斗笠，骑着马，由人监管。每过一城池，就掩面而泣，然而，泪水再多也洗不掉这亡国之君、阶下之囚的耻辱。赵桓到金国后，被封为"重昏侯"，意思是他与其父"昏德公"赵佶加一起是一昏再昏。公元1161 年，金海陵王完颜亮命令赵桓任骑兵小队长，使之在校场中狂驰不已，最后坠落地上，死于乱蹄之下。第二年，金太宗将他葬于巩、洛之原。后又迁到今河南省巩县北宋帝陵区。

徽、钦二帝被俘后的遭遇

宋徽宗赵佶是位昏庸的皇帝,他崇尚豪华,爱好艺术,这种秉性使他并不适于应付摆在面前的艰巨挑战。他虽然长于书法、诗词和绘画。诗、书、画被称为"三绝",但他对于政治感到沮丧,据说金兵直逼东京时,他又气又急,拉住一位大臣的手说:"没想到金人会这样对待我。"话还没说完,便气塞喉咙,昏厥过去。大臣们急忙请来太医,好不容易才把他救醒。醒来之后,他便要来纸笔写下"传位东宫"的诏书,把皇位传给太子。继位的太子就是宋钦宗。宋钦宗和宋徽宗一样,也是苟且偷安、不思自强之辈,钦宗企图通过向女真人支付赎金的方法来防止灾难的发生,但他后来食言,违背了约定,因此女真人重新进行了围困。结果是断送了大宋江山,徽钦二帝也做了俘虏。1127 年,女真人攻下了城池并且兜捕皇室的所有成员,除徽、钦二帝外,还有他们各自的皇后郑后和朱后、几十名妃子,钦宗的哥哥、弟弟及他的32 个儿子,22 个女儿,除九子赵构在外勤王、幼女仅一岁外,大约三千多人被金军掳到了北方。为了防止中原军队索要这些被俘人员,女真人把他们聚集在一起,野蛮地用牛车赶往北方。

钦宗临行时,金兵令他换上青衣,头戴毡笠,乘坐黑马,并派士兵监押。当时正是四月天气,北方还很寒冷,徽宗、钦宗二帝和郑氏、朱氏二皇后衣服都很单薄,晚上经常冻得睡不着觉,只得找些柴禾、茅草燃烧取暖,夜里睡在地上,又湿又潮,破屋四面透风,活像囚徒一样。金兵每天只供给他们一次饭水,饭是发了霉的干饼和豆饼,朱皇后由于吃了变质的食物病了,宋钦宗低声下气地求金兵给她水喝,竟无一人理会。皇帝和他父亲身边的女人被金人掳去,充当了妻子和奴仆,钦宗的朱皇后当时 26 岁,艳丽多姿,经常受到金军官兵的调戏。一次,一个叫骨碌都的金兵调戏她,吓得她心腹疼痛,这个骨碌都竟上去用手摸她的肚子说:"病好了,病好了。"后来朱后又成为一名女真军官的目标——这名军官为了羞辱皇帝,要求皇帝把朱后交出来。"同别的男人分享皇后,你为何如此吝啬呢?"他问道,"你落得今日下场,真是上天的报应。活该!"金军官兵饮酒作乐时,还常常强迫两位皇帝像侍从一样侍立一旁,让两位皇后一旁陪饮或唱歌助兴。被掳人员到达金朝京师会宁府时,金人举行了献俘仪式,命令二帝及其后妃、宗室、诸王、驸马、公主都穿上金人百姓穿的服装,头缠帕头,身披羊裘,袒露上体,到金朝队骨打庙去行"牵羊礼"。朱皇后忍受不了如此奇耻大辱,当夜自尽了。她的尸体随便用草苫子一裹便抛弃了事。过了一段时间,徽宗的皇后郑后病得十分严重,再也不能走路。钦宗不肯把她单独留在路边任她慢慢死去,就背着她走路,但她在第二天早上就死去了。两位悲痛欲绝的皇帝虽然侥幸没有在乘坐牛车的旅所中丧生,却在做俘虏的生活中为各自的余生而憔悴不堪。徽宗不久就双目失明,据说,那都是为他那去世的皇后和自己昔日的荣华富贵不停哭泣所造成的后果。金人还为两位皇帝起了侮辱性封号,称宋徽宗为"昏德公",称宋钦宗为"重昏侯"。

二帝被劫持到北方后,先被关押在五国城。一天,二帝遇到一位来自宋朝京师的老者,同忆往事,放声大哭,恰被路过的五国城统领遇到,二帝遂被打了十几鞭子。二帝在五国城受尽折磨。一日徽宗将衣服剪成条,结成绳准备悬梁自尽,被钦宗抱下来,父子俩抱头痛哭。后金人又将二帝移往均州,此时徽宗已病得很厉害,1135 年死在土炕上。钦宗发现时,尸体都僵硬了。徽宗的尸体被架到一个石坑上焚烧,烧到半焦烂时,用水浇灭火,将尸体扔到坑中。据说,这样做可以使坑里的水做灯油。钦宗悲伤至极,也要跳入坑中,但被人拉住,说活人跳入坑中后坑中的水就不能做灯油用了。徽宗死时 54 岁。徽宗死后,钦宗继续遭受折磨,20 年后,钦宗也惨死在北国。

宋钦宗是个"软骨头"吗

北宋徽宗宣和七年,金兵大举南下,攻城略地,嚣张之极。此时宋徽宗却将皇位传给了毫无统治经验的太子赵桓,即为钦宗。赵桓本来就生性温和,遇到这种对付凶悍金兵入侵的难题更是显得方寸大乱,处处优柔寡断。赵桓上台伊始,就惧怕金人,主张讲和,但是议和没有坚持几天,在主战大臣们的力谏下,他又变成了主战,后来又变成主和,整天徘徊在战和二者之间,有时甚至战与和双管齐下,并行不悖,既主战又主和,他作出和还是战的决定不是依靠自己作为一个君主的判断,而是依据不时变换的各种耳边风的强弱,他的命令很多时候都是一天之内变几变。在变来变去,朝令夕改中终于演出了一幕亡国的悲剧。

宋钦宗赵桓在太上皇赵佶南逃之后,首先召集宰相等人议事,他们主张赵

宋钦宗赵桓

桓跟着向南逃,来避金兵锋芒。后来兵部尚书李纲为钦宗出谋划策,希望钦宗坚持守城,等待各地勤王之师共助退金,正好这时燕王、越王赶到,都主张固守京城,赵桓这才稍微安定下来预备迎战,当天白天钦宗还对李纲说:"朕今天是为你留下来的,治兵退敌,全由你来操办。"然而夜里,赵桓就告诉宰臣,准备离京。第二天早晨赵桓等人被李纲拦住,六军将士也表示愿意誓死守城,赵桓这才又勉强留下来。但是,他又派人偷偷出城,到金人营中议和去了。宋朝廷提出,愿派亲王、宰相到金营议和,同意每年增加岁币,另外还答应犒劳金军,但不同意割地。而且当时就派人押送去一万两金子及酒果等物,送给金军统帅宗望。宗望喜出望外,收下礼物,还不肯罢休,又提出犒师金银帛绢各以千万计,马驼骡驴等各以万计,宋朝尊金国为伯父,以河为界,割让太原、中山、河间三镇之地,另外让宋朝的亲王、宰相到金国作人质。宋朝君臣商议后不答应,于是第一次议和破裂。金兵开始攻城,宋军顽强抵抗,两军相持半月不下。这时各地勤王之师十余万人陆续到达,金兵恐慌,稍作撤退。李纲等人为钦宗献策说,我方目前已有二十多万人,而金兵只有六万人左右,他们又是孤军深入,现在不能迅速攻下汴京,必然要撤退。那么宋军就可趁其回撤渡河之际,加以攻击,然后联络河北各地,从背后袭击拦截金兵,这样就可以全歼金军。这个作战方案可谓天衣无缝,只要执行肯

定胜券在握。可是赵桓却毫不理会，又错误地采纳了姚平仲夜袭金营的计策，背着李纲出兵，结果劫营失败。朝中主和派乘机抱怨此次劫营使勤王之师及京城部队尽被金兵消灭。赵桓吓得急忙罢免了李纲的职务，并下诏不准再战，去向金人谢罪。太学生陈东等人听闻李纲被罢免，数百人齐上书为李纲喊冤，京城数万军民也闻讯赶来，人们打破了登闻鼓，呼声动天。赵桓只好又恢复了李纲尚书右丞之职，并任京城四壁守御使。此时金兵派人责问赵桓为何派兵袭营，赵桓连忙说这不是朝廷的命令，一定治罪偷袭之人。然后，让人带着同意割让太原、中山、河间三镇的诏书前往金营，并让皇弟赵构到金营作人质。金人拿着割地诏书，押着赵构，慌慌张张地撤军了。宣抚使种师道请示趁金兵半渡河之际，出兵攻击，赵桓竟然不许。而主和派李邦彦等人则宣布军法，谁敢擅自出动攻击，格杀勿论。种师道等人眼睁睁地看着金兵渡河而去十分气愤，但也无可奈何。

金兵退去，北宋朝廷又恢复了以往那样平静的生活，钦宗赵桓更是以为天下太平，丝毫没有加固边防的意思。只有大臣李纲忧心忡忡，多次上书请求加强战备，以防金兵再侵。赵桓不仅不采纳李纲的意见，反而通知门下侍郎耿仲南等人对于李纲上书不得上报，全部扣押。

金国派出的刺探回报说宋朝廷没有什么举动，金国认为宋朝软弱可欺，于是仅仅过了半年，又卷土重来，再度南侵。靖康元年，两路金军会师围住汴京城。此时各地勤王兵由于接到不得妄动的命令，因此离京城甚远，不能解燃眉之急，而赵桓身边也只有卫士和弓箭手七万人左右，这下钦宗急坏了。他病急乱投医，听信一个自称能撒豆成兵，生擒敌帅的骗子郭京，赐金帛数万，召来市井无赖七千七百七十七人，于次日出城决战，结果"神兵"一败涂地，郭京也逃跑了，金兵趁机攻进了汴京城。赵桓悔恨万分，痛哭道："朕不用种师道之言，以至于此。"可惜后悔已晚。他对前途完全丧失了信心。此时，汴京百姓争欲巷战，吓得金人宣布要议和退兵，赵桓仿佛捞到了一棵救命稻草，亲自出城向金人恳求，奴颜婢膝，低声下气地伏首称臣，乞求宽恕。签字已毕，赵桓又摆下香案，望金国方向拜了几拜，算是尽了臣礼，金人这才同意放他回城。

回城后,赵桓下令搜集金银、骡马、美女送与金使。计有金一千万锭、银二千万锭、帛一千万匹、牲畜七千余匹、少女一千五百人,甚至连自己的嫔妃也拿来充数。但金人贪得无厌,嫌所得金银数量不足,声称要洗劫城池,并要赵桓再去金营议和。吓破了胆的赵桓只得再次前往,却被金人当作人质扣留下来。赵桓被迫下令城中官吏加紧搜刮金银,百姓各分坊街,互相监督,即使妇女的钗钏之物也在搜刮之列。直弄得汴京城里翻江倒海,民不聊生。

这次"议和"让赵桓在金营内受尽了苦头和屈辱。他整天被囚在一间小屋里,忍受着砭骨寒风,缺吃少喝,晚上蜷缩在一铺土坑上,连被褥都没有,真是生不如死。后来,他的父亲太上皇赵佶也被押来了。四月一日,金兵在大肆掳掠后开始撤退。金兵退走时,带走了大量金银财宝、仪仗法物、图书典籍、古董文物、百工技艺、倡优杂技人等,北宋王朝"二百年府库蓄积"为之一空。赵桓及赵佶、皇后、妃嫔宗室、大臣等两三千人也成为俘虏,随金兵北归。

赵桓到金国后,头戴斗笠,骑着马,由人监管。每过一城池,就掩面而泣,然而,泪水再多也洗不掉这亡国之君、阶下之囚的耻辱啊。赵桓到金国后,被封为"重昏侯",意思是他与其父"昏德公"赵佶加一起是一昏再昏。后来赵桓客死在金国,终年六十二岁。

宋高宗赵构是怎样当上皇帝的

宋高宗赵构(1107~1187年),字德基。他是徽宗第九子,也就是宋钦宗的弟弟。他先后被封为广平王、康王。北宋灭亡后,他逃至南京即帝位,保有南方之地。后以秦桧为相,杀岳飞,与金媾和,奉表称臣,遂成偏安之局。在位36年,被迫让位后病死,终年81岁,葬于永思陵(今浙江省绍兴市东南35里处宝山)。宋高宗是徽宗第九子,那么他为何能够当上皇帝呢?这就要从北宋末年金兵入侵说起了。

公元1126年即靖康元年年初,金兵第一次包围宋朝首都汴梁,也就是今天的开封。金兵提出的退兵条件是：割地：除了燕京七州还给金国之外，还要割太原、河间、中山三府土地，当时的中山就是今日的河北保定；赔款：黄金五百万两，白银五千万两，绸缎一百万匹，牛马一万头；然后，以亲王一人、宰相一人为人质，就可以退兵。在李邦彦的怂恿下，钦宗答应了这些条件。签定和约，还必须亲王和宰相同到金营去。北宋虽有数十位亲王，但现在跑的只剩下康王和肃王了。这时，康王主动请缨，他的大义凛然与同往的胆小怕死哭泣不止的张邦昌形成了鲜明对比。

赵构

到了金营后，赵构依旧从容不迫，在刀枪林立的金兵面前毫无惧色。一次，金主将斡离不邀请赵构一同射箭，赵构三箭三中，使斡离不十分惊讶。后来，他还多次陪同斡离不观看杂技表演，都谈笑自如。于是，斡离不开始怀疑他的皇族身份。不久，宋将姚平仲率军来劫营，结果被斡离不设伏兵打败。斡离不对于宋军的用兵十分恼火，立刻把宋使押入审问。张邦昌吓得大哭起来，而康王却毫无惧色地回答说："我也不知道。"然后低声对张邦昌说："为了社稷怎么能爱惜自己的身体呢！"斡离不长期与辽宋作战，十分了解皇族子弟的无能，听了这话，更加怀疑赵构的身份。于是，要求宋朝换另一个亲王做人质。不久，钦宗下诏割三镇与金人，由肃王出质代替康王。赵构与张邦昌一同被放还。赵构刚离去，斡离不又懊悔不已，急忙派兵去追，但赵构已经逃之夭夭了。斡离不觉得目的已经基本达到，于是也就退兵北去。

本来宋朝可以利用这一短暂的休战时期，整顿军备做好战略部署。但钦宗皇帝轻率错误的决定，使形式急剧恶化。他轻信金使赵伦的谎言，欲联

宋宫秘史

络辽朝旧臣共同抗金。谁知赵伦回去后向金主告密,金主大怒。于是在当年八月,金兵以此为口实,再一次兵分两路,大规模南侵。赵构继上次充当人质之后,又一次受命充当"告和使",前往金军大营求和。

赵构一行日夜奔波,经浚滑诸州北上,去真定府找斡离不求和,没有想到斡离不又驻军到东京城下。于是他们继续追赶斡离不。在到达相州,就是今天的河南安阳以后,赵构得知金兵已经渡河进逼开封,于是径直北上,来到抗金气氛浓烈的磁州,就是今天的河北磁县。在这里,等候多时的州官宗泽劝阻他说:"金朝要你去议和,这是骗人的把戏,他们已经兵临城下了,求和还有什么用,你此去岂不是自投罗网!"百姓也拦住了他的马,不让他北去。正在为难之际,钦宗派人给赵构送来了封在蜡丸中的密令,任命他为河北兵马大元帅,要求他火速召集兵马救援首都。赵构接到这封藏在头发里方才带出的密信后,痛哭流涕。不久赵构便驻留相州(今河南省安阳县),称河北兵马大元帅。

然而,就在赵构接到密信时,帝国首都开封已经落入敌人的掌控之中;到十一月三十日这一天,赵构的大哥钦宗皇帝亲自出城来到金军大营讲和,也被扣留,直到递上降表,才被放还。这时的大元帅赵构,已经没有了出使金营时的勇气,他以兵少将寡为由拒绝与金兵交战,毫无救援京师的打算。金兵见京城军民已失去了抵抗能力,赵构的勤王军又不敢交战,消灭北宋的时机已经成熟,就先后把徽、钦二帝拘留在金营,接着金主下诏废徽、钦二帝为庶人。靖康二年即公元 1127 年 3 月 7 日,金人立张邦昌为伪楚皇帝。四月,金兵最后撤离开封。他们分七个批次,将太上皇宋徽宗、当上皇帝不到两年的宋钦宗,连同后妃、宫女、皇亲贵戚、官员、艺伎工匠包括赵构的一妻二妾等一万四千余人驱虏北上,京城、皇宫、官库、民间的金银财宝、图书文物被洗劫一空,倾全国之力建设起来的皇家宫殿园林——延福宫和建成不到五年的艮岳,全部毁于战乱。北宋由此灭亡。

金兵俘虏徽、钦二帝及在京城的赵宋宗师北去后,赵构另立小朝廷的机会也到来了。因为在宗室之中,只有两个人幸免,一个是宋哲宗的废后孟氏,另一个就是当时尚出使在外的康王赵构。当时的伪楚皇帝张邦昌,迫于

中华宫廷秘史

宋大多数旧臣僚的压力，不得已迎原太后孟氏入居延福宫"垂帘听政"，并且派人去济州寻访康王赵构。这时康王在济州，拥有兵众八万人。孟氏因为是宋哲宗的废后，在宫廷的玉牒中没有位号，在金兵围攻开封时恰巧又住在自己的私邸中，所以在金兵按玉牒俘虏宋朝宗师时得以幸免。张邦昌把她请出来主持朝政后，她就派人奉"大宋受命宝"，到济州劝康王登基。赵构遂于靖康二年五月初一，在南京应天府(今河南商丘)即位，改元建炎，是为宋高宗，南宋正式开始。这一年，赵构 21 岁。而公元 1127 年就有了两个年号，既是北宋靖康二年，又是南宋建炎元年。

赵构的称帝在当时颇受异议。有人认为赵构："衔命出和，已作潜身之计；提兵入卫，反为护己之资。"意思是说他受命出使时，已经作好潜逃保命的打算；成为号令兵马的大元帅，没有率兵救援京城，反将这些兵马变成保护自己的资本。这种批评是否有失公允，我们暂且不论。只是当时的北宋早已病入膏肓，就算赵构主动率兵救援，能够击退金兵，北宋王朝也至多只能再苟延残喘几年而已。南宋的建立本应使历史翻开了新的一页；金军的劫掠本应激起宋高宗收复失地的雄心，然而宋高宗却重用秦桧，冤杀岳飞，与金媾和，奉表称臣，使南宋一代偏安江南，留下了千古昏君的骂名。

宋高宗是怎样释兵权的

宋朝的一项重要国策就是安内重于攘外。宋太祖黄袍加身建立了宋朝，所以他时刻对手握重兵的大将保持着警惕，防止有朝一日，他人黄袍加身推翻了自己的江山。正是出于这种顾虑，有宋一代，重文轻武，以文制武的现象十分突出。正如开头所说宋代安内重于攘外，这一点在南宋的宋高宗身上体现的十分明显。赵构不仅没有心思抗金，收复中原，反而致力于偏安江南一隅，营造自己的小朝廷。正是有着这样的心思，宋高宗也一直对武将严加防范，生怕自己的江山被夺走。

南宋初年，金军一心要灭亡南宋，生擒赵构，宋高宗迫于形势，不得不让将帅居高位，掌重兵。但是对这些将帅们他一直抱着且用且疑的态度。尤

其经历了一系列的事情更让他对武将尽起警惕之心：先是苗刘之变的发生，让宋高宗最初产生了对武人的防范心里；接着是淮西兵变的发生让宋高宗更加坚信武将掌握重兵十分危险；而在此之前，由于宋高宗对岳飞"节制"权力的出尔反尔，岳飞不经高宗允许，擅自离开军营为母守孝，高宗几次派人去请他出山，他也置之不理，这样宋高宗十分心寒。他本来十分信任岳飞，曾一度想要授予他掌管全国七分之五兵力的权力，但是岳飞的表现却给他一种居功自傲的感觉，而且似乎不把他放在眼里，宋高宗开始不再信任岳飞，对于他手中所掌握的战斗力极强的"岳家军"也起了夺权的念头。再加上时隔不久，岳飞又鲁莽地请立资宗，使宋高宗大为惊恐，认为岳飞等人有逼他退位之意，这样一来解除岳飞兵权的念头更加坚定。而这时经过绍兴四年和六年的几次战争，使宋高宗对于在东南偏安，也已具有相当信心，于是宋高宗开始计划解除岳飞等三大将的兵权。

高宗的这种念头，和朝廷的宰相们一样，不论是投降派，还是抗战派，是相同的。害怕武将们因为立了战功而威望日高，以至于专擅跋扈，使得朝廷上不易加以制驭，这既是萦绕在赵构心头上，也是随时萦系在宰辅大臣们心头的一个问题。在主战派的张浚担任宰相时，就曾打算收夺刘光世的兵权并由他本人掌握，从而减去一员最傲慢的武将。然而由于他用人不当，导致了淮西兵变，激起了郦琼的杀害吕祉、北降伪齐，遂使收夺武将兵权的计划宣告流产。继任的宰相赵鼎则开始试图收夺中兴四将之一的张俊的兵权，然而还没有等他下手，秦桧就取而代之，成了宰相。秦桧任宰相后，对收夺大将兵权更加感兴趣，这不仅是因为以上的原因，还因为他极力主张议和，这些手握重兵坚决抗金的大将们对他而言始终是个不安定因素。所以，当他得知高宗有收夺兵权的意向时，立刻煽风点火，极力怂恿，坚定了高宗的决心。

绍兴十一年(1141年)四月，朝廷以庆祝柘皋大捷的名义，将各地领将领特别是韩世忠、张俊、岳飞三大将紧急召回京城。在盛大的庆功宴会上，宰相秦桧突然代表皇帝发布诏书，任命韩世忠、张俊为枢密使，任命岳飞为枢密副使；三人均不得返回部队。名义上是授予他们更大的权力，实际上是想把他们架空。由三位领兵大将同时入主枢密院,这在宋朝历史上还是首次。接着,朝廷宣布撤销三大将的宣抚司,解散了他们的统帅部,规定出师必须有皇帝的旨意,从而将调兵权收归朝廷,并把管理权分散到了偏裨诸将手中,而统帅一级的将领则临时由皇帝派出。在强行剥夺三大将兵权的同时,朝廷对军事体制又作了重大改组。先后压缩了各路大军编制,将行营护军的番号改为御前诸军,并且将各路大军拆散肢解,化整为零。由过去的四路驻屯大军,改编为十路驻屯大军;当时朝内还存在着三衙军,三衙首长成了殿前司三支兵马的统兵官,此次这些部队有增无减,这就使三衙军成为与御前诸军平衡制约、内外相制的力量。这实际上表明,宋朝开始采取全面收敛的战略防守态势,要全面恢复以文制武、守内虚外的帝国传统。这也说明,宋高宗坚决地放弃了抗金的念头,收复中原的理想,已经决定议和。就这样,宋高宗为终于消除了自己多年的“隐患”而兴高采烈,却没有意识到这已经毁掉了自己的长城。这就是宋朝历史上的第二次“杯酒释兵权”。

如果仅仅是解除兵权,那还不算是个太差的结局,只可惜在解除了兵权后,三大将却面临着不同的命运。本来高宗和秦桧还担心三大将不会合作,然而三大将很快领命恭顺地交出了兵权。这使的秦桧非常得意,然而他并不满足于这些,对于这些坚决主张抗金,阻挠他议和的将领,他决定趁势斩草除根。张俊看风使舵,迅速倒向秦桧,为了自己的名利富贵,成了这个奸臣的帮凶。而韩世忠、岳飞则开始被一张无形的大网所笼罩。秦桧、张浚本来要置韩世忠于死地,但由于岳飞的提醒,以及高宗对他多年战功的体恤,逃脱了一劫。然而,岳飞却已经是无处可逃。他一心抗战,为秦桧所愤恨;他帮助韩世忠逃脱一劫,却招惹了张俊的怨气;更重要的是,他已经不再被高宗信任,高宗甚至对他也起了杀心。就这样,在三大将交出兵权后不久,三人的命运却有了不同的结果。韩世忠开始隐居世外,不再过问政事;岳飞于年底被冤杀于狱中;张俊则凭借着出卖陷害韩世忠和岳飞的功劳,继续享有他的荣华富贵。

自古以来,兔死狗烹,忠臣良将多没有好的结局。然而,如今中原尚未收复,抗金大业,刚刚开始,宋高宗却在这时,罢免贬杀忠臣良将,无异于自

宋宫秘史

毁长城。宋太祖的"杯酒释兵权"使朝廷安定,免于内患,而宋高宗所模仿的释兵权,虽然如愿解除了将领的兵权,留下的却是一个偏安一隅,再也无力北伐的积贫积弱的短暂王朝。他的"杯酒释兵权"只会成为历史的笑柄。

宋高宗立太子之谜

自从"烛影斧声"宋太祖莫名死去,宋太宗弟继兄位后,宋朝的皇帝一直是太宗一脉,宋高宗也是太宗一脉的后裔,可是继任高宗帝位的宋孝宗却是太祖一脉,这是怎么回事呢?是宋高宗故意要传位给太祖一脉还是另有内情呢?就让我们一起揭开其中的内幕吧。

宋孝宗

原来,高宗虽然后宫妃嫔如云,但是儿子却只有元懿太子一人,这元懿太子又偏偏短命,年仅 3 岁就夭折了,这件事使得高宗十分悲痛。更让高宗悲哀的是,他无法再有子嗣。由于南宋初年,金军一路追击高宗,高宗四处逃窜,整日提心吊胆,结果患上了不育的疑难病症,不可能再有皇子。本来皇帝没有子嗣在历代皇帝中也并不罕见,只要在宗室中再行挑选即可。可问题是,靖康一难中,金军为了要灭亡宋室,已把宋宗室三千多人全部掠走,实在没有什么合适的人选,一时之间竟无法选出皇储来继嗣。储君的废立对于那时的封建王朝来说是一件非常重大的事情,历代以来兄弟父子相残争夺皇位的例子不胜枚举。可以说,储君是一国安定的根本,如果不立储君,朝野就不能安心,国家的稳定也会随之受到很大的威胁。

早在南宋建立之初,由于元懿太子病死,就有大臣提议要高宗立储君,但高宗认为自己还年轻,不想这么早立储,便拒绝了。随着南宋政权在江南逐渐稳定下来,储君的问题日趋被提上日程。大臣们纷纷上奏,一时间朝野

十分混乱。宋高宗也为此事发愁,不知道该立谁为储。这时候,吴皇后建议说:"以前是太祖让位给太宗坐了皇帝,现在太宗一脉都被俘虏到金国了,陛下何不效仿太祖再把皇位传给太祖的后人呢? 这样天下人都会称赞你的贤德的。"宋高宗听后,觉得十分有道理,以后大臣又劝立太子时,他便表明了这个意向。大臣们听说高宗要立太祖的后人为储,果然对高宗此举赞不绝口。朝野大臣纷纷上书,请求立太祖之后为储。宋高宗见大家都赞同这个意见,便下定决心从太祖的后人中"访宗求室"。按照辈分,这时储君应该在太祖的后裔"伯"字行中挑选。

　　从北宋初建到南宋初年,"伯"字行的太祖后裔已达一千六百四十五人,挑选的余地很宽,但要千里挑一,却是十分困难。于是宋高宗先派大臣挑出七岁以下的儿童十人,大臣们然后逐一审看,最后送给高宗定夺时,只剩下一胖一瘦两个小孩。胖的叫伯玖,瘦的叫伯琮。高宗赵构在从伯玖和伯琮中挑选合适接班人时,很是费了一番周折。他粗看时决定"留胖去瘦",留下伯玖,并赐伯琮三百两白银遣回原地。伯琮正要捧银出门,赵构又说没看仔细,让他二人叉手并立,自己站在一旁反复端详比较。正在高宗犹豫不定的时候,忽然间二人脚边窜过一只猫,伯琮立着未动,仍然目不斜视,可是伯玖却飞起一脚向猫踢去,高宗赵构这时很不高兴地说:"如此轻狂,怎能担当社稷重任!"于是决定"留瘦去肥"。这样,伯琮便以候选人的身份被养育在宫中了。伯琮入宫时年方6岁,走路摇晃还需要人护持,高宗便让张婕妤养育。伯玖也被孤独无依的吴才人抚养。伯琮天资聪颖,博闻强记,与常人不同,受到高宗的钟爱。而伯玖也并非草莽之辈,才能也很出众,长大之后伯琮被加爵普安郡王,伯玖也被封为恩平郡王。二人才能不相上下,在这种情况下,赵构也犹豫起来了,不知道该下诏立谁为嗣才能不愧对列祖列宗。伯琮比较正直不受秦桧的喜欢,所以秦桧极力向高宗推荐伯玖,吴皇后也表示赞同。

　　宋高宗没有轻易地相信秦桧,为了检验二人的品质优劣,高宗想出了一个办法,各赐给伯琮、伯玖宫女十人。几天之后,高宗将宫女召回,经过检验发现,赐给伯琮的十人都未破身,赐给伯玖的十人都已不是处女了。宋高宗虽然并未将此事告诉别人,但内心已经分辨出谁更优一筹,当下决定立伯琮为皇储。伯琮本就不是好色之徒,宫闱生活也很值得称道,再加上他的老师史浩提前告诉他要谨慎从事,才能经受住高宗的重重考验,所以伯琮事事谨慎,从而轻而易举地击败了伯玖。绍兴三十年,宋高宗赵构宣布立伯琮为皇子,更名为玮,封为建王,并诏告天下。之后,确定伯玖为皇侄,这样就确立了皇位继承人,免除了后顾之忧。

绍兴三十二年,高宗又正式册立伯琮为太子,并下旨在紫宸殿行内禅之礼。可是赵玮死活不肯接受,他默默地退到了大殿一侧的旁门,想返回东宫。后来宋高宗不得不再次降谕旨,太子这才勉强答应。太子虽然表示愿意即位,但他仍十分谨慎。在行内禅礼时,文武百官齐聚殿门下,宣读禅位诏书后,按官阶高低鱼贯进入紫宸殿迎接太子登基。太子到御座前,却拱手侧立不坐,在内侍的七八次扶掖之后才稍稍就坐,宰相率领百官祝贺,太子赵玮又忽然从座上跳起来,特别难过地说,我父高宗的命令太过独断了,天子的位子很重,我年纪尚不足以担当此重任啊,还是容我退避吧!群臣苦劝一番,太子赵玮又再三推辞几番,看实在拗不过众人,这才只好听从所请,继承了皇位,这就是历史上以孝著称的宋孝宗。宋孝宗即位后对太上皇十分孝敬,赵构也特别高兴,直说自己所托得当。后人评价赵构说,他一生昏庸没有做过什么值得称道的事,但在选立太子这件事上却是很公允的。

宋孝宗为何死于子不孝

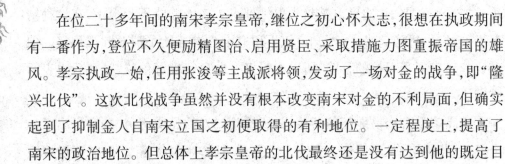

在位二十多年间的南宋孝宗皇帝,继位之初心怀大志,很想在执政期间有一番作为,登位不久便励精图治、启用贤臣、采取措施力图重振帝国的雄风。孝宗执政一始,任用张浚等主战派将领,发动了一场对金的战争,即"隆兴北伐"。这次北伐战争虽然并没有根本改变南宋对金的不利局面,但确实起到了抑制金人自南宋立国之初便取得的有利地位。一定程度上,提高了南宋的政治地位。但总体上孝宗皇帝的北伐最终还是没有达到他的既定目标,此后他又在南宋内部屡有改革举措,希望能施展自身的抱负,只可惜由于北伐失败的打击加之许多政令不能上通下达致使每当孝宗打算有所进取之时,都由于各种各样的阻力无法实施。太上皇高宗赵构还经常直接干预政事,左右大局,更使得孝宗的振兴举措无处施展。孝宗逐渐开始对国家政事失去了信心,再也不像当初刚刚继位时那样锐意进取了。

孝宗皇帝无论如何也可算作南宋朝历代皇帝中最有作为的一个,此外孝宗对高宗可称得上忠孝。宋高宗在位之时,由于在受金兵追击而惊吓失去了生育能力,加之唯一的儿子已死,为了将来的继承人问题,高宗便将孝宗收为养子。孝宗从小便对高宗孝顺,这也不能不说是高宗将帝位传给孝宗的一个原因。绍兴三十二年五月高宗将他立为太子。六月初十日,高宗宣布禅位,出居德寿宫,自己当上了太上皇。孝宗受命登基。当时禅位大典完成后,孝宗冒雨扶辇步行送太上皇高宗回德寿宫,高宗一再让他回去,但是孝宗为尽孝道仍就不回,直至将高宗护送回去。高宗对孝宗当然十分满意,并且经常夸耀。自此以后,孝宗每隔个几天就向高宗问安,可谓极尽孝道。高宗皇帝这样舒服的又活了二十年。但是,孝宗自己却没有高宗那么幸运,他唯一的儿子即宋光宗继位之后,父子关系并不融洽,没过几年孝宗便在失望中去世了。

孝宗皇帝逐渐厌倦了国家政事,高宗死后不久,孝宗皇帝也打算效仿高宗,退居到幕后,因此,他便匆匆忙忙地将皇位传给了他亲生的儿子即宋光宗。孝宗原本以为可以安安稳稳地做他的太上皇度过余生。但是正是他的亲生儿子光宗让他彻底失望了。

淳熙十六年(1189年)二月,孝宗皇帝禅位于太子赵惇,即宋光宗。光宗继位后,第二年改元"绍熙"。光宗即位之初,尊孝宗为寿皇。这时金国皇帝昏庸无能,宋金两国之间相安无事,基本上保持着和平的局面。光宗表示要积极求谏、录用人才、励精图治还下诏减免赋税等等。似乎像是要有一番大的作为。

但是好景不长,宋光宗的皇后李皇后是个典型的悍妇,她是一个悍嫉跋扈、喜欢弄权的女人,尤其是对政事感兴趣。李后先期的宫廷风波使得光宗狼狈不堪。他让光宗大封她的族人外戚,而且李后对孝宗及其皇后大为不敬。光宗与父亲孝宗的关系更是由于李后从中作祟而渐趋恶化。光宗与李后生有一子即后来的宁宗皇帝。但宁宗本人没有主见、昏庸无能,让他即位对宋世江山没有什么好处。因此太上皇孝宗对由谁来继承大统的问题上,更加趋向于在宗室之中挑选贤能。当然这仅仅是孝宗一厢情愿,光宗和李后都非常不满,光宗以各种理由推脱迟迟不立太子。光宗与孝宗之间的矛盾越来越难以化解。

光宗在做太子期间时常情绪激动,不能自已。做了皇帝以后精神状态更是每况愈下,原因可能在于悍嫉跋扈的李后,李后出于嫉妒杀了光宗喜爱的黄贵妃,这件事对光宗刺激很大。另外,李后虽为皇后却擅自干政,光宗对她也是没有办法。光宗朝的政事政务莫不是李后作主。光宗的精神状态时好时坏。

根据南宋的礼制,光宗每月要去看太上皇四次,孝宗对高宗之时要更甚于此。但孝宗却无福消受。孝宗十分挂念自己的儿子,盼望光宗能来看望自己,但是光宗很少去拜见孝宗。孝宗不久卧病宫中,更加希望能再见光宗,光宗全无反应。后来太上皇病重,光宗也不去见他。就这样,太上皇孝宗由于光宗的不孝彻底失望了。

绍熙五年六月初九夜,太上皇孝宗赵昚在失望之余去世。直到此时,光宗赵惇已经几个月没有过宫问安了。光宗的举动致使南宋朝廷上下大为不满。皇上与太上皇之间的矛盾如此之深,以至于孝宗死后的消息首先到达的不是皇宫,而是传到宰相府邸。南宋朝廷宗室的执政大臣赵汝愚担心光宗有所疑惧而拒绝视朝以至于耽误丧礼,只得拖到第二天的早朝才上报光宗,光宗听说孝宗去世的消息,仍就不为所动。这样,孝宗的葬礼无人主持,金国马上派来的吊唁使者也无人接待。光宗的种种举动招致群臣的谴责,在以孝立国的宋朝,光宗的行为无疑使赵宋的统治遭遇到极大危机。光宗事实上已经不能再处理朝政了。在这种情况下,参知政事赵汝愚、赵彦逾、韩侂胄等人在征得了太皇太后吴皇后首肯后,拥立嘉王赵扩为帝,就是宋宁宗。事实上这是一场不流血的政变。

孝宗对于高宗孝顺有加,高宗晚年幸福,但是轮到孝宗自己便没那么好运了,孝宗一定程度上是由于儿子的不孝而死的。

宋光宗是怎样当上皇帝的

　　光宗皇帝是南宋初期几位皇帝中在位时间最短的一个,光宗在位仅五年便被迫退位。光宗在位时期全然不像其父孝宗皇帝那样锐意进取,完全是一个昏庸无道的皇帝的典型代表。绍熙五年六月初九,太上皇孝宗赵昚对儿子失望之余死去。正当孝宗去世之时,光宗赵惇已经好几个月不曾到孝宗的寝宫去探望。父子之间的隔阂如此之大,实在是令人不解,当孝宗去世后,消息首先是传到了宰相官邸,而不是光宗的寝宫。群臣向光宗报告了太上皇的死讯,但是光宗仍然不肯出宫,光宗虽然当时答应赴重华宫主持丧礼,却很快反悔,缩于深宫,拒绝临丧。在他执政期间,由于李后跋扈擅权,基本上没有什么作为,大多躲在宫

宋光宗

中。光宗长期居于深宫之中,不理政务,最终不免被赶下台。光宗这样一个无能而又不孝的君主是如何坐上皇帝的宝座的呢?

　　光宗之所以能够成为一朝天子,这就要谈及宋代几位皇帝的禅位。两宋时期是有好几位皇帝主动或被迫禅位的,或迫于政治形势的压力,或厌倦了皇帝生活,可以说这一时期发生的皇帝禅位的举动在中国古代的其他朝代是不多见的。当然,首开宋代皇帝禅位之风气的就数北宋的徽宗皇帝了。宋宣和七年(1125 年),北宋王朝腐败,这个貌似强大的国家已经不堪一击。金兵灭亡辽国后大举南下,消息传到开封,北宋君臣慌作一团,徽宗慌忙禅位于皇太子赵桓,以便号召各地官兵和百姓起兵勤王抗金。十二月二十三日,皇太子赵桓即位,是为宋钦宗。但是北宋王朝早已禁不起打击,徽宗的

禅位之举并没有挽救他们父子沦为金军的俘虏的悲惨命运。北宋靖康二年（1127年）四月，金兵掳走徽、钦二帝及宗室、宫人四百余人北返，北宋至此灭亡。

到了南宋高宗皇帝时，他同样上演了皇帝禅位的一幕。高宗赵构刚刚即位不久，便面临着巨大的考验，他一方面让人抵抗金军的进攻，另一方面不断地逃窜以躲避金军的追击。宋高宗在位的三十多年里，南宋与金的关系时战时和。高宗皇帝这位在皇宫里成长起来的皇帝，面对宋金对峙的如此的危局之中，苦苦支撑。在如此动荡不安的环境中，宋高宗无时不担心金兵会大举南下，在皇帝的宝座上并不舒心。因此在高宗即位的36年后，决定主动退位。绍兴三十二年（1162年）五月，立赵玮为皇太子，改名眘、字元永。六月，赵眘即位，是为宋孝宗。

孝宗皇帝即位后在位二十多年，发动了对金的"隆兴北伐"。虽然北伐取得了一定成果，但是并没有根本改变南宋的不利局面。此后他又在南宋内部屡有改革举措，只可惜由于北伐失败的打击加之许多政令实施不利都成果不大。每当孝宗打算有所变革之时，都由于各种各样的阻力无法实施。太上皇高宗赵构还经常直接干预政事，左右大局，更使得孝宗的振兴举措无处施展。孝宗逐渐开始对整日操劳国家大事的生活失去了耐心，渐渐对政事产生了厌烦的心理。高宗死后不久，孝宗皇帝也打算效仿高宗，退居到幕后，因此，他便匆匆忙忙地将皇位传给了他亲生的儿子赵惇，即宋光宗。

宋光宗之所以即位也并非一帆风顺。光宗是孝宗的第三个儿子，赵惇生于绍兴十七年（1147年）孝宗即位时被封为恭王。乾道元年（1165年）他的大哥邓王被确立为太子，这样一来赵惇根本没有登基称帝的任何机会，但是就在他失望之时，太子在乾道三年突患重病，病情逐渐加剧，不久便死去。这又给他提供了绝好的机会，便暗下决心准备在皇位争夺战中获胜。他在太子死后立刻像换了一个人，每日习文练武不辍。在王府中与侍讲的官员评论历代王朝的功过得失，时常发表惊人的见解，大有语不惊人死不休的架势，连侍讲官员自叹弗如。但是孝宗此时仍在不断考察诸皇子，并没有马上确立太子。几年后，太史呈报说天象变化，应确立太子。这时宰相也乘机请

求皇帝及早确立诸君。就这样在次年，恭王赵惇册立为太子，淳熙十六年（1189年）二月，孝宗禅位于太子赵惇，宋光宗即位，第二年改元"绍熙"。光宗在争夺皇位时善于伪装自己，孝宗竟没有识破他的假面具，最终使这样一个无能又不孝的家伙登上了皇位。

宋理宗是怎样登上皇位的

宋朝第十四代皇帝宋理宗的登基经历十分具有传奇色彩，与他继位有密切关系的是宰相史弥远。

宋理宗

宁宗曾有一子，名字叫赵曮，开禧元年，边境军情紧急，赵曮用史弥远的计策，奏了韩侂胄一本，说他轻起兵端，上危宗社，应该将其罢免，宁宗同意了他的意见，杀了韩侂胄，并立赵曮为皇太子，改名为询，这就是景献太子。但是，天有不测风云，嘉定十三年，景献太子在二十九岁上早早的死了。史弥远并不担心景献太子的即位，因为在除掉韩侂胄的政治斗争中，二人的交情非常之深，如果景献太子能顺利继承皇位，史弥远自然不用担心他的地位问题。可是在嘉定十三年（1220年），景献太子竟然在宁宗之先病逝了，宁宗只好另外挑选宗室皇子来作储君。史弥远这才开始关注宁宗的选嗣问题。

嘉定十四年（1221年）宁宗选定沂王的儿子贵和为皇嗣，赐名为赵竑，似乎是成了皇位唯一的法定继承人。嘉定十七年六月，赵竑生子，宁宗为此还诏告天地宗庙。但是史弥远对赵竑的为人很不了解，怕赵竑登位以后会将他罢免，为了摸清楚这位新皇子的心理，史弥远投其所好，为赵竑献上一位擅长抚琴的美女。赵竑知道史弥远的用意，起先对这位美女十分警惕，可

是时间长了,他把那美女引为自己的红颜知己,不再加以提防。赵竑对于史弥远与杨皇后互相勾结、狼狈为奸、诛杀大臣的事情早已经心存不满,他厌恶史弥远独权擅政的奸臣伎俩,曾经暗自记下了史弥远的数条罪状,并且还在旁边写批语:"(史)弥远当决配八千里。"还指着地图发誓:"我日后要是做了皇上,一定要把史弥远贬到最南边的琼崖(今海南)去。"那个美女把这一切都告诉了史弥远,史弥远大惊,立刻决定先发制人,将赵竑除去,以绝后患。

他密奏宁宗,让他多选出一两个宗室子弟安置在宫中,作为皇子的候选人,以便择其优立太子。宁宗认为史弥远考虑周到,非常赞赏,因此把选立皇子之事委托给他,这样,赵竑作为皇位唯一继承人的地位就动摇了。史弥远知道宋廷南渡时,曾有不少宗室子弟流落到他的家乡浙西,就拜托自己的老乡余天锡回家乡打听。余天锡领了史弥远这道密令回家寻访,经过钱塘江时,他与一个绍兴的和尚同舟。船到西门,天下起了大雨。和尚说:"门左是全保长家,可以避雨。"余天锡听他的话前去拜访。保长听说他是史丞相派来的人,就忙着杀鸡备饭,接待得十分隆重。席间有两个孩子站在一旁招待,保长说:"这是我的外孙,算命先生曾说这两个孩子以后富贵不可限量。"余天锡问这两个孩子姓名,保长说,大的叫赵与莒,小的叫赵与芮,排起辈份,应是太祖皇帝赵匡胤的十世孙。虽然也是宗室,家境却已败落。余天锡想到史弥远的嘱咐,仔细观察两个孩子的言行举止,觉得这两个孩子有点器宇,当即带两个孩子一起回到临安。史弥远见这二人气质不凡,确有富贵之相,十分欢喜,认为是奇货可居。于是,就在宁宗面前多次夸赞这两位宗室子弟是天资过人、品行超群。宁宗立嗣心切,也害怕所托非人,所以就想见见这二人。史弥远这时才将二人带进宫里,宁宗见了十分满意,当日就把那个年长的宗室子弟与莒立为沂王的嗣子,赐名贵诚,授秉义郎。

宗室弟子升官快,赵昀补秉义郎后两个月,就升任右监门卫大将军,赐名贵诚;第二年农历五月,升为检校少保,进封济国公,赵昀任邵州防御使。史载赵昀为人凝重内向,沉默寡言,读书也很认真,也能洁身自好,凌晨在待漏院等候早朝时,大家都说说笑笑,气氛轻松活泼,他却正襟危坐,脸无表情,沉默寡言,出入殿庭,也是这副样子,从无越规逾距之事,别人见到他这样,也不好意思说笑,都换上了一张严肃面孔。他对史弥远也总是毕恭毕敬,谦称小侄。史弥远觉得这个贵诚有大器之材,值得托付和合作,所以在众人面前常常夸奖贵诚,为贵诚树立威望。史弥远每天挑赵竑的毛病,希望这位皇子失宠,让宁宗皇帝垂青于赵昀,进而废赵竑立赵昀,但事情没有成功。大概赵竑没有什么把柄让人抓到。

公元 1224 年,宋宁宗生病,一直没有上朝,不久病危。史弥远假传圣旨,立贵诚为皇子,正式改赐名昀,授武泰军节度使,封成国公,太子竑别听处分。闰八月,宁宗在福宁殿驾崩。据《东南纪闻》记载,那天史弥远给宁宗送去金丹百粒,不一会儿,皇帝就死了。是不是史弥远毒死了宁宗,没有人知道。宁宗一死,史弥远就一边派杨谷、杨石去向杨皇后报告噩耗,一边又遣郑清之到赵昀那儿,告诉他将被立为皇帝。不料,郑清之费尽口舌,说了半天,赵昀却默不作声,根本不表态。郑清之弄不清赵昀的意图,最后只好说:"史丞相把这么重要的事情交给我,你现在一句话不说,让我怎么向史丞相交代呢?",赵昀这才拱手,说到:"我的母亲怎么办呢?"郑清之于是回宫里告诉史弥远,两人都认为这个孩子不简单。于是马上派快马去把赵昀接来继位。这个时候,真正的皇太子赵竑却在家里苦苦等待禁中来人宣召,这是他一生中最为难熬的时刻,时间漫长得似乎没有尽头,他还是没有意识到自己的皇位继承权已经被剥夺。赵昀来到宫中,史弥远引他到宁宗的灵柩前举哀毕,然后再派人去把赵竑召来。赵竑立即单独入宫,史弥远引他到灵柩前举哀之后,又把他引出帷帐,让殿帅夏震守着他。然后宣召百官,宣读遗诏。赵竑被引到过去上朝的旧班里,他惊讶地说:"今日之事,我不应该站在这里的吧?"夏震心中发笑,骗他说:"尚未宣制之前,应当站在这里,宣制后,才能即位。"这时,内宫中走出一位身着黄袍的少年,这位少年就是赵昀,他从容登上金銮宝座,群臣伏地叩贺,宣制已毕,合门赞呼,百官拜舞,庆贺新皇帝即位,史称理宗。理宗继位后,尊杨皇后为皇太后,封赵竑为少保,进封济王,并赐第湖州。后来,朝中一些人不满史弥远擅自废立皇储,在理宗即位之初起兵造反,史弥远残酷镇压,并乘这个机会逼死了赵竑,解除了后顾之忧。

宋恭帝是如何被杀的

南宋咸淳十年（公元 1274 年），宋度宗病逝，太子继位，即是宋恭帝，历史上人们又称他为少帝、幼帝、德佑皇帝。宋恭帝即位时，年仅四岁，当时由谢太皇太后垂帘辅政。恭帝年幼即位，从宋度宗手中所承接的江山早已是千疮百孔，命系累卵了。

公元 1276 年正月，元朝大军南下入侵已经到临安城下。眼看着元兵即日就将攻进城内，南宋朝廷大势已去。于是，谢太皇太后立刻派大臣杨应奎，前往元军驻扎地献上了传国玉玺，并且以恭帝的名义向元军统帅伯颜献上降表，降表言辞十分卑下可怜：宋朝奸臣误国，天数已尽，元朝国运兴旺，我愿率百官称臣降服于大元；今谨奉太皇太后之命，削去帝号，将两浙、福建、江东、江西、湖南、两广、四川、两淮等宋朝州郡，全部献给大元圣朝，祈求元朝可怜宋朝三百年江山不至断绝，使赵氏子孙以后有靠，使宋朝百姓能够安享天日。如果这样，那么元朝的大恩大德，将永不忘，日日思报。虽然这篇降表写得很哀婉，充满了一个行将灭亡的王朝的辛酸，可是元朝还是没有放过这位小皇帝。

伯颜很快就攻陷了临安城，接着元世祖急速下诏，命令宋朝皇帝前去大都会见。皇太后带着小恭帝在随行一行人的护从下匆匆奔赴大都，谢太皇太后称病未去。

恭帝当时也只有七岁，什么事情都不懂，全太后只是个妇道人家，只是感激元世祖不杀之恩，根本不知什么民族气节，所以这孤儿寡母到了大都，

特别被元朝人看不起。他们将恭帝与全太后软禁在深深的宫苑里，横加凌辱，更不许他们与外界有丝毫的接触。当时随全太后到大都的四位宫女都不堪忍受凶悍的元朝人的虐待，到大都后没有十天就全部自缢身亡了。其中一位宫女还留下绝命诗一首："既已辱国，幸免辱身。世食宋禄，羞为北臣。妾辈之死，守于一贞。忠臣孝子，期以自新。"元世祖十分看不起全太后的忍辱偷生，所以就砍下了那四个宫女的头颅悬在全太后的门口，以示羞辱，全太后顾念年幼的恭帝，不忍自杀。不过，由于这时南宋遗臣已经立赵昺为端宗，老奸巨猾的元世祖就将恭帝封为开府仪同三司、检点大司行政、瀛国公，做样子给天下人看，其实就是为了利用恭帝潜在的号召力，对端宗形成制约，顺便招降那些尚未归附的宋将。

全太后提出水土不服，向元世祖请求迁往南方，元世祖的皇后对全太后的遭遇特别同情，就帮全太后求情，但是元世祖担心节外生枝，没有同意，不过他并没有打算杀害全太后和宋恭帝，传说元世祖已经准备让恭帝与全太后在大都的深院中慢慢了却此生。可是到了公元1282年底，却突然命恭帝迁出大都，并将他安置在上都（今内蒙正蓝旗东边闪电河北岸）。还让全太后到大度正智寺庙削发为尼，不久全太后就悄无声息地死在了那里。原来福建有位僧人向元世祖解说了近日天相方面的事，说他夜观星相，发现土星有侵犯帝祚之势，所以按常例来推算，恐怕不几日将会有人要加害元世祖，希望元世祖多加提防。元世祖本来不相信这位僧人所说的话，可是在这位僧人离开没有多久，就有离大都不远的中山县（今河北省定县）官员禀报说：县内有一个狂人，自称是宋王，扬言要聚集人马，前往京师劫掠宋丞相文天祥，起兵复宋。元世祖一听，这还了得，也不由得相信那位僧人说的。马上就把恭帝迁到了上都，然后杀害了已关押了四年的南宋宰相文天祥。次年又把降元的宋朝官员全部迁往内地，免除了后顾之忧。

至元二十五年，恭帝已经十九岁了，元朝的统治也逐渐巩固了下来。这年冬天，元世祖赐给恭帝大量钱财并将他送到了吐蕃（今西藏地区）学佛。恭帝到西藏后，入住萨迦大寺，并改名为合尊法宝，还学会了藏族的语言。恭帝聪颖灵慧，性情好合，他钻研佛经，还当上了萨迦大寺的主持。按理说，

宋宫秘史

恭帝此时既已入佛,早已心无杂念,潜心修炼了。可是到元英宗至治三年时,恭帝却突然被赐死在河西(今甘肃省河西走廊),这是怎么回事呢?原来是他无意间所写的一首诗闯了大祸:

"寄语林和靖,梅花几度开?

黄金台下客,应是不归来。"

诗中所说的黄金台指的是战国时燕昭王在大都朝阳门附近筑的土台,燕昭王将黄金放在台上,招揽天下贤士尽归己用。林和靖则是北宋著名的钱塘高士,一生孤傲,以梅为友。就是这首诗,恭帝便被元英宗以煽动天下人心的罪名处死了。

元英宗杀恭帝也是历朝历代的惯例。恭帝死了,天下宋人的心也就死了;恭帝不死,宋朝遗民总会在心中隐隐作想:宋朝江山仍旧还在,因为虽然端宗、卫王死去了,可是恭帝还活着,恭帝还会回来,他只是在某个地方出家而已。

宋恭帝是位有智慧的人,可是幼年继位,又生不逢时,想必心中自是有许多苦处,可是他潜心研究佛经,成了一代佛学翻译大师,曾经翻译了佛教中著名的《因明入正理论》作品,也算没有枉过一生。

亡命天涯的宋端宗

宋端宗,名赵昰(1268~1278年),度宗长子,恭帝兄。蒙古大军逼近临安,在文天祥等人的强烈要求下,德祐二年(1276年)正月,赵昰被封为益王,赵昺被封为广王,朝廷命他二人前往福州、泉州经略闽、粤,徐图恢复。当时赵昰8岁,赵昺5岁,还是不懂事的孩子,根本不能处理政事,跟随他们一同起行的是驸马都尉杨镇、益王母亲杨淑妃的弟弟杨亮节、广王母亲的弟弟俞如硅等人,这三人被任命为提举二王府事,由此三人代替二王处理闽、粤之事。

二月初五,谢太后率领宋恭宗赵显和百官于临安降元,宋恭帝被元朝押送到北京。伯颜又派出使者追上杨镇所带领的队伍,要他们交出二王,杨镇等人怀忠国之志，明确拒绝了使者的要求，为了躲避元军的追击，他们一行马不停蹄地向南方进军，途中，杨镇被元军抓住带回了临安。二王一路躲避元军的追击，不久，到达了温州。

宋端宗

临安沦陷后，当时的丞相陈宜中带领船队逃到了温州（今属浙江），张世杰、陆秀夫、苏刘义等各率所部将士乘船从海上辗转也到达了温州。在此，他们拥戴赵罡为天下兵马大元帅，举起义旗，发布檄文，试图号召各地宋室军民一心抗敌。此时，谢太后受到元军的胁迫，派来两名使者，要求将二王押往临安，激起了众怒，他们将两名使者杀死，丢进海里。

五月，二王抵达福州，陈宜中、张世杰、陆秀夫等拥立赵昰为帝，是为端宗，改元"景炎"，封杨淑妃为太妃，广王赵昺为卫王，陈宜中为左丞相兼枢密使、都督诸路军马，张世杰为签书枢密院事，陆秀夫为端明殿学士，不久，文天祥被诏至福州，任右丞相兼枢密院事，后又命为同都督，命他前往江西召集义士，恢复失地，又派使者到扬州诏李庭芝等人前往福州，但是李庭芝后来被元军俘杀。宋恭帝被俘以后，谢太后用自己的手诏命令各地的南宋守将投降元朝，因此，不少地方放弃了抵抗。宋端宗即位以后，朝廷初步草创，南宋又有了抗元的大旗，人们重又归心宋室。广东经略使徐直谅本来已经投降元朝，现在又重新表示归附端宗；广西守将基本上仍旧忠于宋室，他们派使者向宋端宗表示服从；文天祥率军进攻江西后，各地义军纷起响应，收复除赣州之外所辖九县，吉州八县复其半。但是不久，在元军的进攻下，江西、广东相继失守，文天祥被俘、徐直谅被杀，广西各地不久之后也被元军攻破。

宋端宗刚刚即位四个月，蒙古大军就杀向福州，试图一举荡平南宋的残余势力。他们派出骑兵和水兵由江西和浙江明州出发，进攻闽、粤。不久，浙江全境为元军占领，元军继续南下，连破建宁、邵武、南剑三城，兵锋已经达到福州前沿。由于在福建刚刚立足四个月,根基不稳,陈宜中、张世杰、陆秀夫等不敢和元军展开决战,他们急忙护送端宗等人登舟入海。

11月,船队到达泉州,泉州守将早就心怀异志,端宗一行人在此十分不安,于是重新登船入海,不久,泉州投降元朝。

12月,船队到达了广东惠州的甲子门(今海丰县东面海口)。在此,张世杰率领陈吊眼、许夫人的诸畲(当时浙江,福建一带的少数民族)兵攻打泉州,但是泉州城墙坚固,没有攻下。十月,蒙古元帅唆都率兵来救泉州,张世杰引兵退走。唆都派人劝说端宗和张世杰投降,被张世杰严词拒绝。

蒙古将刘深攻打浅湾,张世杰与之大战,兵败,护卫端宗逃亡秀山,不久,秀山失守,又逃亡井澳(珠江口外),刘深追兵赶到井澳,宋元两军在海上大战,端宗的坐船被巨浪掀翻,端宗掉入海里,被从人救起的时候,已经喝了一肚子的水,由于年纪小,受此惊吓,端宗就此起病,好几天都讲不出话来。此战,张世杰击败了元兵。但是刘深却卷土重来,紧追不舍,十二月,端宗只能抱病出海,在七里洋,宋军和元军又发生一场恶战,由于宋军在一路败退,又长期在海上流亡,食物严重缺乏,故而战斗力大减,被元军击败,广王赵昺母亲的弟弟俞如硅被元军俘虏。南宋小朝廷这个时候已经被追得是穷途末路了,几个月前,他们还有那么多的土地和将士,府库里堆积着如山的粮食和武器,成千上万的人从全国各地来到福建寻找他们,可是现在,在大陆上已经没有人能够为他们提供一块立足之地,他们只能坐在船上从一个地方永无休止地逃到另外一个地方,吃的是发霉的粮食,喝得是苦涩的海水,很多人已经灰心丧气了。

张世杰、陆秀夫等少数几个人仍然怀抱着坚强的复国信念,他们鼓舞下属,激励士兵,又护卫着病体沉重的宋端宗转移到硇州岛(今属湛江市)。第二年四月,宋端宗还是在硇州岛病逝了,由于军情紧急,就地草草埋葬。端宗自即位以来,就一直在亡命的旅途之中,虽然贵为皇帝,其实没有享受过一天的荣华富贵。他死了之后,当地的百姓还是非常怀念他,经常到他的墓地上祭扫。

第二章　皇后妃子篇

刘太后身世之谜

宋真宗先后有三位皇后，第一位妻子潘氏是名将潘美的第八个女儿，在真宗即位之前就去世了，后追封为皇后。郭氏是真宗第二任妻子，真宗即位后封为皇后，景德三年去世。真宗第三位皇后，就是著名的刘皇后。真宗去世之后，刘皇后垂帘听政，把持朝政达十余年之久。作为宋代八位摄政皇后之第一人，这位对北宋政局产生过重要影响的皇后，一生颇具传奇色彩。

景德四年，真宗皇后郭氏随驾幸西京，拜谒祖先陵墓，途中遇风寒，回到宫中竟一病不起，不久就去世了。郭皇后病逝后，真宗整天忙于敬神弄鬼，东封西祀，专干那些迷信符瑞等虚无飘渺的事情，无暇顾及宫闱。等他胡闹一番，渐渐清闲下来，这才想起中宫虚位已久，便打算册立刘氏为皇后。

德妃刘氏本是成都人氏，父名刘通，当年随宋太祖征伐太原，不幸死于途中。刘氏便跟着母亲住在外祖母家，那时刚生方数月。也是刘氏命苦，自幼母亲病逝，继而外祖母家道中落，人丁渐亡，最终只剩下刘氏，孤苦零丁一人。但是，刘氏天生聪明，诗词书画一学便会，相貌也好，十三四岁便出落得身段窈窕，生活却无依靠，饱受饥寒。

有一天，刘氏正闲着站在门前，恰遇一相士从面前路过。相士一见刘氏容貌，不由得停住脚步，把她从上到下，仔仔细细打量了一番。刘氏被看得脸红，就对相士说："自古男女有别，你不走路，看我干什么？"

相士笑着说道："我并无歹意，只因姑娘的品貌有大贵之相，我一生相

宋宫秘史

人，还是头一回遇到。"刘氏说："我可是贫寒之人，没有相金给你的，不要说谎骗人了。"相士认真地说："我不要相金，只请伸手一看，便可断定家身。"

此时的刘氏已是穷极无聊，不避什么嫌疑，听他一说，便伸出一双玉手。相士定睛一看，忍不住称赞说："姑娘竟是后妃之相，中年执掌天下大权，富贵至极。只是眼下尚未交运，日后定有贵人扶持。"刘氏听了这话，只是付之一笑，此后也没放在心上。

当时有一个银匠，名叫龚美，见她生得西子之姿，就对她说："像你这样的美人，以后还会发愁衣食么？""我现在正是缺衣少食，吃得上顿，便无下顿，你怎好取笑我呢？"龚美连忙解释说："我也是穷人，怎好取笑你？只要你能忍辱吃苦，我保你日后定能大富大贵。"刘氏说："自来吃得苦中苦，方为人上人，你且说是做什么事？"龚美见她问，便答道："你若能学好鼗鼓，同我上京城，将来遇着机会，得到王子皇孙的赏识，岂不是交上了好运？"刘氏低头暗想，恐怕如今也只有这条出路了，就答应说："这事倒不难，只是我一弱女子，又身无分文，关山迢迢，怎么能到呢？"龚美说："只要你日后富贵了，能周济我一二，我一定尽力护送你到京城去。"

龚美之所以这样打算是因为，他自己小时候是个玩鼗鼓的，已是熟能生巧，后来才改学银匠。刘氏便拜他为兄，兄妹二人同往京城而去。一路上，龚美把一生的鼓词技艺，点点滴滴地传授与刘氏。刘氏原本心灵手巧，昔日丝弦词曲便一点就通，鼗鼓到了手里几天便熟，鼓词经她一唱，格外新鲜别致。

一天，兄妹俩到了京城。龚美寻了个闹市，拣一家客店住下。次日，刘氏便在店房广庭抛头露面，施展起技艺才华来。当时的京城闲人，从未领略过这新玩艺，见了她这等美色，瞧了她这副身段，品了她这种新腔，一个个都凝神屏气，全场鸦雀无声。听过刘氏鼗鼓的，无不目眩心迷，赞不绝口。有的说："我一生听鼓词儿，像这等字正腔圆，韵味深长，从未有过。"也有的说："以前只听说美人回眸一笑百媚生，如今亲眼得见。"于是，一传十，十传百，街谈巷议，不出三五日便名满京城。

那时，赵恒还在王邸，闲居无事，经常易服微行，到这热闹场中寻开心，

自然地听到夔鼓娘的传闻。但他却不信,一个卖艺女子竟能如此美好,便寻去看热闹。还未进客店,赵恒已听得妙音抑扬,入耳动心,周身舒畅。再从人缝中窥见夔鼓,纤手摇来,别具节奏。挤到中间看她容貌,不禁神魂颠倒,目不转睛。刘氏一眼瞧出真宗绝非等闲之人,便使出平生技艺,又以眉目传情,尽管不言,已惹得真宗意马心猿。

赵恒当天回去,立即命侍从把她召入王府,二人一个有情,一个有意,没几天便如胶似漆难解难分。只是因为怕太宗斥责,暂居侍女班中,待遇胜过妻妾。不料,这事被赵恒乳母知道,传到太宗耳中。太宗即传入赵恒,当面训责,令他驱逐刘女。这赵恒正是年轻好色之时,怎肯将她轻易放走?就把她悄悄送到王宫指使张耆家中匿藏了起来。后来,赵恒即位,便召入宫中,先封为美人,又加封德妃,才得以破镜重圆。

当时的刘氏不仅温柔美丽,且生性机敏,通晓历史,对国家大事也颇具见识。真宗批阅文件,刘氏常陪伴左右。凡有疑难,刘氏总能提供恰当的建议,深得真宗信任。在郭皇后去世之后,真宗有意立刘氏为后,但他也知道刘氏的出身是最大的障碍,必须想一个好的计策。

当时,宋真宗自己拿不定主意,就找参知政事赵安仁商量。正因刘氏出身卑微,赵安仁反对立她为后。真宗听了很不高兴。第二天又找王钦若商量,并把赵安仁的意见告诉了他。王钦若对真宗说:"陛下不如问问赵安仁,他认为应该立谁为皇后。"于是,一天真宗问赵安仁该立何人为皇后,赵安仁建议:"德妃沈氏是前朝宰相沈义伦的后人,可以做皇后。"

真宗听了非常高兴,于是在第二天跟王钦若说明了赵安仁的意见,王钦若说:"陛下不说,我也知道他会这样说,赵安仁过去曾经做过沈义伦的门客!"真宗觉得赵安仁徇私,就罢免了他的官,下决心立刘氏为后。但刘氏为人处事颇为谨慎。当真宗决定立她为后时,宰相王旦忽然请病假,刘氏担心王旦持反对意见,就劝说真宗推迟此事。后来王旦上疏表示同意立刘氏为后,这件事情才最终确定下来。

大中祥符五年十二月二十四日,刘氏被册立为皇后。刘氏由银匠之妹成为一国的皇后,绝非单单因为美貌。此时的刘氏已经40多岁,早已过了花样年华,吸引真宗的是她的智慧和能力。精明能干的刘氏把后宫事务处理得井井有条,同时在朝政方面能给真宗以帮助。真宗十分信任这个陪伴他多年的枕边人,甚至有一点依赖她。当真宗的身体状况日趋恶化时,刘氏便顺理成章地帮丈夫处理朝廷日常政务,裁定国家大事。

除此之外,龚美也留在真宗身边为其效力。真宗即位后,龚美改姓刘,仍与刘氏以兄妹相称。由于刘氏的关系,刘美升得很快,逐渐掌握了京城军权,成为刘氏最为得力的助手之一。真宗统治晚期,刘氏权力越来越大,成为实际上的统治者,其一举一动,对当时的政局,尤其是寇准、丁谓两派之间的斗争,产生了决定性的影响。

刘氏虽受真宗宠爱,但自己却没有生下一儿半女。正巧,真宗看上了刘氏宫里的一个侍女李氏,受到真宗宠幸的李氏于大中祥符三年生下一子也就是赵受益,后为宋仁宗。当时刘氏还没有被封为皇后,年近四旬的刘氏可能认识到自己不会再有孩子,便接受了李氏的这个孩子,由她和另外一个嫔妃杨氏共同抚养,严禁宫人向孩子说明真相。

真宗很宠爱刘氏,默许她抱养李氏之子。拥有子嗣,对刘氏能册立为皇后,以及真宗死后顺利垂帘听政具有重要的意义。聪明的刘氏十分明白儿子对她的重要性,不管是出于真心,还是假意,刘氏还真是充当了一个合格母亲的角色,细心地抚育赵受益,母子感情十分融洽。这位皇子从小就叫刘氏大娘娘,叫杨氏小娘娘,一直认为刘氏就是自己的亲生母亲,直到刘氏去世后,才知道真相。

真宗先后有5个儿子,但都陆续夭折。赵受益的降生,真宗中年得子,自然喜出望外,十分疼爱他。等到受益年纪稍大一点,真宗就细心为他挑选老师,关注他的学业,培养他成为自己的接班人。天禧二年中秋节,真宗正式下诏册立八岁的赵受益为皇太子,改名为赵祯。

乾兴元年二月,真宗病情急剧恶化。弥留之际,真宗放心不下年幼的太子,丁谓等人向真宗保证将全力辅佐太子,真宗这才稍稍安心。二十日,真宗死于延庆殿,享年55岁。太子赵祯即位,是为仁宗。遗诏规定:尊刘皇后为皇太后,在仁宗成年之前代为处理军国大事。真宗时代结束之后,开始了

长达 12 年的刘太后垂帘听政时代。

宋仁宗郭皇后为何被废

宋仁宗的皇后郭氏是平卢军节度使郭崇的孙女。仁宗在做太子时，特别宠爱的妃子是张美人，即位后，就想立张美人为后，可是刘太后却不同意，并且在天圣二年，为仁宗立郭氏为皇后。虽然郭皇后对仁宗体贴备至，可是仁宗却不喜欢郭皇后，仁宗喜欢的是尚美人、李美人和张美人。所以郭氏虽贵为皇后，但一直得不到仁宗的宠爱，如同住在冷宫。

受宠的美人知道皇上的心思，所以互相争宠，并且总是逮着机会，就损毁郭氏，都想取皇后而代之。尚氏、杨氏等就多次和郭皇后发生争执，双方都忿恨不已。有一天，尚美人又在仁宗面前说郭皇后的坏话，恰巧被郭皇后听见了。郭皇后怒不可遏，上前挥手就想抽她一耳光。不料，在一旁的宋仁宗救美人心切，扑过去就挡住了尚美人。可是郭皇后盛怒之下，这一巴掌实在是又快又狠，等到她见到皇上扑过去，却实在也没有办法停止，就这样巴掌被仁宗挨上了。仁宗只觉得颈上火辣辣的，脑袋昏昏沉沉，一股股怒气直往上蹿，被随侍扶入冬殿。

内都知阎文应一向善于迎合宋仁宗，是个溜须拍马的小人。他知道皇上不喜欢郭皇后，可是又没有机会废掉，所以仁宗绝对不会放过这个废后的绝好机会的。他马上就给仁宗出了主意，建议仁宗把皇后留下的手印给宰相辅政大臣们看，这样仁宗就能立刻废掉皇后。仁宗接受了这个建议，真的召来大臣吕夷简，告诉他事情的经过，还请他看皇后的手印。果然是红痕刺眼。吕夷简以前曾经被废相，他以为是郭皇后向皇帝说了坏话，早就怨恨郭皇后，于是乘机向皇上进奏说："废后的事情，古代就有先例，所以皇后如果有错，您可以废掉皇后。"侍臣们也纷纷跟着附和说："郭氏身为皇后九年，却没有子嗣，实在是应当废去啊。"宋仁宗听着大臣们没有反对废后，还站在自己这一边批评郭后，心里的一块石头落了地，他本来是十分高兴的，可是当真说到废去皇后，宋仁宗又有些犹豫不决了。这时宰相吕夷简就在一边鼓

国学经典文库

宋宫秘史

八一

宋仁宗赵祯

劲说:"光武帝是汉代的明主,当时他的郭皇后只是心中有怨怼就被废了,何况是打伤了陛下呢? 更是罪不可恕。"仁宗于是决心废去郭皇后。废后的消息不胫而走,宫中、朝中都紧张和热闹起来,御史中丞孔道辅、谏官范仲淹、段少连等十余人力谏,声称:"废后是件大事,郭皇后没有过错,不可废啊!"吕夷简却吩咐有司不得接纳台谏奏章。仁宗也下诏说:"皇后没有子嗣,自愿入道,现在经过特许封为净妃、玉京冲妙仙师,赐名清悟,住在长乐宫。"

废后诏书已经颁发,台谏的奏章又不能上达,御史中丞孔道辅和谏官范仲淹只好连同知谏院孙祖德、殿中侍御史段少连、侍御史蒋堂、郭劝、杨偕、马绛、右正言宋郊、左右言刘焕等在宫门外等候皇上召见,极力想劝阻仁宗垂听谏官的话,不要废掉郭皇后。孔道辅、范仲淹等要进去见皇上,可是守候殿门的内吏却把宫门关得紧紧的,不去通报给皇上。御史中丞孔道辅一时间十分着急,双手使劲叩着宫门的铜环,还大声疾呼皇上:"皇后被废,为什么却不听台谏进言呢?"孔道辅等人看没有效果,又接着去拜见宰辅吕夷简。孔道辅还质问吕夷简:"我们作为臣子来侍奉皇帝皇后,就像子女侍奉父母一样。父母不和,本来就应当劝和的,怎么能只顺从父意却将母亲扫地出门呢?"一席话说得吕夷简实在没有话说。朝中百官都很生气,纷纷指责

吕夷简。吕夷简被逼无奈，只好又搬出先例，争辩着说："废后的事，本来就不是本朝首创，古代就有很多。"孔道辅、范仲淹十分气愤地指斥他说："为人臣子应当用明君来教导君王，怎么能引出汉光武帝那种失德的事情来劝皇上呢？这并非是人臣之道啊！"吕夷简只好拱手说："我无能为力，你们自己面见皇上吧。"可是没等孔道辅等见到皇上，他们已被贬官，逐出京城去了。

郭皇后就这样被废入道。不久尚美人也失宠了，废入了洞真宫，也成为道姑。杨美人也被安置在其他的宅子，不能见到皇上。仁宗则赐郭氏金庭教主、冲静元师等法号，来表示安慰。后来宋仁宗很想念他的结发妻子郭氏，于是常常遣使去问候，还赐赏乐府。郭氏为感谢圣恩，常常书信作答，言词凄凉悲伤。仁宗又有些割舍不下郭氏了，于是就派人秘密地召郭氏回宫。郭氏要求仁宗如果要再想见召，那么应当百官立班受册才行。可是仁宗没有答应，不久郭氏竟然染病去世了。死前内侍阎立应曾经奉命带御医前去诊视，可是本来病不重的郭氏没过几天却暴病身亡。宫中和朝廷都怀疑是阎文应下毒，但也只是怀疑，没人敢查证，不过没过多久那个阎文应就被仁宗皇帝流放走了。

宋仁宗曹皇后为何能稳坐后位

宋仁宗明道二年，郭后被废后，枢密使周武惠王曹彬的孙女曹氏便被诏聘入宫。次年，曹氏便被册封为皇后，入主后宫。曹皇后天性面目慈善，非常节俭，注重稼穑，又知书达礼，文质彬彬，还能写一手漂亮的飞白书。更值得人们称赞的是在关键的时候，文弱的曹皇后却镇定自若，临危不惧，因此后人认为正是曹皇后这样的人格和修养，才得以在明争暗斗的宫廷生活中得以颐养天年。

在曹氏被册立为皇后的第二年冬天发生了一次变故，那天曹皇后刚侍候好仁宗就寝，就突然听到殿外传来呼号声、喊杀声和撞门声。仔细一听原来是很多侍从意图集体越脊冲进殿，劫掠兵仗，夺取兵权，然后杀死仁宗，抢夺宫中财物。曹皇后急忙吩咐近侍将门窗关紧并且统统堵死；当时仁宗听

到这个消息以后吓得全身直发抖，慌慌张张地就想逃出寝殿，曹皇后拦住了仁宗，并且果断地派人告知都知王守忠，带兵攻入寝宫。在王都知还未到时，就听到殿外一阵阵惨叫，原来是叛兵杀死一些宫嫔、侍女，气氛一时间恐怖阴森。宦官也担心发生兵变，多次建议殴打宫女发出惨声，以掩盖真相。曹皇后怒声呵斥他们：“贼就在眼前，你们

曹皇后

瞎说什么啊！”接着，曹皇后下令宫人准备冷水，因为她听到殿外的叛兵没什么动静了，估计是这些人撞不开门放火去了。曹皇后真是料事如神。没过多久，贼兵果然开始放火，火势蔓延，眼看着就要烧毁宫门和挂帘，宫人立即泼水浇火。有叛兵冲进来，曹皇后就鼓励宦官努力杀贼，并承诺一律重赏。这才没有酿成大祸，都知王守忠带领卫兵及时赶到，擒杀了叛兵，平息了这场血腥的兵变。可是令人意外的却是仁宗十分糊涂，而且糊涂至极。这场变故仁宗能转危为安、化险为夷，全靠曹皇后的决断明智，因而曹皇后不可置疑的有护驾、保驾之功。可是，这样贤慧明智的皇后却赶上了一个糊涂皇上，仁宗不仅不念皇后有功，颁给奖赏，他反而说是张美人有功，想颁发诏书，升张美人为贵妃。后宫一时间怨气汹汹。朝臣们也大为气愤。知谏院王贽、御史何郯则上书力谏，直言其不可。翰林学士张方平则婉转劝皇帝，舍皇后而礼尊美人，古来没有此礼。但仁宗不听，还是晋张美人为贵妃。曹皇后大度大量，什么都不计较。

在仁宗病危期间，宰相韩琦等鉴于仁宗的三个儿子都过早去世，奏请仁

宗早日建继嗣。嘉祐七年八月，仁宗下诏，立异母兄弟孔濮王赵允让的第十三子赵曙为皇子。这年赵曙虽然年已三十，身体却很孱弱，于是他托病不受皇子。仁宗命使者往返了多次，可是赵曙却仍然不接受，使者只好用肩膀扛着他进到了皇宫。次年仁宗过世后，曹皇后就紧闭宫门，妥当安排宫中事宜，然后召皇子赵曙入宫，遗诏嗣位。赵曙坚决不肯即位，他转身就逃走了，曹皇后和辅政大臣截住他，为他解散头发、又为他披上御衣，拥立他即皇帝位，这就是昏庸无能、一身是病的宋英宗。宋英宗即位没过多久，就突然得了癫狂病，不认识任何人，也不吃任何药，话也不说一句。次日，宋英宗病情就加剧了，他狂号着前后奔走，实在无法履行皇帝职责。于是曹太后只好垂帘听政。

到元丰八年时，宋英宗的病情已经很重了，大多数情况下处于不正常的状态。有时他的举动出乎人们意料之外，他动不动就骂后宫嫔妃，有时甚至谩骂曹太后，弄得后宫人心惶惶，剑拔弩张。大臣司马光和吕诲等都曾上疏极力劝解，但是两宫还是不能和解。有一次，韩琦、欧阳修在帘前奏事，却听到帘后曹太后呜咽抽泣起来。大臣们忙问何故，曹太后泣不成声，告诉大臣原来是宋英宗整日行为异常，疯疯癫癫，对自己临政总是耿耿于怀，时常出言不逊。韩琦连忙上言劝慰太后，说是由于皇上病重的缘故，还劝太后要担待一些。欧阳修也进行劝解，说太后侍奉先帝数十年，仁德传遍天下，朝野谁人不知？当年张美人受宠，太后都能处之泰然，今日母子之间反到不能相容？太后听他们这样一说，果然心里舒服了不少。欧阳修担心太后有废嗣之心，便说道：先帝在位期间，对天下百姓广施德泽，所以一日驾崩之后，天下人奉从先帝遗言拥护嗣君，不敢相背。现今太后只是一个妇人，臣等五六个人而已。如果不是先帝遗意，天下人谁人能服啊！太后听了默默无语。韩琦这时接着又说，皇太后深处内宫，臣等作官在外，如果皇帝有何调护不周的情况，太后断不能推究责任！曹太后又惊又气，这无异于说皇上一旦有什么事，惟太后是问！于是便愤愤地说，这是什么话，儿子有病，我更为关切！几天后，韩琦又单独见英宗，英宗见了他就说太后对他少有恩德。韩琦却回答英宗说，父母慈爱而后子孙孝顺，这是天下常理，不值得称道。值得人赞美的是父母虽不慈爱而子孙却很孝顺！自古以来圣明帝王实在很多，但为什么只说舜是大孝？难道其他的帝王不孝吗？实在是由于舜做到了父母不慈而他却一直孝顺父母。更何况现今曹太后仁慈，天下哪有父母不仁慈的呢！英宗也不言语。

宋英宗就这么闹腾了四年，在治平四年正月在福宁殿去世，即位的是宋神宗，曹氏被尊为太皇太后。

张美人如何集宠爱于一身

在古时，皇帝集各种大权于一身，不仅手握着生杀大权，还享受着非普通人所能想到的快乐。每个朝代的皇帝都会把很大的心思花在后宫上，虽然名义上皇后掌管着后宫的大小事务，但实际上真正起作用的还是皇帝。后宫佳丽三千，谁不想荣华富贵？谁不想有个更高的名位？谁不想争得皇帝的宠爱？后宫的妃子们便利用各种手段来喜迎皇帝的注意力，获得皇帝的宠爱，因为这样不仅自己受益，而且自己的家人也会获得加官晋爵的待遇，正所谓"一损俱损，一荣俱荣"。正是由于这一点，后宫的各个佳丽们都是无所不用其极，相互排挤，相互倾轧，其残酷程度不亚于朝廷大臣的权力争斗，因为这几乎就是关系到自己一生命运的斗争，是荣耀一生还是老死冷宫，就看这一点了。所以每个朝代都会有一些集宠爱一身的后宫佳丽，而在宋仁宗的中后期，后宫就出现了这样一个人物，那就是张美人。

张美人原本是石州推官张尧封的女儿，后入宫侍奉皇帝，起初还只是个普通的御侍，但是张氏美艳无比，而且聪慧机灵，最善于奉承宋仁宗，因此得到了宋仁宗的宠爱。在康定年间（1038～1041年），宋仁宗接连晋张氏为才人、修媛和美人，而且仁宗欲将张美人立为后，但是刘太后却觉得此女过于美艳，会引导少年皇帝纵欲，荒废政事，于是淘汰了这位皇后候选人。但是这并没有丝毫减少宋仁宗对她的宠爱，而张美人也是利用各种办法来博取仁宗的欢心，求得一日晋升为皇后，正在此时宫内发生了一场内乱给了张美人一个机会。

庆历八年闰正月，宋仁宗因为西北边境兵患已消；贝州的王则之乱又经明镐、文彦博讨平，天下无事，四海升平，心内觉得十分快乐，于是歌舞升平了一夜，后在曹皇后的宫中就寝。但是在半夜，崇政殿侍卫官颜秀、郭逵、王胜和孙利等人，乘夜深人静杀死了守宫的军校，夺得兵器，直奔仁宗的寝室。他们的行动却惊动了一个宫女，宫女惊叫一声，遂被颜秀杀死，但是惊动了曹皇后，她沉着镇定，先稳住了惊慌失措的宋仁宗，随后调动侍卫保护皇上。很快，宫廷的侍卫和宦官就赶到皇后的寝宫，将颜秀等人围攻杀死。内乱之后，张美人第一个赶到，安抚受到惊吓的仁宗。可是曹皇后并没有因为自己临危不乱而受到宋仁宗的嘉奖，相反谏官王贽上书说，此变乱起于皇后的宫内，应当严加追究，加强对其他党羽的惩治，其矛头直接指向了曹皇后。这其实正是顺了宋仁宗的心意，因为他很早就想尊崇张美人，但是却没有机会，这次他终于找到机会了。宋仁宗不顾宫廷之变时曹皇后镇静协调、指挥平乱的事实，却说张美人护驾有功，意在擢升张美人。当时的宰相陈执中却认为舍皇后而尊美人，太无道理，表示反对，但是宋仁宗一意孤行，在当年的十月，晋张美人为贵妃，此时的张美人的权势愈来愈大，集皇帝宠爱于一身。

早在张美人晋升为贵妃之前，就依靠着宋仁宗的宠信，渐渐地开始干预政务。这样便有很多的人走张美人的路子，给其送钱送物，对她极力巴结奉承，以求有一天张美人在皇帝面前美言几句，以达升官发财之目的。镇压王则起义的文彦博就是通过张美人的美言获得晋升的。早在文彦博任益州知府的时候，就向当时的张美人进贡，以讨取张美人的欢心，从而由张美人在宋仁宗面前极力地说起好话，将文彦博擢升为参知政事。张美人升为贵妃之后，十分感谢谏官王贽的上书，秘密地赠送了金币数万，并且请宋仁宗将其擢升为天章阁侍制。相反，原先坚决反对的宰相陈执中被人弹劾，辞官归乡。

当然最为受益的就是张贵妃的家人，就如同唐代的杨贵妃一样，张贵妃的家人也随着张贵妃的地位的升高而受益。张贵妃的伯父张尧佐由一个六品的小官，迅速地升作为礼部侍郎，后又升为三司使。在1050年，宋仁宗又将其擢升为淮康节度使、景灵宫使和同群牧制使。他的两个儿子也被赐为

宋宫秘史

进士出身。这样不正常的升迁,很快引起了朝廷官员的不满。知谏院包拯就进谏指责宰相文彦博徇私渎职。但是,宋仁宗却置之不理,反而责怪包拯没有按照常制进谏,有违规定,并且说不会因为贵妃的缘故而用人。但是,这是宋仁宗的一面之词,巴结奉承张贵妃的人还是大有人在。有些人不能直接和张贵妃接触,就和张贵妃的家人接触,用尽办法使自己升迁。有的甚至将自己的尊严都不顾了,例如枢密使贾昌朝为了稳固自己的权位,甚至不惜认张贵妃的乳母贾氏为自己的姑母,以讨好张贵妃。由于后宫干政,使朝廷上下乌烟瘴气,贪官污吏横行,引起了很多正直官员的不满,他们纷纷上书,希望宋仁宗能够自己处理朝政,不要让后宫的妃子干预朝政,这样才能重整朝廷视听,朝廷才会有希望。

但受宠一时的张贵妃没能为宋仁宗生个皇子,自己反而在皇佑六年(1054 年)正月不幸得病,经过一段时间的医治,还是无效,结果玉殒香消。宋仁宗十分伤心,竟然废除朝议十天之多,并且禁止宫内声乐,用皇后的厚礼来安葬张贵妃。

佳丽三千为何独选孟娘做皇后

宋神宗赵顼去世之后,他的第六子赵煦就继承了皇位,也就是宋哲宗。当时,宋哲宗刚满 10 岁,不怎么懂事,所以只得暂且由他的祖母高太皇太后掌握国家大权。

一晃五年就过去了,宋哲宗也到了该结婚的年龄,其实,中国古代皇帝结婚的年龄也未有任何限制,一般都在 16 岁左右。但是太皇太后与皇太后认为哲宗已满 15 岁,是应当举行大婚的年龄了,所以高太皇太后就下诏为哲宗选后。因为高太皇太后下令不从宫亲贵戚中选皇后,所以就挑选天下各地的美女进宫,要从中为宋哲宗选出一位母仪天下的皇后。没过几日,来自全国各地的好几千名美女就进到了皇宫。首先由皇宫里的总领太监进行第一轮挑选,选出一百多名;然后,再由太皇太后和皇太后再亲自从这一百余名美女中为哲宗选出皇后。

选后那日，高太皇太后仔细地端详着这一百余名美丽的女子，看过一个又一个，都不太满意。直到后来，高太皇太后突然发现队伍的最后几个女子中，有一个女孩子特别地与众不同，她身着紫红衣裙，仪态端庄，面如桃花，模样长得实在俊俏，于是高太皇太后禁不住在这女孩子身上细细打量起来，越看越满意，暗自点了点头，只觉得皇后的最佳人选就是这位姑娘了。这时，诏令官察言观色，发现高太皇太后眼睛一直不离开这位女子，就赶紧走上前去，小声地说："启禀太皇太后，她叫孟娘，是马军虞候孟元的孙女。"高太皇太后听到这里，就招呼孟娘走上前来，她笑着说："你过来，让我好好看看。"孟娘也十分乖巧，轻盈地走到高太皇太后面前，跪下轻启朱唇："民女孟娘叩拜太皇太后，皇太后。"高太皇太后叫她起来说话，可是这孟娘却不肯起来，还是跪着对高太后说："太皇太后德高望重，人所共仰，民女应该跪拜听话。"高太皇太后当下就更喜欢这个女孩子了，觉得像这样知书达礼、性格温顺的好姑娘就应该贵为皇后，所以马上就停止了这次审验，把孟娘接到了后宫。

这孟娘是什么样的出身和为人呢？孟娘当时十八岁，是北宋马军虞候孟元的孙女。孟娘因为从小长得漂亮，性格温顺，受到了爷爷孟元的特别喜爱。爷爷孟元曾为孟娘请过当地最好的老师来教她诗词歌赋和经文，使她知书达礼，有学问、有知识，并且一点都不俗气。高太皇太后弄明白这些情况后，十分满意，就和向太后商量，向太后也同意了，于是就准备挑选日子，为哲宗完婚。哲宗本人早已听说孟娘的美貌，却一直没有亲眼所见，本来就已经很向往，现在又听到高太皇太后和向太后对他说这女子贤惠有教，受到她们的喜爱，所以也没有二话，说："孩儿愿意听从太皇太后和皇太后的安排。"高太皇太后于是下令五月初八那日举行册封孟娘为皇后的大典，接着为哲宗举行大婚。她还专门派人教孟娘一些宫里的礼仪，还有皇帝大婚和册封皇后的规矩，直到孟娘一一记在心里，高太皇太后才命人把孟娘先送回了家，到时再来迎娶。

五月初八那日，天还没亮，孟娘就早早起来梳洗打扮，高太后也从宫中专门选了一些宫女为她打扮。天刚亮，奉迎使、尚书左仆射吕大防就带了奉

中华宫廷秘史

迎卫队来接孟娘。那时，礼炮声震耳响彻云霄，鼓乐齐奏欢天喜地，孟娘带着对未来生活的憧憬和渴望，也带着对爷爷和父母依依不舍的心情，坐在了精美绝伦的乘舆里，由奉迎卫队护送去了皇宫。皇帝大婚在中国古代是十分重要和庄严的事情，因为它代表着皇帝皇后将合天下之好，上事宗庙，下继后

宋哲宗赵煦

世，为天下夫妇树立仁德典范，所以大婚自然不同寻常，礼仪也就极为复杂。孟娘接受了宋朝迎立皇后的"诰命"，也就是册宝，册用珉玉 50 简做成，宝则用纯金制作，方一寸五分，高一寸，上面刻有"皇后之宝"四个大字，接受册宝也就代表着孟娘愿意做皇后，愿意入主后宫，接着她将册宝交由司言、司宝掌管，再由司仪引导坐上了皇后宝座，坐北面南，接受内官们的叩拜。这样，册立皇后的仪式告一段落。皇帝大婚的仪式比起册后仪式更是复杂，孟娘哪里经过这样的大场面，经过这样的折腾，她已经有些支撑不住了，不过也只有等这些礼仪全部结束，孟娘才住入了属于皇后的坤宁宫，成为大宋第七位皇帝宋哲宗的皇后。

孟娘嫁入了皇家，仍旧保持着自己的温顺贤惠的性格，对下人十分宽厚，也从来不去压制其他的嫔妃，所以在成为皇后的前几年受到了皇宫上下的尊敬和爱戴，称得上是宋朝典型的好皇后。只是凡事有利就有弊，她一味的好性格却在后来成为哲宗的新宠刘妃用来赚取后位的工具，最终哲宗废掉了孟后，另立心狠手辣的刘妃为皇后，实在是让人觉得世事弄人。

刘婕妤如何搞垮孟皇后

哲宗的皇后孟娘是高太皇太后与向太后亲自为哲宗挑选的百里挑一的好皇后,她温柔贤淑,知书达礼,又性格极好,宋哲宗在新婚燕尔对孟娘也是一往情深,两人恩爱有加。

孟娘比哲宗年长四岁,她侍奉高太皇太后与向太后周到备至,友好地对待其他妃嫔,对宫女十分关心和照顾,所以孟皇后被公认为是贤良淑德的好皇后,受到了皇宫上下一致的尊敬和爱戴。

然而好景不长,高太皇太后病逝,哲宗亲政后由于政务繁忙,开始只是偶尔冷落孟皇后,这也是在所难免,可是过了一段时间后,孟皇后就感到事有蹊跷了,她发现宋哲宗对自己有些爱理不理了,甚至十分冷淡,有时甚至半月不上她的坤宁宫一同。孟皇后纳闷于皇帝的冷淡,急忙打听事情原委,原来哲宗喜欢上了擅于讨好人的刘婕妤,甚至宠爱刘婕妤到说出让刘婕妤为皇后的地步。孟皇后也不便计较,再加上她本身性格就很温顺,也就听天由命去了。不过,这个刘婕妤可不是盏省油的灯,她听到皇帝偶然间说出的立她为后的话,心里便一下子怦然跳动了起来,她有些蠢蠢欲动了。可是要想当皇后障碍却有很多,首当其冲就是孟皇后。于是刘婕妤打定了主意:一定要将孟皇后扳倒,自己做皇后。

刘婕妤仗着哲宗的喜爱,寻找着契机压倒孟皇后。绍圣三年的一天,孟皇后带着嫔妃们去朝景灵宫谒,在礼仪结束后,孟皇后坐下来休息,其他妃嫔都恭敬地站在皇后周围等待,可是刘婕妤却胆大地一个人站在门边用背对着孟皇后,她这明显是给孟皇后难堪,孟皇后本来应当按宫中的规矩,治刘婕妤的罪,可是孟皇后天生宽宏大量,她没有那样办,而是什么都没说,站起身来当做什么事也没发生过一样回宫去了。这时刘婕妤认定了孟皇后的懦弱,从此欺负孟皇后的气焰更加嚣张了。

还有一次,冬至节将到,孟皇后率领众嫔妃前去隆佑宫朝见向太后,在向太后未出来之时,孟皇后与众嫔妃要坐下来等候。按宫中规矩,孟皇后要

坐金饰的椅子,而其他嫔妃则坐木椅子,刘婕妤自然也不例外,可是当宫女为刘婕妤搬来木椅子时,她却不愿就坐,眼睛还总是瞟向孟皇后坐的金饰椅子。众人都心知肚明,也不知该怎样处理这件事。这时一个调皮的宫女搬来了另一把金饰椅子,刘婕妤高兴坏了,心安理得就美滋滋地坐在了上面,嫔妃们虽然很气愤,可是孟皇后不说话,她们也毫无办法。这时,一个宫女高喊:"太后到。"刘婕妤听到赶忙站起来,生怕得不到讨好向太后的机会,可是太后并未到,孟皇后只好叫大家坐下。刘婕妤只好也随大家灰溜溜地坐了下来,可是哪里料到那个调皮的小宫女早已将金饰椅子撤了去,刘婕妤一屁股坐在了地上。嫔妃们见状,都哈哈大笑了起来,刘婕妤生气极了,再加上摔得疼痛难忍,她连太后的影子也没见到,就跑去向哲宗诉苦去了。这件事让哲宗对孟皇后起了疑心,当晚上就到坤宁宫向孟皇后问罪,孟皇后一见皇上脸色不对,马上就跪在地上将白天的事情一五一十地说了出来,把责任归到自己的身上,说是自己平时管教宫女不严所致。其实这件事本来就不关她的事,是那个刘婕妤自讨苦吃。可是孟皇后不懂得自我卫护,在与刘婕妤的次次交手中屡屡居于下风,这没有平息刘婕妤已经点燃的嫉妒的火苗,反而更助长了刘婕妤扳倒孟皇后的气焰。

从此刘婕妤寻找一切机会来搞垮孟皇后,她派了亲信耳目监视孟皇后的一举一动,她买通皇帝身边的亲从郝随为她效力。时日长久,果真让她逮住了机会,孟皇后的养母宣夫人燕氏看孟皇后一直没有为皇帝生下皇子,内心十分着急,于是便私下里请了尼姑法瑞设祭坛,祈求观音菩萨赐福给孟皇后,让她早生龙子。却哪里料到福没赐到,却被宫里的人传了出去。刘婕妤的耳目郝随得知这个消息,乐得简直发狂,忙不迭的告诉刘婕妤。刘婕妤高兴地直拍巴掌,马上让郝随写好奏章呈给皇上,说孟皇后指使人暗里诅咒皇帝,哲宗看完郝随的奏折,虽然心里不相信,但还是有些将信将疑,派了梁从政等几位大臣负责审讯这件案子。

刘婕妤听说之后,赶紧叫来梁从政等人,吩咐他们务必要拿到口供,说是孟皇后指使干的。梁从政几人抓来三十多位太监和宫女,严刑拷打,逼问口供。可是孟皇后平日里对这些宫女太监十分照顾关心,这些太监、宫女不忍心诬陷这么好的皇后，没有一个人诬陷皇后，甚至有的太监被打断了肋骨，有的宫女被割掉了舌头，也毫不昧着良心说话。最后，梁从政没辙了，只有按着气息奄奄的太监和宫女们的手在早已写好的供词上按下手印，拿给皇上看了。宋哲宗接过供词一看，是孟皇后指使人来诅咒他的，大吃一惊，他不能相信贤惠的孟皇后会害

宋徽宗赵佶

他，于是就让御使董敦逸重审这件案子，务必要查个水落石出。哪里知道这个董御史却辜负了皇帝对他的期望，在郝随的旁敲侧击下，竟又将原判原封不动地退回给哲宗。哲宗这次没辙了，但他也生气孟皇后没生下儿子，所以下旨废掉孟皇后，收回皇后册宝；孟皇后即刻搬出坤宁宫，贬送瑶华宫，赐号华阳教主，玉清妙静仙师，法号冲真。

　　孟皇后也不知道自己犯了什么罪，就被废掉皇后。直到她进到瑶华宫，才得知是养母宣夫人为她祈求早生皇子，而这件事又被刘婕好利用才使自己遭受灾难的。孟皇后虽然心里十分难过，但她不怪罪任何人，只怪自己不能给皇帝生下皇子。她为人太善良，直到住进瑶华宫还真诚地希望别的妃子，特别是刘婕好早日为哲宗生下龙子传宗接代。

韦太后在金国的遭遇如何

　　"靖康之变"时，宋高宗的生母韦太后作为金人的俘虏，同宋徽宗、郑皇后一起被押解北上，当时她不是徽宗的正宫皇后，只是一名贤妃。金国把俘虏分作七批送至燕云，她被编在第二批，一共三十五人。他们自汴京附近的刘家寺皇子塞出发，长途跋涉了两个月之久，才到达金上京（今黑龙江阿城

南白城),韦贤妃被分配到洗衣院浆洗衣服。冬去春来,花开花落,一直到绍兴五年(1135年),她才有幸被金人释放,来到徽宗被羁押的地方——五国城(今黑龙江依兰)。原来被俘入金的宋朝女子,差不多都被集中到了上京洗衣院。这是金朝为惩罚宋朝女俘而专门成立的机构,不论是皇后皇妃,国戚贵族,只要进了洗衣院,通统都是奴隶。金朝的达官显贵经常到这里寻花问柳,稍有姿色的不是弄去当作妾媵,就是买去当作奴婢,不到几年,洗衣院便荒凉败落了。金人干脆关闭了洗衣院,将剩下的妇女分别遣往他处,韦太后就这样才来到了五国城。

但是传说,韦太后到底没有摆脱厄运,后来被盖天大王完颜宗贤索去当了夫人,不过,这些记载不见于正史,只见于稗史野乘,是真是假,已经无从查考了。据说,钦宗在徽宗崩逝于五国城后,被金人拘押到了北京大定府(今辽宁宁城西大名城),完颜亮迁都燕京之前,金国的首都就设在这里。金人把钦宗关押在安养寺里,并派阿计替严加看守。绍兴十年(1140年)四月的一天,阿计替偷偷告诉钦宗,盖天大王与韦夫人将来寺里作斋。钦宗知道盖天大王就是完颜宗贤,但韦夫人是谁,却毫不知情。

到了这一天,只听见车轮辚辚,马蹄得得,钦宗从门缝中望见韦夫人同一虬髯长官联翩而来。旁边有一侍婢抱着一个四岁左右的孩子,不时呼韦夫人为母亲。一行人一律胡服装束。那钦宗与高宗虽然都是徽宗之子,但钦宗之母是王皇后,这时早已去世;高宗之母是韦贤妃,不过韦贤妃与钦宗名分上仍是母子。二人自"靖康之变"分手以来,一直没有见过面,过了十多年,钦宗才第一次看见韦贤妃,但自己身居囚室,不便叫她,而韦贤妃也不曾料到钦宗会在这里饱尝铁窗风味。钦宗想起已故的母亲,不禁潸然泪下。盖天大王与韦夫人作完斋事,略略憩息,便启程而去了。

钦宗被关在斗室之中长达数年之久,寺中人迹罕至,只有些达官显贵偶尔来作作法事。一天,寺里住持僧告诉钦宗:他是东京陈留(今河南开封东南)人,大观年间为僧,宣和年间因事北走契丹,其后契丹为金所破,他便滞留未归,受盖天大王之命主持此寺,如今已五十多年了。他因与盖天大王熟稔,也常到韦夫人处行走,韦夫人也经常打听钦宗动静。钦宗问他:"前日那个小儿是谁?"回答说:"韦夫人所生,今年五岁了。"又过了几天,住持僧人支开了阿计替,告诉钦宗说:"韦夫人要我向你致意,南北已经通和,以黄河为界,你归期有望了。"钦宗听后沉默不语。住持僧又说:"前日韦夫人得知太上皇(指徽宗)驾崩及朱、郑二皇后死讯,暗暗堕泪了好几天,悄悄交给我金钗一股,让我作佛事追荐。请您宽心,归期不远了,您多保重。韦夫人已同大王生子,决无回去之理。"

此后,钦宗再也没听说过韦夫人的消息,约莫过了一年多,住持僧躲开监守,隔着窗户对钦宗说:"南朝皇帝(指高宗)多次派人索要韦夫人,如今盖天大王已同韦夫人一起去江南了"。钦宗想想自己身陷囹圄,回归无期,忧惧交并,不长时间头发便全白了。

高宗即位后,母子情深,无时不挂念自己的生母,便遥尊母亲为宣和皇后,封外祖父韦安道为郡王,恩泽所及,韦家有三十多人被授为官。只要一有使节赴金,便让他们打听母亲消息。绍兴七年(1137年),徽宗、郑皇后崩逝的消息传来,高宗号恸不已,对大臣们说:"宣和皇后春秋已高,朕每念及,不遑宁居。忍辱负重,与金讲和,正是为了迎回皇后!"大臣朱震上疏,请遥尊之为皇太后,另一大臣吴表臣请求等为徽宗守丧三年后,再册封为皇太后,高宗准允所请,当即播告天下。

这年春天,高宗派王伦为迎奉梓宫使,迎护徽宗、郑皇后尸骨回国,并为韦后、钦宗各带去黄金二百两。临行,高宗叮嘱王伦说:"金人若能依从朕的请求,归还韦太后,割地赔款也在所不惜。"这年冬天,王伦从金国归来,说金人允许归还徽宗灵柩及韦后,高宗听了非常高兴。第二年,王伦再次出使到金。金熙宗完颜亶为他设宴三日,并派遣大臣萧哲、张通右为江南诏谕使,与王伦一起回到南宋复命。两位使节拍胸保证,韦后安然无恙,不久便会送回南宋。高宗欣喜若狂,赶紧筹建慈宁宫,等待太后归来,并派奉迎使等候。但是,金人口惠而实不至,一直到绍兴十年,韦太后仍滞留未归,高宗在慈宁殿册韦太后为皇太后,以后,每逢她生辰,都遥行贺礼。

绍兴十一年(1141年),羁留在金的南宋大臣洪皓得到了韦太后的一封书札,派人送回朝廷。高宗大喜过望说:"朕不知太后的情况已近二十年了,

宋宫秘史

虽然遣使百人，不如见到太后一封书信。"金国派遣萧毅、邢具瞻来议和。高宗又告诉金使说："朕已得天下，而不能赡养双亲，徽宗皇帝已经弃世，太后年逾六十，风烛残年，来日无多，每念及此，痛彻心肺！今天在这里立誓，当明言归我太后。朕不耻讲和，否则朕将用兵到底。"萧毅等辞行归国，高宗又是恳求又是恫吓说："为太后之故，我朝决定割让唐、邓二州，其余疆土以淮水中流为界。若太后今年从金方归还，朕当谨守誓约；如若今年太后不归，誓约便是一纸虚文。"

没有多久，南宋又派遣大臣何铸、曹勋到金朝答谢，高宗又把二人召到内殿叮嘱说："朕北望庭帏，已逾十五载，几乎无泪可挥，无肠可断了！之所以忍辱负重，奉币求和，都是为了太后的缘故，一片诚心，皇天可鉴。"说着，不觉泪流满面，左右也都掩袖而泣。高宗又说："你等见了金国皇帝，可以朕言相告：我朝皇亲贵族赖金方安顿，朕心甚为铭感。然而岁月既久，朕为人子，深不自安，何况亡者未葬，存者亦老，兄弟族属，剩余无几，每遇岁时节序，未尝不北向陨涕，若金使朕父兄母子团聚，此恩此德，当没齿不忘。况且太后在金朝，不过是一个寻常老人，若在本国，则所系甚重。你们要以此天性至诚相告，想来金国皇帝也会受到感动的。"

何铸等到了金朝，第一个请求便是归还韦太后。金熙宗完颜亶说："先朝业已如此安置，现在怎么好更改呢？"何铸说："先前两国干戈不休，如今已签订了'绍兴和议'，南北通和，遐迩一家，还请归还太后。"经过再三请求，金熙宗才答应归还太后，并派大臣高居安、完颜宗贤等扈从以行。宋高宗也派王次翁为奉迎使，迎接韦太后回銮。

韦太后身陷异域，对回归祖国已不抱任何希望，忽然得知回銮有期，不禁欣喜若狂。和她一起入金的乔贵妃听了消息，特地前来探望，又勾起了韦太后的往事。原来韦、乔二人出身寒微，入宫后都在郑皇后处服役。二人私谊甚笃，便结为姊妹，并相互约好先贵的人不要忘记旧好。不久，徽宗宠幸乔贵妃，贵妃不忘前言，积极荐引韦氏，徽宗对韦氏颇为钟情，封她为贤妃。徽、钦北迁，韦氏与乔贵妃也一路同行，在金国度过了十五年囚犯一样的生活。当时金使高居安已在韦太后处，乔贵妃从身上掏出五十两黄金递给高居安说:"些许薄礼,不成敬意,请太尉笑纳。此次太后回銮,还望太尉妥为照管。"又斟了一杯酒望着韦太后说:"姐姐回去就是皇太后了,一路多多保重。妹妹我永无还期,只能成为异域之鬼了。"太后一阵心酸,泪珠夺眶而出,乔贵妃也泣不成声了。韦太后说:"还有什么话要说?"乔贵妃说:"姐姐到快活处,莫忘了此间的不快活。"韦太后说:"怎敢忘掉今日!"寒暄过后,乔贵妃才依依惜别。

南归前夕,韦太后又见到了钦宗。原来"绍兴和议"后,金人虽不肯归还钦宗,但看管松得多了。钦宗挽着韦太后的车轮说:"倘我能与太后一起南归,没有其他奢望,只要能管理太一宫就心满意足了,请太后转达五哥(南宋宫廷称钦宗为八哥、高宗为九哥)。"韦太后回答说:"我南归之后,如不派人来迎你,当瞎了我的双眼。"钦宗无语堕泪,伫立良久才蹒跚而去。

绍兴十二年(1142年)初夏,韦太后自沙漠南归,高宗派遣参知政事王庆曾与韦太后之弟韦渊在国境迎接。金熙宗也派近臣护送。到了燕山,金使惧怕天气炎热,逡巡不前。韦太后从金朝副使那里借得黄金三百两,答应到达南宋国境时加倍偿还。她笃信佛教,三百两黄金除用少许营办佛事外,其余的全数犒赏了随从。随从们欢声雷动,冒着溽暑护送太后南行。到了宋朝国境,金朝使节要求偿还借款,然后前进。韦太后让韦渊想想办法。韦渊说自己虽受封为郡王,其实是闲散官职,要筹措金钱,应当与朝廷大臣王庆曾商量,他无能为力。而王庆曾出发之日,事无巨细都听宰相秦桧安排,秦桧没有吩咐的,他不敢越雷池一步,因此坚持不肯付钱。双方在边境上相持了三天,韦太后急得七窍生烟,愁得五内俱焚。后来还是专门为奉迎而来的王瑛慷慨解囊,其他人也拿出散碎银两,才勉强凑足六百两黄金交给金使,金使这才高高兴兴地办了交接手续,回朝复命去了。

韦太后一行从燕山迤逦东行,来到东平(今山东省),再由东平经安徽,然后到达楚州(今江苏淮安)。高宗亲自到临平镇迎接。为了表示隆重,高宗下诏用半副銮驾迎接韦后,仪卫竟有二千四百八十三人之多,这是当时的最高礼遇。自北宋灭亡,金国以礼送回人质,这是第一次。高宗虽然割地赔款,但毕竟争回了面子,因而兴高采烈。宰相秦桧、大将张俊、韩世忠等人自

宋宫秘史

帷幄外拜见太后。太后在北方时就听说韩世忠骁勇善战,特地召到帝前慰问说:"这就是韩将军吗? 我在金国就久闻大名了。"韩世忠也慰问了一番,方才欠身离去。韦太后又问:"为何不见大小眼将军?"岳飞两眼一大一小,所以人称大小眼将军。一位大臣悄悄告诉她:"岳飞已经死在狱中了。"太后责备高宗说:"岳飞是国家栋梁,打得金人望风逃遁,为何置他于死地?"说着,便忿忿然要出家,慌得高宗连忙伏地请罪,韦太后这才消了怒气。据说,她从此之后终身都穿道士服装,表示对忠将岳飞悼念。

韦太后栉风沐雨,跋山涉水,历尽千辛万苦才回到了临安,结束了她在金国的屈辱的生活,太后被掳往金国时只有四十多岁,归来时已年逾六十,是一个垂垂老妇,太后一直活到八十岁才溘然长逝。

宋光宗李皇后是如何独霸后宫的

宋光宗赵惇的皇后李氏,是一个飞扬跋扈、工于心计的女人。

她出长于安阳,是庆远节度使李道之女,小名凤娘。李道驻节湖北时,听说道士皇甫坦擅长相面之术,便请到家中,让几个女儿出面拜见。及至凤娘行礼时,皇甫坦显出惊恐之状,不敢受拜,告诉李道说:"此女相貌不凡,将贵为天下之母。"李道只当他是信口开河,不以为意。皇甫坦云游京师,在高宗面前极力吹嘘凤娘,说她端庄贤淑,可以母仪天下。高宗深信不疑,即聘凤娘为恭王赵惇之妃。

说来凑巧,淳熙十四年(1187 年),八十一岁的退位皇帝高宗赵构撒手尘寰。孝宗虽非亲子,但叔侄一向情笃,因而十分悲恸,不免心灰意懒,无意朝政,也想效法高宗,禅位给太子惇。只是大臣苦谏,他又孝服在身,不好马上行禅让之礼,只得作罢。好不容易捱过了两年,六十三岁的孝宗皇帝自觉心神交瘁,体力不支,而守丧也已满期,便不顾丞相周必大、留正等的劝阻,在紫宸殿举行了受禅大礼,由光宗赵惇承继大统。老皇帝被尊为寿圣皇帝,退居重华宫,孝宗皇后谢氏为寿成皇后,高宗皇后吴氏为寿圣皇太后,并大赦天下,册立凤娘为皇后。那凤娘见皇甫坦的话已经应验,自己真的成了皇后,不由高兴得心花怒放。

凤娘虽然艳若桃李,但却生性悍妒。为太子妃时,就曾多次在太后、皇后宫中拨弄是非,诉说太子亲信的过错。高宗知道后很不高兴,对吴太后说:"太子之妃本是将种,不堪母仪天下,我被皇甫坦的花言巧语所误了。"孝宗也屡屡训教她:"应当像皇太后那样雍容大度,宽以待人,不然便废掉你。"凤娘听了,不仅毫无悔改之意,反疑心太后饶舌,因而怀恨在心。现在自己既为六宫之主,儿子赵扩也已晋封嘉王,位尊势重,便时时寻找机会,挟嫌报复。

光宗即位以后,看到宦官为非作歹,干预朝政,便想寻机诛杀,以肃朝纲。但他生性优柔寡断,迟迟未能下手。宦官得到消息,大为疑惧,合谋离间三宫(即高宗皇后吴太后、孝宗、光宗),并退请李后庇护,李后欣然答应。以后每逢光宗对宦官有所举动,李后便从中作梗,光宗郁郁寡欢,渐成心疾。寿皇(即孝宗)听说儿子有病,焦虑不已。一面让御医细心调治,一面遣骑四出,求购良药,打算等光宗来重华宫朝见时授给他。宦官知道了这事,就在李后面前挑拨说:"奴婢们听说太上皇购得药剂,专等皇上过宫朝拜时让他服用,万一出了意外,岂不危及大宋江山!"李后派人察,果然属实,便极力阻止光宗到重华宫去省亲。光宗原本没有重病,调治了几日,也就痊愈了。李后特于内宫设宴庆贺。酒过三巡,李后突然说道:"扩儿已经成人,陛下既封他为嘉王,何不索性册为太子? 扩儿颇具才干,定能助陛下一臂之力。"光宗答道:"皇后所见极是,朕也久有此意,待禀过父皇,再行册立吧。"李后听说要寿皇批准,心里好生不快,忿然厉色地说:"陛下贵为天子,难道作不得主? 何况册立太子,乃祖宗常例,何须禀告寿皇?"光宗道:"太子重为国本,非比寻常小事。有道是父在子不能专,岂能不禀告寿皇,擅作主张?"李后无话可答,便悻悻而去。光宗自与李后成婚以来,事事让李后三分。久而久之,不管李后出了什么主意,就赶忙言听计从,从来不敢违拗。只是立储关系重大,光宗不敢自专,才没有答应。隔了一日,李后并没有通知光宗,竟一个人跑到重华宫来。寿皇问她:"皇上不是痊愈了吗? 怎么没有同来?"李后叹口气说:"真是天有不测风云,本来已经好了,今天又偶染风寒,故尔臣妾一人

前来见驾。"寿皇说:"正在壮年,便如此虚弱,将来又该如何呢?"李后趁机说:"臣妾也为此忧心忡忡,皇上既然多病,不如册立嘉王扩为太子,也好作为皇上的辅弼,不知父皇意下如何?"寿皇沉吟了片刻道:"皇上受禅刚刚一年,就要册立太子,未免过于匆忙,何况嗣君事关社稷,还须从长计议,岂可草草从事?"李后受了申斥,勃然变色说:"臣妾系六礼所聘,扩儿是妾亲生,册为太子,名正言顺,有何不可?"原来孝宗既非高宗亲子,谢氏也是由贵妃晋升为皇后,李后如此唐突,无异于指着和尚骂秃驴。于是寿皇大怒,拂衣而起。李后也怒气冲冲地登辇回宫去了。

恶人先告状。李后回到宫中,立即携嘉王赵扩向光宗哭诉说:"寿皇将要废逐臣妾,另立中官,陛下可知道吗?"光宗如坠五里雾中,茫然看着李后说:"你这话是从何说起呢?"李后便添枝加叶地把朝见寿皇的情况叙述了一遍,说完竟抽抽噎噎地大哭起来。光宗不辨真假,竟然相信不疑,并安慰她说:"朕自即位以来,海内承平,没有失德之举。我既身为天子,难道保护不了自己的妻儿?"从此之后,光宗再也不去重华宫省亲了。

一天,光宗在宫内洗手,一位宫女捧着脸盆在旁边侍候,只见她皮肤细腻,指若春葱,不由得称赞了一声,当下李后也没有说什么。隔了几天,光宗正在便殿批阅奏疏,李后派人送来一个食盒。光宗只道是美馔佳肴,打开看时,却是这位宫女血肉模糊的两只断手。光宗内心惊悸不已,忧惧成疾,多日不能痊愈。转眼到了冬至,照例须由皇帝亲祀宗庙。光宗不得已,带病出宿斋宫。李后竟乘着这个空隙,将光宗所宠爱的黄贵妃杀死。那黄贵妃本是谢皇后宫中的侍女,温柔贤淑,光宗为太子时,孝宗见他没有别的侍姬,便将她赐给光宗。光宗对她非常宠爱,在即位之后,即封为贵妃。李后早想除掉情敌,但苦于无机可乘。这次趁光宗离开宫中,便将黄贵妃杀死,然后以暴死上奏光宗。祭礼这天,突然狂风大作,暴雨如注,蜡烛全被吹灭。光宗无法行礼,只得作罢。光宗本在病中,回宫后又听到黄贵妃暴亡的事,又遭了风雨袭击,病情愈加沉重,他终日辗转床褥,不能料理朝政。李后趁机把大权揽在手中,骄横恣肆、擅作威福,朝野上下,人人怨忿。但李后我行我素,毫不收敛。

寿皇闻知光宗染疾，亲自过宫探视。适值光宗睡眠未醒，寿皇告诫左右不要惊动他。直至光宗醒来，小黄门方才奏知。光宗蘧然而起，下榻叩头请罪。寿皇安慰数句，忽然想起李后不在宫中，询问之下，才知她越俎代庖，忙着替光宗处理奏章。按照宋朝惯例，后妃不得干预朝政，李后竟然违反祖宗规矩，公然批阅奏疏。寿皇大为恼火，便把她叫来，狠狠地训斥了一顿。李后虽然不敢强辩，但对寿皇已是恨得咬牙切齿了。

绍熙三年（1192年）三月，光宗病体稍好，开始听政。宰相率百官恳请他到重华宫朝拜寿皇。光宗推说久病初愈，不能前去。于是文武百官纷纷上疏，流着泪苦谏。光宗无可奈何，才在四年间前往朝见寿皇一次。此后便一连半年没有再去过重华宫。直到十一月，丞相留正率百官至重华宫朝贺，兵部尚书罗点等上疏请光宗见寿皇，光宗竟拂袖退朝。大臣彭龟年慷慨激昂地说："寿皇当年侍奉高宗，极尽人子之道，陛下亲眼目睹。何况寿皇只有陛下一人，听说陛下有病，亲自探视，圣上爱子拳拳之心，尽人皆知。如今陛下误听小人离间之言，长久不去省亲，有亏于孝道，怎能慰天下之望？"宗室赵汝愚也反复讲谏。光宗又同李后商议，方点头答应。原来李后想归谒家庙，怕群臣谏阻，才做个顺水人情，答应过宫定省。寿皇却以为李后幡然悔悟，非常高兴，父子相聚，无话不谈。直到天色将晚，光宗夫妇才返回宫中。接着，李后便归谒家庙。在这以前，李后就把家庙修建得富丽巍峨，几乎与太庙相差无几，而护卫之士，竟然多于太庙。李后父、祖、曾祖三代都已封王，这次归谒家庙，又有亲属二十六人、故旧一百七十二人各授官职，甚至李家的门阀，尽管是鸡鸣狗盗之徒，也都封了官。这种反常现象，在宋朝历史上，再也找不出第二个人来。

光阴荏苒，岁月如流，不觉到了绍熙四年（1193年）重阳节。百官上寿已毕，请光宗朝见重华宫。光宗未得李后同意，不敢答应。大臣谢深甫上谏说："父子至亲，天理昭然，太上皇爱陛下，就像陛下之爱嘉王，人同此心，心同此理。太上皇春秋已高，倘不去朝见，千秋万岁之后，陛下何以见天下之人？"光宗听后怦然心动，当即传旨往朝重华宫。群臣得旨，非常高兴，鹄立静候。不料光宗刚刚走出御屏风，李后突然出现，拉住光宗的衣袖说："天气寒冷,皇上久病,快回去饮酒御寒吧。"光宗只得转身退回,百官、侍卫见此情景,一个个相顾失色,大臣陈傅良急中生智说:"百官都已齐集,陛下千万不可还宫,暮秋天气,并不严寒,请圣驾还是前往吧。"李后听得真切,一把拽住光宗,转入屏风后去了。陈傅良穷追不舍,也跟到了屏风里边。李后大声呵斥道:"这里是什么去处?酸秀才难道不怕杀头吗?"陈傅良无可奈何,嚎啕大哭着走了出来。从此以后,京城之中,街头巷尾,从百官到庶民百姓,没有不对李后议论纷纷的。

寿皇在宫中望眼欲穿,却不见光宗前来探视。于是他郁郁寡欢,几乎寝食俱废。绍熙五年(1194年),六十八岁的寿皇悒郁成疾,到了四月,疾势越来越重。群臣请光宗过宫问候,光宗却与李后前往玉津园游玩去了。以后不管众大臣怎样上疏力谏,光宗始终不肯前往重华宫探望重病的父亲寿皇。万不得已,只好派遣太子嘉王前去探病。尽管如此,寿皇也感动不已。

六月九日,寿皇病逝。群臣奏知光宗,光宗不肯过宫。到了十三日,寿皇大殓之日,光宗车驾仍未到来,群情汹汹不安,丞相留正等只好奏请吴太后主丧。吴太后是孝宗之母,见光宗不肯出面,只得代行祭奠之礼。朝野上下,见此情景,以为政事要有大变故,乱作一团。有的藏匿金帛,有的不告而辞,有的携眷归乡。

后赵汝愚等大臣同吴太后商议以皇帝有病之由推立太子继位,是为宁宗皇帝。李凤娘自成为皇太后,无法干预朝政,只好退居宫掖,颐养天年去了。

第三章　皇子公主篇

　　宫廷,是封建帝王的政治统治的中枢;皇权,代表着封建社会的最高权力。历朝历代,围绕着皇权及权力之争,父子、兄弟、姊妹之间相互攀比、相互倾轧、相互排挤、相互争斗,甚至相互残杀,在宫廷生活中,演出了一幕幕宫廷秘史,奇闻异事。皇子公主们波澜曲折、充满传奇的人生总是十分容易吸引着人们好奇的目光。

德昭死因揭秘

　　宋太宗刚刚即位,就改年号为"太平兴国",表示要成就一番新的事业。首先,他对这次皇位更替中涉及的关键人物,都做了一系列的安排整治。他任自己的弟弟赵廷美为开封尹兼中书令,并封为齐王,德昭为节度使和郡王,德芳也封为节度使。宋太祖和廷美的子女均称为皇子皇女,太祖的3个女儿还封为国公主。太祖的旧部薛居正、沈伦、卢多逊、曹彬和楚昭辅等人都加官晋爵,他们的儿孙也因此获得官位。另外一些太祖在世时曾加以处罚或想要处罚的人,宋太宗都该赦免的赦免,减刑的减刑。

　　可以说,在很大程度上,宋太宗文治武功上超越太祖,无论是政治影响,还是不可撼动的地位。但是从他的统治过程来看,他始终无法摆脱太祖给他造成的巨大影响。太宗继位之后,面对的一个头疼问题就是如何对待此后的皇位继承。按照"金匮之盟"的约定,廷美是皇位第一继承人,并由廷美传回太祖之子德昭。这是太宗所不愿意看到的。自古帝王传承多为父死子继,太宗也不例外。为此,太宗想尽一切办法,希望能够消除把皇位传给儿

子的一切障碍,而这个过程也是非常艰难和充满传奇色彩的。

当时,关于"金匮之盟"就有很多说法,有人认为是太宗、赵普捏造出来的,虽然一时能掩人耳目,但最终限制了太宗传位于子的愿望。这还得靠太宗和赵普自己解开这道难题。在这个过程中,太宗逼死弟弟和侄儿,逼疯长子,或许他也有着自己的苦衷,但是他当时的做法也只好留给后人评述或者感慨了。

当时,赵普在太宗定储一事中扮演了极为特殊的角色。赵普在太祖时代以佐命元臣之身份在中枢机构执政达十年之久,与太祖私交甚好,被其视为左右手。太祖时代的一系列重大事件如陈桥兵变、杯酒释兵权、制定统一战略等事上,赵普都发挥了相当重要的作用。赵普的权势甚至一度在晋王光义之上。他还反对过太祖传位晋王光义的意图。因此,他与太宗的关系也非常微妙。

太宗继位后,赵普的地位已远远不及太祖时代,颇受压抑和冷遇。太宗要维护自己的权力,对赵普这样的太祖旧臣自然心存猜忌,何况两人还曾是政敌呢? 但是,赵普是开国元勋,太宗要安抚人心,自然需要利用这样的元老重臣装点门面,所以对赵普在表面上还是客客气气。赵普沉浮宦海几十年,深知一朝天子一朝臣的道理,在身家性命随时有危险的情况下,政治态度自然会发生一些变化。于是,当太宗向他询问传位廷美之事时,赵普心知太宗心意,便说:"自古帝王传位乃是父传子,当年太祖已误,陛下今日还要再错吗?"这句话大获太宗赏识,坚定了太宗传子的信心。此后,赵普在太宗传位的过程中扮演了极其重要的角色。

太平兴国四年,太宗把南方已经治理得非常安定,于是准备北伐北汉,先遣使高丽,使发兵夹击北汉。又召集群臣会议兴师之事,谁知众臣都说不可轻举妄动,只有曹彬极力赞成。

太宗便问曹彬说:"昔日周世宗和太祖都曾亲征北汉,何故不能荡平?"曹彬回答说:"周世宗时,人心惊慌,太祖发兵时,天气炎热,又降大雨,所以都半途而废。如今北汉气数已尽,兴师征讨,正是时机。"

于是,太宗采纳曹彬意见,命潘美为北路都招讨使,与廷美、德昭一同亲征北汉。北汉刘继元闻报,乞援于辽。谁知辽的援兵刚到白马岭,就被郭进挡回,太原一座孤城,被宋军倾国的精锐之师连夜攻打,危在旦夕。

一天,宋军又在攻城,刘继元正在万分忧急,忽见宋军阵角大乱,有两员大将,一先一后,率领一支如狼似虎般的兵马,突破宋军营垒,直奔城门而来。刘继元见救兵已到,忙开城门接入。

曹彬

太宗闻报已有援兵冲入城去,忙打听这两员忠良勇将姓名。有人答道:"这是健雄军节度使刘继业父子。"刘继业原名杨业,北汉皇帝重爱他忠勇,赐姓刘,更名继业。

第二天,太宗率马军都军头辅超、铁骑军指挥呼延赞,亲自督战攻城。宋军冒死直上,刘继业舍命抵挡,两军从四月一直大战到五月,仍不见分晓。太宗见双方伤亡惨重,就暂停攻城,回营亲写诏书,用箭射入城中招降,言许终保富贵。此时,城中军心已动,刘继元见亲信臣子多逾城出降,纵有继业坚守,已大势尽去,只好开城投降。

太宗在城下受降刘继元,诏授为检校太师,右卫上将军,封彭城郡公。至此,北汉 10 州 41 县,经历四主,凡 29 年,终被宋朝灭亡。待太宗欢欢喜喜正要引兵入城,忽见刘继业在城上大声道:"我主虽然归顺,我却不愿生降,待开城一战,拼个你死我活!"

太宗因非常看重刘继业的忠勇,令各军勿进,只让刘继元单身入城。刘继元见到继业,劝他为城中百姓着想,免遭涂炭,好言抚慰归降。继业不得已,大哭一场,到太宗驾前投顺。太宗亲手扶起继业,面授为右领军卫大将军,又解下腰间玉带赐予,命他复姓杨名业。

太宗刚刚攻下太原,第二天就要乘胜伐辽,一举夺回幽蓟。众将都谏阻说:"我军若攻太原,已兵疲粮乏,不堪再战,还是回师蓄养,才是万全之策。"

宋宫秘史

但是太宗只想一鼓作气以成大业，便不听劝阻，起行前往幽蓟，全然不顾军心所向。原来，破太原后，将士攻城疲劳，人人都盼望赏赐，但太宗赵炅既不言赏，又不休整，所以都不愿再战，只是都不敢言。初战宋军连胜，连下易州、涿州、蓟州，但幽州有辽将耶律学古死守不懈，即使太宗身穿甲胄，冒着矢石亲自督战，无奈将士疲惫，久攻不下。

到了七月，辽国援兵分三路杀来，在高梁河展开大战。宋军潘美、呼延赞、辅超被冲杀得自顾不暇，辽将耶律沙乘机向太宗疾驰过来。太宗见辽将无人抵挡，连忙急呼"救驾！"呼延赞听得，舞动双鞭飞马赶到，敌住耶律沙。辅超举起罩刀，护着太宗退往涿州。潘美挡不住耶律休哥、耶律斜轸两支生力军，被杀得大败而归。这一战，宋军伤亡万余人，自太祖开国还没有这样的败绩。

之后，宋太宗逃到涿州，已经到了黄昏，正要休息，耶律休哥引兵追到，一声喊，把宋军冲得四分五裂，纷纷各寻生路。太宗策马狂奔，跑了多时才发现左右竟无一人一骑护驾，不禁惊慌了起来。刚要喘息，不料耶律休哥又追近，打马再逃，竟误陷在泥泽中。

太宗正在焦急，忽见又一队兵马打着火炬由远而近，为首的大将竟是杨业，忙高声疾呼"杨卿救驾！"杨业恰是押粮草由此经过，见情况危急，也不答话，舞动金刀如飞，跃马直取耶律休哥。二人直大战三百回合，杨业越战越勇，耶律休哥大败退去。等杨业再找太宗的时候，太宗早已觅了一辆驴车，乘着南逃了。

太宗弃军南逃，诸将皆以为太宗已死或被俘，就商议着立德昭为帝，以安定军心。等败军撤回汴京，太宗听说了诸将有暗中谋立之事，心中大为不悦，连将士们收取北汉的功劳也不置议了。

赵德昭对此事一无所知，更不知道太宗的心思，见太原之赏许久未行，诸将已有怨恨，就入宫奏请太宗，即日叙功行赏。谁知太宗听了之后，竟怒叱道："高梁河一战，损兵折将，还有什么功赏可行？"德昭见太宗生气，忙解释说："征辽虽然不利，但攻克太原，收取北汉，还请陛下分别行赏，以免将士失望。"

太宗见他坚持行赏，认定是有意笼络将士，收买人心，便将那久积于心头的恶气，一口尽出在他身上，拍案怒喝道："待你自己做了皇帝，再赏他们也不迟！"

这话一说出，德昭惶恐万分，低头垂泪，默然而出。德昭所处地位本就微妙，而叔父那番话分明又是怀疑他有夺位之心，日后难全其身，又思及父母早亡，兄弟二人不得保，满腹心事竟无处诉说，顿生短念，回来后便自刎身亡。据记载，太宗得知此事后又惊又悔，赶过来抱尸痛哭："我的儿，你的命好苦啊！"哭完，下令厚葬，追封魏王。德昭死时年仅29岁。

赵元佐为什么被废

宋太宗赵炅原本是打算让符氏做皇后，谁知符氏命薄，没等他登基就死了，之后太宗又打算立李妃为后，便将那开宝皇后宋氏打发到西宫。不料这李妃也是没福气，正拟册立又生起病来，左等右等也不见病好，竟于太平兴国二年逝世。

李妃生有二女二男，二女相继夭折，长子名元佐，后封楚王，次子元侃，就是后来的真宗皇帝。赵元佐因为自幼聪慧，相貌又很像太宗，生得龙凤之姿，性情仁慈宽厚，所以从小便深得太宗喜爱。待年纪稍长，更是博览群书，志向不凡，每日与诸王游戏，专爱布阵作战，自称元帅。

赵元佐13岁时，已能够骑马射箭，并且身手十分矫健，太宗每次射猎时都爱带他随驾。一天，契丹使者来朝，太宗率群臣一同后苑射猎，突然从草丛间钻出一只野兔，打身边蹿过，太宗命元佐射之。元佐奉旨，不慌不忙地引弓搭箭，觑得准确，只一箭就把那野兔射翻在地。契丹使者在旁看得真切，见元佐小小年纪就箭无虚发，连连称奇。随驾群臣也都伏地向太宗祝贺。太宗心中好不得意，从此出征也让他随驾在侧。待征伐太原回汴，就拜为校检太尉，加职太傅，晋封楚王。又在东门内营造新第，赐予居住。

太宗原来的意思是要立元佐为太子，却碍着那金匮遗诏，只得暂时延缓不提。此后太宗用种种手段来清除异己，也全是巩固自己的地位，将来传位于子。不过,元佐可不这样认为,他对父亲的所作所为,甚不满意。先是幽州兵败,德昭为诸将平定北汉请功论赏,太宗以言语相逼,德昭落得个自刎身亡的下场,元佐心中总觉得有所愧疚。

过了一年,兴元尹赵德芳又不幸病殁,太宗只是哭了几声,即诏赠为中书令,追封为岐王。这赵德芳年纪尚轻,又无疾病,一夜之间竟不明不白地死了,元佐听了,深感悲痛。

德昭兄弟死后,对皇位能构成威胁的就只剩下秦王廷美了。太宗虽然不敢明目张胆地对廷美下手,但只有除掉他,才能保证将皇位传给自己的子孙。太宗此次又想到了赵普。赵普曾提醒太宗不可"一误再误"而深受太宗信任,自然知道在这种情形下该怎么做。

当时赵普的政敌卢多逊为人机警,知道太祖喜欢读书,经常到史馆来取书,就让小吏每次都查看太祖所取何书,于是卢多逊通宵阅读此书。等到第二天召对时,太祖问起大臣们书中的事情,只有卢多逊一个人应答如流,以此获得太祖赏识,拜为宰相。他跟赵普一直不和,好几次在太祖面前说赵普坏话,而赵普本人也因专权、贪财为很多大臣所忌,并被人抓住把柄,结果赵普被罢相。当时有人跟太祖反映赵普非议皇弟光义,估计这也是卢多逊干的。赵普上表自诉说:"皇弟忠孝,我怎么能够轻议。这是外人的离间之词,何况当初太后临终前的遗命我亲目所见,并作了记录呢。希望陛下明察。"太祖将赵普的上表一并藏在金匮里。太宗初年,赵普受到冷落,卢多逊怕他复起,就跟太宗说赵普当初反对太祖传位给他。

过了几年,太宗为晋王时的旧僚揭发秦王廷美阴谋造反。太宗将信将疑,就问赵普的看法。这就给了赵普表白的机会。关于秦王廷美,赵普说了些什么,不得而知。但这次赵普趁机说自己为权奸(指卢多逊)所害,并详细说起杜太后的金匮之盟以及自己的上表等事。这下,太宗感觉到赵普原来是自己的大忠臣,于是对赵普加官晋爵。但不多久,太宗君臣都意识到了"金匮之盟"存在的隐患。

赵普提醒太宗不可一误再误的话一出口,就已经决定了廷美的结局。没过多长时间,赵普就查到了卢多逊私遣堂吏交通廷美之事。赵普毫不客

气地都告诉了太宗,说卢多逊盼太宗早日晏驾,就好尽力侍奉廷美,廷美表示满意,还送卢多逊弓箭等物。太宗大怒,借题发挥,严惩卢多逊及其同党。大臣王溥等七十四人联名上奏卢多逊及廷美怨望诅咒,大逆不道,宜正刑典。卢多逊被削夺官爵,其同党不少被处死;廷美勒归私第,他的儿女不再称皇子皇女。

赵普借卢多逊交好秦王案,既打击了政敌卢多逊,又讨好了太宗,一箭双雕。但廷美的悲惨命运还没到头。赵普更进一步,他挑唆开封知府李符落井下石,上言说廷美不思改过,时常表现出怨恨的情绪。于是,廷美被降为涪陵县公,安置到房州。太宗还命人严加监管。廷美气愤难平,两年后便死在房州,年仅 38 岁。顺便提及的是,李符并没有得到什么好处。赵普怕他泄露秘密,后来找了一个别的荏儿,将他贬到地方做了一个小官。

廷美死后,太宗对外称廷美乃是乳母陈国夫人耿氏的儿子,并非杜太后所生,这样就彻底地将廷美排除在皇位继承系统之外。当时,杜太后早已去世,太宗兄弟也只剩下他一人,太宗所言无人能够反驳。因此,廷美到底是谁的儿子,恐怕也只有太宗自己最清楚了。

经过上述种种手段,太宗终于清除了将皇位传给儿子的障碍。不过,太宗对皇位继承人的挑选却并非一帆风顺,也颇多曲折。太宗长子元佐自幼聪明机警,长得又像太宗,颇为太宗喜欢。元佐有武艺,善骑射,还曾经随太宗出征过太原、幽蓟。太宗迫害廷美时,元佐颇为不满,力加营救,请免其罪,但未能成功。后廷美死于房州,元佐得知此事,悲愤成疾,竟然发狂。左右仆从若有小错,元佐即以刀棒伤人。太宗命太医治理,才稍有好转。

不久,又到了九月九日重阳节,太宗照例在后苑设宴,请诸王较射取乐,因为元佐病体新愈,就没有相邀。到了晚上,诸王宴射完毕归去,从楚王府前经过。元佐看见,问明原因,不高兴地说:"大家都得与宴,唯独我不得与宴,这明明是弃我了。"说着,命令左右说:"他们有圣上召宴,我不能得圣上召宴,难道我就不能在自家开宴吗? 来! 快与我备酒来!"

左右见他又惹事发怒,忙好言劝解说:"殿下千万别误会,圣上不召殿下与宴,是体谅殿下病体新愈,形神未得恢复,需要静养休息。"诸王也相劝说:

元佐见诸王敷衍几句,一个个便想溜走,就双手拦住,非要陪着吃了酒,才可放行。众人不敢惹恼了他,便赔着笑说:"太医有话,殿下当戒的正是饮酒,今日若开宴,可多进美味佳馔,切不可饮酒。"

元佐一点也听不进去,拍案呵斥左右说:"尔等休要用太医的话来制我!既开宴,如何能不用酒? 真是岂有此理!"左右不敢再劝,快摆上酒肴,免得他再发怒。赵元佐左手执壶,右手持杯,满斟痛饮起来,一壶尽了,即命再添上一壶。诸王眼看着他连饮下数十杯,精神恍惚,便一个一个地悄悄溜出楚王府。此时,已夜半时分,元佐醉意十足,倒头便睡。

左右见他今日也不发怒,不声不响睡去,忙侍奉他入寝,收拾停当,谢天谢地各自歇息去了。谁知赵元佐并非真的安寝,只不过是假装睡眠,听得夜深人静,大家都进入了梦乡,就起身放起火来,想要自焚而死,免得活在世上被欺辱。

不到半个时辰,楚王府里已是烟雾腾腾,火焰烈烈。家人们纷纷从梦中惊醒,左右慌忙奔入内府,把元佐和眷属从火窟中抢出。但大火却是没法子扑灭了,一座楚王府化为灰烬。

太宗听说元佐放火烧毁了王府,怒不可遏,他说:"不肖子如此胡作非为,不如废了他安静!"即下诏废为庶人,安置均州。众臣听闻,都来相劝。太宗不许,又诏即日出都。百官再三上表,请恕他病狂,留居京城,太宗这才无奈,只得下诏召还,把他幽居在南宫,使行动不得自由。

元佐奉诏,坦然迁居,泰然处之,丝毫不把谪庶幽禁放在心上,倒像是如获重释一般。可见,有些皇子根本就不重视自己是否是帝王之子,他们有的更需要的是安静和远离纷争的生活。

"狸猫换太子"是真还是假

对于赵祯的身世历史上有多种说法。最为传奇和流行的就是"狸猫换太子"的故事。主人公的传奇经历几乎家喻户晓,妇孺皆知。清末成书的小说《三侠五义》称刘氏、李氏在真宗晚年同时怀孕，为了争当正宫娘娘，刘妃工于心计，将李氏所生之子换成了一只剥了皮的狸猫，污蔑李妃生下了妖孽。真宗大怒，将李妃打入冷宫，而将刘妃立为皇后。

后来，天怒人怨，刘妃生的儿子不幸夭折，而李妃所生男婴在经过波折后被立为太子，并登上皇位，这就是仁宗。在包拯的帮助下，仁宗得知真相，并与已双目失明的李妃相认，而已尊为皇太后的刘氏则畏罪上吊死去。

自宋朝以来，由于小说、戏剧等各种为人们喜闻乐见的艺术形式的演绎，仁宗生母之谜日益鲜活生动，备受世人关注。尽管历朝历代增加、删改了不少或虚假或真实的内容，而且，戏曲和小说中情节也不尽相同。然而，这一故事本身就是一件大案，仁宗究竟是真宗皇后刘氏之子，还是妃子李氏亲生，无论是小说，还是戏曲，几乎众口一词，认定仁宗是李妃所生，而非刘皇后的儿子。而事实究竟是什么样的呢？

李氏本是刘后做妃子时的侍女，庄重寡言，后来被真宗看中，成为后宫嫔妃之一。在李妃之前，真宗后妃曾经生过5个男孩，都先后夭折。此时真宗正忧心如焚，处于无人继承皇位的难堪之中。据记载，李氏有身孕时，跟随真宗出游，不小心碰掉了玉钗。真宗心中暗卜道："玉钗若是完好，当生男孩儿。"左右取来玉钗，果然完好如初。

这一传说从侧面反映出真宗求子若渴的迫切心态，也是真宗无奈之余求助神灵降子的真实写照。虽然不尽可信，但可以肯定的是，李氏后来的确产下一个男婴。真宗中年得子，自然喜出望外。赵祯还未来得及睁开眼睛记住自己亲生母亲的容颜，便在父皇真宗的默许下，被一直未能生育的刘氏据为己子。生母李氏慑于刘后的权势，只能眼睁睁地看着自己的孩子被别人夺去，却不敢流露出任何不满情绪，否则不仅会危害自身，也会给亲生儿子带来灾难。

宋真宗死后，刘太后封李氏为顺容，从守宋真宗的永定陵。这样，李氏就被彻底地赶出了京城，再也无缘与亲生儿子见面。乾兴元年，13岁的仁宗即位，刘氏以皇太后身份垂帘听政，权倾朝野。

刘太后还派人寻访到李氏失散多年的弟弟李用和，让他在朝中当了个小官,既有笼络李氏的意思,又可以将李用和作为人质,可谓一举两得。

宋仁宗即位十年后,李氏突然病重,直到临死之前,才得以晋封宸妃。李氏一死,刘太后总算是去掉了一块心病。她不想声张,打算以普通宫人的葬礼安葬李氏。宰相吕夷简听说后,当着刘太后和宋仁宗的面入奏说:"臣听说不久前有位先帝宫嫔去世了?"刘太后勃然变色,立即将宋仁宗拉进后宫,然后才单独召见吕夷简,很不高兴地说:"一个宫女病死,当宰相的有过问的必要吗?"吕夷简说:"我身为宰相,凡事都应当过问。"刘太后大怒:"你难道想离间我们母子吗?"吕夷简不慌不忙地奏道:"如果太后不想保全刘氏,臣不敢多言。如果还念及刘氏家族,那么丧礼就应从厚。"刘太后聪明异常,立即领悟这话中的深意,于是下旨厚葬李氏。

刘太后还活着的时候,仁宗一直不知先皇嫔妃中的李顺容就是自己的亲生母亲。这大概与刘太后有直接关系,毕竟她在后宫及朝廷内外都能一手遮天。在这种情况下,恐怕不会有人冒着生命危险告诉仁宗身世秘密的。明道二年,刘太后病逝。直到此时,宋仁宗还是不知道刘娥并非自己的亲生母亲。刘娥生前,旁人都畏惧刘太后,没人敢说。刘太后死了,谁又敢轻易去捅开这桩惊天大案?

此时,一个被刘太后压制多年的人站了出来,他就是赵元俨。关于赵元俨,应该说刘太后忌讳他的传闻肯定不假,反过来,他也一定嫉恨刘太后专权。刘太后活着的时候,他无力与其争锋,但刘太后一死,他立即迫不及待地跑去告诉宋仁宗其生母真相。那时,刘太后留有遗命,要求宋仁宗善待杨太妃(杨淑妃),尊奉杨太妃为皇太后,与皇帝共同商议军国大事,意思就是让杨太妃继续垂帘听政。刘太后留下这样的遗诏,完全不合情理,唯一的解释只能是她确实与杨太妃姐妹情深。

刘太后垂帘听政时,曾上书要求将朝政还给宋仁宗的大臣就大有人在,甚至许多大臣都因此而遭贬,范仲淹就是其中之一。现在刘太后人死了不说,竟然还指定了垂帘听政的继承人,这无疑遭到了大臣们更为强烈的反对。御史中丞蔡齐说:"皇帝已长大成人,了解天下的情况,懂得治国的道理。现在应该独自掌管朝政,怎么可以让女后继续掌权呢?"蔡齐的话还是比较委婉的,殿中侍御史庞籍干脆一不做二不休,关上大门,放一把火将刘太后垂帘听政那一套摆设给烧掉了。

宋仁宗当然想独立主政,于是就坡下驴,只准备加封杨太妃为杨太后,不再提垂帘听政一事。刚好八大王(宋朝对皇子的称呼)赵元俨这时候到了京师,当众反对说:"太后是皇帝母亲的名号,刘太后已是勉强,难道还要立杨太后吗?"这话一说出,满座皆惊,宰相吕夷简等人都面面相觑。众人都知道这是怎么回事,只是惊诧赵元俨竟然当众揭发了出来。

当时,只有宋仁宗还不知道怎么回事,听得一头雾水。赵元俨继续说:"治天下莫如孝,陛下临御十余年,却连自己的亲生母亲是谁都还不知道。不过,这也是我们这些当臣子的没有尽职的过错。"宋仁宗大吃一惊,连忙追问原委。赵元俨说:"陛下是李宸妃所生,刘、杨二后,不过代育而已。"宋仁宗大惊失色,说:"叔父何不早言?"

赵元俨说:"先帝在时,刘太后已经用事,至陛下登基,四凶当道,内蒙外蔽,刘太后又讳莫如深,不准宫廷泄漏此事。臣早思举发,只恐一经出口,谴臣尚不足惜,且恐有碍皇躬,并及宸妃。臣十年以来,杜门养晦,不预朝谒,正欲为今日一明此事,谅举朝大臣,亦与臣同一观念。可怜宸妃诞生陛下,终身莫诉。就是当日身死,也有人说是刘太后暗中谋害,死得极为可疑。"赵元俨这话前半段都是事实,后半段却大有捕风捉影之嫌疑,且暗藏杀机。由此可见他被刘太后压抑多年,胸中早就憋着一口恶气。

蒙受了20年的欺骗,生母也在明道元年不明不白地死去,当仁宗知道自己的身世后,其震惊无异于天崩地陷。他抑制不住内心的悲伤,一面亲自乘坐牛车赶赴安放李妃灵柩的洪福院,一面派兵包围了刘太后的住宅,以便查清事实真相后作出处理。此时的仁宗不仅得知了自己的身世,而且听说自己的亲生母亲竟死于非命,他一定要打开棺木查验真相。

当棺木打开,只见以水银浸泡、尸身不坏的李妃安详地躺在棺木中,容貌如生,服饰华丽,仁宗这才叹道:"人言岂能信?"随即下令遣散了包围刘宅的兵士,并在刘太后遗像前焚香,说:"自今大娘娘平生分明矣。"言外之意就是刘太后是清白无辜的,她并没有谋害自己的母亲。

李氏是在临死时才被封为宸妃的,刘太后在李妃死后,最初是想秘而不宣,准备以一般宫人礼仪举办丧事。但宰相吕夷简力劝大权在握的刘太后,要想保全刘氏一门,就必须厚葬李妃,刘太后这才意识到问题的严重性,决定以高规格为李宸妃发丧。生母虽然厚葬,却未能冲淡仁宗对李氏的无限愧疚,他一定要让自己的生母享受到生前未曾得到的名分。

于是,经过朝廷上下一番激烈争论,最终,将真宗的第一位皇后郭氏列于太庙之中,而另建一座奉慈庙分别供奉刘氏、李氏的牌位。刘氏被追谥为庄献明肃皇太后,李氏被追谥为庄懿皇太后。奉慈庙的建立,最终确立了仁宗生母的地位,同时也意味着年轻的仁宗在政治上的日益成熟,逐渐摆脱了刘太后的阴影。

"泥马渡康王"真假说

靖康元年,金人分道渡过黄河,大军直逼开封。在危急情势下,钦宗以割三镇、尊金主为皇叔等作条件,遣赵构去河北斡离不军请求缓师。赵构路过磁州,守臣宗泽加以阻拦,说:"肃王一去不返,现在金人又来诓骗大王。大兵压境,再去有什么用?"赵构到城北崔府君庙(当地人称"应王祠"),驿道边"民如山拥",众多百姓前来劝谏。赵构在庙中卜得吉签,庙吏用应王庙车马抬他回馆舍。纷乱中,力主使金的王云被杀,赵构于第二天返回相州,保住了性命,他就是后来的宋高宗。

这个故事有一点儿史实的影子,后来却演变成一个神话传说。南宋民间流传着"泥马渡康王"的故事,其主人公就是赵构。故事情节十分简单,但却有两个不同的版本。

第一个版本是:靖康元年,金人兵临汴京城下,钦宗赵桓不听李纲的主战建议,一味退让求和,就应允了金人所要求的条件,遣张邦昌和康王赵构前往金营议和。这张邦昌本是个卖国求荣的胆小鬼,见了金人便两腿发软,金帅粘没喝刚一开口说话,他已经吓得跪在地上,哪里还有什么不应允的条件?倒是康王有些见识,心想既到金营,怕他也没有用,便堂堂正正,神色从容，也不下跪，只是长揖不拜。等到与金人交谈，也是神情自若，丝毫不似张邦昌那样唯唯诺诺，而是表现得落落大方，一点也不畏惧。

当时金人非常佩服赵构的胆识，邀他一同骑马射箭。康王自幼练习骑射，少年时已能挽弓一石五斗，与金将比试，箭无虚发。结果，金将怀疑他不是宋室亲王，定是将门之子冒名顶替前来，报知斡离不。斡离不便将赵构遣回汴京，再易其他亲王来金营。赵构得以逃脱。

赵构离开后，斡离不打听到赵构确系徽宗第九子，并非冒名，这才后悔起来。心想，这赵构在营中旬日，有问必答，侃侃而谈，面不改色，胆略异于常人，留他必是后患，便遣精骑追赶。

再说此时赵构已经离了金营，不敢歇息，连夜赶路，只恐金人追及。待赶了一夜一日路程，天色已晚，前面有一条大河相阻，寻不到渡船，只好避入道旁的崔府君庙，暂且歇息。

赵构行路困乏，进庙倚阶而卧，刚刚进入梦乡，忽于梦中听见有人大声呼唤说："追兵到了，康王速醒，马已备好了！"

赵构从梦中惊醒，张目四顾，果然身旁有一匹马，便匆匆忙忙飞身骑上，催马向前。来到河边，回首见追兵已近，哪还顾得许多，便扬鞭纵马涉河。等他加鞭跃登对岸，那匹马却不肯再往前行。赵构觉得奇怪，下马蹄视，认出是崔府君庙中的泥马，赶紧拱手谢过，弃马落荒而逃。

又跑了一段路，赵构更加饥渴难忍，见前方有一院落，就叩门求浆饮。一老姬打开门，打量一下赵构，刚迎入室内坐下，门外忽传来嘈杂的马蹄声。老姬转身出外，过了许久才返还，问赵构说："官人是哪里来呢？"

赵构撒了个谎说："我在磁州经商，因为怕遇到金兵，所以逃避至此。"老姬说："官人服饰不像商人，莫非是朝廷亲王？刚才有数骑经过门前，追问老身，是否见康王从此经过。老身骗他们说，康王已从此过去多时，早已追赶不及了。现在金人追骑返还，大王只管安心在此进酒饭，然后上路。"

康王忙问老姬姓名，方知是李若水的母亲，当下在李家饱餐一顿，道谢而行。老姬又收拾家中碎银子，尽数赠与赵构。赵构推辞不过，叩首拜受，告辞上路。回到汴京，人们听说了这段不寻常的经历，都说是有神灵相助，使泥马渡康王。

另一版本为:在南宋初年,赵构已经即位,朝廷迁到扬州,金兵大举南下,前锋即将攻到扬州城下,赵构事先没有得到战报,此时闻讯,连夜仓皇出逃。他怕追兵赶上,藏匿在江边神祠内,月光下忽然发现祠中泥塑马动了起来,于是乘骑此马渡过长江,逃到了杭州。

和前一个版本相比,后一个版本的真实成分似乎更大一些,除了紧扣故事主题的"泥马渡江"情节外,其他情节都有据可查。靖康二年五月的一天,赵构在应天府登基,建立了南宋政权,就是宋高宗。

金人得知赵构重建赵氏政权,马上开始了新一轮的南侵,目的是要趁赵构立足未稳,将其一举消灭。高宗建炎元年秋,金朝分兵攻宋。高宗内心唯恐重蹈靖康之变的覆辙,不顾主战派大臣和将领们的反对,于十月将朝廷迁至扬州。建炎三年二月,宗翰派兵奔袭扬州,攻陷天长,前锋距离扬州城仅有数十里。高宗此时正在后宫寻欢作乐,乍闻战报,慌忙带领少数随从乘马出城,急驰至瓜洲渡江逃跑。

这两个版本的内容大同小异,只是在故事发生的地点和时间上出现了分歧,前者在北,后者在南;前者为即位前,后者为即位后。传说固然都是些杜撰附会,甚至是无稽之谈,然而,在某种程度上也能反映出历史的真实。

"泥马渡江"故事的地域和时间跨度,正显示出赵构在北宋末南宋初的这段时间内从北到南、颠沛流离的逃亡生活。即位前,在河北的逃跑途中,赵构和大臣在寒冷的旷野中烧柴温饭,一起在茅舍下就食。即位不久,又发生兵变。扈从保驾的御营司将领苗傅、刘正彦等人因不满宦官的胡作非为,包围行宫,诛杀宦官,胁迫高宗让位于年仅三岁的皇子赵旉,由哲宗孟皇后垂帘听政,改元明受。

兵变历时两月,后由韩世忠起兵平叛,高宗复辟。仅仅过了半年,金兵突破了长江防线,直扑宋廷所在地杭州而来。高宗退无可退,只得入海避敌,在温州沿海漂泊了四个月之久。前有恶浪,后有追兵,衣食物资也无法及时得到供给,南宋君臣的窘迫之状可想而知。

一次,高宗饥饿难耐,命令停船靠岸,自己步行到一所寺院索食,僧人不

及准备,只好以五枚炊饼进献,赵构居然连吃了三枚半,原本养尊处优的他方才真切地体味到饥寒交迫的感受。

"泥马渡康王"之类故事虽属杜撰,却为历代政治家所乐道,也确实有蒙蔽人的作用。这类故事宋高宗之后有,高宗之前也有。当然,各时代的表达方式有所不同。每个时代既有不信神不信鬼的,也有信神信鬼的。即便那些不信神不信鬼的人,有的也会被某些"科学"神话所蒙骗,有的因在事实面前无能为力,最终将政治作宿命观。所以,"泥马渡康王"绝不只是孩子们读的童话,它的读者面比这大得多。

柔福帝姬是真是假

柔福帝姬是宋徽宗三十四个女儿中的一位,她是南宋高宗的同父异母的姐姐。按照习惯,皇帝的女儿都被称为公主。可是宋朝的这位公主为何却叫作"帝姬"呢?这件事和徽宗时的改制有关。徽宗政和三年,在大臣蔡京的建议下,宋朝廷仿照周代王室中"王姬"的称号,进行改制,宣布"公主"一律被称为"帝姬"。这种制度维持了十多年,直到南宋初才恢复旧制。柔福帝姬本来因为北宋的灭亡,也随之消失在金国的土地上,可是令人感到特别奇怪的是:就是这样一位弱女子,竟然从金兵的爪牙下逃了出来,还历经艰难回到南宋朝廷。南宋的高宗皇帝和文武大臣,对柔福帝姬的虎口逃生本来感到十分高兴,可是这实在太出乎人们意料了,在欣慰的同时,不禁会产生疑问:这个长得酷似公主的人真的是柔福帝姬本人吗?

靖康二年,金兵的铁蹄横扫中原,一直南下攻到北宋都城汴京,然后将宋朝徽钦皇帝、宗室、后宫妃嫔三千余人作为俘虏押送到金国,柔福帝姬作为宫廷的一员自然也不例外,她与徽宗、钦宗及赵氏大部分宗室成员一起,离乡背井地被掳往金国,成为名副其实的亡国奴,沿途受到了金兵的百般侮辱。柔福帝姬在靖康之难被掠到金国后,很长时间都没有消息传回宋朝,所以人们一直都以为她早已经死了。可是,到了南宋高宗建炎四年时,竟然有一个女子来到宫廷,自称是从北方逃归的柔福帝姬。

宋高宗虽然惊喜万分，但是又担心这是个假冒帝姬身份骗取荣华富贵的人，于是就命令几名老宫女前去察验，这几位老宫女都觉得这女子相貌确实很像柔福帝姬，并且对宫中旧事也是了如指掌，能够回答得八九不离十，所以就禀告皇上，这确实就是当年被掠往金国的柔福帝姬，老宫女的担保让人们渐渐不再怀疑其中有假。可是众人还有一个疑问，柔福帝姬身为金枝玉叶的公主，从小就是三寸金莲，怎么竟会生了一双大脚呢，这实在是让人太怀疑了。那女子面对一双双怀疑的眼睛，丝毫没有惊慌，不胜悲苦地解释说："金人对宋朝宫室成员不加怜悯，像牛羊一般地驱逐，我们连鞋都不曾穿上，光着脚步行了几万里路，就是三寸金莲又怎么能保持原样呢？"宋高宗觉得言之有理，并且又听到这女子能够直呼他的小字，便认定她就是真的柔福帝姬，不再怀疑。于是马上下诏让她入宫，授予福国长公主的称号，又为她选择永州防御使高世荣为驸马，赐予嫁妆一万八千缗，从此过上了衣来伸手、饭来张口的神仙般的生活。这以后，高宗认定这是唯一的姐姐，所以对她恩宠有加，先后赏赐的东西折合达四十七万九千缗。

可是在绍兴十二年和议结束后，南宋高宗的生母显仁太后从北方回来了，见到高宗后，没说几句话就急急忙忙地告诉高宗说："金人都在笑话他，因为他错把"颜子"（颜子就是冒牌货的意思，当年京师有颜家巷，制作的各类器物都是假品次品，极不坚实，因此人们用"颜子"来称呼冒牌货）当公主。"高宗一向信任他的生母显仁太后，刚一听到这番话，非常地吃惊，也十分地愤怒，于是立即下旨捉拿柔福帝姬，但他还是有些疑惑，如果公主不是真的，怎么会对宫中的事情知道得那么详细呢？

于是高宗下令将"柔福帝姬"下狱审讯，没过多久就真相大白了：这女子确实是个假公主，她原本是个尼姑，在兵荒马乱的年代里，曾经遇到一个在靖康年间从京城逃难出来的柔福帝姬的贴身宫女。那宫女一见她就惊呆了，告诉这女尼说她的容貌与柔福帝姬十分相像，又告诉她许许多多的宫中琐事。女尼在兵荒马乱的年代里，无以为生，于是就冒名顶替柔福帝姬，可没想到竟然蒙混过关，居然还享受了十多年的荣华富贵。这个假公主逍遥多年，致使南宋王朝受到金人的耻笑，宋高宗不能忍受这样被人捉弄，他生气极了,在以极大的耐心听完上报的假公主的原委后,立刻怒气大发,派人即刻将假的柔福帝姬处死。轰动一时的真假公主案就这样结束了。只是那驸马高世荣最可怜,人们纷纷嘲笑他说:"向来都尉,恰如弥勒降生时;此去人间,又到如来吃粥处。"意思就是说他福分太浅了。

　　不过,这个柔福帝姬虽然被诛,可是民间却流言纷纷,很多人都为她抱屈不平。在民间流传的《四朝见闻录》《随国随笔》等笔记中,都记载了另外一种说法:柔福帝姬其实真的是公主,历经了千辛万苦才到达南宋国土;可是显仁太后回来后,由于她在北方多年,有许多不愿为国人知道的隐事,见柔福逃归,怕她泄露,因而强说她是假的柔福帝姬,令高宗将她杀掉。高宗为奉母命,也容不得柔福辩解,最终使她死于非命。这一说法虽然流传甚广,可惜没有真凭实据,又死无对证,于是柔福帝姬的真伪,就成了真正的千古之谜。

第四章　太监宫女篇

　　太监大都为人乖巧,揣摩功夫十分了得。大权独揽后,他们专横跋扈,排斥异己,翦除政敌的手段阴险毒辣,并疯狂敛财,贪赃受贿,比如,大太监童贯,在徽宗即位后,他如鱼得水,使出浑身解数,献古玩,弄字画,用尽心机讨得这位风流天子的欢心,从此平步青云,他与蔡襄联手,排挤朝臣,朝内朝外,互相勾结,独霸北宋军政大权,宋朝后宫侍女中却不乏秀外慧中的女子,她们聪慧美丽,端庄丰满,饱读诗书,知书达礼……无不具有神秘的魅力,让帝王如痴如醉,欲罢不能!

宋代的宦官机构

　　在中国的封建历史上,宦官在统治过程中,一直扮演着非常重要的角色,各代几乎都出现过"宦官之乱",而且庞大的宦官队伍,也形成了比较严格的宦官机构。在各朝代中,汉、唐、明三代"宦官之祸最烈"。宋代作为同样盛极一时的朝代,却没有遇到如此棘手的宦官问题。

　　当时,北宋的宦官机构主要有两个,一个是入内内侍省,之前叫内中高品班院、入内内班院、入内黄门班院、内侍省入内内侍班院,简称是:后省、北司,其官员有都知、副都知、押班等。

　　当时后省所管辖的有三个部门:

　　第一,御药院。掌按验医药方书,修合药剂,主要是进御及供奉禁中用,他们在宫内的地位算是比较高的,颇受人们尊重,但是没有功劳的内臣是不允许担任这个职位的。

第二，内东门司。主要掌管出入宫中的人，他们不但可以限制出行的事，而且让他们发现有人携带可疑物品，还可以直接提交皇城司处理或禀告中书门下。有他们监管，所以当时宫中的官家都不敢无故赏赐给别人财物，否则一旦被发现就会遭到严肃惩罚。

第三，合同凭由司。他们主要掌管宫中宣索的东西，给他们凭据后，凡特旨赐予，就会开列赐物名称数量，交付掌御库的人取出，官家赏赐的东西要经由他们兑现，当时，他们的权力非常大，一般没人敢得罪。龙图、于昌、宝文阁，掌藏祖宗文章、图籍及符瑞宝玩，都是非常贵重的东西，所以在这里任职的宦官身份非常高，一般的官员都不能和他们相比。

另一个叫内侍省，之前称为内班院、黄门院，简称前省、南班，其中官员包括：左右班都知、副都知、押班等。前省所辖诸司有：

第一，管勾往来国信所。掌契丹使臣交聘的事情，平常很清闲，即使有事，与宫里的人也没关系，所以平时也没人巴结他们。

第二，后苑勾当官。掌宫中苑囿、池沼、台殿园艺等一些杂乱的饰品，以备官家娘娘游幸，在他们手下任职的人都是一批工匠园丁。

第三，造作所。这部分人掌管造禁中及皇属婚娶的物器，都是干粗活的人。

第四，军头引见司。他们掌管供奉便殿禁卫诸军入见的事情，说白了也就是带路的。

第五，翰林院下辖天文、书艺、图画、医官四局。他们掌观测天象、翰墨、绘画、医药等事，宦官的书法无论多好，最多也就是在书院待诏们手下干些录入的没多大技术含量的事情，或去翰林学士院和中书门下等处服侍大人们写字，所以他们连内宫的边都沾不到，更别说权力，这部分人的地位是比较低下的。

当时，后省的地位高于前省。有时设两省都知，节制两省。前省的供奉官月俸是十千，春、冬绢各五匹，冬加绵二十两，而后省的就有十二千，春绢五匹，冬七匹，绵三十两，若后省的官出了缺，拿前省的补上，就算是升迁了。上层宦官往往奉皇帝的命令，承担四种事关重大的职位，主要有：

第一,带兵作战。历史上人们知道的这些人有:王继恩、卫绍钦在宋太宗时率军镇压王小波、李顺起义;李宪、王中正在宋神宗时带兵同西夏作战;童贯、谭稹在宋徽宗时既率军镇压方腊,又带兵出征燕山,但是当时童贯不只率军作战,重要的是在宋徽宗时曾领枢密院事,全面主管军政,他的权力在宋徽宗时是非常大的。

第二,审理案件。雍熙年间,阎承翰受宋太宗派遣,前往广州,将图谋不轨的广南东路转运使王延范逮捕下狱并就地处死,仅由此也可见宦官权势之大。宋仁宗以后,皇帝亲自下诏审讯犯法官员,称为诏狱,并形成制度,当时的主持者常常是皇帝特派的宦官。宦官在宋神宗时主持诏狱的情形,旧党刘挚曾经给予描述:"凌辱槌筵讯,惨毒备至,无所求而不得,无所问而不承,其阴害不可胜数。于是上下之情惴惴,朝夕不敢自保,相顾以目者殆十年。"

第三,监视臣民。皇城司在内中最为繁剧,任为耳目之司。他们的职责不仅是拱卫皇城,而且有权派遣亲事卒侦探臣民动静。皇帝通过这一机构,"欲知军事之机密与夫大奸恶之隐匿者"。李神福、刘承规曾在宋太宗时掌管皇城司,而石得一在宋神宗时则长期担任此职。其实,宦官即使不任职于皇城司,也往往侦察臣民动静并有权直接上奏皇帝。这属于他们的职责范围之内,所以皇帝对他们也特许。

第四,监管军队。北宋从开国到灭亡,这种宦官非常的多。钤辖、都监、巡检尽管是等级不同的地区性统兵官,但正如柴德赓所指出,同时也具有监军的性质。至于走马承受(宋徽宗时曾改称廉访使者),从某种意义上说,是低级别的监军。它的全称为"某路都总管司走马承受并体量公事"。这一职务刚刚设置的时候,虽有"只令奏报公事,不得侵预边事"之说,实际上其主要职责除了传递军令、奏报战果、察访敌情之外,主要的是为了监管军队,以防发生内乱和反叛。

北宋没有发生宦官之祸,也是因为有着严格的宦官机构。很多人也猜测其中的原因。《宋史·宦者传序》将其原因归结为:"祖宗之法严,宰相之权重。"首先从皇帝这方面来说,他们对宦官既任用又抑制。其主要原因在于前代的教训不得不吸取，而北宋推行的又是所谓防弊之政。唐代后期宦官自称定策国老，胆大包天地呼皇帝为"门生天子"。这样的教训对北宋最高统治者有着非常大的刺激，南汉后主刘长委政于宦官以致朝政腐败的教训更是近在眼前。所以，北宋各代皇帝都以前车为鉴，对待宦官非常地谨慎小心。

历代封建帝王为稳固其统治，都采用在各种政治势力之间搞平衡，以便加以驾驭的方式。而宋太祖又是善于运用这一手法的能手，他对一切有可能权倾天下的政治势力以及有可能形成祸患的政治漏洞，无不"事为之防，曲之为制"。于是，他的后代也表示对宋太祖所推行的防弊之政"谨当遵承，不敢逾越"。所以，纵观宋太祖的做法，他对任用宦官，只不过是利用这一政治势力去制约另一政治势力，所以宦官的势力也在被制约的范围之内。这一方法可谓妙招，也正是这样，北宋的宦官才没对政治统治造成太大的影响。

童贯是如何监军误国的

宋徽宗是中国历史上著名的风流才子式的皇帝，文词、书画双绝。但他耽于享乐，重用宦官，盘剥百姓，轻启战端，因而他也是中国历史上最昏庸的皇帝之一。在他执政的时期，宦官势力极为猖獗，他所宠信的两大宦官童贯与梁师成虽无宰相之名，却皆有类于宰相的权力，被称之为"媪相"与"隐相"。

也许是因为宋徽宗具有美术天才的关系，他所信任和喜爱的亲近重臣，仪表一般都很出众。徽宗皇帝本人，用古时人们的形容，叫作面如脂玉，唇若敷朱，风姿如玉树临风；与他政治上的昏庸似乎并不相称。

从他传世不朽的人物画《听琴图》和部分时人记载上看，蔡襄眉目疏朗俊秀，风度儒雅从容，很有点美男子的味道，但这也丝毫不妨碍他做事的阴毒狠辣。另外一位同样官至宰相的此类人物，名叫王黼。这个人身材挺拔，金发碧眼，与常人大异其趣而不同凡响，但也同样没有影响此人卑污猥琐的为人。

但是童贯是另外一种类型。他身材高大魁伟，皮骨强劲如铁，双目炯炯有神，面色黧黑，颏下生着胡须，一眼望去，阳刚之气十足，不像是阉割后的宦官。这可能和他年近 20 岁才净身有关。

童贯为人很有度量，而且还能疏财，出手相当慷慨大方，很像《水浒传》上同时代那些仗义疏财的好汉。只是，他仗义与疏财的对象具有极强的选择性，后宫妃嫔、宦官、宫女能够接近皇室的道士、天子近臣等等，时不时可以从他那儿得到不少好处。因此，皇帝耳边经常可以听到关于他的好话，称得上好评如潮。更重要的是，这样一个阳刚外形的人，却性情乖巧，心细如发，对皇帝的心理具有极强的洞察力，每每能够事先预知皇帝的意趣意图，于是说话做事很少荒腔野板，从而成了皇帝身边的红人。

童贯净身入宫时，是拜在同乡、前辈宦官李宪门下做徒弟。李宪是神宗朝的著名宦官，在西北边境上担任监军多年，颇有些战功。童贯读过四年私塾，有些经文根底；跟随李宪出入前线，又打下了军事上的根基，很有点能文能武的味道。加上他曾经十次深入西北，对当地的山川形势相当了解。这使他在宦官中很不寻常。不过，看起来李宪对他并没有什么特别的提拔照顾，致使童贯进宫 20 余年，始终没有出人头地。如果不是赵佶这种性情的人做了皇帝，或者换句话说，如果神宗皇帝能多活 20 年的话，他说不定会默默无闻地老死在皇宫里。

宋徽宗即位的时候，童贯已经 48 岁。这个年龄，正是人生经验、阅历、精力臻于巅峰的时候。徽宗以内廷供奉官的名义，派他到杭州设明金局收罗文玩字画，第一次为他打开了上升的通道。一般说来，内廷供奉官大体相当于皇宫的采购供应处长，并不是一个多高的职位，却是一个很有油水的肥差。童贯没有满足于捞取好处，他对这次机会的利用，称得上老谋深算，意味深长。

在杭州，童贯与贬居此地的蔡襄过从密切，朝夕相处。此次，据说蔡襄很巴结，将自己珍藏的王右军的字给了童贯；又帮助他把杭州民间收藏的几件珍品字画器玩弄到了手。在民间传说中，有不少关于他俩巧取豪夺的故事。比如，说他们像上海滩上阿飞放鸽子、仙人跳似的，把蔡襄的一个小妾愣说成是预备进献给皇帝的美人，从而在一个世家子弟手中勒索出了两件皇帝特别喜欢的古画，等等。

不管怎样，据说其中就包括了徽宗皇帝梦寐以求的这幅周文矩真迹——《重屏会棋图》。这些工作成绩，令皇帝十分惊喜，从而，开始对童贯另眼相看。事实上，在此期间和主持杭州造作局工作时，童贯肯定狐假虎威地干了不少缺德事，这从当时臣僚奏疏中颇有烦言可以看出。可是，显而易见的是，这些抨击童贯的言辞，都没有能够抵消他给皇帝带来的喜悦。

这次杭州之行，童贯特别热心地按照自己对皇帝的理解，指点蔡襄创作了一批深受皇帝喜爱的书画作品，经过童贯源源不断地送到皇帝手中。回京后，他又出手极为豪爽地向宫中妃嫔、曾经预言赵佶能够当皇帝的道士、皇帝身边的近臣和另外深得皇帝信任的宦官梁师成之属馈赠厚礼，为蔡襄回京打通了关节。

当时，童贯的几个心腹徒弟十分困惑，不明白师傅为何如此热心地帮助一个贬居外地的倒霉蛋儿。童贯告诉他们："现任的宰相没有人把我们放在眼里，巴结起来即便不是没有可能，也会极其费劲；如果看准了，通过我们自己的力量，扶起来一个宰相，那就完全不同了。"事实证明，童贯烧冷灶的眼力与功力全部超一流。不到一年，蔡襄便三级跳似地坐到宰相的位子上了。这一点对于童贯具有深远的意义。

崇宁二年，宋朝攻打西夏，蔡襄推荐童贯为监军。这也是北宋宦官染指兵权之始。由于作战的将军指挥有方，取得了战争的胜利，童贯贪天之功为己功，得到升迁。童贯与蔡襄还利用徽宗崇信道教，把方士引入宫中，在讨好皇帝的同时，借方士之口，美化自己。徽宗统治时期，童贯在苏杭设造作局，把奇花异石进献给皇帝，新进花石通过运河和汴河运进京城，称为"花石纲"。奇花异石一旦被宦官们看中，百姓被迫凿墙拆屋、掘地数尺。花石纲进京后，童贯等宦官又负责在皇宫以北修建华丽奢侈的延福宫。

童贯、蔡襄与所有的奸臣一样，拉帮结派，排除异己。影响最大的是把司马光、文彦博等一大批名声远播，不与他们同流合污的正直官吏列为奸党,并御书刻石于端礼门,称"党人碑"。生者贬斥,已死者剥夺谥号官位,其子弟也不得参加科举考试,对宋朝统治产生了极其不利的影响。童贯与蔡襄任人唯亲,凡是反对他们的都冠以"党人"名号,或贬或杀。童贯与蔡襄公开地卖官鬻爵,人称"三千索,直秘阁;五百贯,擢通判"。权倾朝野的童贯之流,把北宋的统治搞得乌烟瘴气,其灭亡也是指日可待了。

童贯与蔡襄所把持的宋徽宗时期的黑暗统治,终于酿成了声势浩大的方腊起义。方腊起义得到了人民的响应,短时间内控制了浙江6州52县。大惊失色的宋徽宗急派童贯为宣抚使,领兵15万镇压农民军。卑鄙的童贯软硬兼施,一方面代皇帝下令停止花石纲等民愤极大的工程,发布文书招抚起义军,同时又派重兵镇压起义军。由于力量过于悬殊,加之童贯运用了收买、偷袭等狡猾的招数,起义军很快被童贯所率的大军所击溃。

方腊等农民军将领英勇就义。童贯在镇压起义军的过程中,纵兵杀掠,杀害军民近百万人,犯下了滔天的罪行。然而童贯因镇压起义军有功,被封为太师。

童贯还有好大喜功的特点。他掌握兵权20余年,多次对西夏用兵,劳民伤财。在对西夏的战争中打了败仗,童贯不仅隐瞒事实真相,还向朝廷报捷。西州名将刘法多次打败西夏,但在童贯的淫威下不得已冒险出战,战败被杀。童贯因"功"被晋封为"太傅""经国公"。童贯还挑起了对辽的用兵。投靠重贯的卑劣之徒李良嗣在童贯的支持下,挑唆徽宗不顾宋朝的虚弱状态与大臣的反对,结金攻辽。

宣和二年,童贯率军15万北上燕云,与金人联合攻辽。童贯不是精心布置战事,而是招摇过市,作威作福。旋即大败后,童贯把失败的罪责推到下属身上,自己以胜利者的姿态班师回朝。后因辽国内乱,金兵占领燕京,宋朝收回了一座被金劫掠一空的空城,大喜过望的宋徽宗又把童贯封为广阳郡王。

但好景不长,金兵于宣和七年向宋国发起了进攻。镇守西北的童贯不思抵抗,急忙回逃。金人不战而攻下燕山,长驱南下,惊恐不已的宋徽宗强迫其子赵桓就任皇帝位,也就是宋钦宗。做了太上皇的徽宗南下逃命。被

徽宗任命为东京留守的童贯惜命第一,率领临时招募的几万人的"胜捷军"南下追赶太上皇。

在这样的情况下,童贯的亡国行径,引起了人们的强烈义愤。以太学生陈东为首的谏官、御史、国人,纷纷上书弹劾童贯等人的罪恶行径。面对公愤,也为了自己的利益,钦宗下诏公布了童贯祸国殃民的十大罪状。最后,恶贯满盈的童贯终被处死。不久,金兵攻下开封,徽、钦二帝被俘,北宋自此走向了灭亡。

梁师成为何被称"隐相"

梁师成原本在贾祥的书艺局当役,因为他非常聪慧,加上在书艺局耳濡目染,也略习文法、诗书。贾祥死后,他便领睿思殿文字外库,主管出外传导御旨。这可是个肥缺,所有御书号令都经他手传出来,颁命天下。

时间一长,他也看出些门道来了,于是找来几个擅长书法的小吏模仿宋徽宗的笔迹按照他自己的意愿拟圣旨下传,外廷人不知底细,也不辨真伪。疏于朝政、沉迷于书画古玩的徽宗也疏于过问,梁师成的地位越来越高。许多人为了得到升迁都讨好梁师成,甚至权倾一时的宰相蔡襄父子也时常求他办事。

梁师成外表愚讷谦卑,看上去老实厚道,不像是能说会道的人,但是实际上却内藏奸诈,善察言观色,处事老道,深得徽宗的宠信。梁师成虽多少懂些诗书,但根本谈不上是什么大手笔,他却喜欢附庸风雅,自我标榜吹嘘,说自己出自苏轼之门,还四处宣称以翰墨为己任,常常对门下的四方俊秀名士指点批评。此外,他还在府宅的外舍放置各种字画、卷轴,邀请宾客观赏、评论,题识。如果题识令他满意的便加以荐引。所以朝廷的大臣谁也不敢低估他,背地里都称他为"隐相"。

当时被称为"六贼"之一的王黼,对梁师成更是如子敬父,称之为"恩府先生"。两人府第仅一墙之隔,又在墙上设一小门,日夜往来交通。王黼仗着有梁师成撑腰,强占左邻门下侍郎许将的房宅,光天化日之下,把许将一家从内眷到仆隶一起扫地出门，路人见状无不愤惋叹息但却无可奈何。

大太监李彦，在宣和三年，继杨戬提举西域所，置局汝州，搜刮民田为公田。焚民故券，使输田租，凡有投诉上报的人，一旦被他知道，便严加拷打，一时死者无数。他还征敛财物要求供奉，酷胜朱励，靡费巨万，劳民妨农。他对各地地方官也极不尊重，所到之处，便倨坐在大堂上，监司、郡守都不敢与之抗礼，一时结怨于西北。

梁师成

于是，当时有人就把他的所作所为告到徽宗面前，徽宗还没有说话，一旁的梁师成却恐有伤同类，厉声说："皇上身边的人官职虽微，也列诸侯之上，李彦那样做，怎么算是过分呢？"当时告发的人惧怕梁师成专权狠毒，当即不敢发怨辞。就连气焰熏天的蔡襄父子也丝毫不敢怠慢梁师成。

梁师成利用徽宗的宠幸，将自己名字窜入进士籍中。这样一个太监出身的家伙摇身变成了进士出身，于是迁升为晋州观察使、兴德军留后。后来都监建明堂，明堂建成后，又拜节度使，加中太一官，神霄官宫使，历护国、镇东、河东三节度使，至校检太傅，再拜太尉，开封府仪同三司，持节淮南。

宣和年间，李良嗣献计联金攻辽，朝臣大多数都不同意。唯童贯、王黼等人意愿坚决。最初梁师成也不同意此计，后经王黼的游说，他才赞同并推荐谭棋做宣抚使。后来王黼等人大肆搜刮，计口出钱，得钱六千余万缗，买空城五六座，假称大捷。梁师成也因"献策"之功晋升为少保。

此外，梁师成自命清高，以师自居，不少小人或希冀升迁之人都投靠其

中华宫廷秘史

门下。攻辽时的宣抚使谭棋即是出于梁师成的举荐。正是由于举荐有功，当灭辽成功后，梁师成晋升少保。地位特殊的梁师成狐假虎威，广收贿赂。宋时礼部录取的进士，必须到皇宫复试。殿试时，梁师成每每立于帝侧，信口开河。进士们为了能被录取，不得不重贿于梁师成。每次殿试，都是梁师成发财的大好时机。

梁师成了讨好宋徽宗，多次制造"祥瑞"，还与权臣相互勾结为自己谋利。徽宗让位后，梁师成又投靠钦宗，当大多数宦官随徽宗南下时，梁师成认为自己有"援立之功"，留在钦宗身边，日益受到宠信。

但是，梁师成的奸佞却引起朝臣和百姓的强烈反感，太学生陈东和布衣张炳上疏力诋其罪。说梁师成恃定策有功，身怀异志，表里相应，变恐不测，应正之典刑，以谢天下。钦宗虽迫于公议，但还不想动手。梁师成生怕离了钦宗会被人处置，所以寝食都不离钦宗一步。就连钦宗皇帝上厕所，他都恭侍厕外，以防不测。他提心吊胆地过了一段日子，见没有什么动静，也就暂时放下心来了。

宋朝的统治已危在旦夕了。大臣李纲等人组成了主战派，率先对童贯等人发难的太学生陈东等人也伏阙上书，历数梁师成等宦官的罪行，力主钦宗擒杀梁师成等人，以激发国人励精图治、抵抗外侮的决心。钦宗为了取得朝臣的支持，为了宋室的江山，才同意贬杀梁师成。钦宗命梁师成与郑望之持宣和殿珠玉器玩再次前往中书省，并让郑望之先行一步到中书晓谕宰相，如果梁师成去，就扣押定罪。梁师成不知原因，以为警报早除，威风如旧地来到中书，结果被早已守候的兵将擒住，钦宗下诏将其贬为彰化军节度副使，梁师成旋即被缢死，家产也全部充公。自此，国人和朝臣无不为之称快。

沈昭容如何获得宋高宗宠幸

即位刚刚三四个月的宋高宗赵构于建炎元年九月，匆匆忙忙南迁建康，以躲避金兵。黄潜善、汪伯彦见高宗不思北进，只图享乐安宁，干脆隐匿军情不报，以悦龙颜。高宗以为有黄、汪为左右相，可以高枕无忧了，便乘舟游

宋宫秘史

历扬州,尽享太平。但是,高宗纵然面对着如画的山水,如云的美姬,仍是时时长吁短叹。

内侍周仁素得高宗嬖幸,瞧见圣容憔悴,便悄声问道:"陛下莫非思念邢娘娘?日前小臣从二十四桥经过,偶见临河一角红楼,有一美人倚窗闲望。小臣瞧了一眼,竟似曾相识,细一看,竟如邢娘娘生得一模一样。"

高宗一听,顿时来了精神,不禁问道:"果真有此人?""陛下不信,请乔装改扮,由小臣护驾往视,以证臣言。"高宗当即易服出宫,随周仁寻到二十四桥边,果然临河有一楼,只是纱窗紧闭,便倚桥守望。过了一会儿,楼窗开启,果然有一个美人,面容绝肖邢皇后。那美人一瞧见高宗目光灼灼仰首注视,便翩若惊鸿,转身入内。

自从高宗得见美人一面,便时时思念。又遣周仁打听家世,才知道她是扬州盐商沈幼山之女,闺名昭容,因才貌双全,求婚者户槛为穿,只是择婿过于苛刻,年华二九仍待字闺中。周仁见高宗动心,进言说:"臣已见过沈幼山,只推说陛下是肃王,久慕令嫒才名,欲应试求婚。幼山十分高兴,婚事十拿九稳,陛下何不亲往,成此美事?"

高宗一听,正合心意。刚要出行,忽然汪伯彦入宫求见,上奏说:"陛下乃万乘之尊,不宜微服私行,若有所爱,不妨明示,臣即往民间做伐,谅无不谐之理,何必降尊冒此风险?"

高宗听他这么一说,也就顺水推舟,由他去办这件事。在行宫中静候佳音。周仁带汪伯彦到了沈宅,沈幼山见来人不像前日楼下窥探女儿的"肃王",正要诘问,周仁说:"这位是汪宰相。实不相瞒,前日来的,也不是肃王,乃当今皇上。因为不宜再微服私行,特命汪相同我来求婚。"

沈幼山点头说:"我也打探到肃王并不在扬州,正在怀疑。如今蒙皇上不弃微贱,选中小女,商民哪敢不遵呢?不过,终身大事,还须小女同意,方可许婚。二位且请宽坐,待商民去问来。"

过了一会儿,沈幼山便跑出来,问周仁说:"皇上大婚已久,为何又要订婚呢?"周仁回答说:"邢皇后现在北国,令嫒面貌酷肖皇后,皇上在二十四桥望见,所以遣我前来求婚。这是天作良缘,才有这种巧遇,令嫒入宫暂代邢

皇后,必得宠幸。"幼山听了,已乐得合不上口,当下设筵款待。等到酒阑席散,又殷勤相送,整备许婚庚帖,直送至行宫。周仁言明后天派凤辇前来迎接。幼山欣然答应,高高兴兴地去准备了。

周仁、汪伯彦回朝复命,高宗听了更是喜笑颜开,早早地盼着良辰吉日。但是没想到,好事却是多磨,第二天金兵竟兵临城下。高宗连夜搬运府库钱财,准备南逃。还未就绪,便有内侍来报,说韩世忠驰援拒敌,寡不敌众,已败走盐城,金兵已破城而入了。

高宗听了非常惊慌,吓得魂飞魄散,急忙吩咐牵马来,披甲戴盔,飞奔出城。逃到江边,身旁只有王渊和康履、周仁几个内侍。忙觅了条小船渡江,幸好风浪不大,安然摇过江去。汪伯彦、黄潜善正在佛寺听说法,忽听有人奔入惊呼说:"金兵进城了,御驾已出北门,相爷快逃命吧!"汪、黄慌忙上马,也顾不得回府,径直出城而去。

隆太后和六宫妃嫔,早已改扮平民,由卫士保护,分头出城逃命。只苦了扬州百姓,待扶老携幼,夺门而出,城门已拥挤得水泄不通,互相践踏,死伤无数。沈幼山本是有名的富商,家私百万,闻金兵到,还想收拾出逃。昭容见了,忙把金银珠宝,连同身上首饰,一起投入井中,拖着父亲便走。奔到东门,难民已如潮涌。欲出城,城门洞里踏死的尸体已是堆积如山,血肉狼藉,惨不忍睹。欲后退,金兵已杀来,见钱财便劫,见人便砍,将难民驱赶回城。

昭容与幼山只好躲避着金兵,又转回二十四桥边。刚准备再回家,迎面已过来一群金兵。为首金将一眼望见昭容,虽是散发粗服,仍容颜动人,便一挥手,令士卒带走。幼山拖住女儿不放,也被一起押去,关在一间房中。

昭容见屋内已关押20余人,多是年轻女子,便与父亲商议了一个脱身之计。幼山依计悄悄对两个卫兵说:"我的小女几次要撞死,幸好被拦住,两位兄弟若能放我父女还家,愿献一万两白银。"说着,先把两锭花银塞给卫兵。两个卫兵商议一会儿,便一人留下守卫,一人押沈氏父女回家,换取银子。

沈幼山到了家中,找到守宅的老奴,从井下取出金银珠宝。卫兵点验清楚,装入木箱,欢欢喜喜地走了。

昭容见金兵远去,此时已是三更,便与父亲乘着夜幕潜出城去。听说韩世忠兵退盐城,就雇了只小船,匆匆逃向盐城。

建炎三年的一天,金兵攻入扬州,宋高宗弃城逃窜到京口,又接着急奔钱塘。待喘过一口气来,听到金兵没有追来,这才想起昭容身陷扬州城中,下落不明,赶紧遣周仁率人往扬州打听消息,设法接她来杭州完婚。

昭容随父亲一路逃到盐城,打听到金兵将扬州洗劫一空,已转向他处,就雇了一条船,绕开金兵,取道高邮去扬州,重返家园。行了一天水路,见天色将晚,幼山父女不敢夜行,就吩咐船夫择热闹码头停泊。船夫依言,便向接官码头驶去,靠近一只大号官船,傍岸驻泊。因为时值中旬,月光明亮,昭容就走出船来,坐在船头,观看往来的舟船。

这时候,官船中也走出几个人来。一个公子模样,直望着昭容,目不转睛。几个奴仆打扮的,个个胁肩谄笑,也盯着昭容,指指点点。昭容见此,忙躲入舱中歇息去了。到了三更时分,夜深人静,昭容和幼山等人已入梦乡。忽然一阵嘈杂脚步,舟船晃动,昭容等睁眼一瞧,只见几个蒙面强徒,各执家伙,跳入舱中,顿时吓得魂飞天外。幼山等也在房舱中不敢作声。

强徒们却不抢劫钱财,只将昭容缚住了双手,背负起来,出舱登岸。昭容大哭呼救,此时已经夜深人静,又地临官河,四面无屋舍,哪里有人来救?昭容只好啼哭哀求,强徒只当是没听见,匆匆向前狂奔。可怜昭容才逃脱金兵虎口,又落入强徒狼群,正在悲痛欲绝,忽见一条大船半夜赶路,从上游急驶而来,赶紧哭喊救命。

此时江中大船舱中,正坐着一位巾帼英雄,听得随风飘来的求救的呼喊,急忙出舱,一面吩咐停船,一面借着月光向岸上望去。见是几个强徒抢了女子狂奔,女英雄不禁怒上心头,纵身登岸,赶上去喝道:"狗强徒!怎敢强抢民女!"说罢,拔出了腰间的剑。

几个强徒见来了个美貌娘子,后面又跟着四个使女,也都如花似玉,便各操兵器,饿狼叼羊般扑过来。谁知刚一交手,竟不是对手,正想逃遁,为首强徒已被女英雄剑锋削去了半张脸,其余几个死的死,伤的伤,丢下昭容落

中华宫廷秘史

荒而逃。

昭容随女英雄回到船上，叩首谢过，才知道救命恩人是名将韩世忠夫人梁红玉。梁红玉听说丈夫在前方打了败仗，退守盐城，马上带了 40 名女兵，不分昼夜赶去助战，正巧从此经过，救了昭容。因为急于赶路，梁红玉将昭容交给幼山，便又匆匆扬帆启程。

幼山父女历经艰辛回到扬州，周仁已等候多时，再次相见，都喜出望外。幼山恐金人再卷土重来，夜长梦多，对周仁说："小女若在家里，我实在担不起重任，还是早日送往宫中，免得我提心吊胆。"

周仁也觉得昭容留在扬州不妥，便即日起行，护送昭容赴杭州。宋高宗逃奔到了杭州，六宫眷属，除了吴美人护着隆太后寻来，其余嫔妃宫娥，已逃亡了大半，行宫中一派冷落景象。这一日，忽然闻周仁入朝，奏说昭容平安送到，不禁喜出望外，连忙下旨迎入宫中。当晚，高宗临幸，昭容含羞接驾。高宗轻轻扶起，同入寝宫，悄声问道："金兵入城，可曾受过惊吓？"

昭容便把两次遇险，一五一十细说一遍。高宗听了，叹口气说道："舟上所遇强徒，定是熟人，否则为何蒙面？"昭容凝思一会儿，疑惑地说："臣妾停船泊夜，有一官舫不远，几个少年在船上盯住评头论足。不过，那官舫扯着尚书左仆射兼门下中书侍郎的拖水旗，总不会做强徒吧？"

高宗又问道："官舫少年面貌可曾记得？"昭容就把为首的公子模样，细细描叙一番。高宗不禁又惊又怒地说："这果然是黄潜善的儿子！众人都说他是奸佞，朕反认为是良臣，若不是梁夫人相救，如何得了？"说罢，高宗愈加抚慰昭容。见她娇羞可人，又是白璧无瑕，益加怜爱，是夜渥承雨露，从此格外宠幸。

宫女蓝苹为何被逐

宋高宗自从即位以来，戎马仓皇，东奔西走，在位三年多没有安宁过。虽然贵为天子，常居在行宫中，也是连完备的宫闱都没有，六宫粉黛寥若晨星。所以，昭容入宫后，便深得高宗宠爱，不久就怀有身孕。

宫廷之中，历来宫仪严密隆重，妃嫔承幸也有专司记载。昭容停经 4 月，早已报告登记在册，整个宫廷都知道她怀孕在身。昭容此时正盼望着日后生一男儿，将来也好母以子贵，却万万没有想到，自己竟无端受到一个宫娥嫉妒，险些遭致杀身之祸。

宫中有个名叫蓝苹的宫女，自幼在黄潜善家为婢。黄潜善见蓝苹已年方十八，很有姿色，又生性聪明善伺人意，就收为义女，找了个机会献给高宗。

蓝苹入宫，照例先谒太后。太后听说她是使女出身，觉得不便列为嫔御，就将她列为宫娥，侍奉吴美人。

蓝宫娥没能入选妃嫔，心里非常不甘。便时时地使出媚惑手段，寻找机会幸邀恩宠，以图封妃子做贵人。此时宫中妃嫔，只有潘贵妃和吴美人，潘贵妃已生一子，吴美人也年近三旬，红颜渐老，蓝宫娥自认为六宫粉黛已由她为首，又有义父黄潜善和哥哥蓝江做靠山，定能够如愿以偿。不料，偏偏昭容入宫，破了她的好梦，于是因恨生妒，迁怒于昭容，并屡次使手段想陷害昭容。

就在这个时候，宫中发生变故，黄潜善罢相，蓝江因兵变被杀，3 岁的皇太子赵旉猝病而亡。蓝苹便借着太子猝亡，想出一条毒计，又悄悄准备一番，打算诬陷昭容。

太子旉是潘妃所生。当年汴京失守，潘妃正巧归宁省亲，母子未被金人劫去。等高宗即位，即随太后同去应天府，谁知才册立太子两个月就死了。高宗只有这么一个儿子，能不心痛吗？潘妃更是悲痛欲绝，终日以泪洗面，宫娥们也都陪着落泪。

蓝苹见吴美人也在独自伤心，知道她是为太子而悲痛，就悄悄凑过去说："太子死得实在可怜，两日前还活泼玩耍，不想竟猝病身亡，婢女觉得诧异，潘娘娘爱太子犹如心肝，怎么会不留心呢？现在才明白，原来太子是被昭容诅咒死的。"

吴美人忙问："何以见得？传言不可信，亲眼看见才可为证。"蓝苹说："前日清早我去御苑摘花，远远望见昭容在御池边踽踽独行，就跟在后边偷

瞧,见她走入亭中,从方砖下取出一件东西,放在地上,跪拜一会儿,依旧放回砖下,就走了。""你为何不到亭中看个究竟?"吴美人继续追问。蓝苹回答:"她是皇上宠姬,婢女不敢。"

吴氏是心直性急的人,听蓝苹这么一说,信以为真,当下让她引路,来到亭中。蓝苹撬起方砖,取出两个纸人。吴美人接过纸人,只见一个上面写着太子赵甫,一个写着潘贵妃,不禁莫名其妙,问蓝苹说:"这是什么东西?"蓝苹回答说:"好像是诅咒术,听说道家有种邪术,写了仇人名字,每日清晨向东方跪拜诅咒,那人即气绝身亡。婢女自幼在黄潜善家,主人喜好结交僧道,所以听说过。"

吴美人见有人敢诅咒太子,拿起纸人就要去进呈皇上。蓝苹连忙阻拦说:"皇上是极爱昭容的,必不相信,说不定还要疑心我们栽赃诬陷呢。""难道就罢了不成?"蓝苹乘机出主意说:"昭容既然与潘娘娘作对,是不是请潘娘娘出头交涉呢?"

吴美人听着有道理,就吩咐说:"你快去快来,我在这儿立等!"蓝苹一溜烟儿奔至潘贵妃面前,故作紧张地说:"娘娘,大事不好啦!""什么大事不好? 难道金人又杀入宫中了吗?"潘妃惊讶问道。"那倒不是,请娘娘随婢女同去御苑,便知分晓。"蓝苹急促地说。

潘妃来到亭中,见到纸人,也是莫名其妙。待吴美人将蓝苹所言直说一遍,不由得恨恨地说:"我对昭容以礼相待,谁知她却是如此心肠! 现在太子已死,我要去和她拼命!"说完潘妃就要走,吴美人忙拖住说:"娘娘冒冒失失赶去,她若不承认,该怎么办呢? 还是请太后作主的好,皇上也不能偏袒她了。"

就这样,二人来见隆太后,你一言,我一语,请太后作主,除去这个害群之马。蓝苹立在一旁,暗自幸灾乐祸。到底太后见多识广,见蓝苹不像善良之辈,疑她搬弄是非,就一面召高宗入宫,一面问蓝苹说:"事关重大,不可捏造! 你当真目睹昭容所藏?"蓝苹信口答道:"婢女与昭容往日无仇,近日无冤,若非亲眼所见,怎敢瞎说呢?"

过了一会儿,高宗驾到,看过纸人,又听了详细说明,马上宣昭容进宫。

昭容见了两个纸人,更是莫名其妙,待听完讲述来历,如闻晴天霹雳,吓得跪在高宗面前,泪流满面地说:"臣妾与潘娘娘无冤无仇,太子病亡,妾闻之哭泣!是谁丧尽天良,栽赃陷害?请陛下彻底清查冤狱!"

高宗见她泪如泉涌,泣不成声,忙令扶起来,命核对笔迹。昭容写了几个字,高宗与太后等仔细审察,只有两三分相像。潘妃便说:"留心书写,笔迹必定不同,几分相似,足可作证据了。"

昭容听了,对天发誓,据理争辩,两个人各执一辞,争得面红耳赤。高宗见一时难判真假,潘妃又不依不饶,只好启明太后,以昭容为嫌疑犯,暂行看管。太后说:"昭容一向温顺,断不会下这种毒手,不过既受怀疑,在冷宫中静养几天也好。"

昭容一听要贬入冷宫,跪在太后面前哭泣不止。太后命宫娥扶起,悄悄安慰说:"你莫误会,宫中既有仇人诬陷,你还是在冷宫中静养的好,可保无虞。"昭容只好低声谢过太后,含着眼泪,随两名宫娥,到冷宫暂时住下。

昭容被打入冷宫,急坏了内侍周仁。周仁便到昭容宫中探问,众宫娥都替昭容喊冤,说她身怀六甲,连宫门都不出,哪里去过御苑?周仁又去御苑打听,这几日谁常来游玩,御苑尉说是只有蓝宫娥来过几次。周仁心中有了数,再到潘妃宫中暗暗探问了太子病状,然后悄悄往冷宫中探视。

昭容见了周仁,不禁伤心痛哭。周仁急忙劝慰说:"徒哭无益,冤狱已有了端倪,只可惜我人微言轻,不能为你出头,不知朝中可有大臣熟识?"昭容为难地说:"你晓得我只是盐商女,朝中若有亲戚,也无人敢陷害我了。"

周仁再三提醒,昭容只不记得认识哪位大臣。又想了一会儿说:"只有韩统制的梁夫人,曾是我的救命恩人。"周仁拍手说道:"真是好救星!韩统制深得皇上信任,梁夫人也极得太后喜爱,苗、刘兵变,梁夫人冒险入宫探望,太后封她为安国夫人,还打算收为义女哩,请她入宫营救,太后必定首肯。"昭容听周仁这么一说,也顾不得再思索,赶紧提笔疾书,将含冤受屈之情尽付于信上,托周仁再求救于梁红玉。

周仁藏好信件,一路急忙出宫,径往韩统制衙门,投递上书信。梁红玉接到信阅过,叫使女传进周仁,在帘内问道:"太子是害什么病症猝亡的?"周仁回答说:"殿下今年只有 3 岁,乱离奔走,因受了风寒暑热出痘,又霍地被刘宫人误将金炉碰倒,及地发出巨响,受到惊吓,立时抽搐成痉,越日即亡。""那么,蓝宫娥与昭容有什么仇隙呢?""蓝苹本是黄潜善使女,诈称义女送入宫中,与昭容无冤仇,纯系妒忌,竟下此毒手。"

梁红玉问明白了,就对周仁说:"来朝我便面见太后,定要把这件冤狱办个水落石出。回信就不必了,以防泄漏。你且返还,安慰昭容去吧!"周仁连连道谢而退,回宫转告昭容。

第二天,梁红玉入宫朝觐太后。太后见了梁红玉,笑容可掬,赐她在身旁坐下,亲热地问道:"夫人进宫,可是为拜认义母而来?"梁红玉含笑回答说:"既承太后宠爱,就遵旨改称母后了。今日进宫,只为宫中冤狱,特来奏闻母后。太子本患的是出痘症,无性命之忧,只因被刘宫人误蹴金炉,受到惊吓,抽搐成痉而亡,与昭容无关的。纸人之事不过是蓝苹捏造,昭容既受诬陷,理应放出冷宫。""夫人如何知道得这么详细?"太后问道。

梁红玉又回答说:"宫中自有冷眼人看得清楚,不忍昭容含冤,特地来报知臣儿的。"隆太后即传谕召高宗入宫,将梁夫人的话详述一遍。高宗闻之大发雷霆,一面传旨,放出昭容,一面命人传蓝苹来,亲自审讯。起初蓝苹还想抵赖,梁红玉奏请传御苑尉及昭容宫娥进来对质。有众人作证,蓝苹无可强辩,这才没有了话说。

高宗见冤狱已水落石出,便怒问蓝苹说:"贱婢你可知罪吗?"蓝苹自知难免一死,就跪在高宗面前,磕头如同捣蒜一般,哀求恕罪。高宗见她如此苦求,泪如雨下,顿生了怜惜之心,想不将她正法,可又觉得对不起昭容,就对她说:"你诬陷了谁,就向谁恳求吧。"

蓝苹就跪着爬到昭容面前,苦苦哀求说:"小婢一时糊涂,闯了大祸,娘娘姑念初犯,饶了小婢这一遭吧。"梁夫人见蓝苹跪着不肯起来,看得不耐烦,向太后说:"死罪可恕,活罪难饶,还是放逐出宫,去此害群之马,以绝后患。"太后点头同意了这个决定,即遣内侍将她送还母家。

蓝苹侥幸逃脱了死罪,却连累别人搭上了性命。高宗知道了太子的死因,迁怒于刘宫人,传旨将刘宫人杖毙,以解丧子之恨。

巾帼不让须眉

建炎三年九月，金兵以完颜宗弼（兀术）为统帅，分三路大举攻宋。西路攻长安，东路攻楚州，宗弼自将主力十万大军攻建康。宋军闻金兵进犯，不战先自乱。东京留守杜充弃城而逃，岳飞劝阻说："中原土地，尺寸不应弃置，今一举足，此地恐非我有，他日再取，非劳师数十万，不易得手了。"杜充不听，擅归行在。高宗不加罪，反令他留守建康，岳飞、韩世忠均受其节制。

十一月二十七日，金兵攻建康，杜充开城投降。高宗闻得杜充降金，惊慌失措，魂飞天外，忙召宰相吕颐浩商议说："建康已失，如何是好？"吕颐浩献策说："万一危急，不如航海，敌入我去，敌去我入，也算兵家奇计了。"

这时，高宗只想自己尽快逃命，就留吴美人在身边，其余宫眷都由太后带领逃往江西。宗弼听说宋朝君臣分头逃窜，就分兵两路，自己追袭赵构于杭越，另遣一军，追袭太后。太后等逃到太和县，闻得金兵追来，扈卫太后的杨维忠已约束不住部下，竟全营溃变，挺刃掳掠，将宫中财物和200多名宫女全部掳走，如鸟兽一般一哄而散，只剩数十名卫卒，保着太后等妃嫔逃往虔州。路上，又受到豪强盗匪劫持，幸亏杨维忠收拾了200余残兵，才将太后夺回，一路风餐露宿，狼狈不堪。

到了虔州，昭容怀孕早已到了时候，但是仍然没有要生的动静，于是卧病不起。找了个医生诊治，竟是乱离奔波，倍受惊吓，胎儿死在腹中。当夜，不待死胎落地，昭容便也不幸去世了。

十二月十五日，宗弼攻入临安，守臣死的死，逃的逃，无一人抵抗。高宗东奔明州，宗弼遣将渡江追逐。高宗无地可逃，只好准备乘楼船入海，不料卫士们不愿出逃，密谋要杀掉吕颐浩。高宗得了密报，大惊失色，诱杀了为首卫士17人，带上吴美人，匆匆逃到海上。

吴美人本是开封人氏，父亲名近。吴氏将要出生时，吴近刚好做了一个梦，梦见在路上独行，忽见道旁有个亭子，匾额上有"侍康"二字，亭子两旁种满了花草，牡丹已谢，只有芍药一花独放，鲜艳异常，妍丽可爱。正在玩赏，

忽然被丫环唤醒，报称夫人生得一千金。吴近虽然不解这梦兆是凶是吉，还是为女儿取名为芍芬，以志不忘。

等到芍芬年方 14 时，不仅秀外慧中，而且文武双全，知书识字，喜爱习武艺，善发弩箭，可百步穿杨。两年后，康王赵构在府邸时，慕芍芬之名，选充下陈，很得宠幸。吴近也因此得官武翼郎，方才明白这侍康梦兆。

靖康之难，高宗的妃嫔大半被掳往北方，只有吴氏虽在妃嫔之列，却被遗漏，金人没有指名逼索，便得以常随左右，伴他骑马射箭，因而越加宠爱，东奔西窜，都不离身边。而现在高宗逃遁海上，终日闷闷不乐，吴美人便守在一旁赋诗解闷。

一天，过昌国县时，破浪而行，忽然一条白鱼随浪跃到舱前。吴美人指着鱼称赞说："周武王途次中得白鱼献瑞，遂得灭纣兴周，陛下得此祥瑞，必将收复中原之地，天下同庆升平。"

高宗听了非常高兴，就在舟中封她为和义郡夫人。此时除夕已近，便要登陆度岁。刚移近越州，警报传来，越州被陷，吓得高宗抖颤了许久，才长叹一口气，懊丧地对吴美人说："可恨金人消息实在灵通，还未登陆又追赶前来，只好在水面上过年了。"

建炎三年除夕，大雪纷飞，海面上寒气逼人，高宗在舟中过年，苦不堪言。又漂泊数日，才移舟近岸，泊在台州境内的章安镇。建炎四年正月十六，金兵破明州，继破定海，即渡海追捕赵构。

高宗更是闻风丧胆，急忙命水手启锚，速向烟波深处退避。可哪里知道，他逃得快，金兵追得也快。御舟才扬帆，已有一金将率领数百兵卒，乘了快船赶来。

眼见敌船追来，高宗慌得语不成声，连连催促说："快走，船快走！"兵士水手个个手忙脚乱，有的竟呆若木鸡，连船也摇不动了。

吴美人见敌船箭一般越来越近，船上金兵就要杀了上来，于是她就在舱中挽起雕弓，搭上箭，瞄准为首的金将，待看得真切，一箭射过去，正中咽喉。金兵顿时大乱，忙着救护主将，速度骤减，高宗的御舟这才乘机逃过此劫。

吴美人见金兵离得越来越远，对高宗说："陛下如此躲避，终非长策。妾

以为,金兵孤军深入,必然畏怯,如能御驾亲征,再命各路将帅四面邀击,金兵何以猖獗?"

高宗原本就非常怯懦,听她这么说没有说话,吴美人只好娇叹一声说:"可惜臣妾不是男儿,否则定当誓师两浙,与金人一决雌雄!"高宗听了只有暗暗惭愧的份,一句话也说不出来。

中华宫廷秘史

第五章　王侯将相篇

宋朝以文治国是中国从野蛮社会走向现代文明进程的标志。开明宽厚的政治氛围,使官员们敢于抨击朝政,发表自己的政治主张,致使宋朝涌现出大批中国历史上敢于直谏的官员,如寇准、范仲淹、包拯、苏轼等伟大的名字,中国历史上只有宋代才能出现像包拯这样和仁宗皇帝在朝堂上当面争吵、包拯的唾液都飞溅到宋仁宗皇帝的脸上的事,他们犹如夜空中的朗朗星辰,交相辉映,璀璨夺目,岁月的流逝,冲刷不掉他们的赫赫英名;朝代的兴废,也改变不了他们不朽的业绩。

李筠为何孤军反叛

公元960年赵匡胤发动兵变,如愿以偿地坐上了皇帝宝座。但是他登基后形势非常严峻。各地割据势力十分强大:北方有契丹、北汉;东南有南唐、吴越;西南有后蜀;南方有南汉,这些政权均对立足未稳的宋朝构成威胁。国内形势也同样不容乐观,"黄袍加身"的手段虽然高明,但仍然引起了后周权臣、边将的不满。陈桥驿兵变的当日,忠心的周朝旧将便组织抵御赵匡胤返京,虽然未能成功,但无疑加深了后周旧将在宋太祖心中的反面印象。因此宋太祖登位之初,就极力削弱这些后周权臣的势力。而最令太祖头痛的就是屯兵西北的李筠,他严重威胁着初生的赵宋政权。

李筠,生年未详,卒于北宋太祖建隆元年(960年)。本名叫做李荣,为避讳周世宗柴荣的名字,改名李筠,并州太原(今太原市)人,五代时后周大将。李筠从小喜欢骑射,臂力过人,能开100斤的硬弓,并且连发连中。在

后唐时候李筠应募入伍,投靠后唐秦王李从荣麾下,官为控鹤指挥使。后晋时成为博州刺史,后周成立后,李筠又归顺了后周,屡建战功,官职节节上升。但是他是个直性子,脾气比较暴躁,就连周世宗也忌惮三分。

对于这个强敌,宋太祖首先想到的是招抚的计策,毕竟两虎相争,肯定会皆有所伤。于是遣使中书令,诏李筠入朝。李筠当时想拒绝受命,但被左右苦苦劝阻,不得已勉强下拜。但等到使者下阶,举行招待筵席的时候,李筠却突然把后周太祖的画像挂在墙上,痛哭流涕。宋太祖知道这件事后,决意除掉李筠。于是下令传唤李筠的儿子李守节到皇城做官,明为提拔,实际上是作为人质,胁迫李筠。李筠将计就计,派儿子入京,这样不仅可以伺机观察朝廷动静,而且如果宋太祖杀了李守节,自己也可借此起兵,号召后周旧将反宋。赵匡胤是何等精明人物,怎会识不破这一意图?因此故意挑言讥讽,李守节于是匆忙返回,把进京的遭遇告诉了他的父亲,李筠于是下定了反宋的决心。

公元960年四月十四日,李筠正式宣布反宋。他派遣部将刘继冲等向北汉睿宗称臣,睿宗以蜡丸封书约李筠一同起兵联合伐宋。但因两人各怀心事,战事进展不顺。李筠只好独自起兵,率军3万南下。李筠的谋臣邱仲卿认为这次起兵孤军奋战,应该首先巩固根据地,夺取太行山地区,然后再图谋向东扩展。但是李筠竟然意气用事,想当然地认为凭借他在周朝的威信,起兵后周朝旧臣必定会归顺于他,因此并未采纳这一战略性的建议。

四月十七日,李筠反叛的消息便传到了京师,宋太祖并未像李筠那样刚愎自用,立即召集大臣分析形势,认为两种情况将对宋军不利,其一,叛军凭借西北的险要地势,稳固防守;其二,若李筠挥师南下进驻太行山地区,稳固根据地后再与北宋争天下,必将陷入持久战,若久攻不下,势必造成内乱。这是李筠起兵最大的威胁所在。权衡利弊后,宋军做出的决策是坚决阻止李筠南下太行山区。

宋太祖对战役相当重视,作了战前部署。派侍卫副都指挥使石守信、殿前副都点检高怀德为前沿军队,切断通往太行山的道路。派三司使张美认真筹集军备粮草,做好打持久战的准备。战事进展十分顺利。五月初五,宋军在长平大胜,大大鼓舞了士气。在长平大捷的第二天,宋太祖发动了舆论攻势,削夺李筠官爵,宣布李筠为叛乱,不日即将平定等等。在安排好东京的人事后,赵匡胤决定带兵征讨,越过太行山,直逼李筠驻地。

李筠毕竟不是等闲之辈,他常年带兵,战争经验丰富。起兵时,他有战马3千,军士3万,这些都是身经百战、经验丰富的勇士。并且他日夜操练,使将士们保持了旺盛的斗志。另外李筠盘踞潞州多年,对地理环境十分熟悉,而且,宋军长途远袭,李筠军可以以逸待劳,因此起初的形势对叛军十分有利。

李筠在长平之役失利后,冷静了下来,决定采用邱仲卿的建议,继续率军队南下,占领太行地区后再图发展。石守信、高怀德等看穿了李筠的意图,率领军队穷追,两军且战且行。五月二十九日,李筠军与宋太祖亲征军相遇。因为受到了宋军的前后夹击,李筠被打得丢盔弃甲,只得放弃原计划返回老巢,依据险要的地势,死守孤城。但这时的叛军在受到一次又一次的打击后,士气逐渐低落了下来,许多将兵投降,战局相当不利。

这时,李筠的爱妾刘氏认为上党楼城坚固,并且地形有利,便于求援,建议弃城逃走上党。这时部下却认为在军心涣散之时,出城之后如果有人叛乱,后果将十分严重。一向跋扈专断的李筠,在这个关键时刻却犹豫起来。战时是不能贻误战机的,李筠优柔寡断之时,宋军发动了最后的总攻,叛军此时军心涣散,哪能抵挡得住?六月十二日,泽州城破,赵匡胤随即率军杀入城中。李筠见大势已去,安顿好有孕在身的刘氏逃亡潞州后,自己便蹈火而死。泽州之战,宋军大获全胜。随后宋军追歼了李筠的残余兵力,李筠反宋以失败告终。

李筠的叛乱,历时近两个月,最终得以平息。这是北宋建国后的第一次战役。这次战役的胜利,揭开了宋朝统一战争的序幕。

赵普为何被太祖罢相

赵普,字则平,幽州蓟(今属天津)人。太祖赵匡胤攻下南唐军事重镇滁州后结识了他，并深为赵普的为人和学识所打动，就把他招入幕府，成了自己的第一谋士。赵普是赵匡胤的得力助手，他对宋初的政局影响很大，太祖对这位臣子也是视之亲若家相，让赵普居相位长达数十年。君臣两人的关系可以说是非同寻常，可是后来太祖为何突然间罢了赵普的相呢？

赵普

其实这其中是有原因的。自古帝王大多善猜疑，好独断，宋太祖赵匡胤自然也不例外。虽然太祖明白自己是怎样当上皇帝的，也知道赵普明着暗着出力不少，但是太祖即位后还是将君臣关系分得清清楚楚，他希望自己的臣子绝对忠诚，有时甚至希望他们愚忠。赵普身为宰相虽然处处小心，但也难免犯错，太祖本来已经对赵普的位高权重有些担心，正好抓住赵普的一朝之错，罢了他的宰相之职。

宋初太祖喜欢微服出行，驾临臣子家中，表面上是亲密的君臣关系的表现，实则为了监视臣子。赵普作为朝廷重臣当然也不例外地受到这种特殊待遇。一日晚上，太祖又一次亲临赵普的府第，当时恰好遇到吴越王钱俶送书信给赵普，并且还赠送了赵晋十瓶海产品，就放在外面的廊屋檐下。这时太祖突然驾到，仓促之间，赵普根本来不及把东西隐藏起来，只有诚惶诚恐地迎接皇帝的到来。太祖进门一眼就看见了那些大瓶，于是就问赵普里面是些什么玩意，赵普如实对太祖说："是吴越王钱俶送来的海产品。""东南的海产品一定很不错的"，太祖一边说着一边命人把一瓶海产品打开，等到启封一看，瓶子里哪里是什么海产品，都是黄灿灿的金瓜子。赵普吓坏了，急忙跪下来磕头谢罪，解释说自己并没有拆开书信，不知道这瓶里装的是什么。太祖听了他的解释，叹了口气说道："你不妨收下这些东西，他们以为国

家大事全是由你这个书生决定的呢！"说完就走了。赵普非常懊恼，几天都闷闷不乐，后来看到太祖仍像以前一样待他，这才放下心来。其实太祖此时已经对赵普产生了不太信任的感觉，但是看在他往日功劳的份上没有怎么样，这是太祖和赵普关系的首次裂痕。

不料这件事没过多久，赵普便又被别人抓住了小辫子。赵普准备修建住宅，这本是一件很平常的事，可是他错就错在派亲吏到陕西、甘肃一带采购大号木料，扎成巨大的木筏运到京城来建造府第。当时太祖已经下了严禁私人贩运秦陇一带的大号木料的诏令，赵普自己采购不说，赵普那个亲信小吏还冒用赵普的名义趁机偷运木料到京城贩卖。这件事很快就被三司使赵比查到上奏给了太祖，太祖大怒，又联系上次钱俶送金瓜子一事，就认定了赵普现在是恃功自傲，专门与他为难。当下太祖就拟定草诏，即日罢免赵普。多亏了前丞相王薄极力劝解，太祖这才留诏未发，让赵普继续为相。可是对赵普的态度已经和以前大不一样了。

在贩木头的事情没过多久时，太祖又听说赵普的儿子娶了枢密使李崇矩的女儿，当时朝廷有不准宰辅大臣间通婚的禁令，目的是为了防止形成朋党，对皇权不利。赵普与李崇矩结成姻亲，再次违背了太祖的禁令，惹得太祖大动肝火，即刻下令让赵普与李崇矩二人在两个不同地方等候太祖召见。原本按惯例，宰相与枢密使每次在长春殿等候皇帝召见问话时，是在同一间房子休息的。太祖看到赵普一次次违背自己的旨意，分明是把自己不放在眼里，便暗自忖度赵普居心何在，渐渐对赵普心生厌恶。

当时有一位叫卢多逊的翰林学士为了能迅速升官，听说了赵晋的一些事情，暗自揣度圣意，便经常趁皇帝召见之机攻击赵普的短处。有一天，正巧有个叫雷有邹的人到登闻院击鼓，告发堂后官胡赞和李可度的受贿案，刘伟伪造代理官职的公文，以及赵孚假装生病不去西川上任之类的事情，还说其中最要紧的是这些人都得到了赵普的庇护。这些事本来都是那些小官的事情，可是偏偏卢多逊在太祖召见时，乘机诽谤赵普，将这些事情加油添醋地告诉了皇上，还说赵普学问不高，嫉贤妒能等等。太祖极为生气，把这些事情全交由御史台审问，按法律严惩胡赞等，而让雷有邹到秘书省任职，对

宋宫秘史

赵普也完全失去了信任。不过太祖此时还不愿伤害这位老臣的面子，他只是疏远赵普，并且不动声色地扩大了参知政事的职责范围，下诏让参知政事与赵普轮流执掌宰相的印信，上朝可以领班、可以和宰相一起奏事，借此分割赵普相权。赵普见事情都到了这种地步，只得上表请求太祖罢免自己。太祖立即下诏，调赵普外出为河阳三城节度使，卢多逊则被提升为参知政事。

"无敌将军"杨业缘何兵败

杨业，又名杨继业。本来是北汉的将领，战功显赫，官至节度使。但是北汉大厦将倾，凭杨业一人之力难以支撑，经历了几年的战争，北汉最终被宋朝灭亡。杨业归顺了宋朝，这时在位的皇帝已是宋太宗，宋太宗早就听说杨业武艺高强，十分器重他，任命他做右领军卫大将军、郑州刺史。

雁门关

宋朝灭亡了北汉后，想乘胜攻打辽国，收复北方的失地。起初，宋军攻势凌厉，北方有几个州的辽朝守军纷纷投降。宋军一直打到幽州（今北京市）。后来，辽朝派大将耶律休哥增援。双方在高粱河（今北京市城西）打上一仗，宋兵大败，宋太宗乘一辆驴车，很狼狈地逃回东京。

从此之后，宋军就在对辽问题上采取了保守战术，不再主动发动战争。

但是辽军不断袭击宋朝的边境，这让宋太宗十分担心，毕竟不知道什么时候辽军就可能突破宋军边境防线长驱南下，于是宋太宗就派杨业为代州刺史，重点扼守雁门关。

公元 980 年，辽国派了十万大军攻打雁门关。这时杨业手中只握有几千人马，兵力相差悬殊。但杨业是个有丰富经验的老将，知道打仗靠硬拼是不行的，还需要智取，就把大部分人马留在代州，自己带领几百名骑兵，悄悄地从小路绕到雁门关北面敌人后方。

辽兵向南进军，一路上基本没遇到抵抗，正在得意，忽然，从大军背后响起一片喊杀声，辽军大吃一惊，只见一支骑兵烟尘滚滚地从背后杀来。由于毫无防备，又弄不清后面具体来了多少兵马，辽军顿时阵形大乱，哪儿还抵挡得了，纷纷向北逃窜。杨业带兵追赶上去，杀伤大批辽兵，还杀死了一名辽朝贵族，活捉了一员辽将。这就是"雁门关大捷"，此战过后，杨业威名远扬。以后辽兵只要见到"杨"字旗号，就吓得胆战心惊，不敢与之交锋。宋人给杨业起了个外号，叫作"无敌将军"。

此仗杨业立下如此大功，引起了一些边防将领的妒忌。有人给宋太宗上奏章，诬陷杨业反心未灭，与辽国私通云云。宋太宗这时需要杨业镇守北境，自然不会理睬这些诬告之词，把那些奏章封好了，派人送给杨业。杨业见宋太宗这样信任他，自然十分感动。

几年后，辽景宗耶律贤死去，即位的辽圣宗耶律隆绪才 12 岁，由他的母亲萧太后执政。宋朝一名边将向太宗上奏章，认为辽朝政局变动，正好趁这个机会收复燕云十六州失地。宋太宗认为这一建议可行，就采纳了。公元 986 年，宋太宗派出曹彬、田重进、潘美率领三路大军北伐，派杨业做潘美的副将。

战争伊始，宋军旗开得胜。潘美、杨业的一路人马出了雁门关，很快就收复了四个州。但是不久宋军就吃了败仗，曹彬率领的主力由于孤军深入，被辽军杀得大败。听到这一消息，宋太宗回忆起以前的对辽之战的惨景，赶快命令各路宋军撤退。

潘美、杨业接到命令，就领兵掩护四个州的百姓撤退到狼牙村。这时，辽军已经占领寰州,反击的势头很猛。杨业建议派兵佯攻,吸引住辽军主力,并且派精兵埋伏在退路的要道,掩护军民撤退。

监军王侁反对杨业的建议,认为宋军精兵几万,不能害怕辽的先头军队。宋军只管沿着雁门大路,大张旗鼓地行军,就能吓退辽军。这种不切实际的决策,注定会导致宋军的惨败。杨业的建议不但没有被采纳,反而引来王侁的嘲笑:"杨将军不是号称无敌吗?现在在敌人面前畏缩不战,是不是另有打算?"

一句话把杨业激怒,七尺男儿,最痛恨别人说自己临阵畏缩:"我并不是怕死,只是看到现在时机不利,怕让士兵们白白丧命。你们一定要打,我可以出战,并且可以打头阵!"

主将潘美也支持王侁的主张,杨业无可奈何,只好带领手下人马出发了。临走的时候,他流着眼泪对潘美说:"这一仗注定要失败。我不是畏缩怕战,本来想看准时机,痛击敌人。现在大家责备我避敌,我只有出战。你们在陈家峪谷口两侧埋伏。我兵败退到这里时候,你们带兵接应,两面夹击,也许有转败为胜的希望。"

杨业果真料事如神,出兵没有多远,就遭到了辽军的伏击。杨业虽然英勇,但怎奈何潮水一样涌上来的辽兵?拼杀了一阵后,见无取胜希望就主动后退,把辽军引向陈家峪。这时日薄西山,谷口两侧静悄悄的不见宋军人影。原来杨业走后,潘美也曾经把人马带到陈家峪。但是等了一天听不到杨业的消息,这时王侁认为杨业已经杀退辽军,怕让杨业抢了头功,就建议潘美把伏兵撤去,准备前去抢功。

杨业见约定的地点没人接应,非常气愤,只好带领兵士们同追上来的辽兵展开搏斗,尽管宋军个个奋勇抵抗,但是辽军越来越多,最后战到杨业身边只有一百多个兵士。杨业看到后退无望,就催促这些兵士突出重围,自己在这里为国捐躯。兵士们看到杨业浴血奋战的情景,感动得都流下热泪,没有一个愿意离开。最后,宋兵都战死了,杨业的儿子杨延玉和部将王贵也牺牲了。杨业身上受了十几处伤,浑身是血,但还来回冲杀。不料一支箭飞来,正射中他的战马,马倒在地下,把他摔了下来。辽兵乘机围了上来,将他

中华宫廷秘史

俘虏。

　　杨业被俘以后，辽将劝他投降辽国，但杨业誓死不从，最后在辽营里绝食而亡。杨业为国捐躯的消息传到东京，朝廷上下都为他叹息。宋太宗丧失了一名勇将，自然非常难过，他把对此役失利负有重大责任的潘美降职处分，王侁革职查办。

大是大非的潘美

　　潘美（925—991年），字仲询，祖籍荥阳（今河南郑州东），后迁至大名（今河北境内），宋初名将。潘美从小喜欢读书，擅长写诗，是一个文人才子。26岁那年，他到后汉当了一名典谒（专门负责接待宾客和联络事务的小官）。后来他见后汉奸臣肆虐，气数将尽，于是跑到后周做事，在周世宗柴荣与北汉的高平之战中立功，很快升至西上阁门副使，这时他结识了赵匡胤，开始弃文从武，为宋朝的建立立下了汗马功劳。

　　"陈桥驿兵变"时，潘美积极响应赵匡胤的号召，并帮助游说尚存犹豫之心的大将，受到了赵匡胤的赏识，逐渐被委以重任。宋朝建立后，一些地方割据势力不服赵匡胤的统治，蠢蠢欲动。后来陕西的节度使袁彦带头造反，令赵匡胤十分头疼，潘美得知后，认为袁彦并非与宋朝到了势不两立的程度，于是单人独骑前去劝说，晓以利害，最终使袁彦认清形势，投降了赵匡胤。潘美表现得有勇有谋，使得赵匡胤很满意，更加器重潘美了。

　　建隆三年，潘美随宋太祖前去湖南平乱，平定后被任命为潭州防御使。不久，湖南地区的溪峒少数民族首领发动叛乱，潘美恩威并用，分化瓦解，很快将叛乱平定。赵匡胤听说这件事，大加赞赏。970年，潘美出任贺州道兵马行营都部署，率湖南的十州兵攻打南汉。9月份围攻贺州（今广西贺县东南）时，听说南汉的援军就要到来，潘美命令宋军伪装撤退20里，在南乡（今贺县南信都）设伏。南汉军队中计，大败，被潘美部众歼灭万余，贺州也被拿下。宋军转兵进攻韶州（今广东韶关），面对南汉军队的象阵，潘美避其锋芒，命令将士用强弓劲弩对付，大获全胜。歼灭南汉主力军10多万。此战

令南汉元气大伤,后来潘美率军一鼓作气,攻下南汉。

开宝七年九月,宋太祖派李穆出使江南,希望劝说南唐后主李煜入朝晋见,臣服大宋,结查李煜称病不入朝。宋太祖大怒随即任命大将曹彬作主帅,潘美为副帅征伐南唐。这次潘美再次立功,李煜在金陵布兵十万,拼命抵抗,却被潘美用奇袭方式取得胜利。南唐被灭后,潘美被任命为宣徽北院使,到宋太宗时,潘美又被任命为宣徽南院使。

宋太宗即位第四年时,亲征太原,潘美时年 55 岁,以北路都招讨制置使之职从征。无论是战前布置作战方略,还是战争中积极御敌,潘美都发挥了重要作用,受到了宋太宗的赏识,成为宋朝不可或缺的一员大将。

客观的说,在为官过程中,潘美都是尽职尽责;在战争中,他智勇双全,百战不殆。那么为何潘美却在历史上留下奸佞臣子的臭名呢?

这要从杨业与潘美的矛盾说起。

杨业归顺宋朝之前,是北汉的一员大将,潘美随军出征太原、攻打北汉时,阵前曾与杨业过招。杨业武功高于潘美,曾枪挑潘美于马下并刺了他十多枪,而佘太君也曾将潘美射下马来,潘美身负重伤差点丢了性命。从此,杨业夫妇便得罪了潘美。杨业归顺宋朝后,屡立战功,被称为"杨无敌",风头盖过潘美。因此杨业更是被潘美视作眼中钉,肉中刺,欲除之而后快。

在雍熙三年的对辽战役中,潘美被任命为出征三路的西路军主帅,杨业为副帅,在演义小说与传统戏剧中,潘美被刻画成一个夺权篡位,勾结契丹颠覆宋朝的大奸臣。为了扫除障碍,潘美借陈家谷战役的机遇,害死了杨业,而杨业的儿子七郎跑出向潘美搬救兵,却被潘美用酒灌醉后乱箭射死;六郎再次求救,也差点被潘美捉住杀掉,后来六郎忍无可忍,向太宗状告潘美,杨业与七郎的冤情这才真相大白。潘美遭到了严厉的惩处,官职被降,背负了奸臣臭名。

其实,历史上并无确凿证据证明潘美在陈家谷之战中,欲把杨业置于死地,以求谋叛篡权。从史书上记载潘美的所作所为来分析,潘美不可能愚蠢到与宋朝为敌的地步,何况他的女儿还被太宗聘给太子,也就是后来的仁宗为妃,所以潘美谋反的可能性并不大。那么潘美在杨业之死中又扮演了一个什么样的角色呢？有两种可能，第一，确实是出于私情，但仅仅是贻误战机，而非加以陷害。第二，考虑到监军可与皇帝直接上报的特权因素，潘美不敢违背监军的错误意见，坐视不管，导致杨业兵败被俘。

潘美毕竟是宋初的功臣，在朝廷中口碑也不错，所以宋太宗对于他的失职只是进行责制，由原来的检校太师降成了检校太保。一年后，宋太宗又恢复了潘美的检校太师职务，仍任并州都总管，显示了皇帝对这位老臣的充分信任。潘美死后，更是配享太庙，作为一名臣子来说，不能不说是极大的荣耀。

从潘美一生的经历来看，还是功大于过的，他以文官出身领兵，屡次建功，战功卓著，对宋王朝的贡献也是有史可载，但由于陈家谷之战的败笔，以及杨家将故事的流传，人们对潘美的认识也出现了一些偏差。

"宽厚宰相"吕蒙正

北宋时期人才辈出，名臣名相更是层出不穷，曾三度为相的吕蒙正则是其中的佼佼者。同时在他的推荐之下，吕夷简、富弼等相继成为北宋时期的一代名相。吕蒙正（944—1011年），北宋河南洛阳（今属河南）人，字圣功。历任左补阙、知制诰、翰林学士、参知政事等职。端拱元年（988年），拜中书侍郎兼户部尚书、平章事。曾在太宗、真宗时三度为相，为人质朴宽厚，被时人誉为"宽厚宰相"。

吕蒙正虽然是宋朝的名相，但在他入朝做官之前，却经常缺吃少穿，夫妻俩困居在寒窑里。有一次过年没钱买猪头，就赊了一只，谁知猪头刚煮好，讨债的就上门来，把煮好的猪头提走了。吕蒙正见状感慨，提笔写了《过年》："可怜可怜真可怜，煮烂猪头要现钱。有朝一日时运转，日日天天都过年。"后来他祭神，连纸钱都没有，就以树叶代之，又写《祭神》："一片树叶一缕烟，相送司命到九天，玉皇若问凡间事，蒙正乞贷猪头钱。"穷得要向玉皇贷款买猪头，这打油诗写得也真够洒脱。

在如此贫困的情况下，吕蒙正仍发愤读书，终于功夫不负有心人，于太平兴国二年(977年)中进士,得以入朝为官。《宋史》说他"质厚宽简,有重望,以正道自持。凡事敢言,每论时政,有未允者,必固称不可,上嘉其无隐。""时皆服其量"。

当他刚刚进入朝廷担任大臣时,有官员看不起他,在帘内指着他说:"这小子也能参政么!"蒙正假装没听见走了过去。与吕蒙正同行的人却非常气愤,一定要追问那个人的官职和姓名,却被吕蒙正制止了。议事完毕,同事们仍愤愤不平,后悔没有打听到骂人者到底是谁。他急止之说:"如果知道此人姓名,就一生忘不了,不如不知道更好。"大家都很佩服吕蒙正的肚量,觉得他是个襟怀博大、度量如海的人。

他对于涉及个人的是非不计较,但对于国家的大是大非,却敢据理力争。一次,宋太宗欲派人出使,蒙正推荐使者,太宗不同意。太宗三次问蒙正,蒙正三次都推荐此人。太宗生气地说:"你为何这样固执呢?"蒙正说:"我不是固执,是因陛下没有了解此人。我不想由于讨好皇上而损害国家大事。"太宗终于同意蒙正所推荐的人,此人出使果然称职。

吕蒙正

吕蒙正作为一朝宰相,对下属是个宽厚的长者,并注重提拔奖掖后进之人,可对皇上,他从不拍马逢迎。有一次,正月十五的晚上赏灯,皇上大宴群臣。酒兴正浓的时候,宋太宗说:"正当五代之际,天下生灵涂炭,哀鸿遍野,周太祖自邺城南归,无论是当官的还是老百姓,无不惨遭虏掠,城野大火漫燃,天上彗星划过,看者无不心惊肉跳,以为天下再无太平之日。朕自当政之后,日理万机,从不敢懈怠,常想天下百姓,以至才有今日之昌盛景象。由此来看,无论是大乱还是大治,无不是人之所为,并非是什么天意啊!"大臣们听后,纷纷赞美皇上英明,把太宗拍的得意忘形。这时吕蒙正走到太宗面前说:"皇上在此设宴,百姓莫不云集在此,放眼望去满城灯火辉煌,确实一片繁荣的景象。臣不久前曾到城外,离城不数

里就看到有许多人面露饥色,甚至还看到一些因饥饿而死的人。由此可见天下并不都像我们眼前所看到的这样啊。愿陛下不但看到眼前的繁荣,而且也能看到远处的正挨饿受冻的百姓,这才是天下苍生的幸事啊!"太宗听到这话,一时黯然失色,群臣都不敢出声。过了好久,太宗才转怒为喜地说:"我得蒙正如唐太宗之得魏征,倘若做臣子的都能这样时时提醒朕不忘以天下苍生为念,国家哪里还会不富强,百姓不舒心啊。"此后,太宗对吕蒙正更加倚重,几乎事无巨细皆请教于他。

吕蒙正官至宰相之后,想送礼的人日渐增多。虽然他以清正廉明著称,官僚士绅都知道他厉害,无人敢向他行贿送礼捞好处,但是朝里有个官儿"偏不信邪",想出一个"锦囊妙计"来贿赂他。原来他家有件秘不示人的传家宝——一面青铜古镜,不知出自哪朝哪代哪位巧匠之手,浑圆天成,钮座联珠,铭文重圈,镜面幽光熠熠。铜镜本为古人照脸之具,可这面古镜据说竟能照清二百里远近景物。他想献镜给吕蒙正,凭宰相一言九鼎,自己必能平步青云。但若直接送上,又必定碰一鼻子灰甚至碰得鼻青脸肿,必须采取迂回战术,施计巧献,让吕相爷乖乖受贿而不知是贿,一切自然妥贴,天衣无缝。

于是,他到吕蒙正弟弟吕蒙休家,让蒙休鉴定古镜。蒙休连夸:"宝镜宝镜,日月生辉,明鉴天地!"他一看有门儿,心中大喜,却装作不经意似地说:"明鉴天地,满朝文武只有令史大人配得上享用!小弟我人微福薄,留着它早晚要惹祸,神偷惯盗把它弄去不说,还可能杀人灭口哩!侯门似海,相府森严,只有那里才最安全,宝镜万无一失,小弟我也跟着平安无事,高枕无忧了。"吕蒙休听懂了他话里的"意思",却不敢代收代转古镜,大摇其头说:"绝对不行!我哥那脾气谁不知道?"那人笑道:"令史是古器物鉴赏专家,您带古镜去让他鉴定一下,这不难办吧?只要他老人家微露爱意,您不就可以说话了吗?反正我也不是送礼,不过是为了保住古代文物罢了。"蒙休只好答应,却不敢持镜见哥哥,便对那人说:"宝镜您先拿回去,我去试探试探再说。"

吕蒙休见了哥哥,说了一大堆"引言",才引到古镜上,末了说:"哥给鉴定后就留下照脸用吧!"吕蒙正哈哈大笑道:"老二呀,你看哥这张老脸,不是也只有碟子大小吗? 干嘛要用能照方圆二百里的天大镜子呀!"在场的人全都笑得前仰后合。这事传开后,人人叹服,连那位"偏不信邪"欲行巧贿者也佩服得五体投地——想不到自己三天三夜好歹琢磨出来的锦囊妙计,被铁面宰相一句笑谈轻轻一碰,顷刻间化为乌有,反成了朝里朝外大小官员饭后茶余的笑料!

《宋史》不惜重墨记述吕蒙正的故事,足见人们对他做人的襟怀和气度是如何的推崇备至。吕蒙正襟怀宽广、度量如海,正好验证了一句俗话:"宰相肚里能撑船"。

"大事不糊涂"的吕端

北宋出了不少的名相,吕端就是其中的一个。吕端(935～1000年),字易直,北宋幽州安次(今廊坊市安次区)人。他的父亲吕琦做过后晋的兵部侍郎。吕端以其父的官位荫补千牛备身(禁卫官)。在北宋初年,曾任知成都府、蔡州,宋太宗淳化四年(993年),拜为参知政事。宋太宗至道元年(995年),接替吕蒙正为相。

北宋开国元勋赵普赞扬他:"吾观吕公奏事,得嘉赏,未尝喜,遇抑挫,未尝惧,真台辅之器也!"宋太宗想以吕端为相,有人却贬抑他,说他"为人糊涂",太宗当即反驳说:"端小事糊涂,大事不糊涂。"决意提拔吕端为宰相。还在歌宴上作钓鱼诗,将吕端比做姜太公。由此而得"大事不糊涂"的美名,喻指办事坚持原则。亦指在大是大非面前保持清醒的头脑。"诸葛一生惟谨慎,吕端大事不糊涂",用以形容不计较、苟求小事,而

吕端

对大事情、大道理一点也不含糊。这既是荐人、用人原则,也是识人、待人原则。

吕端身居宰相后,为政更为谦让得体。他原在寇准之下,现在先占了相位,担心寇准想不通,就请求让参知政事与宰相轮流掌印,同升政事堂,太宗同意了。时朝中参与政事的群臣常有意见分歧,每次总是吕端的意见高人一筹。于是太宗下令:"今后议政的事必须经过吕端详加斟酌后,再奏报予我。"吕端更加谦虚地推说:"不敢当。"

至道元年(995年),元侃被立为太子,王继恩觉得很不舒服。元侃聪明过人,洞察秋毫,日后继了帝位,他王继恩想玩点猫儿腻都玩不成;再说,王继恩的职位是宣政使,跟太子没什么工作关系,跟太子党搭不上线,一旦太子得了势,自会用自己身边的一帮人,怎么也不会想到他王继恩。于是,王继恩看元侃就不顺眼,元侃做太子就成了王继恩的心病。至道三年(997年),太宗病危,宦官王继恩利用这一机会,伙同参政知事李昌龄、殿前都指挥使节李继勋、知制诰胡旦暗中密谋不立皇太子为帝,另立楚王元佐。

太宗弥留之际,王继恩叩见皇后说:皇后,您该考虑后事了。

皇后问:什么后事?

王继恩反问:何人继帝位呀?

皇后说:不是有太子吗?

王继恩说:立嗣以长,方谓之顺。

皇后说:元佐(长子)是个痴儿……

王继恩说:这就对了。

太后问:怎么讲?

王继恩说:痴人继帝位,日后朝中有事,离不开您哪。元侃精明,您又不是他的生母,他当了皇上将会把您摆在什么位置?

皇后顿时有所悟,沉吟不语。

王继恩催促道:太后,事不宜迟啊!

皇后说:事关重大,怕是光你我还办不成。

王继恩说:有您做后盾,再有一宰辅出面主持,这事算成了。

宋宫秘史

皇后问:你看谁合适?

王继恩问:太子太保吕端怎么样?

皇后说:你看他行吗?

王继恩说:我看行。他整天迷迷糊糊的,好糊弄。

皇后说:先帝在世时曾说过,吕端平时糊涂,大事不糊涂。

王继恩说:我看未必。

皇后说:你再想想,还有谁行?

王继恩低头想了想,说:我看没比他更合适的了。

皇后说:那就快去吧,召吕端进宫。

吕端正在书阁中读书,忽然门被推开,扭头一看,是王继恩。

王继恩说:吕大人,皇后召你,要你马上进宫。

皇后召大臣有什么事? 吕端见王继恩神色紧张,不由得心头一紧,心想,一定是皇上驾崩了。他仍然不动声色,不紧不慢地说:进来呀,有话慢慢说。

王继恩一脚跨入门槛,匆匆说:皇后叫你快去⋯⋯

王继恩一句话没说到头儿,吕端已闪身门外,扑地将门合闭,咔地落了锁。王继恩拉不开,便捶门大叫:"吕大人,吕大人⋯⋯吕端⋯⋯你可要为你的行为后果负责!"

吕端急如星火,跨入宫门,谒见皇后。

皇后涕泣说:皇上已经驾崩了!

吕端象征性地挥洒几滴泪水,忙又收住,问道:太子何在?

皇后说:立嗣以长,方谓之顺,你看现在的事该咋办?

吕端说:先帝生前立下太子,正是为了今日,事到如今,再生旁议,无异节外生枝。皇后您马上就要做太后了,一旦国家出现动乱,您可是责无旁贷呀!

皇后不由得心中慌乱,一时无言以对。

吕端吩咐内侍:快去迎太子!

太子顷刻就到了。

皇后左右望望，不见王继恩，但见吕端与太子侍立一旁，自知已无回天之力，便无可奈何地吩咐道：准备一下，太子继位吧，国不可一日无君。

于是太宗选立的太子继位，是为真宗。吕端又接着将李昌龄、李继勋、王继恩、胡旦相继贬谪流放，从而避免了一场动乱。宋真宗正式主持朝政那天，垂帘引见群臣，吕端站在殿下不拜，奏请卷帘。他上殿察看，在确定是真宗时，才返回殿下，率领群臣跪拜。

由此可以看出，正是宋太宗的知人善任，使自己的旨意在死后仍能得以推行。吕端在这次最高权力的接替过程中可谓是功不可没，真宗对他也是礼遇有加。真宗每次召见大臣，唯有对吕端恭敬地拱手作揖不直呼名字。吕端身材高大，年迈行动不便，殿前石阶稍高，真宗就让木匠改加木制的小台阶，并专门在便殿召请他商议军国大事。咸平元年（998 年）夏，吕端身体有病，请求辞去官职，真宗不允，却免去了他进殿朝见的礼节。真宗亲自到家中探望。咸平三年（1000 年），吕端因病去世，享年 66 岁，赠司空谥正惠。

"肥相"张齐贤

历代名相中不乏能吃之人，像南宋的宰相赵雄。无独有偶，北宋初年也有一位大肚宰相。他"体质丰大，饮食过人"，特别喜欢吃肥猪肉，每顿都要吃好几斤，人称"肥相"张齐贤。

张齐贤，字师亮，曹州冤句（今定陶区力本屯乡蔡楼村）人，他以贫民出身而官至同中书门下平章事，两度入阁拜相，前后 21 年，为宋朝的政治、军事、外交等做出了较大贡献。居官无论尊卑，皆能考究民情，务行宽大，尽心为民，广受百姓爱戴。所著《洛阳缙绅旧闻记》可补五代史之缺，《孝和中兴故事》亦为世人所推崇。

人虽能吃，但张齐贤绝非"酒囊饭袋"。齐贤少时家里贫穷，但学习刻苦，志向远大。北宋初年，太祖幸西都（洛阳），他以布衣身份献策于马前。召至行宫，复以指画地、条陈"下并汾""富民""封建""敦孝""举贤""太学""籍田""选吏""慎刑"、"惩奸"等 10 事，宋太祖觉得其中四条有道理，张齐

贤却坚持认为十条都很重要。宋太祖对后来的宋太宗赵光义说:"我到西都去,只看中一个张齐贤。我不想给他官职,留给你来提拔重用吧。"宰相赵普也大力推荐,后来宋太宗果然把张擢为进士,因为主考官没给张好名次,宋太宗还颇为不悦。

张齐贤居官时,尽心尽力,表现出卓越的政治才能。他任衡州通判时,州里原有凡劫盗一律处死的成规,但齐贤却对具体案情作具体分析,力争救活一些协从的人。荆、桂之间水递铺夫有数千户,多半缺吃少穿,齐贤就上奏朝廷减其一半邮役,使其有余力从事生产,以改善生活。

张齐贤居官勤谨宽大,颇得人心,还非常有军事才能。雍熙三年(986年),曹彬、潘美等北伐攻辽,大败。张齐贤主动请缨去接管代州军事,他设计大败辽军,擒其北大王之子一人,斩首数百级,获得马二千匹和大批器甲。辽国此番在朔州、邢州、深州等地都大获全胜,唯独在代州吃了败仗。

几年后,张齐贤拜吏部侍郎、同中书门下平章事,登宰相之位。张母孙氏年已80有余,被封晋国太夫人,经常到皇宫里做客,宋太宗赞叹她福寿双全,有个好儿子,赏赐之外,还写了好几道手诏专门问候,大家都觉得张齐贤很有面子。老太太去世后,张齐贤七天水浆不入口,此后每天也只喝一盆粥,不吃酒肉蔬果,直到守丧结束。对他这样非酒不快、非肉不欢的大肚汉来说,这滋味可不好受。

张齐贤还是一个善于断案的聪明官。有一次,和皇族都有亲属关系的两家人发生了纠纷,为财产分配争执不下。最后,闹到了皇上那里。但皇上也无法明断,案子拖延了十多天。为了替皇帝解忧,张齐贤自告奋勇接下了这个案子。他把双方叫进了自己的宰相府,然后对他们说:"你们是不是都觉得自己分得财产少,而对方分得多?"双方都回答说:"是。"于是张齐贤让他们在供词笔录上签字画押。然后派人催着他们搬家,甲搬到乙家里,乙搬到甲家里,交换财产文契,但家里的东西和财产都不许动。家都搬完了,大家也都不告状了。第二天,张齐贤向皇帝报告情况,皇帝非常高兴地说:"我就知道,只有你能处理这样的案子。"这是特殊的案子,只能用这么特殊的办法处理。

张齐贤一度罢相出知安州。安州是个偏僻地方,当地人没有见过什么大官,听说张宰相来了,都争着去看,并议论纷纷:享受大富大贵的张宰相到底和咱们有啥不同? 府里的厨师率先得出结论:肯定是因为他那不一般的肚量。张齐贤招待客人,厨师长在厅侧放了一只金漆大桶,看张吃了什么,就在桶里照样放一份,到晚上一看,"酒浆浸渍,涨溢满桶",消息传出,整个州郡都轰动了:哇,张大人真是一个超级"饭桶"啊! 此事见于欧阳修《归田录》。

"肚量"惊人的张齐贤,"度量"却不大。有一天在行香所(举行礼佛仪式的地方),他称参知政事(副宰相)温仲舒为"乡弟",还说了其他一些鄙俗的话,御史中丞张咏认为他有失大臣之体,就上了道表文纠弹,张齐贤深以为恨。张咏的亲家王禹偁也是个说话很直的人,曾写《齐贤罢相麻词》讥诋张齐贤,张就给他安了个罪名贬谪到地方上去。王禹偁文章之好人人皆知,时任知制诰,替皇室、朝廷起草诏令,张齐贤想把张咏、王禹偁一块儿搞掉,就向宋太宗打小报告说:"张咏本来不会写文章,他那些章奏都是亲家王禹偁代笔写的。"张咏听说后,跑到太宗面前辩白:"我苦心钻研文章学术,无人不知,张齐贤说我假手于他人,这是诬蔑我啊!"太宗让张咏把平生著述呈上,坐在龙图阁里翻看,还没看完,就下令赐坐,又吩咐黄门太监把自己常用的一把红绡金龙扇赐给张咏驱暑。张齐贤挟私报复虽然没有得逞,但也并没有就此受处分。

"四践两府(指枢密院、中书院),九居八座(指仆射、枢密使及六部尚书),以三公就第,康宁福寿,时罕其比",这描述了他一生中的政治生涯。退休后回洛阳,得到唐代裴度午桥庄,"有池榭松竹之盛,日与亲旧觞咏其间,意甚旷适",得以安享晚年。1014 年去世。张齐贤一生可谓善始善终、基本顺利。但他度量太小,在位期间又数次兴起大狱,算不得名相。

正直大臣李沆

李沆,字太初,北宋年州(治所在今河北广年)肥乡人。李沆小的时候十分好学,年纪轻轻就显示过人之处。这令他的父亲非常高兴,曾对人说:"我的这个儿子以后必定会做到宰辅官职的。"父亲的眼光没错,李沆没有辜负他的期望。

太平兴国五年(972 年),李沆考中进士,踏入官宦之路。淳化二年(991年)李沆升任掌铨判吏部主管。一次,宫中宴会时李沆曾经侍坐在太宗皇帝身边,散席后宋太宗目送他回家,说:"李沆气度凝重,可真是个贵人啊。"于是决定重用他。淳化三年(992 年),便拜他为给事中、参知政事,也就是宰相之位。尽管在太宗立太子之事上,李沆被贬,但是在真宗即位后,他又迁任户部侍郎、参加政事。李沆究竟有什么才干,能够获得太宗、真宗两位皇帝的信任?

1004 年,契丹军队侵犯宋朝的北方边境,兵临开封附近的澶州城,宋真宗在宰相寇准的恳求下御驾亲征,临行前决定由李沆来留守京都。李沆将城内治理得安然有序,受到众人好评,都说他可比贤良有才干的汉初丞相萧何。宋真宗与辽兵议和还师开封时,李沆率军队到京城外迎接,下令设座置酒,为皇帝和宋朝军队接风洗尘,对他们的功绩加以慰劳。真宗对李沆的所为十分满意,于是给李沆再加官职一级,让他兼门下侍郎和尚右仆射。

有一次,宋真宗与李沆闲谈时,问他治理国家应当以什么事为首先的要务。李沆回答说:"以用人为首要之务,用人最为紧要的是不要用浮薄好事的人。这类人夸夸其谈,不干实事。上不能辅佐皇帝,下不能体恤百姓,对搜刮百姓必以为然。这类人虽然可恶,可是他们很容易迷惑陛下,所以您千万要注意识别。如果用人上皇帝能够做好,那国家就会政事昌明,安然有序了。"皇帝问他当今朝中哪些人是浮薄好事的人,李沆没有回避,直言道:"梅询、曾致尧等人就是这种人。"李沆对这些人从不手软。曾致尧曾为副官协助温仲舒去巡抚陕西,到任没过多久就向朝廷上疏称温仲舒不足以共事。因为温仲舒一向刚直容易得罪人,所以当时的轻薄之人对他非常痛恨,可是宰相李沆却认为温仲舒是个踏实干事的人,于是就罢免了曾致尧,改用其他人来辅助温仲舒办事。

真宗曾经与他谈到唐朝群臣牛李两党的事情。他们树立党羽,在政坛

上互相争斗长达四十多年，皇帝也难以控制，最终导致王室衰弱。真宗认为这是由于奸邪难以辨别造成的。李沆同意真宗的见解，说："奸佞的话语听起来十分忠诚可信，好像是处处在为皇帝着想，其实是心怀异端，是为自己的私利打主意。像唐朝的卢杞总是蒙蔽唐德宗，后人能够看到他是个小人，而在唐德宗当朝时却是个大忠臣。还有唐德宗朝的李勉勤勤恳恳为皇上办事，反而却被当作奸臣，被唐德宗一再贬官，历史上好像忠奸臣子就是这样的。"宋真宗说："李沆分析得十分在理，不过朕相信奸邪的表象虽然难以辨别，但时间长了自然会败露出来。"

　一天晚上，皇帝派使者拿着亲手诏书前来告诉李沆，说要立刘氏为贵妃，李沆却让使者用烛火烧了诏书，附上奏书说："臣李沆认为这个不行。"皇上立贵妃的这个提议也就此罢了。又有一次当时的驸马都尉官石保吉请求做使一级的相官，皇帝又与李沆商议，李沆说："每次赏典官员的举动，朝廷都应当要有所缘由，石保吉并没有攻战的勋劳，仅仅是个皇帝国戚，如果就这样能够拜位台相，恐怕会引起朝臣非议。"过了几天，皇帝又再三地问李沆该怎样办，李沆还是坚持己见，一点都不松口，后来这件事就没有再议，终于不了了之了。当时朝臣们十分喜欢用密奏，真宗皇帝问李沆："其他人都有密奏，而惟独爱卿你没有，这其中有什么原因吗？"李沆回答说："臣身为宰相，公事就在公堂直上奏，密奏正是臣常常厌恶的，怎么能够去效仿他们呢？"真宗听了十分高兴，于是更加器重李沆了。

　李沆很能察人，奸佞的人从不重用。后来官至参知政事的丁谓原来出自寇准门下，是寇准的学生，这个人有才干，但是喜欢谄媚上级，是个小人。当年丁谓还是小官的时候，他侍奉寇准十分谨慎。有一次在中书省会餐，寇准的胡须被汤弄脏了，丁谓赶紧站起身为他慢慢地揩干净。寇准被他迷惑住了，多次向李沆推荐丁谓，可是李沆却并不重用他。寇准问他，李沆回答说："看他这样的为人，能够让他位居人上吗？"寇准说："像丁谓这样的人，相公又怎么可以永远压制呢？"李沆笑道："你以后后悔时，一定会想起我的话。"丁谓后来得势，果然与其他小人相互勾结，将寇准排挤出阁，还向皇帝屡次进谗言，将寇准一贬再贬，最后死于谪地，可是这时寇准后悔都来不及了。

李沆为人正直，敢于仗义执言，使奸佞无法存身，他不虚媚献谄皇帝，而是实实在在地辅助皇帝，是皇帝的好帮手，所以真宗重用他。景德元年七月，李沆去世，宋真宗非常悲痛，决定厚葬，赐白金五千两，加封太尉、中书令。李沆的三弟、儿子、外甥都被赏赐同进士出身。这可以说是对李沆忠贞一生的回报。

寇准官场沉浮之谜

寇准（961～1023年），北宋政治家。字平仲，华州下邽（今陕西渭南）人。太平兴国进士。淳化五年（994年）为参知政事，景德元年（1004年）被宋真宗拜为宰相。在宰相的位置上，他头顶着风风雨雨，肩扛着国家和百姓的安危，护送着虚弱的北宋王朝走过了一段坎坷的年代，也走完了自己几经沉浮的人生岁月。

寇准出身于书香门第。他的父亲寇相是五代后晋时期的进士，在一个贵族府第做小官。寇准出生后不久，父亲就去世了，因此家境贫寒，可是深受书香世家影响的寇母十分重视寇准的学习。少年时的寇准，聪明好学，从书本上学得许多知识和道理，尤其对《春秋》三传，理解得很透彻。这为他以后进入仕途打下了初步的基础。

宋太宗太平兴国五年（980年），寇准19岁，赶赴开封参加宋太宗亲自主持的全国会试。在殿试大堂下，年轻的寇准面对太宗的提问，不卑不亢，对答如流，超人的才华和胆识显示了他的不凡不俗。他引经据典、高屋建瓴地阐述了历代王朝的兴衰得失及自己的治国方略。大殿之下，众位考官赞口不绝，皇帝非常欣赏他的才识和刚直的性格，便破格录取了年龄不足二十岁的寇准。他被任命为大理评事，第二年被派往归州巴东任知县。

寇准在这一职位上做得非常的出色。在任期间，他大刀阔斧地整饬了巴东县乱派差役、乱收费和长期积案两项民怨最大的问题，严惩了一批民愤极大的贪官污吏。不到半年时间，巴东县政通人和、百业兴旺。老百姓亲切地称年轻的寇准为"寇巴东"。

因为政绩出色,宋太宗非常器重寇准,提升他为尚书虞部郎中、枢密院直学士,主持官员的考核与选拔工作。寇准官运亨通并不是由于阿谀逢迎,依附权贵,相反,他刚正廉明不畏权。寇准的青云直上靠的是自己的忠诚与智谋,用宋太宗的话来就是"临事明敏"。端拱二年(989 年),寇准在大殿奏事,因观点与太宗不合,太

寇准

宗不想让他难堪,便阻止了他的发言。寇准不为所动,当着满朝文武百官,不给皇帝的面子,竟公然和太宗争执了起来。太宗实在是无法忍耐,龙颜大怒,拂袖起立欲走。寇准表现出胆识过人的气度,他紧紧地拉住皇帝的衣袖,要皇帝把他的话听完。事后,宋太宗十分赞赏寇准,高兴地说:"我得到寇准,像唐太宗得到魏征一样。"寇准被钦誉为魏征,可见他在宋太宗智囊团中占有相当重要的地位。

寇准在太宗朝群臣中,以刚直足智著称。淳化初年,北宋朝廷处理了两桩受贿案。情节严重的王淮,贪污赃款以千万计,但仅被撤职杖责,不久又恢复了原职;而情节较轻的祖吉,却被处以死刑。寇准知道这是王淮的哥哥、参政王沔搞的鬼,心中忿忿不平,非常想把这件事揭露出来。淳化二年(991 年),春天发生了一次大旱灾,禾苗枯死,饥民遍野。宋太宗召集近臣商议抗旱安民的办法。许多大臣讨好太宗说:"水灾旱灾都是天命,古代圣君在位也经常发生,不必忧虑。"寇准则借用当时十分流行的天人感应学说,指出旱灾是上天对朝廷刑罚不平的警告。言外之意是天子犯了天条,若不

及时纠正，上天一定会惩罚的。宋太宗听后，龙颜大怒，生气地转入禁中。退朝后，太宗反复思考着寇准的话，觉得寇准的话里有话，便又把寇准召进宫里，要他讲出用刑不公的具体事实。寇准回答说："请将两府大臣都叫来，我当面解释。"

当王沔等人上殿后，寇准就把王淮、祖吉二案述说了一遍，然后看了王沔一眼问道："这难道不是刑罚不平吗？"太宗当即就责问王沔，王沔吓得魂不附体，承认有这回事，伏地请罪。太宗当着两府群臣撤了王沔的职，拜寇准为左谏议大夫，枢密副使，后又改为同知枢密院事，开始直接参预北宋朝廷的军国大事。

后来寇准受人诬陷，被贬到了青州。但宋太宗很快发现了自己的过失，又把寇准召回，与寇准一起协商立太子的大事。寇准处理的非常好，使太宗顺利地立了赵恒为太子。赵恒就是后来的宋真宗，早在登基前就很赏识寇准超人的胆识与才华，但是又有点畏惧寇准的刚直脾气。即位之后，权衡再三，真宗还是任用了寇准为宰相。

北宋王朝到了真宗年间，已不如前两代那样勃兴了。官员腐败、民族矛盾激化、北方外敌入侵的危机时时困扰着已经羸弱的宋王朝。公元1004年，北方辽军大举南侵，一天之内竟有五次告急文书飞至朝廷。整个朝廷震恐，朝中大臣在如何对付辽朝进攻的问题上，发生了主张迁都逃跑与坚决抵抗两种对立意见。副宰相王钦若主张放弃东京逃跑，迁都南京。寇准力排众议，认为国难当头，文臣武将只有共同抗敌，才能扭转战局。如果弃城南逃，辽军便会乘虚长驱直入，宋朝也就危在旦夕。寇准恳请皇帝御驾亲征，以壮前线宋军士气。真宗听从了寇准的建议。

后来，双方签订了睦邻友好的"澶渊之盟"。从此，边事狼烟不起，老百姓安居乐业，北宋王朝过了70多年的安宁日子。

回朝后，一群曾主张逃跑的大臣，忌恨寇准的功绩，又害怕寇准会执法问罪，于是相互勾结，向真宗进谗："历来的战争就像赌博一样，赌博者输急了，就把全部钱物作为赌注。寇准奉陛下北征，实际上是把陛下作为赌注。万一仗打败了，寇准孤注一掷的就是陛下，到那时，陛下还有性命吗？"本来就对寇准有猜忌的真宗,听信了谗言,当即就罢了寇准的宰相职位,贬为陕州知州。

十三年后,寇准再次被真宗诏回朝廷任宰相。这时宋朝政局更加混乱,真宗患中风,由他的皇后刘氏主持朝政,她的哥哥仗势横行乡里,欺压百姓,民愤很大。寇准一如当年铁面无私,判处了刘皇后兄弟死刑,为老百姓除了大害。刘皇后因此视寇准为眼中钉、肉中刺,她与身边的近臣丁谓一起,内外勾结,在真宗面前谗言挑拨,真宗再次把寇准罢相。

寇准被罢相后,贬为相州刺史。相州离京城不很远,刘皇后害怕寇准会东山再起,在真宗去世后,她便将寇准一贬再贬,从河南相州的刺史贬为湖南道州的司马,再贬到广东雷州的司户参军,流放到远离朝廷的荒野之地。雷州生活艰难,气候恶劣,年老的寇准身体很快垮下来,第二年秋天在忧郁中病逝,享年 63 岁。

包公是神奇的破案手吗

长久以来,由于小说《龙图公案》和各种各样的包公断案戏曲绘声绘色的描述,使得包公在人们心目中留下的印象是一位出色的侦探,了不起的破案专家。他成为"日断阳,夜断阴,三口铜铡泣鬼神"的破案高手。他"上抗君,下恤民",为民做主,断明了很多冤案错案,是人们心中的包青天。现存的元代公案戏有十八种,包拯一人就占了十一种;而明代北京永顺堂刊印的说唱词话有十三种,反映包拯破案的也有八种。戏曲小说的这般大肆渲染,正是使包拯从一个尽职尽责的封建清官变成了无所不能、神通广大的破案能手。然而历史上的包公,其实远非传说中的那样神奇,只是他也像中国古代许许多多的清官好官一样,为百姓办实事,所以受到了人们的爱戴与拥护。

的确,包拯确实破获过一起盗割牛舌案。当时包拯任天长县知县,严令规定屠杀耕牛属于犯法,要受到重责。一日,有百姓甲来告状,说有盗贼偷割了他们家耕牛的舌头,问包拯如何是好。包拯告诉他回去干脆把耕牛杀

掉卖肉,不会治他的罪。百姓甲回去照做,杀了没舌头的牛到集市上卖钱。不一会,就有个地主过来告发百姓甲偷杀耕牛,包拯胸有成竹地指着告发人,说:"你为何偷割了百姓甲的耕牛舌头,又跑来告发人家呢?"那个地主起先还不承认,后来包拯说出他什么时候去偷的,又是怎么割了牛舌头的,好像亲眼见过一样,地主惊叹不已,只得认罪。在正史中曾经记载,在包拯断割牛舌案的三四十年后,华池县(治所

包拯

在今甘肃省华池县东南东华池)县令穆衍和嘉兴县(今浙江嘉兴市)知县钱淑也仿效了包拯的手法破获过类似的案子。

只不过遗憾的是,宋朝史料中只记载了包公"断割牛舌"案这样几件小案,假如包拯真的是福尔摩斯似的破案高手,宋朝史料中为什么会没有记载呢? 至于后代耳熟能详的大案要案,大都是来自于晚明时期的《龙图公案》一书,正史中没有记载。《龙图公案》这本书中记录了包拯审理的百余起案子,其推断明了,察识细微,判决恰当,结案迅速,几百年来受到了人们的广泛好评。但是据著名学者孙凯第先生考证,在包拯审理的一百多起案子当中,很多是不可靠的,其中有二十二例是抄自《海公案》的,还有借用他书的二十例,不知出处的有三十七例,完全传说下来的八例。孙先生得出结论,包公是破案高手完全是后人吹捧的。

孙先生的这种说法并不是没有根据的。包拯担当过多种官职,先后当过天长县知县、端州知州、监察御史、转运使(京东、河北、陕西)、工部员外郎、朝散大夫、天章阁待制、知谏院、龙图阁直学士、江宁府与开封府知府、三司使、枢密副使等各种各样的官。但他一生的主要精力并不在决狱断案,从

中华宫廷秘史

史料记载来看,包拯的一生是谏官和财政官的一生。

包拯中进士后,是先从级别很低的法官干起的,但他还未来得及审理案件,吏部就要调他到建昌县(今属江西省)当知县,只是由于"父母在不远游"的古训,包拯才未到任,干脆弃官在家奉养父母。直到三十九岁,包拯才出任天长县知县,三年后又到端州任知州,都是兢兢业业,受到了百姓的称赞。宋仁宗庆历三年,包拯成为一名京官,初任监察官员,他先后向宋仁宗提出了《论取士》《论县令轻授》《请选广南知州》等建议,他还细心考察北面和西面的边防,写成了著名的《论契丹事宜》和《论边将》等奏折,希望朝廷重视军队训练,警备边防。庆历六年三月,包拯接连被派为京东路、陕西路和河北路转运使,后来又提升为三司户部副使。到庆历八年末,短短四年时间,包拯担任了四五个职位,干的都是盐务粮米漕运方面的工作。他实行钞盐改革制度,严厉打击不法商人,几年过去,物价稳定,使国家和百姓都得到了实惠。包拯的才干和敬业精神受到了当朝者的赏识。嘉祐元年八月,经过同僚朝臣的联袂推荐,包拯出知江宁,当年年底,皇帝又擢升他权知开封府。包拯在开封府只有一年半左右,可是却给人们留下很深的记忆。他惩治奸庸,为民做主,整治市容,任人唯贤,铁面老包响誉京师,人们都传诵着这样一句话:"关节不到,有阎罗老包",体现了人们对包拯的热爱。嘉祐三年六月,包拯升任御使中丞,具体任务是纠察官邪,肃正纲纪,最后他在枢密副使的职位上告终。

终其一生,包拯并没有多少时间去办案,他大部分精力是放在了进谏和财政方面,可是为什么民间却传说他是一位神判法官呢?其实这和当时百姓们希望有更多执法如山,清明如镜的大清官为他们主持公道,再加上包公确实也明断过多起案件,这样包公的破案高手形象就这样顺应民心树立起来了。

包公真的是完美无瑕吗

包拯一生在真宗、仁宗两朝做官长达二十六年之久。包拯做官期间,忠

宋宫秘史

于君主、孝敬双亲、政事廉明、刚直勇谏，称得上是封建官场中的楷模。因此他无论是在为官期间，还是在去世之后，都受到了皇帝和同僚大臣的高度赞扬和百姓的爱戴，更是受到后人的尊敬，千百年来一直传颂着他的美名。

包公祠

嘉祐六年，宋仁宗在《赐枢密副使包拯免恩命不允断来章批答》中曾经赞扬包拯忠君、刚谏。后来，又在《龙图阁直学士赵师民包拯刑部郎中》诰中称赞包拯有"岁寒之操"，这些评价作为皇帝对臣子的评价是很不容易看到的。包拯死后，又被朝廷追赠为礼部尚书，官从二品，谥号"孝肃"。包拯与文坛领袖欧阳修一向不怎么谈得来，平时也几乎不来往，可是欧阳修却在至和末年所呈的奏章《再论水灾状》中极力推荐包拯，说包拯办事有能力，一定会不负众望完成任务。在包拯去世后，副宰相吴奎更是亲自为其撰写墓志铭，称赞他："包拯一生志向高远，气节凌峻，为人刚直，不善谄媚，为官几十年，自始及终，言行一致，实在是让人敬佩。"直到英宗治平四年，大臣司马光在《张方平第二札子》中还在称赞着这位旧同僚，说："仁宗朝时，包拯是最为公平正直的臣子，并且是位清官。"包拯的政绩与德行在仁宗时就受到举朝上下的齐声赞扬，他英名远播，连社会最底层的小民和边远地区的少数民族都知道包拯的事迹。

包拯为官数十年确实是实实在在为民办事，忠心耿耿地效力皇帝，他受到这样的称赞，是当之无愧的。可是后人为了奖善罚恶，硬是将包拯塑造成完美无瑕的神，这就有失偏颇了。毕竟，包拯只是封建社会的一名官吏，他各方面做得再好也不可能完全摆脱封建官场的种种陋习，他虽是位为民申

中华宫廷秘史

冤、清正廉洁的大清官,也是位忠君刚谏的好臣子,但有时也会犯一些错,他并不是那么的完美无瑕。

　　包公一向以刚正廉洁著称。可是,包拯的刚正廉洁也是有分寸的,有时候在涉及自己切身利益,他的做法却是既不刚正,也不廉洁。包拯任陕西转运使时,推荐了一些有失水准的人做官,后来这些人在任上发生差错,包拯受到牵连,被贬官到池州。在池州任时,包拯为了尽快复职,大肆搜罗当地名石上贡,很快打通了上级的关节,半年后就复职为江宁知府。还有,包拯在任三司使时,大权在握,也犯了错。那时,他手下的官吏屡屡克扣泾州(治所在今甘肃镇原县东南)驻军的"折支"赏钱,引起兵士们的反对,几乎要发动兵变。宋仁宗下令库务管胡宿办这件案子,但胡宿传讯包公手下的官吏,却多次被包拯拦住并且使这件案子的审理受到阻挠。后来这件事惊动了皇帝,包拯才匆匆把手下的那些犯罪的人送进了监狱。包拯一生虽然刚正不阿,但他有的时候也不是一味地刚直,包拯比那些刚直的谏官更为熟知官场技巧,他知道什么时候办什么事,一旦遇到危及个人前途地位的事,马上就会退避三舍,不和皇帝硬碰硬。有一次,宋仁宗宠妃张贵人的伯父张尧佐,通过侄女张贵人向皇上讨了个三司使副使的官职,包拯深知这个张尧佐贪欲太重,会在三司使副使这个官职上大大贪污国家的钱财,便同另外一个谏官两人前去劝谏仁宗收回成命。可是宋仁宗却龙颜大怒,包拯这时立刻就知趣地退到一边了,再没说一句话,可是另外一个谏官却在刚直地死谏,结果这个谏官被皇帝一贬再贬,原本得意的官宦生涯因为这一件事再没有受到皇帝的重用。从这件事看,包拯特别会揣摩皇帝的心思,该刚直的时候不会退缩,但是他并不是为了气节或者忠诚而牺牲个人利益的那种人。所以说,他不是那么完美的。

　　人们都称赞包拯是青天大老爷,称赞他"爱民如子,举贤任能,断案如神"。但实际上包拯也有失误的时候。包拯在任开封府知府时,一次东街小巷失火,有些人救火时开了句玩笑,说:"现在东街失火,下次不知哪里失火?"其实这几个人也没有什么想法,就是年轻人爱开玩笑,可是包拯听说后,马上派人把这几个人杀掉了。另外,包拯对于闹事的民众和士兵,也并不体恤教化，而是毫不手软，狠狠诛灭。包公在用人时，大多用自己的故旧好友，例如：他推荐故友范祥的孙子范景做官，又提拔他的老师刘箔族的儿子刘景纯为主簿，还推荐门人张田做蕲州（治所在今湖北蕲县北）知州，可是这些人在任时都是无德无能，没有政绩。至于包公"断案如神"，也不是毫无瑕疵可言，沈括在《梦溪笔谈<谬误>》中就专门说过包拯的过失。

包拯也是一个凡人，他不可能毫无缺点，毕竟是金无足赤、人无完人，可是纵观他的一生，仍旧是一位兢兢业业，为国为民，是不失为万人敬仰的清官。

抗辽英雄杨延昭

杨家将的故事在中国可谓是家喻户晓，而杨延昭作为杨家将第二代的代表人物则更是受到了广大人民的喜爱。自古至今，关于杨家将以及杨延昭的故事流传很广，演义的版本更是层出不穷。

杨延昭本名杨延郎，为了避讳，而改名杨延昭。幼年的杨延昭沉默寡言，但是总是喜欢玩行军作战的游戏，杨业看了以后说："此儿类我。"以后出征，每战必然带杨延昭同行，注意教其实战的经验。杨延昭就在这样的环境中成长熏陶，等到成年以后，也成为一个文韬武略的著名将领，在其父杨业去世之后担当起北宋的抗辽大业，延续了杨家将的威名。

雍熙三年北伐，杨延昭与父兄一起出征，攻击朔州的时候，杨延昭作为前锋进攻，被流矢射穿了手臂，他却更为勇猛地作战。杨业阵亡以后，杨延昭由供奉官升迁为崇仪副使。后来又担任保州缘边都巡检使，在河北的边防前线任职，多次击退辽的进攻，维持了当时宋辽的对峙局面。

北宋咸平二年，辽国南下进犯。杨延昭正在遂城，遂城小，又没有作好防守的准备，遭到了辽军的猛烈围攻，城中人心惶惶，而杨延昭召集城中壮丁，授予武器，配合宋军，全力固守。当时正值隆冬，杨延昭命人担水浇在城墙上，一夜之间就冻成了坚冰，城墙光滑难登，辽军的猛烈攻势也无法继续，只好撤退了，宋军缴获了辽军遗弃的军资器械。杨延昭出奇计保全了遂城，显示了他的军事才能,他因此功被授予莫州刺史。

辽国南下进犯,身为镇定高阳关都部署的傅潜率领重兵驻扎在中山,屯兵不出,消极避战,不积极打击进犯的辽军。而杨延昭以及杨嗣、石普等将领屡次请求傅潜增派人马,主动出击,傅潜都不听从,龟缩在中山。即使部下的将领出击取胜,傅潜也掩盖他们的功绩。后来宋真宗得到报告,将傅潜削职流放。宋真宗召见杨延昭,向他询问边防策略。宋真宗对杨延昭的表现非常满意,称赞杨延昭行军作战大有父风,给他很优厚的赏赐。

咸平四年,辽国又南下进攻,杨延昭在羊山埋伏精兵,自己率领部队与辽军交锋,将辽军引诱在伏击圈,与伏兵一起夹击,辽军大败,阵斩辽国大将。杨延昭因功被加封为莫州团练使。他和当时另外一位边防骁将杨嗣,并称为二杨。

杨延昭等人卓著的战绩,也引起了朝廷中某些人的嫉妒。宋真宗曾经对宰相说:"嗣及延昭,并出疏外,以忠勇自效,朝中忌嫉者众,朕力为保庇以至于此。"咸平五年,辽国进攻保州,杨延昭和杨嗣率领部队支援,还未列阵,就遭到辽军突袭,部队损失很大。宋真宗以两人素以忠勇闻名,赦免了他们的罪过。杨延昭仍然担任莫州团练使。咸平六年,杨延昭又被任命为缘边都巡检,后又迁为宁边军部署。景德元年,宋真宗将杨延昭的兵马增加到上万人,如辽国进犯,就屯驻静戎军之东,并许他便宜行事,可以不听都部署王超的指挥。

面对辽的疯狂进攻,杨延昭主张主动出击,而不应该一味的死守。澶州之役,杨延昭反对议和。杨延昭的主张和当时寇准的主张不谋而合,然而北宋朝廷并未对此作出反应。杨延昭就自己率领人马进入辽国境内,攻破古城,取得不小的战果。以后澶渊定盟,杨延昭因为守边的功劳,屡次升迁,景德二年,杨延昭被授予高阳关副都部署。

杨延昭英勇善战,战争胜利之后得到皇上的赏赐,全部分给自己的部下,公而忘私。他本人作风简朴,号令严明,与士卒同甘共苦,继承了杨业的作风。杨延昭每战都身先士卒,获得战功,与部下一起分享,所以部下也乐于为他效命。杨延昭镇守边防二十多年,正好处在北宋对辽国进行防御的

时期,他为保卫宋朝的边防而奋战,保得北宋边境平安,赢得了百姓的爱戴。

杨延昭于大中祥符七年死于任上,终年57岁。宋真宗听到这个消息,极为悲痛,派使者护灵而归,河朔的百姓,很多都围着灵柩而失声痛哭。北宋朝廷录用杨延昭的三个儿子为官,并且从杨延昭门客中选取有才能的人为官。

至于杨延昭被称为杨六郎的原因众说纷纭,在历代杨家将传说中,都认为杨延昭是杨业的第六子,故称杨六郎。但是根据历史资料记载,杨延昭应为长子。真实的原因是辽人迷信,相信天上北斗七星中,第六颗星是专克辽国的,因为杨延昭对于辽人很有威慑力,辽人就以为他是那第六颗星转世,因此称他为杨六郎。

至于众多版本的《杨家将演义》大部分内容也与历史事实不符,只不过是中国古代强调忠孝思想的附会而已。宋朝积弱,最后亡于外敌,所以遗民们更加追思那些血战保国的将领。于是杨家将的故事得以广泛流传,在流传过程中,民间加入了许多神奇的人物和故事。到了明朝,又有人编撰出《杨家将演义》,以及以《演义》为底本,写出了《北宋志传》。

时至今日,在杨延昭当年抗敌的倒马关城仍存有明朝正德十五年(1520年)修建的"六郎碑"。碑身由汉白玉大理石砌筑,朝南正面书有"宋将杨六郎拒守之处",楷书字体雄浑有力,两侧雕云图案技法娴熟,游人至此,无不肃然起敬,凭吊杨家父子忠魂功绩。

"八贤王"的原型是谁

在有关杨家将的故事或戏剧中,常常出现一个正气凛然,仗义执言的"八贤王",他诙谐、幽默、机智,在皇帝、奸臣、杨家将之间屡屡周旋,并且往往在最关键时刻助杨家将一臂之力,使奸臣闻风丧胆,让忠臣安心为皇家办事。这位八贤王在故事或戏曲《杨家将》中的名字是赵德芳,但对于他真正的历史身份并不是很清楚,也没有过多的历史记载,民间往往认为"八贤王"是赵匡胤的次子赵德芳。

戏曲《杨家将》中的说法一般是：宋太祖赵匡胤猝死,留下了"烛影斧声"的千古疑案,接着皇弟赵光义灵前继承了皇位,太祖皇后因为赵匡胤死得不明不白,所以就让长子赵德昭上殿质问,宋太宗赵光义大怒,要一剑杀死德昭,德昭为了免受其辱,就一头撞死在殿堂之上。太祖皇后听说之后,十分气愤,立刻带了赵德芳上殿,数落太宗赵光义的过错。宋太宗这时心生后悔,连忙向太祖皇后道歉谢罪,还赐给了她尚方宝剑,并封入养老宫,另外还封赵德芳为八贤王,从此赵德芳成为朝野上下举足轻重的人物。八贤王与太宗尽释前嫌,辅助太宗治国,对太宗朝出现太平盛世景象起到了重要作用。杨家将的故事是有历史依据的,这位八贤王当然也不会是凭空捏造的,现实历史中一定是有他的原型,但是他究竟是哪一个历史人物的化身呢?

根据戏曲中八贤王的名字赵德芳来看,他并不是宋太祖的次子,而是太祖的第四子。在正史宗室传中曾经记载:太祖有四个儿子,第四子就是赵德芳,被封为秦王,任山南西道节度使、同平章事等重要职务,到太平兴国六年(公元 981 年)病亡时,才刚刚二十三岁。他在世的时候,杨家将中老令公杨业还活着,六郎杨延昭也未任边关统帅,因此这个赵德芳从生辰年代来看,似乎并不是杨家将故事中所写的八贤王,因此他与杨家将中老令公死后发生的一连串故事不可能有任何的关系。那么戏曲中的八贤王不是太祖四子赵德芳,只是借用了赵德芳的名字。

有人认为,八贤王的原型应当是宋太祖的长子,也就是名正言顺的皇位继承人赵德昭(德芳之兄)。赵德昭自幼聪明英武,喜怒不形于色,受到太祖的喜爱与信任,还得到太祖御赐的金简一柄,太祖赐予他特权:如果朝野有不法之辈,可以用此金简诛戮。只是在太祖不明不白地死后,皇位便传给了皇弟太宗,赵德昭也就失去了当天子的机会。此后虽然太宗封他为武功郡王,朝会时也位居宰相之上,但其实太宗内心里对这位文韬武略都很出众的侄子是存有很大戒心的。太平兴国四年太宗率军亲征幽州时,某天夜里,太宗突然失踪了,闹得宋营中人心惶惶,军营中惊扰不安。军士四处找寻太宗,却久久不知太宗踪影,这时有些人便认为大敌当前,军中不可一日无主,众人纷纷闹着要立德昭为帝。不久太宗回来了,得知要立德昭为帝,便对德

昭的戒心更大了。恰逢回朝后,德昭又像往常一样提醒他论功行赏,太祖却用一种充满了怀疑、嫉恨的口吻说:"等德昭你坐了这个位子,再赏也不迟啊。"赵德昭是个聪明人,他深知在猜忌心极重的太宗手下,一旦受到猜疑,决不会得善终的。听到这种话,明白自己终究难逃一死,回去就自刎了。持这种观点的人认为创作戏曲的人对这位被害死的皇子非常同情,可是又在现实中毫无办法,于是就让他在戏曲中化身为有上殿不参、下殿不辞,上打昏君、下打谗臣特权的公正无私、一忠二孝的八贤王,还让他帮助杨家将对付那些危害朝政的权臣。也许人们确实是为了抑恶扬善才赋予赵德昭八贤王这个艺术形象,不过历史上从未记载赵德昭被封为八贤王,史书中赵德昭的事迹也与八贤王不相符,所以赵德昭也不是戏曲中的八贤王。

还有人认为八贤王就是太宗第八子元伊。正史记载此人相貌堂堂,有一副不可侵犯的严毅神情,人们都很忌惮他,他的声名朝野上下都知道。当时人们称呼他为"八大王"。虽然这八大王的所作所为与八贤王的故事相距甚远,但他的事迹很可能影响、丰富了八贤王的传说,现实中的八大王经过艺术的加工就成了戏曲中的八贤王的形象。

上面所提到的"八贤王"的历史原型的事迹都与戏曲、传说中的八贤王相距甚远,所以很多学者认为"八贤王"这个人并不是现实中存在的人,太宗朝的统治还是皇权至上,怎么会允许有这么一个能管皇帝的人存在呢?所以戏曲中的八贤王只是虚构的人物,他或许有某些历史依据,由宋初宗室中的一些轶闻,加上人民群众的感情倾向,再经过剧作家的艺术加工融合而成的人物。他出现在民间传说中,不仅增加了戏剧性的冲突,还满足了人们惩处权奸、崇敬忠臣的心理要求。正是这样,这位虚构的戏曲形象"八贤王"赵德芳,才会千百年来一直为人们所称颂。

杨门女将的真相如何

在杨家将中,不仅男子多是能征善战,冲锋陷阵的真英雄,而且女子也是巾帼不让须眉,也有不少英名垂世的女中豪杰。真可谓是虎父无犬子,将门无弱兵啊!

佘老太君,原名佘赛花,是杨业之妻,杨府的老祖宗。后代在戏曲中演她百岁高龄,在面临辽兵入侵宋境,仍能挂帅领兵,赶走契丹兵,实在是让人敬佩。但是很多相关史料却不见记载有佘太君的事迹,这不禁让人们产生疑问:究竟佘太君有没有挂帅领兵? 甚至有人发出疑问:究竟历史上是否真有佘太君其人?

有学者经过考证,历史上确实存在佘太君其人,不过佘太君不姓佘,她本姓折,后人讹传,所以就改成了佘姓。杨业年轻时,在离石、临县一带的七星庙驻防,迎娶了府州折家的女儿。折家屡世居住在陕西府谷,从折氏曾祖以来,世袭军职,多次参加抗辽战争,而杨家也是世居此地,代代习武,两家正所谓是门当户对,天作之合。那么佘太君的称谓又是怎么来的呢? 按照宋制,凡是有功之臣的妻、母都要有所封赠,以示奖励。宋太祖赵匡胤当初建制之时,就下诏制定文武群臣母妻的封号,其中庶子、少卿、刺史等的母亲封为县太君,妻子封为县君。而折氏的儿子如杨延昭等,位居刺史之上,他母亲应受封为某县太君的,所以后来人们就叫她佘太君了。

佘太君精通武艺,善骑射,训练以婢仆为主的家兵,上阵打仗,助夫立功,但是对于杨门这样的习武家庭而言,这本是平常的事情,所以没有为佘太君立传也不足为奇。

杨门女将中除佘老太君以外,还有另外一个受人瞩目的女将,就是穆桂英。戏曲中多次讲穆桂英领兵挂帅,充当大将,频频扭转战局,说的是玄之又玄,然而令人费解的是,像穆桂英这样一位颇有影响的历史人物,在正史中也未有记载,既然曾拜大将,又曾力挽狂澜,为何死后却默无声息? 对此,后人十分不解。

既然正史没有记载,不少人就对穆桂英本人的存在提出了质疑,认为是戏曲中的虚构人物,那么事实究竟如何呢? 传说穆桂英是杨延昭之子杨宗保的妻子,她敢做敢为,性格开朗,坚持女性独立,婚姻自由,当初杨宗保不同意与她结婚,穆桂英拿出刀来架在杨宗保脖子上逼其成婚,最终二人也是美满幸福。穆桂英生为巾帼,不让须眉,过门不久就领兵挂帅,年过半百还

跨马领兵,她被塑造成一位内外有度,勇敢有为的巾帼英雄。但由于在史料上找不到记载,人们认为她是虚构的人物,甚至有人提出观点说不仅穆桂英是虚构的,而且杨宗保这人在历史上压根就不存在。也有人说穆桂英这个人是虚构的,但却可以从杨氏的眷属中找到原型。杨延昭的儿子杨文广有位堂兄叫杨琪,此人曾娶慕容氏为妻,而穆桂英的姓也许是"慕容"氏的转音,"桂英"也只是民间通俗的名字,戏曲小说本就允许改编,这样以慕容氏为原型的穆桂英这一形象就很快流传开来。况且,慕容氏是当时鲜卑大族,也是世代习武,与杨家通婚也是不无可能,不过终归猜测,没有真凭实据。

有些人则认为关于杨门女将的真相如何,并没有任何史料加以对证,而民间传说出于褒善抑恶的传统观念,逐渐塑造而创造出了像佘太君、穆桂英这样内涵丰富的艺术形象。但是艺术与史实并未完全脱节,对于这些艺术形象加以细察,还是可以找出一些史实影子的。就说传统戏曲中穆桂英大破天门阵那回,穆桂英率军大破敌兵,让宋朝子孙扬眉吐气。然而历史上却是南宋将领折可求在天门关与金兵激战,大败后许多人仓皇南逃,兵败如山倒,宋朝河山损失无数,许多人背井离乡,饱受战败的恐惧。为彻底抹掉战争阴影,话本小说的作者将此事巧妙移到穆桂英身上,由大败变为大胜,在心理上寻求了安慰和平衡。

众所周知,传说中的杨家将故事,多是以小说和戏曲演唱等艺术形式流传下来的,中间加上了无数人的艺术加工和改编,不过尽管有些情节与人物史书没有记载,也没有真凭实据,但杨家将的故事主体是事有源流的。杨门九代精彩而又悲壮的故事代代流传,经久不衰,受到了社会各层的广泛喜爱。

杨业到底有几个孩子

传统戏曲中,杨老令公与妻子佘老太君一共生有九个孩子,七儿二女。然而史书记载的却并非这样。《宋史》中的《杨业传》记载说杨业共有七子,而南宋李焘所著的《续资治通鉴长编》卷二十七中则说杨业仅五子。至于南宋王称的《东都事略》中却只指出杨延昭一个儿子,从诸种史料看来,到底杨业有几个孩子呢? 以上的史料哪种更为可信呢? 其实我们不妨暂以《宋史》为准,因为《宋史》基本上是宋朝人所修的国史实录,资料比较可靠。

也许杨业与佘氏所生七子之外,还有几个女儿,但是史书中并不见到他们的名字,大部分学者分析可能是因为古代女子政治地位不高,所以省去不说。

杨业的孩子中留有盛名的一个是杨延昭,他本名延朗,为避宋皇室"圣祖"赵玄郎的讳,改名为延昭。北汉天会元年生于太原,宋大中祥符七年卒天高阳关戍所,终年五十七岁。杨延昭在元代罗烨《醉翁谈录》中称为五郎,在《保德府志》和《杨家府演义》中说是四郎,但清代康基《晋乘搜略》中却说是六郎,而民间戏曲中也都说是杨业的六子,传着传着,杨延昭就成了威震三关的"杨六郎",深受其部将边地人们的爱戴与契丹军的惧怕。

杨延昭从小随杨老令公在军中长大,爱好军事,喜欢打仗,杨业曾欣慰地指着杨延昭说延昭最像老令公自己。每次杨老令公出征,总带延昭去,到杨业陈家谷受难殉国那年,杨延昭二十九岁,已是独当一面的勇将了。他继承老令公的遗业,在保州守边,勤恳尽责,美名远传,连宋真宗都赞扬他有"乃父"之风。杨延昭不仅勇气过人而且遇事有谋略。在澶州之役,萧太后率辽兵直取澶州,逼近宋统治中心时,他不仅上奏真宗,献上奇策未被采纳后又率不足万人的部队直闯辽境,收复了辽境内的古城,这使得辽兵无心恋战,提出和解。

澶州之役后,杨延昭被屡屡升职,受到真宗的赏识,而杨延昭在任上也是尽职尽责,很好地守护住了边关。

杨业的四子与五子也是颇受后人争议的人物。杨四郎在正史中记为延环,而在民间戏曲中则叫作延辉。元曲中曾说杨四郎在两狼山战役后即失踪了,而在明代《杨家府演义》中说杨四郎在战斗中并未失踪,而是被辽兵捉住,受到了萧太后的招降,但杨四郎宁死不屈,慷慨陈词:"大丈夫不怕死,要杀要剐,悉听尊便。"说罢,不再言语。原本萧太后很喜爱杨四郎的一身好武功,就不舍得杀掉这名武将,眼下又见得杨四郎生得一表人材,又有浩然正气,于是将琼娥公主许配给杨四郎,这样杨四郎就做了契丹人的驸马,在后人的眼中他变成了一个屈膝乞降,叛君忘父的坏人。《宋史·杨业传》中却记载,杨业战役后,杨四郎被朝廷封做了殿直官,并未有变节行为。

至于杨五郎,后人也将其传得纷纷扬扬。他本人的真实姓名已不得而知,可能是延玉,也可能是延德或延贵。但大多数戏曲,小说、杂记却不约而同地记载,杨五郎在两狼山之战后,看破了红尘,到五台山做了和尚。南宋的话本中,明代的传奇小说还有清代的《武台山》一类的剧目,都指出了杨五郎"为僧"的事情,而在正史中也对杨五郎没有过多的记载。或许五郎真的是饱尝战争煎熬与政治斗争的无情,而遁入空门去了。

杨业的其余几个儿子记叙得并不是很多,而在《宋史·杨业传》中也只是记录了他们的名字与朝廷赐的官职。戏曲中所说的杨老令公的两个女儿八姐、九妹并未入正史,而在传统戏曲中她们也能打能杀,忠贞报国。

狄青出身寒门为何却受重用

狄青,字汉臣,汾州(今山西汾阳)人,是北宋仁宗时期著名的将领。他出生于一个贫苦的农民家庭,从小就苦练武功,年纪轻轻便练就了一身超人的武艺,加入军籍。狄青虽然出身寒门,可是在军营中却老是看不起周围的士兵,引用当年秦末农民起义军首领陈胜的话:"燕雀安知鸿鹄之志?"他的言下之意是发誓要凭自己的才能做一名真正的大将军,立志为国效力。在当时一伙地位低下的士兵当中,狄青天天以这样的言谈举止自处,受到周围士兵们的挖苦讽刺:"麻雀怎么能成了金凤凰?你别作美梦了。"在古代那种等级森严的社会里,狄青出身寒门,是没有可能走到上层阶层中的。

可是尽管狄青受到多次打击,但他的信念依然丝毫未变,他对人们的讽刺不以为然,还勉励自己要多多努力,以实际行动让人信服,最终成为一名大将军。

建功立业的机会终于来了。宋仁宗时,宋朝和西夏之间不断地发生战争。在西北战场上,狄青作战勇猛,他常常披头散发,戴着铜面具,冲在最前面和敌人拼杀,多次打退了敌人的进攻。士兵们被狄青这种顽强战斗的精神所感动,而那些蛮横的西夏兵一听到狄青的名字,总是胆战心惊,退避几分,还没有交战就先在勇气上输了一截。

狄青

狄青的智谋超人,作战勇敢,在宋军中名声大震,得到了一些名将的赏识。当时,被贬官任陕西经略使的范仲淹就连连赞叹狄青说:"狄青真是国家的良将之材,应该受到培养和重用,使他能有一个更好的用武之地。"并专门送给狄青一部《左氏春秋》,语重心长地对他说:"作为一个年长的人,我希望你能成材,所以想劝你把这本书认真地读一读。因为领兵作战,如果不懂得古今的用兵方法,不过是匹夫之勇罢了,是难以担当军事重任的。"

狄青听从了范仲淹的劝告,就抓紧一切闲余时间来阅读兵书。但是,由于狄青出生在贫苦农家,从小没有受过正规的教育,文化水平很低,读起书来十分费劲。再加上他十几岁就参军作战,东奔西跑,根本没有养成读书的习惯。所以刚开始阅读这部兵书,总是静不下心来。但是狄青并不自暴自弃,而是尽力约束自己坐下来读书,并且不耻下问。经过不懈的努力,终于把秦汉以来的将帅兵法通读了几遍,成为一个既满腹韬略,又勇猛善战的一代名将。

公元1052年,位于宋朝西南地区的侬智高发动了叛乱,宣布脱离宋朝控制,建立大南国。宋仁宗先后派张忠、蒋偕二将前往讨伐叛军,可是两位大将却由于指挥不当大败而归,损失了不少士兵。仁宗皇帝忧愤交加,几天几夜茶饭不思。就在仁宗皇帝苦苦找寻合适平叛人选时，狄青毛遂自荐，恳请仁宗给自己一次为国效力的机会，他甚至向皇上立下一份军令状："狄青本来就是行伍出身，我义不容辞担负着保家卫国的职责，我愿意带兵前去平定叛乱，不杀叛贼誓不回，甘愿军营受斩。"仁宗听了狄青的一番肺腑之言，十分感动，立刻命令狄青挂帅出征。仁宗为自己手下能有狄青这样忠心耿耿的大将而高兴。狄青果然不负仁宗所托，到阵前首先惩治了战斗不力的将领，整顿了军纪，使得宋军士气为之大振。后来又经过和侬智高叛乱军队的一番苦战，终于取得了胜利，收复了失地，侬智高也被迫在大理自杀。

这次平叛战役中，狄青战功卓著，解除了仁宗的顾虑，得到了仁宗的赏识，被仁宗破格提拔为枢密使，成为朝廷中掌握军权的最高长官。按照宋朝兵制，士卒地位十分低贱，甚至连普通囚犯都不如，要像被处黥刑的罪犯一样在脸上刺字，用来防止士兵逃跑。狄青十几岁就来到军营，脸上自然也有刺字，这说明了他的出身低贱，可就是这样一位士兵，最后却升为枢密使，的确十分不易。在狄青升为枢密使后，宋仁宗觉得将军脸上有刺字可能会被人笑话，有损于狄青的威严，所以就劝狄青用药水把脸上的刺字去掉。可是狄青执意不肯，并指着自己脸上的刺字对仁宗说："多亏了陛下不问出身和门第高低，论功行赏，我一个普通士兵才有了今天，我之所以要保留脸的刺字，一是为了表示陛下的英明，二是为了时刻让自己戒骄戒躁，三是为了激励后人建功立业。"仁宗听了十分高兴，就不再提让狄青除去刺字的事。狄青将军直到去世时，脸上的刺字仍然清晰可见。

仁宗曾多次对着大臣们说，自己为大宋能有狄青这样一位出自寒门的大将军而自豪。

苏轼是怎样从"乌台诗案"中解脱的

苏轼，字子瞻，号东坡，四川眉山人。他出身于书香门第，学问十分了得，与父亲苏洵、弟弟苏辙都在唐宋八大家之列，合称"三苏"。苏轼曾在二十一岁那年，与弟弟苏辙一起参加殿试，并且都中了进士。当朝皇帝宋仁宗赞叹说朝中得了两个奇才。主考官欧阳修是当时的文坛领袖,他也预见说:"三十年后,苏轼的文章将会超过他。"苏轼具有多方面的才能,诗、词、散文、书画都有卓越成就。他一生留下四千多首诗,感情充沛、清新流畅、热烈豪放。长久以来,一直为人们传诵。就连当时的许多文人学士都很佩服、景仰他,都以能够同他结交为荣,以能够得到他的指教为幸。

苏东坡纪念馆

可是,苏轼却是个时运不济的才子。他生前多次受到同僚的排斥打击,还被皇帝几次贬官。有一次,甚至被抓了起来,押到首都汴京治他的罪。晚年的苏轼遭到了皇帝的放逐,被皇帝贬官到遥远的两广地区当小吏,直到死前半年才被赦回。还有一次,与他有隔阂的官员为了打击他,竟然告发他的诗中隐射了某种特别的意思,皇帝差点为此砍了他的脑袋,这就是历史上有名的"乌台诗案"。

北宋神宗皇帝任用王安石实行变法,以司马光为首的旧党坚决反对,总是阻挠新政实施。所以,当时在朝野内外以王安石为首的新党和以司马光为首的旧党,是势不两立的。可是,苏轼一向是个不会见风使舵的人,他总是实话实说,所以遭到了新旧两党的厌恶。起先苏轼反对变法,受到了新党的排斥;后来,旧党上台,苏轼出于实际情况的考虑又不同意全盘否定新法,遭到了旧党的戒备。再以后,新党又把旧党打了下去,为了争权夺利,又把苏轼归于旧党。

元丰三年,他被调任为湖州太守,当时依照惯例,调职官员要写一份"谢

恩表"，然后刊行在"邸报"（当时北宋官方的报纸）上。他在表上写的一些话又让新旧两党产生了愤恨。表中有这样几句话，意思是这样的："皇上您知道我愚昧，难以追随那些新进的权贵，又不能适应形势；可是您看在我虽然已经年老，却不爱生事，就派我去管管小民……"在他的这份"谢恩表"里，"新进""生事"这两个词让人听出了弦外之音。谁是"新进"？谁又爱"生事"？人们对新党一阵嘲笑，当然还有那些自愿"对号入座"的人对苏轼就更为不满了。

当时，一位姓舒的御史大夫趁机向皇上奏了一本。说："苏轼的谢恩表讥讽时事，包藏祸心，怨恨皇上，讥谤讪上，渎职谩骂而没有人臣之节，现在人们已经在争相传诵，他这一举实在是搞得朝野轰动，万死也不足以谢皇上。"另外，这位舒御史还从苏轼写的诗文中摘出了六十多条词句作为证实苏轼不满朝廷的材料，他诋毁苏轼"讪上骂下"，还举出具体的例子："陛下教群吏学法令，他却说'读书万卷不读律，致君尧舜知无术'，陛下发青苗钱，本来是接济贫民，他却说'赢得儿童语音好，一年强半在城中'，陛下推行盐法，他却说，'岂是闻韶解忘味，迩来三月食无盐'……"接着，御史中丞李定也跟着上表，还列举了四点苏轼该杀的理由。一时间，苏轼因为一份"谢恩表"竟然惹祸上身。皇帝将这件案子发到御史台处理。

不久，苏轼就从湖州被抓回京城，过了一个月，又被关进御史台监狱。苏轼获罪的这件案子之所以被称为"乌台诗案"，是因为苏轼因诗获罪是由御史台一手操办的，而御史台常植柏树，柏树上又常常栖着乌鸦，人们常称御史台为"乌台"。

起初，苏轼并不承认自己有怨谤之心，只是说其中的一些诗句的确反映了民间疾苦。可是后来，在御史台官员吩咐下，手下对苏轼进行了轮番的审讯和折磨，苏轼一个儒生，实在忍受不了这种心理上的屈辱和肉体上的疼痛，所以就承认自己有罪，还写了"供词"。一首描写普通农村人家生活的诗"杖藜裹饭去匆匆，过眼青钱转手空。赢得儿童语音好，一年强半在城中。"苏轼自己说是讥讽了朝廷的青苗立法，他的供词是："此诗意言百姓请香青苗钱立便于城中浮便使却……庄家小子弟多在城市不看次第，但学得城中

人语音而已,以讥新法青苗助役不便也。"可是这番话是多么牵强附会! 苏轼还说,在《山村绝句》"老翁七十自腰镰,惭愧春山笋蕨甜,岂是闻韶解忘味,迩来三月食无盐。"中是讥讽了新法实施中的"盐法"太急,使得山中之人饥贫无食,动经数月。其实这首诗与盐法哪里有半点瓜葛,苏轼当时已经完全绝望了,就等着御史台把罪状和供词编织就绪,待皇帝批准后杀头了。可是,苏轼竟躲过了这场大难,神宗皇帝下令只是对苏轼贬官了事。在这场来势汹汹的"乌台诗案"里,苏轼究竟是怎样解脱出来的呢? 据说,当时太皇太后曹氏的一条遗嘱,救了他一命。据说,曹氏病危,神宗皇帝去看她,她说:"当年仁宗皇帝策试制举人回来,见到苏轼两兄弟的文章,很高兴地对我说:'我为子孙得了两个相才。'如今不但没有重用他,反而要把他下狱论死。苏轼无非是作了几首小诗,发了一点牢骚罢了,这是文人的习性,若是抓到了一点小小的不慎之言,就罗织成罪,何以对得起仁宗皇帝? 何以对得起太祖皇帝非叛逆不杀士人的祖训?"于是,神宗决心放了他。

另外,也有人猜测神宗本来就不打算杀他,当时的宰相看到神宗要宽恕苏轼时,就进谗言说:"苏轼讥讽臣下的罪可恕,但藐视皇上的罪不可恕。"还举出了苏轼的一句诗"世间唯有蛰龙知"说:"苏轼不认为陛下是飞龙,竟求知于地下的蛰龙,就是藐视皇上。"神宗却说:"文人的诗句,怎么能这样来推论呢? 他咏自己的诗,与我有什么关系?"旁边的一位大臣和苏轼关系要好,就又加了一句:"龙未必专指天子,人臣也可以称龙。"神宗说:"是呀,孔明被称作'卧龙',东汉还有'荀氏八龙',难道都是人君?"说得那个宰相哑口无言。

后来,神宗又看到苏轼在狱中写的诗,更是动了慈悲之心,所以就赦免了他。这首诗是这样写的:

圣主如天万物春,小臣愚昧自忘身。

百年未了须还债,十口无家更累人。

是处青山可埋骨,他时夜雨独伤神。

与君今世为兄弟,更结来生未了因。

另外,苏轼确实是个人才,那些正直的人们都不愿他落难,所以纷纷解救。据说，从苏轼被捕起，救援的奏章、信函就如雪片般飞到京师。王安石的女婿上书，扬言在皇帝实录上记下神宗不能"容才"；南京张安道在南京上疏，府官不敢接，他派儿子持至登闻鼓院投进；苏轼的弟弟苏辙愿意用自己的官职和薪水为哥哥抵罪。所以，神宗最终决定不杀苏轼。

不久，苏轼被贬，"乌台诗案"就这样结束了。

范仲淹被罢黜之谜

范仲淹是北宋仁宗时候的名臣，苏州吴县人。出身贫穷家庭，幼年时父亲早逝，只得随着寡母改嫁，从小受尽了艰苦磨难。年轻时，他曾经住在一个庙宇中读书，每天吃不饱，冬天还异常寒冷。但他丝毫不为外界艰苦的环境所屈服，每天仍旧努力攻读，从早上直到深夜；不论寒冬酷暑，数十年如一日地努力。后来终于学有所成，考中了进士，做了朝廷的谏官。

范仲淹学识渊博，才能出众，对治国安邦也有自己一套独特的见解，很得皇帝赏识，也受到其他人的敬佩，元好问就曾经在自己的《遗山先生文集》书中提到他："范公在布衣时为名士，在州县为能吏，在边境为名将，在朝廷则又为孔子所谓大臣者，纵观历史前百年，这样的人都不见有一两人啊！"人们对他的评价可谓极高，可见范仲淹在人们心目中的地位。可是，令人奇怪的是，这样一位能干的人才，在他的做官生涯中，却是屡屡遭贬，以至于他那些治国安邦的大计都没有实现，遗憾终生。那么，究竟是什么原因使得这位一生以"先天下之忧而忧，后天下之乐而乐"为做人准则的官吏屡屡被黜呢？

范仲淹在作谏官时，秉着直言刚正的古训，毫不畏惧权贵。他事事从实际出发，尊重事实，性格刚正不阿，得罪了朝廷上下的许多官僚，有时甚至触怒了刘太后、仁宗皇帝，所以范仲淹也就屡次被贬黜。但是可贵的是范仲淹并不放弃为人为官的准则，他依然正气不改，仍旧是直谏不讳，这也是他怀才不遇的原因所在。

天圣七年，时任秘阁校理的范仲淹，多次上书请求刘太后撤帘，归政给已经长大成人的仁宗皇帝，提意见本来是臣子的一项职责，可是范仲淹提的

意见实在是有些过火，触及了太后的忌讳，于是范仲淹被贬官，出任河中府判官。明道二年时，仁宗皇帝赵祯借口郭皇后无子，想把郭皇后废掉，让她幽居在长宁宫了此残生。当时的宰相吕夷简因为曾经与郭皇后有过节，所以非常赞同皇帝的意见，力主废后。这时，任右司谏的范仲淹却认为郭皇后无大过，不应废掉，还一再上书违逆皇帝的旨意，同时也抵触了当朝宰相的

范仲淹

意见。仁宗和宰相吕夷简都很生气范仲淹的做法，又将他贬放到外地去了。

仁宗皇帝虽然多次将范仲淹贬官，不过还是很欣赏范仲淹的为官做人风格，于是又升迁他为天章阁制，权知开封府。范仲淹在职期间尽职尽责，处理了很多事情。景佑三年，范仲淹因为不满宰相吕夷简滥用职权，网罗亲信的做法，便上书给皇帝，洋洋洒洒几万言谈论用人之道，不料却遭到吕夷简的嫉恨，向皇上反告一状说范仲淹结交朋党，挑拨君臣关系。仁宗一向信任吕夷简，就听信吕夷简的谗言，将范仲淹再贬出京到江西饶州上任。西夏战争发生后，仁宗又派范仲淹前往陕西。范仲淹在对西夏的战争中立了功，仁宗很高兴，从此认为范仲淹是个人才，很倚重他，还调范仲淹回京任宰相，希望范仲淹能提出治国方案。

范仲淹经过数十年的官场经历，他深知朝廷的弊端之大，必须稳妥地一步步改革。他曾向仁宗进《答手诏条陈十事》，提出了十项改革意见，都为皇帝所采纳，颁行天下，这就是历史有名的"庆历新政"。新政的内容是：一、对官吏定期考核，按其政绩好坏给予提拔或处分；二、严格限制大臣子弟靠父

亲的关系得官，裁汰冗员；三、改变专以诗赋墨义取士的科举旧制，着重策论和经学；四、慎用地方长官，依才任用；五、提倡农桑，行劝课之法发展农桑；六、并合县邑，减轻徭役；七、加强军备，增强军事实力；八、严格法令，违背朝廷制度法令的行重法；九、为减少官吏腐败和违法害民，分给官员公田，使他们丰足守节；十、宣布恩泽的事必须施行。这十条关键在于打破资历的限制，选拔有能力的官员，依照法度治国。范仲淹在做宰相推行新法时期，特别注重推荐良才，他在《得地千里不如一贤赋》一文里，曾说贤者的价值是一百个城也比不上。仁宗朝时，许多大臣如后来的宰相文彦博、富弼等都曾得到他的推荐。范仲淹对于贤良的官员极力推荐，可是对于那些无能之辈，却狠心地罢黜，他的原则就是为国选良才。一次，他在检查全国监司的名单时，把不称职的转运使、提点刑狱一一勾掉，那时任枢密使的富弼对他说："你勾得容易，可是被勾去的一家人都要哭了。"他却说："一家哭，总比一路哭要好吧！"所以当时范仲淹得罪的官员是很多的。

由于仁宗急着要看新法成效，推行新法的官员有时不免急功近利，可是凡事都是心急吃不了热豆腐，所以那时新政的推行十分不力。一些皇亲国戚、权贵大臣也纷纷站出来诋毁新政，而原本就对范仲淹心存不满的大臣则纷纷向皇帝造谣说范仲淹交结朋党，滥用职权。仁宗见这么多人阻挠新政，碰巧这时京东地区发生了兵变，陕西地区发生了农民起义，不少地区还有蝗灾旱灾，这些都使得国家有些动荡。仁宗皇帝也顾不得施行新政了，他对范仲淹和新政的措施也失去了原有的耐心，再次废黜范仲淹为河东宣抚使，新政大都被废除，庆历新政以失败告终。范仲淹这一次没有承受住这个沉重的打击，不久就卧病不起，没过多久就结束了他不凡的一生。

富弼使辽内幕

澶渊之盟签订以后，宋辽之间维持了暂时的和平局面。宋辽之间的贸易往来兴盛起来，同时，宋辽官方之间的外交礼仪活动也恢复正常。宋朝廷还特别设立了由内侍职掌的国信司，专门处理宋辽外交往来。

中华宫廷秘史

仁宗庆历二年时,宋与西夏之间发生战争,宋朝正在应顾不暇时,辽国忽然派使者来宋,再次提出索要关南之地,同时要求宋对西夏出兵以及在北方边境疏通河道、增加兵力等事情作出解释。口气强硬,大有兴师问罪之意。朝廷令当时还是知制诰的富弼为伴使,同中使一起到京城外迎接辽使。

辽使刘六符到达后,下马与宋朝官员见面,按照礼仪,该由中使转达仁宗的慰问,辽使拜谢,可辽使态度强横,根本不行宋朝的礼仪。富弼见状,厉声质问:"南北两主,称为兄弟,我主与你主地位相当,现传旨慰劳你,你为何不行拜见之礼?"辽使托言有病,不能行礼。富弼说:"我也曾出使到北方,途中卧病难起,听到你主的旨令,马上撑起病体而行礼,你怎能因病而置礼仪于不顾呢?"一番话说得辽使无言以对,只好起身行礼,而后随富弼进了京城。

富弼热情友好地安顿了辽使,他有理有节、大度宽容的作风深深感动了辽使。辽使非但不好意思寻衅生事,还将辽主此次派他前来的真实意图和盘托出。对于辽主提出的无理责难和非分要求,富弼一一据理辩驳。辽使最后悄悄告诉富弼,对契丹的要求,宋方可从则从;不从的,可以用增加岁币,或和亲的办法解决。辽使的话使仁宗思量再三,他召吕夷简前来商议。商议的结果是派富弼出使谈判。仁宗的诏令引起朝中的议论,很多人为富弼此行捏了一把汗。

在富弼与辽使返回辽国的途中,辽军已经向河北等地聚集,摆出了一副决战的架势,企图为谈判施加压力。宋朝在吕夷简的布置下,将大名府(今河北大名)命名为北京,在河北一带加紧备战,毫不示弱,令辽兴宗和手下那些跃跃欲试的将领们大为扫兴。

富弼见到辽兴宗,开口便问:"两朝圣上父传子继,和平相处了近四十年,而今无缘无故要求割地,究竟为何?"辽兴宗反问:"南朝违约,阻塞雁门,增灌塘水,修筑城墙,扩招民兵,又是出于什么目的? 为此我朝大臣纷纷请求举兵南下,我的意思是先礼后兵。""难道陛下忘记了我朝先帝的大恩大德吗?"富弼毫不客气地质问兴宗:"澶渊之战时,我朝将士人人要一战到底,若是先帝顺从将士之意,恐怕北兵没有一个能够活着回去的。我朝先帝顾全大局,立下了和约。今天北朝要再挑事端,再动干戈,一定是朝中的奸臣,只为自己,不为朝廷祸福而想出的奸计。"话到此处,兴宗不解。富弼直言不讳:"北朝进克中原之后,所得一切财富,是不是都归于公家之手? 北朝花费了无数的军、兵械,结果是富了私家穷了公家。而今中原幅员万里,拥有精兵强将数以百万,法令严明,上下一心,此时北朝用兵,能保全胜吗? 就是得胜,劳师伤财,是群臣受害,还是人主受害呢? 如果两朝通好不断,岁币尽归陛下,群臣受害,还是人主受害呢? 如果两朝通好不断,岁币尽归陛下,群臣又能得到什么呢? 所以为群臣着想,宜战不宜和;为陛下着想,宜和不宜战。"富弼的话,一针见血,利弊得失尽在其中,说得兴宗连连点头称是。

富弼见兴宗已经被自己的话打动,才对兴宗最初的质问作出回答。他说:"我朝阻塞雁门,是为防备西夏;疏浚塘水,是南北通好以前的事;修筑城墙,不过是因其已破旧不堪;扩招民兵,也只是为了填补缺额;怎能说是违约呢?"兴宗说:"若事实果然如此,就是我错怪了南朝。但我祖宗的故地,还乞望返还。"兴宗的口气逐渐地缓和下来了。富弼说:"关南之地是周代的事。若各自都翻旧账的话,幽、蓟曾隶属中原,难道是北朝的故地吗? 兴宗一时无言以对,便不再理论,令辽使刘六符设宴招待富弼一行。

席间,刘六符委婉地说明了辽主以接受岁币为耻,还是希望南朝稍作让步,将关南之地尽早退回。虽然在酒宴上富弼一直和颜悦色,但提到这个问题,富弼义正辞严,"我朝皇帝为祖宗守土保国,寸尺之地不敢予人。北朝所要的不过是租赋财富,我圣上为防两朝百姓再遭兵戈之乱,所以委屈自己,以增加岁币来代替。如果北朝一定要得到关南十县,是有意撕毁盟约,而以此作为藉口罢了。澶渊之盟,有天地鬼神作证,若北朝首先挑起事端,伤害的并非只我一方,实为天地鬼神所不容。"

第二天,辽兴宗召富弼同去狩猎。途中,兴宗拨马靠近富弼,委婉地说:"南朝如果许我以关南之地,我当永远感激不尽,誓与南朝通好。""北朝以得地为荣,南朝以失地为辱,两朝既以兄弟相称,怎可一荣一辱呢?"这次富弼一改前日据理力争的策略,将心比心,以情动人,使得兴宗再也不好意思坚持索地的要求,同意增加岁币。

心有不甘的辽兴宗坚持把增岁币称为"献"。富弼驳道："南朝为兄,岂有为兄献弟的道理?""献字不用,改一纳字。"兴宗兜了一个圈子。富弼寸步不让,兴宗悻悻地说："岁币肯定是要增加的,又何必在乎这区区一字呢?倘若我拥兵南下,难道你朝就不后悔吗?"面对辽主的威逼,富弼还是毫无惧色："我朝兼爱南北的百姓,所以委曲求全,增加岁币,这并非是害怕你朝。若不得已改和为战,也要以道理曲直作为判断胜负的标准,那时谁胜谁负,使臣就不敢预料了。""卿勿固执己见,古时也有这样的先例嘛!"兴宗变着法儿地想要富弼妥协。富弼再也不能让辽主得寸进尺,他勃然怒起："古时只有唐高祖向突厥借兵时,将馈赠称为南纳,但后来太宗首领之时,难道此例尚存吗?"富弼一脸怒气,一字一句如锤落地。兴宗知道再争下去,富弼也不会退让,便换了口气,缓缓地说："我会派人前去再议。"

兴宗果真派使臣专为"献""纳"两字与富弼回宋都再作商议。富弼向仁宗汇报了谈判的过程,特别提请朝廷千万不要应允辽的无理要求。仁宗当面答应下来,可谁知后来竟在晏殊的建议下,许用了"纳"字葬送了一个国家的尊严。

仁宗以宋岁增银十万两、绢十万匹的条件,最终达成了和议。在双方谈判过程中,富弼以"不卑不亢、有理有节"为谋略,既维护了国家尊严和利益,又不伤两国间的感情;既以理服人,又以情动人,使辽主乘人之危、坐收渔利的企图屡屡受挫。

李若水是怎么殉节而死的

靖康元年(1126年)十一月,寒风呼啸,大雪纷飞,在这样天寒地冻的季节里,金兵以数十万大军将北宋的都城汴京城团团包围。宋朝的救援部队离京城还有十万八千里,宋钦宗一看大势已去,就准备亲自前去金军大营投降,可怜巴巴地乞求金人能赏脸给自己留一两座城镇继续当皇帝。临行前,宋钦宗在朝堂上宣布了亲自到敌营求和的消息,北宋的一帮文武大臣们也顾不上什么君臣之礼了,大声地嚷嚷起来,说什么的都有。李纲等主战派将领虽然被剥夺了兵权，但是仍然高声反对投降，主张城在我在，城亡我亡。而占了朝臣中绝对多数的以李邦彦、张宗昌为代表的投降派，这时为了自己的个人利益，坚决主张让钦宗出面议和，钦宗早已经没了主意，只顾着自己长吁短叹。过了半天，钦宗说话了："众位爱卿，眼下金兵逼得实在太紧，去议和也是没有办法的事情！再不去议和恐怕连投降的机会也没有了；各位也都别争吵了，我们就这么定了，明日一大早，朕就亲自到金人营中议和，不知哪位大臣愿陪朕前往？"

这时朝堂上立刻鸦雀无声，李邦彦、张宗昌那些投降派大臣个个老奸巨猾，都知道此番前去议和必是凶多吉少，万一有什么差错，被砍头都是说不准的事情，所以一下子都不言语了，唯恐钦宗会让自己去。而李纲等主张与城共存亡的大臣们十分大义凛然，都表示愿意随钦宗前往。可是钦宗心里清楚，让这些人去，一定会坏了自己的大事，他不同意，可是谁能随自己前去议和呢？钦宗心里还真犯嘀咕。

就在这时，吏部侍郎李若水缓缓从一班大臣中走出，只见他不慌不忙地对皇帝说："臣情愿随陛下前往。"宋钦宗和各位大臣都很高兴，这个李若水一向言少行谨，从来不乱惹是非，即便在金兵入侵，皇帝和各位大臣已经大失方寸的时候，他也只是默默地将皇帝交给自己的事情办好，所以宋钦宗马上就同意了吏部侍郎李若水的请愿。

次日早上，宋钦宗带了李若水和几名禁军，连马都没有骑就走出汴京城到金军大营去投降。他们几个人刚刚走到金军大营的门口，正要进去，就看见一队凶悍的金兵骑着高头大马从里面冲出来了。这队金兵为首的是个小校官，他看见宋钦宗一伙人，就立刻跳下马来，拽出两套女真人的服装，非要钦宗君臣二人换上才肯让他们进去。宋钦宗天天在皇宫里锦衣玉食，哪里遇过这种情况，早就吓得什么话都说不出来了。他站着没动，既不说话，也不穿那女真的服装，就那样呆呆地站在那里。可是这时李若水生气了，只见他大步走上前去，猛地一用力就推开了挡在路中央的那个蛮横的小校官，大声地告诉他："这女真的服装我们不能穿。今日我堂堂大宋皇帝亲自来你们的大营谈判，是有要事相商，不是要和你们闹矛盾，古语说得好，士可杀而不

可辱,你们为什么这样苦苦相逼? 难道非要我们撕破脸皮吗? 我们是来找粘罕将军的,快些带我们去见。"

这些金兵在宋朝的土地上已经作威作福很长一段时间了,他们哪里听得进别人的顶撞,马上就发火了,嘴里喊着:"哼,来到老子的地盘,不穿女真服,这恐怕由不得你吧。"说着便要按住钦宗,给他强行穿上女真服。李若水也急了,他一把推丌金兵后,死命地抱住钦宗,不让那些金兵得逞,可是毕竟金兵人多势众,一伙金兵对李若水又打又踢,终于将他打得昏死过去了。这时,大将粘罕听到叫喊,就从大帐里走了出来,命令金兵把两人带到大帐来了。

粘罕听了手下人对李若水刚才行为的叙述,再加上早有金人的探马探知李若水是一位颇有影响的大臣,于是等他一苏醒,就劝他为金朝效力。李若水回绝得十分干脆:"古人教诲说,忠臣不侍奉两位主子,我李若水愿意作个忠臣,宁死不降。"粘罕又说:"你虽然自己不怕死,但是你也是上有父母,下有妻子儿女的人,你怎么就不为他们着想呢?"李若水义正词严地说:"我今天跟随我大宋皇帝前来,就没有想能活着回去,现在我大宋危机重重,我又何必再顾及自己的个人得失呢?"粘罕气急败坏,他看不能从这君臣两人身上炸出油水,就向卫兵们摆摆手说:"把宋朝的这些蠢猪给我关到大牢里去。"李若水看到粘罕这个人是个言而无信的小人,根本就没有谈判打算,于是干脆破口大骂起来:"粘罕,你真卑鄙,把我们君臣骗到这里,原来就是要把我们作为人质关起来,你不是人。"

粘罕听到李若水骂个不停,就更生气了,他下令武士们:"把李若水的嘴撕破,看他还怎么骂?"可是被豁开了嘴、满口喷血的李若水还是骂不绝口。粘罕恼羞成怒,凶狠地下了命令:"把这个宋朝的蠢猪推出帐外,立刻斩首示众。"直到死,李若水也没有丝毫惧意,终于被金兵残忍地割舌而死。李若水遇难的消息传到汴京城,主战派官员李纲失声痛哭:"国家快要灭亡了,我大宋满朝文武大都是些不顾及廉耻的人,只有李侍郎这样的人才是知廉耻的啊!"

李若水的浩然正气,永远值得人们敬佩。

王安石与司马光缘何反目

　　王安石(1021—1086年),抚州临川(今江西抚州)人,字介甫,号半山,庆历二年进士。王安石二十一岁中进士,历任知县及知州等地方官,1068年,任翰林学士,两次被召入京,第二年升为参知政事,不久任宰相,开始推行变法。司马光(1019—1086年),陕州夏县(今属山西)人,字君实,二十岁中进士,历任地方及中央官职。司马光曾在京任天章阁侍制兼侍讲、龙图阁直学士等职,并与王安石同为翰林学士。从私人情谊上讲,司马光与王安石相当融洽,是当时号称"嘉祐四友"中的两位。但由于两人在推行新法问题上意见不一致,在熙宁、元丰的变法期间,成了针锋相对,势不两立的政治对手。

　　虽然两个人生年相近,经历相仿,所受教育也比较类似,在对待当时的统治学说——儒学上的观点有相似之处,比如两个人都尊奉孔子、扬雄,却不信奉释老之说,但是二人在对待孟子的观点上却是有不同意见的。王安石历来崇敬孟子,并以孟子为效法榜样,它对于孟子的学说除个别有异议外,一般是坚决赞同的,并常常在论著中引为立论依据。不仅如此,王安石还在他担任宰相期间,规定《孟子》为诸生考试的必

王安石

修科目,尊《孟子》为经。司马光则对孟子不以为然,他甚至专门著书《疑孟》,驳斥了孟子所谈的一系列问题。司马光说孟子宣称学孔子,但所持论点却有背离孔子思想之处,又说孟子有些谈话与经传不符,有的看法和主张违反了君臣之义、人之大伦和实际情况,不仅无益于治,而且将使那些尸位素餐之人用此观点欺骗君主。王安石之所以特别崇尚孟子,是因为孟子的

政治主张王安石极力赞成,孟子有一点卓而不群的傲世风格,王安石也非常欣赏。司马光从维护君权,严守等级名分出发,对于孟子的一些言论,特别是民贵君轻的言论,十分反对。显然这两者是难以相容的政治观点,司马光据君臣之义,守孔子之道,当然要责难孟子。此外,王安石把《孟子》和周礼作为变法活动的理论依据,也是司马光反对《孟子》的重要原因之一。

另外,在对待荀子的观点上两人也有分歧。荀子是以谈礼著称的大儒,王安石却说他断然不知礼,驳斥荀子把礼放在高于一切的位置,反而不能发挥礼对于国家治理的重要作用。并且荀子思想与王安石主张变法的论点不相吻合。但是司马光的观点与荀子就有许多相似之处,在政治措施方面,司马光尊奉荀子的观点,主张节裕民,但是司马光并不完全赞同荀子的观点。不过王安石与司马光在思想上虽然有很多不同之处,但总的来看,仍然都是尊奉儒学,大同小异而已。

王安石与司马光发生冲突是在王安石主张变法之时。宋神宗即位不久,面对一系列统治危机,就提出理财是当务之急,他的着眼点在于府库,即国库的收入和积存。对于这一问题,司马光的回答是要节流,即裁省浮费,减少皇帝对大臣的赏赐等费用,以期上行下效,普遍裁省冗费。王安石立刻站出来反对司马光的主张,他认为节省开支,无补于国,并且提出"不加赋而上用足"的想法。司马光针锋相对,说王安石的主张不过是空谈,"不加赋而上用足"的做法不过是设法侵夺民利。但是王安石并没有放弃自己的主张,而是在后来的变法中迅速变成行动。这就使王安石与司马光的意见分歧转化为激烈的矛盾斗争。王安石与司马光在论证"法不可变"的时候也发生了分歧,王安石坚决主张变法,而司马光却认为:第一,法可以变,但当时不必变,有弊病可以修补改正;第二,即使要变法,也要有良匠、美材,而现世不具备;第三,王安石变法弊多利少,如果长此以往,梁倾屋倒,无地容身。在用人上,王安石把吕惠卿当成变法的支柱,而司马光则认为吕惠卿"奸巧",坚决反对任用此人。但是,王安石善辞令,司马光却专务实际,拙于辩论,二十来岁的宋神宗听王不听司。王安石与司马光两个人先因变法意见不合,后来竟然发展到私人意气,相以为仇的地步。1071 年春,司马光离开永兴,

宋宫秘史

到洛阳专致于编撰《资治通鉴》等历史巨著，从此十五年不问政事。

后来变法处于困境之时，王安石被罢相，新法名存实亡。之后宋神宗病死，不满十岁的哲宗即位，太皇太后听政，新法危在旦夕。司马光被召入京，上台执政。如果说司马光在反对新法时，尚且知道对于时政应该存善革弊，那么重新上台后的司马光也犯了和王安石同样的急躁病，他既不问新法是否尚有可用之处，也不问废除新法需要时间，而是将仅剩的新法全部废除了。

司马光任相时，已经罢相在家的王安石深为忧虑，当他听到新法被废除时，感到非常绝望灰心。王安石死后，司马光放弃个人偏见，还对王安石的文章节义加以称道。不久，任相一年多的司马光也去世了。

人们为何称赞吕公著

吕公著，字晦叔，寿州（今属安徽凤台县）人。他是北宋时代的著名人物，他的父亲就是真宗、仁宗两朝的宰相吕夷简。吕公著在仁宗庆历年间考中进士后，曾经在仁宗、英宗、神宗、哲宗四朝做官，到宋哲宗元佑元年（公元1086年）已经官至尚书右仆射，兼中书侍郎，当时是和司马光等同朝为相，是受人尊敬的朝廷元老。

吕公著从小勤奋好学，读起书来常常废寝忘食。他的父亲吕夷简很器重他，常说他是宰相之才。在吕公著考取进士后，首先在颍州任通判，他与当时的颍州太守欧阳修都是知识渊博的人，因此常在一起讨论学问，成为挚友。欧阳修对他的学识、人品非常尊崇。有一次，在欧阳修出使契丹时，契丹国主问他，大宋的朝廷中哪一个臣子的学问品行最好，欧阳修将吕公著推为第一。当时，学识渊博的司马光也同样十分钦佩吕公著，他曾对人说："每次听到吕公著的讲论，便觉得自己所说的话真是啰嗦！"还有大文学家王安石虽然自己一向能言善辩，没有被人说服过，但是他对吕公著却很佩服，因为吕公著往往能以精辟的学识和简约的语言让他心服口服。

吕公著少年时学习历史知识首先重视的便是"治心养性"，因此他的一

生行为端正,品性纯真,对名利之类都看得很淡。平常他总是凝重清静,行为端庄稳重,甚至夏天不见他挥扇,冬天不见他烤火,也从不见他疾言厉色。吕公著作官后,他除了学识渊博、能够明断是非外,还善于考察人才,兼听善恶,正确评价任用。另外他遇到事情也很决断,如果他认定了是对国家有利的事,从来不因为私情而动摇,人们都称赞他这一优点。宋神宗也非常佩服他毫无私心的品格,曾经赞扬他道:"吕公著为人真诚,他做事就像用来称量物体的秤一样,公正无私,很让人放心。"他在朝中即便作了处理政务繁忙的宰相,每当遇到要决定什么政事时,他的决定总是能博采众善。如果他认为这件事应当去做,也会义无反顾,决不会迁就谄媚别人。正因为吕公著具有这些优秀的品质,所以他在朝为官受到了人们的称赞,皇帝也很信服他。

吕公著的为官为人的优秀品质,使他的儿子吕希哲、吕希纯等也深受影响。吕公著的妻子鲁氏也是一个为人正派、能识大体的人。吕公著和妻子对儿子的教育十分严格,在儿子们年少的时候,就要求他们对平时生活中的点点滴滴,丝毫都不能马虎。吕公著很喜欢儿子希哲,但却要求吕希哲平时一言一行都要循规蹈矩,不可有越轨之处。据史料记载,吕希哲在刚刚十岁时,不管晴雨寒暑,哪怕是一整天站在长辈身边侍候,长辈不叫他坐,他从来就不敢坐下,一直会毕恭毕敬地站着,也不出一声。吕希哲见长辈时,总是衣冠整齐,即使再热的天,在长辈面前,他也从不解衣脱帽,进进出出,都十分注意自己的言行举止。并且由于吕公著的妻子鲁氏的管束,吕希哲从小就养成了极为良好的行为习惯,平时从来不到酒店茶馆这类地方去,也从来不听那些有失教养的谈话,更不看那些不好的书籍。

不仅大儿子吕希哲行为端正,有乃父之风,而且由于吕公著夫妇的严格管束,其他两个儿子品行都很好,也十分有出息。吕希哲终生没有出来作官,他志节高尚,淡泊名利。即使父亲吕公著贵为当朝宰相,他也不因为父亲的关系改变自己的志向。当初,吕公著与王安石关系很好,而吕希哲跟王安石也很对脾气,所以关系也很好。有一次,王安石曾经对吕希哲说:"功名利禄都如过眼烟云,真不应该去追求,做人真应该淡泊名利。"吕希哲听后,认为说的极是,从此竟然没有参加科举,也不再追求作官仕取。后来,吕希哲在地方上很有贤名，王安石可惜他这个人才，于是想要叫他出来做官。可是吕希哲却志向已定，要做那种淡泊名利的古代隐者一样的人，就对王安石说："承蒙相公看重，与我相知相交这么长时间，可是一旦我出来做了官，我们之间难免就会有意见不相同的时候，那么过去你对我的一番好意也一定会完结了！这是我的选择啊！"王安石听他说了这番话，得知他志向已定，便不再劝他入仕。吕公著却十分可惜他这个儿子虽是个人才，却未能得其所用。吕公著曾经惋惜地对妻子说："当世的人才我都收罗尽了，希哲却独独因为我的缘故没有参加科举考试，这真是人的命啊！"吕公著妻子鲁氏一向都开明贤达，她对吕公著说："你实在还没有真正了解你的这个儿子啊！"吕公著的另外两个儿子后来都在朝为官，也都有了一定的地位，他们的政绩人品都很好。

吕公著在朝为官尽职尽责，受到同僚大臣的敬佩，被皇帝所重用；在家为父，和妻子鲁氏将三个儿子都教育成才，所以他于国于家都是值得称赞的。

沈括出使辽国内幕

沈括是杭州钱塘（今浙江杭州）人，众所周知，他创作了世界上第一部大百科全书《梦溪笔谈》，该书记述了天文、地理、农业、建筑等多方面的古代科技成果，对很多问题都提出了自己独到的见解和完整的解决方案，他称得上是我国古代杰出的科学家，这样一位孜孜于科技领域的人，同时还是一位外交能手，这一点却是鲜为人知的。

北宋年间，辽国经常找借口侵扰宋的边界。神宗熙宁八年（公元1075年），辽国又想进攻宋朝，但是苦于没有借口。于是就派了一个叫萧禧的使者来到汴京城面见北宋神宗皇帝，假称河东路黄嵬一带的土地是辽国的土地，现被宋朝占领，请求归还。萧禧说得有板有眼，并且拿出了辽和宋签订的有关条约文本作证明。负责和辽使谈判的大臣们心里都清楚，宋朝和辽国自有交往以来，宋朝的领土就只有减少的份，从来也没有增加过，黄嵬一

带一定不是宋朝侵略辽国所得的，但是现在辽使有双方条约文本作证，这些条约好像也不是假造的。如果不承认，辽国有根有据；如果承认，这明显是辽对宋的讹诈。负责谈判的大臣们被萧禧弄得特别狼狈，想和他辩明此事的原委。结果神宗也被辽使耍笑了一番，心里虽然恼恨，但嘴上却说不出来，因为自己没有根据。萧禧当着神宗的面，态度十分强硬地说：你们必须马上把黄嵬一

沈括

带归还我大辽，否则由此而引起的一切后果完全由你们承担。萧禧怒气冲冲地返回北方，向辽国皇帝汇报谈判的结果去了，战争的阴影又笼罩在宋辽边界，大有一触即发的态势。神宗皇帝面临着一个特别大的难题：如果不能妥善地解决边界纠纷，宋辽战争将不可避免，那时北宋就又要面临内忧外患的境地，刚刚进行起来的改革说不定也会功亏一篑。

正当他心烦意乱的时候，沈括主动请求出使辽国，继续谈判边界的领土归属问题。他对神宗说："臣仔细查阅研究了资料，近年来，在我朝与辽国所签订的所有条约，准确的边界应该是以古长城为国界，而辽使所讲的黄嵬是位于长城之南30里的一个名不见经传的小地方，它理应是我朝的领土。辽人是欺负我朝无人知道黄嵬的准确位置，故意挑衅想发起战争。臣请求皇帝准许，让我出使辽国，凭着三寸不烂之舌和辽人辩明是非，说清曲直。"说完，沈括就把有关条约的副本拿出来让神宗过目。宋神宗看过后，喜形于色，不由得长出了一口气。他对沈括说："负责谈判的大臣们都是酒囊饭袋，谈判了几天，竟然没有搞清楚黄嵬的来龙去脉，差点误了大事。"于是宋神宗就任命沈括为出使辽国的全权负责大使，去谈判黄嵬一带的归属问题，戳穿辽国人的欺骗把戏。

沈括到辽国之后,辽国的宰相杨益戒亲自出面和他谈判边界的领土归属问题。在正式谈判之前,沈括就先让自己的随员把带来的条约副本和北方边界地点的地名、位置等内容背得滚瓜烂熟。在谈判中,沈括不露声色,镇定自若。在一连几次的谈判中,对于辽人提出的问题,随员们都能讲得头头是道,无隙可击。双方共谈了6次,而沈括和他的随员们每次都处于上风,所谈的内容符合宋辽双方条约公允的规定,辽国人也找不到任何破绽。辽国的宰相杨益戒恼羞成怒,原形毕露说:宋朝连这几里地大小的土地都不忍割舍,这不是明明想断绝和大辽的友好关系吗? 沈括毫不退让,据理力争:"军队作战,理直士气就是旺盛,理曲士气就是衰退。杨宰相不会不清楚这一点吧。黄嵬虽小,可是条约上明白无误地写着应属大宋,你怎么能说是我们破坏两国关系呢? 这是你们背弃自己祖先的信义,置以前签订的条约于不顾,想强占我大宋的土地,并且不惜以武力相威胁。我想你们以此为借口出兵恐怕不能说是名正言顺吧? 辽国的老百姓也未必会为了这几里大小的土地就愿意和大宋朝开战吧? 大宋虽然软弱,但也未必就怕和你们辽国打仗。"一席话说得那个嚣张的宰相杨益戒哑口无言,他看到沈括和他的使团成员们软硬不吃,就只好上报辽国皇帝,再另想别的办法挑起战争了。

沈括出使辽国不辱使命,从道义上制止了辽国以领土问题为借口而发动战争的企图,黄嵬终于也没能成为新的宋辽战争的导火线,沈括的出使功不可没。在出使辽的路上,沈括绘图记载了所过地方的山脉河流的情况和当地风俗特点,了解了北方的人心向背,作成《使契丹图抄》呈报给北宋朝廷,它对日后宋朝处理北方边境的许多事务都起到了一定的作用。

岳飞说过"黄龙痛饮"这句话吗

关于南宋的抗金英雄岳飞,人们有种种传说,其中在《宋史·岳飞传》中曾经有这样一段记载。岳飞在出征前,经常勉励他的部下说:"直抵黄龙府,与诸君痛饮耳!"这句话极大地鼓舞了士气,岳家军从他们的统帅岳飞身上体会到了英雄的豪迈气概和必胜的决心。因此,在后代人们鼓舞士气、激励

岳飞

宋宫秘史

豪情的时候,就常常使用这句"直捣黄龙""黄龙痛饮"。说起这句话,就联想到了岳飞那大无畏的气概和精神。可是,现在人们却说这句话是"子虚乌有"的,岳飞根本就没有说过,这究竟是怎么回事呢?

部分学者经过考证,他们认为《宋史·岳飞传》中的这段记载,来源于南宋时岳飞的后代岳珂所编写的《金佗粹编》一书中所收入的岳飞的议论言辞里。其中有关"黄龙痛饮"的一部分记载是依据黄元振的杂记。杂记中的原文是:"将士们,你们都知道黄龙城吗?那座城就和这座山一样高……有一天我们打到黄龙城时,一定要奏乐饮酒,好好地慰藉我们今天的辛劳啊!"这也就是在正史中的关于"直捣黄龙"的记载。如果黄元振关于岳飞的这段记载是真实可靠的,那些学者们指出,根据这段话可以推断出:第一点,岳飞以前曾经见到过黄龙城,所以知道这座城的高度。第二点,岳飞确实曾经以直捣黄龙、黄龙痛饮作为自己的奋斗目标,并且用这个目标来激励他的部下。

但是,有些学者对岳飞是否到过黄龙城和岳飞是不是真的提出了"黄龙痛饮"这两个问题提出了疑问。持怀疑态度的人们认为:首先他们查阅了岳飞现存的许多文章、札记,并没有见过有关岳飞深入敌军腹地、搜索山川地理的文字,也没有见到岳飞有率军直捣黄龙的计划和请求。其次,黄龙府故城(在今吉林省农安县附近)是由辽代建置的,这座城池是金国都城会宁府

杭州西湖边上的岳坟

附近的重要军事据点,它坐落在遥远的东北地区。后来金国将它称改为济州,不过世人仍然沿用"黄龙"这一辽代以来的旧称。从通常的情况来说,南宋的臣民如果不是出于外交的身份,奉命出使的话,是不可能到达这座军事重镇的。而岳飞常年领兵打仗,他没有出使金国的机会,在宋朝的文献中也从来没有发现岳飞到过女真旧境的蛛丝马迹,所以岳飞没有可能见到过黄龙城。还有如果能够客观地分析南宋初的兵力配置和财政支持,那时宋朝的军事实力确实十分的弱小,也许他们可以勉强收回中原失地,洗清靖康之耻。可是如果要收复五代以来就已经落入外族之手的燕云之地,以南宋的国力实在无法达到。按照"黄龙痛饮"的说法,岳飞要率领军队统一大江南北,就当时的南宋局势来说,很不切实际,容易让士兵沮丧,岳飞又是一个懂得鼓舞士气的将领,所以学者们认为岳飞没有提出"直捣黄龙""黄龙痛饮"的口号,只是后人附会罢了。

那么"黄龙痛饮"这句流传了数百年的豪言壮语,的确是"子虚乌有"的吗?有的学者提出了反对意见,他们说文献记载不全。学者们推测,虽然岳飞成年后一直忙于转战于大江南北的战场,可是岳飞年少时曾当过韩琦家的庄客,当时韩琦有个已经出仕当官的曾孙韩肖胄,韩肖胄曾经奉命出使辽国庆贺辽主生辰。那年岳飞十六岁,有学者说岳飞应该是作为韩肖胄的随从到过辽都燕山的,在那里岳飞听说了黄龙故城,不过他并不知道那是辽国最远的城池,只知道徽钦二帝的囚禁之地离那里不远,所以就提出了"黄龙痛饮"的口号,鼓舞军队的士气。这种说法只是猜测,史料中没有过多的记载。

随着岳飞被"莫须有"的罪名杀害,人们已经不能用历史来证实岳飞究竟有没有说过这句话?即使是说过这句话,那么他说话的背景又是什么,有没有别的含义,这些问题的答案都随着昔人已逝,石沉大海了。

梁红玉真的为夫击鼓助阵了吗

梁红玉原籍池州,也就是现在安徽省贵池县,生于宋徽宗崇宁元年,祖父与父亲都是武将出身,她自小聪明颖慧,善于织蒲,而且还跟父兄练就了一身功夫。后来,宋徽宗宣和二年,睦州居民方腊,啸聚山民起义,迅速发展到几十万人,连陷州郡,官军屡次征讨失败,梁红玉的祖父和父亲都因在平定方腊之乱中贻误战机,战败获罪被杀,梁家由此中落。

北宋末年,当金兵侵犯到淮河流域时,为避兵祸,梁红玉随着母亲一起来到镇江,在这种战乱频仍的局势下,梁红玉不幸沦落为妓,做了军中的一个艺妓。在一个偶然的机会中,她结识了一位年轻勇武的部卒韩世忠,两个人一见钟情,不久便定为百年之好,她还给韩世忠生了一个儿子,名叫韩亮。后来韩世忠屡建奇功,被升为浙西制置使,驻守秀州。

北宋灭亡以后,康王赵构一路狂逃来到临安,建立南宋王朝,改国号为建炎,史称赵构为宋高宗。高宗是一个意志薄弱的皇帝。邻近的金国利用他优柔寡断的弱点,经常入侵,使宋朝国土遭受到巨大的破坏,民不聊生。

当时南宋朝中有两个大臣御营统制苗傅与威州刺史刘正彦拥众作乱,袭杀了执掌枢密的王渊,分头捕杀了宦官,强迫高宗让出帝位,内禅皇太子,由隆裕太后垂帘听政。以为妇人孺子执政,可以为所欲为。在这次叛乱中,梁红玉和儿子韩亮也被扣压在京城中。不过,因为韩世忠手握重兵,作战勇敢,威名素著,苗傅等人对他颇为忌惮,所以对梁红玉母子颇为客气。

中华宫廷秘史

梁红玉

　　事变发生之后，宋高宗已是行动毫无自由，宰相朱胜非与隆裕太后密商，派梁红玉出城，驰往秀州，催促韩世忠火速进兵杭州勤王，并由太后封梁红玉为安国夫人，封韩世忠为御营平寇左将军。这里商量妥当，朱胜非就对苗傅说："韩世忠听到事变后，不立即前来，说明他正在犹豫，举棋不定，如果你能派他的妻子前往迎接，劝韩世忠投奔你，那么你力量大增，别的人就用不着惧怕了。"苗傅听后大喜，认为是一条好计，立即派梁红玉出城，梁红玉回家抱了儿子，跨上马背，疾驰而去，一昼夜赶到秀州。韩世忠了解情况后，当即会同刘浚、刘俊，带兵平定了苗傅等人的叛乱。宋高宗喜出望外，亲自到宫门口迎接他们夫妇，立即授韩世忠武胜军节度使，不久又拜为江浙制置使。

　　1130 年，金军又大举南侵，高宗闻风而逃，一直逃到了温州。金军统帅金兀术大破杭州城后，率领十万大军，满载劫得的金银珠宝，经现在的嘉兴、苏州，沿着大运河来到镇江，企图通过镇江北撤，当时 43 岁的韩世忠和夫人梁红玉率领八千水军守卫镇江。敌众我寡，他的军队只有八千人，而敌军却超过十万人,这区区的军队,又怎能阻止金兵渡江呢?

就在韩世忠苦思行兵布阵之法时,梁红玉从船后走出来对韩世忠说:"我少敌多,倘若与他奋力战斗是难以取胜的。明天交战不如把我军分为前后两队,四面截杀敌人。中军由我暂时管领,专事守备,并发号令,倘若金军杀来,只用枪炮矢石射住他,不让他前进。中军无懈可击,金兀术必定带他的部队向左右冲突,准备脱身。这时你就带前后两队军马,只看中军的旗号行事,我坐在船楼上面,击鼓挥旗,我的旗往东,即往东杀去,我的旗往西,即向西杀去。如果能一举歼灭金兀术,那就是特大的胜利。"

韩世忠听了后,连声喊妙计,说:"好,那我前去诱敌!"

"那我就在这山顶上给将军击鼓助威!"

第二天交战,宋朝军队不与金兵正面交战,他们尽量利用埋伏,并用"火箭"攻打敌人。梁红玉亲自挥旗击鼓,指挥士兵作战。宋军人数虽少,在梁红玉的指挥下,却个个士气高昂,奋勇杀敌。

这样的战略果然奏效。后来虽然金兀术用了奸细的计谋,突破了韩世忠的包围圈,但韩世忠用梁红玉的计谋,以少于敌军十倍的兵力包围敌军达四十八天之久,也足以名震华夏,名震夷狄。黄天荡一战使金军丧胆,再也不敢随便过长江南侵。

金兵败北之后,梁红玉不但不居功请赏,反而因金兵突破江防,上疏丈夫韩世忠"失机纵敌",请朝廷"加罪"。这一义举,使举国上下,人人感佩,传为美谈。朝廷为此加封她为"杨国夫人"。

不久之后,韩世忠又被任命为武宁安化军节度使,京东淮东路宣抚处置使,驻宁楚州。梁红玉随韩世忠率领将士以淮水为界,旧城之外又筑新城,以抗击金兵。经过战乱的浩劫,楚州当时已遍地荆榛,军民食无粮,居无屋,梁红玉亲自用芦苇"织蒲为屋"。在寻找野菜充饥时,在文通塔下的勺湖岸畔,发现马吃蒲茎,便亲自尝食,并发动军民采蒲茎充饥。淮人食用"蒲儿菜",相传即从梁红玉始。蒲儿菜因此称作"抗金菜"。由于韩世忠、梁红玉与士卒同劳役,共甘苦,士卒都乐于效命。经过苦心经营,楚州恢复了生机,又成为一方重镇。梁红玉、韩世忠驻守楚州十多年,"兵仅三万,而金人不敢犯"，楚州人民得到了短时间的休养生息。

后来，奸相秦桧掌权后，力主和议。宋高宗听信秦桧的谗言，下令前线撤退，更以"莫须有"的罪名杀害岳飞。韩世忠听说秦桧竟以"莫须有"三字杀岳飞于风波亭，当面责问秦桧："莫须有三字，怎么能服天下人心?"不久韩世忠也被罢去兵权，韩世忠乘机上表请求解职，夫妻二人从此闭门不出。

梁红玉在 1135 年因病逝世。宋高宗得知梁红玉去世的消息，特地赐给她的家人贵重的礼物，以示哀悼，并对她的贡献，表示赞扬。梁红玉对丈夫的忠心，协助丈夫保卫国家的壮举以及英勇作战的精神，使她成为中国历史上一位杰出的女性，留名青史，永垂不朽。

陈之茂是为何事而冒犯秦桧的

宋高宗时的宰相秦桧是一个遗臭万年的大奸臣，他以莫须有的罪名冤杀岳飞，又与金国订立了屈辱的和约，正直之士都十分痛恨他。不过宋高宗却很重视秦桧，将秦桧看作是议和大功臣，把朝廷上下的大事小事一律交给秦桧处理。秦桧与他的爪牙们掌握了国家大权后，更加胡作非为，对那些正直官员大加迫害。许多官员出于个人利益往往见风使舵，纷纷向秦桧讨好。可是朝廷上，还是有看不惯秦桧的官员坚持自己做人做官的气节，冒着杀头的危险与秦桧作对。一再提拔陆游的官员陈之茂就为了伸张正义而不为秦桧所用，并且与秦桧斗争到底。

陈之茂年轻时勤奋好学，知识十分渊博。后来，他到京城参加进士科的科举考试。陈之茂在这科考试的时务策文章中，畅谈了自己对当时的政治的看法。他引经据典地说朝廷上有些人苟且偷生、不抗击金军，这会给国家和百姓带来灾难，他甚至说朝廷应该把这些人除官。其实，当时的人谁都明白陈之茂骂的就是秦桧这帮主张和金人议和的权臣。秦桧听了非常生气，他想："小小的陈之茂竟然敢冒犯我这个当朝的宰相。"秦桧坚决要删除陈之茂的名字，不录取他当进士。那时的主考官是为人正直的张九成，他很喜欢陈之茂的策子，说他写得很好。现在，他看陈之茂要被除名，十分着急。他

要求宋高宗录取陈之茂。宋高宗是一向偏着秦桧的，可是又不好意思真把这个策子已经名震朝野的陈之茂给除名了。于是，宋高宗就赐给陈之茂一个"同进士出身"，"同进士出身"就是进士副榜的意思，比进士差了一等。还派他到休宁县做了县尉。不过，虽然陈之茂没有被进士科录取，但是，人们都很敬佩他，知道他是个敢说真话的正直人。

　　陈之茂当了休宁县尉之后，工作认真负责，治县的成绩很显著。以后得到上级的赏识，慢慢地他就被提升到朝廷做官了。这一年，进士科考试的主考官缺人。因为陈之茂学识渊博，对四书五经也相当有研究，所以朝廷就让他主持当年的进士科科举考试。科举考试的都是四书五经里的知识。陈之茂一向认真负责，这次为了把真正的人才选拔出来，更是做了周密的准备工作。朝臣们认为有这样一位正直的主考官，这回的科举考试一定很公正。

　　秦桧也和陈之茂套近乎，还派人去请陈之茂到府上来。陈之茂十分纳闷，他也不知道秦桧这个狡诈阴险的小人到底找他干什么，但转念一想一定没有好事，又想起以前那件不愉快的事，本不想去的，可是毕竟秦桧是当朝的宰相，主宰着他的命运，所以陈之茂最后还是去了。秦桧一看到陈之茂就和他亲近起来，对陈之茂问长问短。秦桧还问了很多关于这次考试的事情，秦桧这种一反常态的热情让陈之茂很摸不着头脑。最后秦桧才说："这回我的孙子秦埙也参加进士科的考试。我这孙子读书很用功，他的老师说他是天下少有的奇才。你当了主考官，可要好好地看一看他的文章。如果他能考上进士，那自然是最好的事啦。"这可把陈之茂难倒了。其实谁不知道，秦桧的孙子秦埙和他的父亲秦熺都是不喜欢读书只喜欢玩乐的人。虽然秦桧给他请了最好的老师，但他总是学不好。秦熺年轻的时候，仗着他父亲的权势，贿赂主考官，得了那年进士科考试的状元。陈之茂这才明白秦桧请他到府上来是要干什么，原来秦埙又想依靠他爷爷弄个状元当当。如果答应秦桧，录取他的孙子做状元，怎么能对得起朝廷的信任呢，秦桧这个阴险毒辣的小人，国家的人才取士难道是儿戏吗？陈之茂听着就一肚子火气，但是他还是压制住自己的怒气，转念一想："如果我现在就拒绝他，秦桧这奸臣一定会把我的主考官的职务撤掉，不让我来主持这场考试，我又怎么能够为天下才子做主呢!"陈之茂想了一想,终于有了主意。他对秦桧说:"如果您的孙子的确很有才气,那他一定考得很好。只要他的文章真的比别人的都好,那我一定录取他为状元。"秦桧一听见"状元"两字,心里非常高兴,以为陈之茂已经答应了,就很客气地送陈之茂走了。

考试的那一天,所有的举人都来到考场。那时候在科举考试中,为了防止一些不公正的主考官作弊,每个考生是单独在一间屋子里的,外面用锁反锁上,考生在里面答题。答完后,把考卷统一上交,外面的人才把锁打开,放考生出来。考试结束的时候,还要把考生的名字用纸粘上浆糊盖起来。

考试完毕后,陈之茂就开始判卷了。他发现这次考试的卷子里面有一篇写得特别好的文章,里面有一套先进的治理国家的主张,充满着为国效力的热情。陈之茂当下就决定定这名考生为此次考试的状元。接着陈之茂揭开盖住姓名的纸,才知道这考生名叫陆游,是越州山阴(浙江绍兴)人。陈之茂又把秦埙的文章拿来和陆游的文章一比,觉得陆游的文章比他好多了。于是就没有顾及秦桧的面子,而把陆游录取为状元。

秦桧在公布考试结果的那天,看到陈之茂把状元给了陆游,就特别生气。自从当宰相以来,他从来没有遇到一个敢违抗他的人,秦桧已经恼羞成怒了。不过,他在发榜时还不敢对陈之茂怎么样的。他害怕陈之茂在朝廷上把他营私舞弊的丑行揭露出来,他还害怕参加考试的举人都反对他。他想到明年还要复试和殿试才能定状元,心里也就平静了一点。他暗下决心,一定要让孙子在下两回的考试中夺得状元。

第二年的春天,礼部的复试开始了。陆游竟然考得比以前一回还好。礼部就又录取他为状元,秦埙为第二名。秦桧实在受不了了,他气急败坏地要抓陆游。罪名是陆游的文章有妨碍宋金议和的文字,还说要查办主考官陈之茂的责任,陆游吓得逃走了。因为状元缺席,所以秦桧就让他的孙子秦埙当了状元。

礼部的复试榜一公布,考生们都气极了,见到秦埙就咒骂他。秦埙十分气恼,脑袋发蒙,也没有把由皇帝在皇宫里主持的殿试考好。宋高宗只把秦埙定为第三名,考生们觉得真是大快人心。可是秦桧却气得生了一场大病,

没过一年就死了,也就没有查办陈之茂。

宰相留正辞官内幕

南宋光宗皇帝与自己的父亲孝宗皇帝关系搞得特别僵,到孝宗皇帝老年,孝宗与光宗父子失和,在当时成了朝中大臣们关注的大事。绍熙五年(1194年)六月,宋孝宗去世,光宗称病没有亲临治丧,光宗的不孝引起了很多朝臣的非议。当时,在左相留正等的一再要求下,竟由吴太后出面主持丧礼,闹出了儿子在世,却由祖母主持丧礼的古今未有的奇事。皇室的形象和日常的朝政都受到影响。

宰相留正对光宗的健康情况十分担心,所以一直鼓动他早日立皇子嘉王赵扩为太子,万一遇到什么不测,也好有个照应。可是,光宗始终就是不作答复。现在,既然光宗"病重"得连父亲的丧礼都不能参加,留正也就只好重新提出了这件事。留正与文武百官不待治丧结束,就联名上书,再次请求光宗立赵扩为皇太子,以便在光宗生病期间暂时代理军国大事。但是,光宗丝毫没有理会,奏章送入宫中就像石头沉入大海,有去无回。留正不得不再次直接对光宗晓以利害:"近年来,朝廷里接连发生多次变故,导致了国家内外人心不安,民间也有各种各样的流言四处传播,百官对于这种情况十分担忧,大臣们商议后一致认为,当前最要紧的事情莫过于立下太子,以杜绝奸险小人的觊觎之心。臣斗胆希望陛下早作决策。"光宗只是含含糊糊地听了,还是不表态,留正于是不厌其烦一奏再奏。几天以后,终于等来了光宗的手谕。留正展开一看,原来上面只写了"甚好"二字,这含含糊糊的两个字实在让留正一筹莫展。留正等官员为了让光宗有个明确的表态,又想出一个办法:先拟好立太子的诏令,然后送入宫中,请光宗明旨批示。光宗对于留正这种为人臣子过火的做法,却是没有反应,他还是没有正面回答留正的要求,只是批下了"朕历事岁久,念欲退闲"几个字。

留正这下大吃一惊了,他见光宗有退位之意,心里特别害怕皇帝治他的罪。因为留正他请立皇太子,是从光宗身体欠佳,而国家军政大事又急需有

人主持的实情出发，并没有强迫光宗退位的企图，留正此举很大程度上为光宗留下进退出路，如果光宗病愈，可继续再作他的皇帝，如果光宗想称病，那就顺理成章地传位给太子，因为皇子赵扩这时也已经成年，可以处理朝政，再加上皇太子代理朝政历史上早有先例。不过，因为事情的发展情况超出了留正的预料，所以留正一个人决定不了，他认为这样做不太妥当。因为直到今日，光宗仍未正式立嘉王为太子，现在却急急忙忙要传位于他，不合情理不说，到时还可能弄得光宗父子两人之间的关系难以协调。因此，他主张只可让嘉王暂时临国摄政。可是，大臣赵汝愚却分析说光宗如果有了退位的意思，作臣子的就来个顺水推舟，具体的做法可以先派人说通吴太后，然后让吴太后下旨让光宗传位给皇子嘉王。大臣们对于这件事都议论纷纷，也有不少人出于对光宗的不满，附和赵汝愚的观点。一时间，宰相留正势单力薄，竟然成了少数派。留正见大势已去，自己已经无法把握局势的发展，也就不再与大臣们争辩什么了。留正权衡再三，决定急流勇退，因为他深知此事有关千秋功过，如果顺利传位，自己当然有扶佐之功；可是，一旦光宗反悔了，那么等待自己的只能是身败名裂的结果。留正冥思苦想了整整一晚上，他在第二天入朝时，就故意一不小心摔倒在地，众人连忙将他扶起，关切地询问他伤在何处。留正一面感谢大家的好意，一面唉声叹气地说："老了，老了，不中用了。"各位臣子也没有多想，还真的以为留正是年老体衰，才跌了一脚，所以还特意把他送回家里。没想到留正就以老病为由，顺理成章地向光宗提出了辞职，一时弄得前线将士人心惶惶，纷纷猜测皇室一定要发生什么事情了。

留正面对问题，不是积极去应对，而是选择急流勇退、明哲保身的谋略，逃出矛盾的漩涡，虽然他作为一个臣子来说，这样的做法更有策略，也更稳妥，可是作为当朝宰相，他没有带领群臣很好地处理问题，所以事后受到了其他同僚的非议。宁宗即位后，虽然也宣召留正复任还给予丰厚的封赏，留正还是很有自知之明地推辞了。

辛弃疾是怎样活捉叛徒的

辛弃疾,山东历城人,他是南宋著名的爱国词人,他一生和陆游一样,坚决主张抗金,并且参加了抗击金军的斗争,还曾经活捉叛徒张安国。

辛弃疾出生在靖康之耻 13 年后,那时金兵已经将他的家乡山东历城全部占领。辛弃疾的父母双亡,他从小与年迈的爷爷辛赞相依为命。当时,由于金兵肆虐中原大地,爷爷辛赞从辛弃疾懂事起,就不断地给他讲述岳飞等爱国将领和那些抗金义军的故事。辛弃疾决心长大后,一定要到战场上奋勇杀敌,保家卫国。年轻时,辛弃疾曾跟随老师蔡伯坚学习知识,但是他更多的是关注金兵在中原地区的一举一动。

在辛弃疾二十一岁那年,金海陵王完颜亮率领金兵南侵,辛弃疾立刻就组织了老百姓二千余名奋起抗金,没过多久,辛弃疾的这支部队就被整编到农民领袖耿京领导的抗金义军中。耿京十分信任辛弃疾,让他当上了主管大印,信符和处理重要文书的"掌书记"。

当时,和辛弃疾一同来投奔耿京的,还有辛弃疾的一个叫义端的朋友。义端原本是个和尚,积存有很多的金银财宝,可是被金兵抢走了,所以他就率领一千多人起义抗金,也把队伍带去投奔了耿京。义端不服从别人的领导,总想把起义军的大权骗到自己手里。可是他的阴谋没有得逞,于是义端又想去投降金军。

义端准备以耿京的大印为见面礼去投降金军,于是就趁辛弃疾出去巡逻还没有回来时,偷偷地溜进辛弃疾的营帐里到处乱找,把辛弃疾放在床上的耿京的大印偷走了。然后,义端就骑上快马往金军的营地奔去,辛弃疾回来后发现大印不在,人们告诉他义端来过,可是却到处找不见义端的人影。辛弃疾就断定大印是被义端偷走了。他马上告诉耿京,耿京一听,就气得要杀掉辛弃疾。辛弃疾请求先去追回大印,回来再受刑。耿京同意他的请求。辛弃疾立即骑上快马,顺小路追上义端。辛弃疾很勇猛,终于杀掉义端,夺回大印,避免了义端的叛变和起义军的损失,所以耿京也就原谅了他。

辛弃疾

第二年,金世宗自立为金国皇帝。他让起义军投降他,说如果投降的话,就给起义军好处,否则就要全力攻打,直到消灭他们。辛弃疾和耿京商量:应该马上和南宋军队联合,两面夹击敌人。于是耿京就派他到建康,把这个建议告知宋高宗。宋高宗就让他们把队伍带到南方海州去。辛弃疾高兴地回去复命。可是,就在辛弃疾路经海州,去拜见当地的南宋将领李宝和王世隆时,他们却告诉辛弃疾,耿京队伍中的叛徒张安国暗中杀害了耿京,带领队伍投降了金军。辛弃疾听了,大骂张安国是个大叛徒。骂完了,就跃上战马,跟王世隆一起,带领了50个士兵,去济州(今山东钜野)捉拿叛徒张安国。这时候,张安国已经当了济州知州了。

辛弃疾到济州城时,张安国正在和金军主帅喝酒。他知道辛弃疾才智在常人之上,所以就想劝降辛弃疾来归顺他,可是没料到辛弃疾见到张安国,二话不说,一手举剑,一手抓住张安国,就提到了马上,而随行王世隆则迅速地拿出绳子把张安国捆绑在马上,他们一行人就飞奔而去了。而此时张安国的部将还愣在那里呢!辛弃疾把张安国带回南宋,朝廷下令把张安国杀了,还给辛弃疾升官。后来,辛弃疾就一直在南方的湖北、湖南和江西等地做官,进行抗金。可是,南宋的抗金斗争立场很不稳定。一会主战,一会又主降,后来辛弃疾因为主张抗金被罢免了官职,他心中非常担心南宋的江山,就常常用诗词来抒发心中的感情。他的词作风格也随着他的抗金情绪而时起时落,有时表现出雄心壮志没法实现的沉重和忧郁的心情,有时却又充满了爱国的热情和抗金必胜的信心。人们看了他写的词,有时会和他一起感到悲哀,有时又会受到很大的鼓舞。辛弃疾是南宋有名的爱国词人,人们常把他和北宋的大词人苏轼合称"苏辛"。

辛弃疾晚年写了非常有名的一首词,抒发他哀叹南宋的北伐都没有成功的失落心情。这首词叫《永遇乐·京口北固亭怀古》:

千古江山,英雄无觅孙仲谋处。舞榭歌台,风流总被雨打风吹去。斜阳草树,寻常巷陌,人道寄奴曾住。想当年,金戈铁马,气吞万里如虎。

元嘉草草,封狼居胥,赢得仓皇北顾。四十三年,望中犹记,烽火扬州路。可堪回首,佛狸祠下,一片神鸦社鼓!凭谁问:廉颇老矣,尚能饭否?

这首词就是说:千古的江山还在,可是像孙权一样的英雄却没有了。他所有的辉煌业绩也都被历史的风雨洗刷去了。遥想当年,刘裕时的北伐是多么壮观宏大。宋文帝刘义隆在毫无准备的情况下北伐,落得大败而还。金军攻打了扬州四十三年了。可现在,南宋统治者却生活在醉生梦死之中。是谁问的,廉颇老了,还能带兵打仗吗?

这首词是说南宋朝廷非常腐败,辛弃疾感到南宋再也没有希望了,纵有满腔的爱国热情,希望为国效力,可是却没有人能了解他。

后来,辛弃疾得重病去世了,弥留之际,他还用尽所有的力气连喊"杀贼!杀贼!"。

宗泽为什么死前高呼"过河"

宗泽是两宋之交的一员名将,就凭他一人在开封坚守不退,金朝的大军就不敢越雷池一步。他始终认为收复河北失地并不是没有可能的事,屡次上书要求进攻金朝,但是他的奏章都被朝中的奸臣扣押了。壮志不能伸的苦闷加上年老重病，终于打倒了这位老英雄，但是就是这样，他念念不忘的仍旧是为国收复失地的事情，在临死之前他高呼三声"过河！过河！过河！"才气绝身亡，令在场的将士们无不落下眼泪。这三声"过河！"，也就成了这一代名将的最后绝唱。

北宋灭亡以后，康王赵构一路南逃，到了公元 1127 年五月，他在南方大臣的拥护下，在南京即位作了皇帝，就是宋高宗。这个偏安的宋王朝，后来定都临安（今浙江杭州），历史上称作南宋。

宋高宗即位以后，在舆论的压力下，不得不把守卫东京有功的李纲召回朝廷，担任宰相。李纲提出了许多抗金的主张。他还跟宋高宗说："要收复东京，非用宗泽不可。"

宗泽是一位坚决抗金的将领，北宋灭亡之前，宋钦宗曾经派他当和议使，到金朝去议和。宗泽这次出使是抱着必死的决心去的，他跟人说："我这次出使，不打算活着回来。如果金人肯退兵就好；要不然，我就跟他们争到底。宁肯丢脑袋，也不让国家蒙受耻辱。"可是宋钦宗还一心想求和呢，听到宗泽口气那么硬，生怕他妨碍和谈，就撤了他和议使的职务，派他到磁州去当了一个地方官。

金兵第二次攻打东京的时候，朝廷命令各地的守军都去支援东京。宗泽接到命令，就率兵去打击金兵，一连打了好多次胜仗，形势很好。他写信给当时的康王赵构，要求他召集各路将领，会师东京；又写信给三个将领，要他们联合行动，救援京城。哪知道那些将领不但不愿出兵，反嘲笑宗泽在说疯话。宗泽没办法，只好单独带兵作战。

有一次，他率领的宋军遭到金军的包围，金军的兵力比宋军多十倍。宗泽对将士说："今天进也是死，退也是死，我们一定要从死路里杀出一条生路来。"将士们受到他的激励，以一当百，英勇作战，果然杀退了金军。

宋高宗早就听说了宗泽的抗击金军的勇敢事迹，这次听了李纲的推荐，就派宗泽为开封府知府。

这时候，金兵虽然已经撤出开封，但是开封城经过两次大战，城墙全部被破坏了，百姓和兵士混杂居住。再加上靠近黄河，金兵经常在北岸活动。

国学经典文库

中华宫廷秘史

二二四

开封城里人心惶惶,社会秩序很乱。宗泽一到开封,就马上着手整顿当地的秩序。他下了一道命令:"凡是抢劫居民财物的,一律按军法严办。"命令一下去,城里仍旧发生了几起抢劫案件。宗泽就当众杀了几个抢劫犯,开封的社会秩序这才逐渐安定下来。

当时,金朝的军队在各地烧杀抢掠,无恶不作。河北的人民实在忍受不了金兵的掠夺烧杀,就纷纷自发地组织义军打击金军。李纲知道这些义军正是抵抗金军的急先锋,就在朝中竭力主张依靠义军力量,组织新的抗金队伍。宗泽到了开封之后,秉承了李纲的策略,积极联络义军。河北各地义军听到宗泽的威名,都自愿接受他的指挥。

河东有个义军首领王善,聚集了七十万人马,想袭击开封。宗泽得知这个消息,单身骑马去见王善。他流着眼泪对王善说:"现在正是国家危急的时候,如果有几个像您这样的英雄,同心协力抗战,金人还敢侵犯我们吗?"王善被他说得流下了感动的眼泪,说:"愿听宗公指挥。"

杨进、王再兴、李贵、王大郎等其他义军也都有人马几万到几十万。宗泽也派人去联络,说服他们团结一致,共同抗金。这样一来,开封城的外围防御巩固了,城里人心安定,存粮充足,物价稳定,恢复了大乱前的局面。

但是,就在宗泽准备北上恢复中原的时刻,宋高宗却嫌南京不安全,准备继续南逃。李纲因为反对南逃,被宋高宗撤了职。

这时候,宗泽手中的军队和河北各地义军民兵互相呼应,宋军的防御力量,越来越强了。他一再上奏章,要求高宗回到开封,主持抗金。但是这些奏章根本就没能送到皇帝的手里,在半路上就被那些奸臣扣押住了。

没有多久,金兵又再次分路大举进攻。宗泽下定了决心,要坚守开封。当金朝的军队接近开封的时候,宗泽派出几千精兵,绕到敌人后方,截断敌人退路,然后又和伏兵前后夹击,金军大败而逃。

宗泽曾经派部将郭振民、李景良带兵袭击宗翰,但是这两个人打了败仗,谁都不敢回去复命。后来,郭振民投降了金军,李景良则是畏罪逃走。

宗泽派兵捉拿到李景良,责备他说:"打仗失败,本来可以原谅,现在你私自逃走,就是目中没有主将了。"说完,下令把李景良推出斩首。

郭振民向金军投降之后,宗翰派了一名金将跟郭振民一起到开封,劝宗泽投降。宗泽在开封府大堂接见他们,对郭振民说:"你如果在阵地上战死,算得上一个忠义的鬼。现在你投降做了叛徒,居然还有脸来见我!"说着,喝令兵士把郭振民也斩了。

宗泽又回过头对劝降的金将冷笑一声说:"我守这座城,早准备跟你们拼命。你是金朝将领,没能耐在战场上打仗,却想用花言巧语来诱骗我!"

金将吓得面无人色,只听得宗泽吆喝一声,几个兵士上来,把金将也拉下去杀了。

宗泽一连杀了三人,表示了抗金的坚定决心,大大鼓舞了宋军士气。他号令严明,指挥灵活,接连多次打败金兵,威名越来越大。金军将士对宗泽又害怕,又钦佩,提到宗泽,都把他称作宗爷爷。

宗泽依靠河北义军,聚兵积粮,认为完全有力量收复中原,接连写了二十几道奏章,请高宗同到开封。不用说,那些奏章都被黄潜善他们搁了起来。

这时候,宗泽已经是快七十岁的老人了,他受不了这个气,背上发毒疮病倒了。部下一些将领去问候他,宗泽病已经很重。他张开眼睛激动地说:"我因为国仇不能报,心里忧愤,才得了这个病。只要你们努力杀敌,我死了也没有遗憾了。"

将领们听了,个个感动得掉下热泪。大伙离开的时候,只听得宗泽念着唐朝诗人杜甫的两句诗:"出师未捷身先死,长使英雄泪满襟!"接着,又用足力气,呼喊:"过河! 过河! 过河!"才阖上眼睛。

开封军民听到宗泽去世的消息,没有一个不伤心得痛哭流涕。

宗泽去世后,宋朝派杜充做东京留守。杜充是个昏庸残暴的人,一到开封,把宗泽的一切防守措施都废除了。没多久,中原地区又全都落在金军手里。

虞允文是如何阻止金军的

南宋和金朝签订了绍兴和议以后，南宋的皇帝对这种偏安一隅甘作人臣的局面非常满意，在临安修筑起豪华的宫殿府第，过着纸醉金迷的生活，把收复失地的事忘记得一干二净。但是与此同时，金朝一边拿着宋朝的岁贡，一边却没有放弃灭亡宋朝的计划，仍然在虎视眈眈地注视着南方的局势，随时准备发动进攻。

没过多久，金朝统治集团发生内讧，贵族完颜亮杀死了金熙宗，自立为帝，就是历史上的海陵王。完颜亮是一个完全的战争狂人，他把金朝的京都从上京迁到燕京，一心想发动战争，消灭南宋。

公元 1161 年九月，完颜亮做好了一切准备，发动全国六十万兵力，组成三十二个军，全部出动，进攻南宋。出发之前，完颜亮还趾高气扬地跟将领们说："从前梁王（指兀术）进攻宋朝，费了多少时间，没取得胜利。我这次出征，多则一百天，少则一个月，一定能扫平南方。"这个时候，南宋的高宗皇帝却还在皇宫中喝酒呢！要是有谁向他报告说金朝马上就要进攻了，他就会大发脾气，说这是谎报军情。

完颜亮的大军逼近淮河北岸，防守江北的主帅刘锜正在生病，派副帅王权到淮西寿春防守。王权是个贪生怕死的家伙，听到金兵南下，吓得丧魂落魄，根本没想抵抗。完颜亮刚一渡过淮河，王权还没见到金兵的人影儿，就早已闻风逃奔，一直逃过了长江，才感到有天险可恃，心里安定了下来。

宋高宗听到王权兵败的消息，才知道那些军情都是真实的，开始害怕起来。他把王权撤了职，派李显忠代替，并且派宰相叶义问亲自去视察江淮守军。可是丞相叶义问也是一个胆小鬼，不敢亲自上前线，就派了手下的一个小官中书舍人虞允文代替他去慰劳驻扎在采石的宋军将士。

虞允文到了采石，王权已经走了，接替他职务的李显忠还没到。对岸的金兵正在准备渡江。宋军没有主将，群龙无首，人心惶惶，秩序混乱。虞允文到了江边，只见宋军兵士三三两两垂头丧气地坐在路旁，把马鞍和盔甲丢在一边。

虞允文问他们说:"金人都快要渡江了,你们还坐在这里等什么?"

兵士们抬头一看,见是一个文官,没好气地说:"将军们都跑了,我们还打什么仗?"

虞允文看到队伍这样涣散,十分吃惊,心想等李显忠已经来不及了,就立刻召集宋军将士,告诉他们说:"我是奉朝廷的命令到这里来劳军的。你们只要为国家立功,我一定报告朝廷,论功行赏。"

大伙儿本来发愁无人领导,现在见虞允文出来作主,也打起精神来了。他们说:"我们吃尽金人的苦,谁不想抵抗。现在既然有您作主,我们愿意拼命作战。"

有个跟随虞允文一起去的官员害怕惹祸上身,就悄悄地劝虞允文说:"朝廷只是派您来劳军,又不是要您督战。别人把事办得那么糟,您何必背这个包袱呢?打赢了还好,要是打输了,罪过可就大了!"

虞允文气愤地说:"这算什么话!现在国家遭到危急,我怎么能考虑自己的得失,逃避责任。"

虞允文只是个整天握笔杆子的书生,以前从来没有指挥过战斗。但是爱国的责任心使他鼓起勇气。他立刻命令步兵、骑兵都整好队伍,排好阵势,又把江面的宋军船只分为五队,一队在江中,两队停泊在东西两侧岸边,另外两队隐蔽在港汊里作后备队。

宋军布置刚刚结束,金兵已经渡过江来了。宋朝的兵士们都士气高涨,拼命冲杀。金兵进军以来,从没有遭到过抵抗,一下子碰到这样强大的敌手,就都垮下来了。江面上的宋军战船,也向金军的大船冲去,金朝的战船纷纷被撞沉在水中。

这一战一直打了多半天,太阳已经下山了,天色暗了下来,江面上的战斗还没有结束。这时候,正好有一批从别的战线上逃回来的宋兵到了采石。虞允文要他们整好队伍,发给他们许多战旗和军鼓,从山后面摇动旗帜,伪装成伏兵的样子。江上的金兵听到南岸鼓声震天,看到山后无数旗帜在晃动,还以为是宋军的大批援兵到来,纷纷逃命。

第二天,完颜亮又派金军渡江,虞允文指挥两队战船夹击。金兵尝过虞允文的厉害,没心思反抗。三百只大船被困在江心和渡口,宋军放起一把火,把敌船全烧了。

完颜亮见在采石实在无法渡江,一气之下杀了不少士兵,带着留下的人马绕到别的地方去了。

宋军在采石大胜之后,主将李显忠才带兵到达。李显忠了解到虞允文指挥作战的情况,十分钦佩。虞允文对李显忠说:"敌人在采石失败之后,一定会到扬州去渡江。对岸镇江那边没准备,情况很危险。您在这儿守着,我到那边去看看。"李显忠马上拨给虞允文一支人马,由虞允文率领前往镇江。

镇江原来是由老将刘锜防守。那时候,刘锜已经病得不能起床了。虞允文只好再次担起了指挥军队组织抵抗的重任。他命令水军在江边演习,还制造了一批车船,由兵士驾驶,在江边的金山周围巡逻。

北岸的金兵看到对岸防守得这样严密,心中都很害怕,赶快报告完颜亮。完颜亮听了却大发雷霆,把报告的人打了一顿板子。他还下令,如果有兵士逃亡,就要杀死负责的将领,将领逃亡的就杀死主将;并且宣布第二天全军渡江,畏缩不前的处死。金军将士对完颜亮的残酷统治再也忍受不住,还没等完颜亮发出渡江命令,当天夜里拥进完颜亮的大营,把他杀死了。完颜亮一死,金兵就撤退了。谁也想不到,虞允文这一介书生运用自己的勇敢与智慧阻止了金军的大举南侵,为南宋王朝赢得了更加长久的和平。

叶梦鼎为何拒绝皇帝的任命

南宋末年,度宗皇帝多次请叶梦鼎入朝作官,可是都被他拒绝了,叶梦鼎是何人,他又为何要拒绝皇帝的任命呢?

叶梦鼎,字镇之,南宋宁海(今浙江宁海)人。理宗淳佑年间,曾经上书皇帝,建议召见人才,固定国本,所以,在朝野中一向享有声望。宝佑五年,他以集英殿修撰差知赣州(今江西赣州)。当时,朝廷中佞臣丁大全独霸朝政,丁大全几次以高官拉拢叶梦鼎,都遭到了叶梦鼎委婉地拒绝。后来,又有贾似道专权倾国，叶梦鼎也不愿与他同流合污，几次向理宗辞官，都被理宗驳回。理宗去世后，叶梦鼎再次提出辞职。可是，度宗刚刚登基，百事待兴，当然不能答应叶梦鼎这位德高望重的老臣的请辞。再加上权臣贾似道出于借名人标榜德政的需要，也一再告诫度宗不要放走叶梦鼎，他说："一旦参政（指叶梦鼎）辞职，江万里、王烨等名士都不会前来就任。"可是，叶梦鼎坚决要离开朝廷，度宗只得答应。咸淳三年，在贾似道的建议下，度宗再次召叶梦鼎为参知政事，叶梦鼎连续六次上书坚决推辞。可是度宗重拜他为右丞相兼枢密使，并让官员到叶梦鼎家中敦促他启行。度宗的盛情实在让叶梦鼎不能推辞，他只得勉强重返京师，与贾似道共掌相权。

南宋末年，在权臣的压制下，士大夫寡廉鲜耻，阿附权贵，卖身投靠，毫无气节可言，朝廷内外已经腐败到极点。可是叶梦鼎几次出入朝廷，始终刚正不阿，洁身自好，为士人所罕见，所以在朝内外名声很好。叶梦鼎也并不只顾及自己的名声清白，在任上时他也和贾似道针锋相对，在一定程度上限制了贾似道的胡作非为。贾似道提倡施行"公田法"，这是贾似道搜刮民财的恶劣行径，如果实行，会使很多农民因而失去土地。叶梦鼎就以避免民怨为理由，反对"公田法"在全国执行，最后这个法令只在浙江地区推行。还有一次，贾似道为了敛聚民财，想要发行关子来代替早已经发行的会子。关子和会子都是南宋通行的一种纸币。叶梦鼎认为如果全部用关子替代会子，会令百姓承受不起，怨而生恨，所以制止了贾似道的敛财行为。

虽然叶梦鼎总是阻断贾似道的财路，可是鉴于叶梦鼎的声望，贾似道不敢与他正面冲突。咸淳四年，宫内举行册封度宗杨妃的典礼。在贾似道的授意下，主持仪式的官员请叶梦鼎上前叩拜。叶梦鼎闻言大怒，随手以手中的笏板向该官员打去，大声呵斥："祖宗之法，宰相无拜礼，你怎敢如此自行其是？"事后叶梦鼎坚持要处罚这个不尊朝制的官员，贾似道再次领教了这位老臣的刚直。

后来，前利州转运使王价曾经因语触犯贾似道被罢职，后四川制置司重新启用他为参议官。王价死后，其子王朔请求照例承袭父爵为官。叶梦鼎经过调查断定王价清白无辜，就批准了他的儿子王朔的请求。贾似道认为

这件事触犯了他,可是他又不敢触犯叶梦鼎,就特别恼怒,一下罢斥了数名官员,杀鸡儆猴。叶梦鼎问心无愧,心如明镜,他愤愤地说:"本人不会做第二个陈自强。"当年,陈自强靠巴结权臣韩侂胄而得官,被世人所唾弃,叶梦鼎又一次以辞相的方式表明自己不附权势的心志。叶梦鼎的辞相举动在朝廷中引起极大的反响,太学生们纷纷上书谴责贾似道。甚至贾似道的母亲听说了,也因此而责怪贾似道说:"叶丞相本可在家颐养天年,是吾儿坚持请他入朝,而今却要对他束手束脚。如再这样行事,吾儿定会大祸临头。为母宁可绝食身亡,也不愿与儿同受世人的指责。"在众人的压力下,贾似道不得不再次挽留叶梦鼎。而叶梦鼎越来越感到与奸臣为伍给自己带来的耻辱,就多次向度宗告老还乡,可是度宗却一直不同意。

咸淳四年,元军进犯,形势已经十分紧张。度宗乱了方寸,竟然要下诏停止地方官入京朝奏制度,并且对于那些入京参奏的官员也不接待。叶梦鼎极力上书皇帝,反对度宗的做法,他指出:"朝奏是朝廷选任和考察地方官吏人品才干的方式。君王可以当面亲自训谕他们廉洁自律、爱护百姓,并由他们把君王的爱民之心、恤民之意传达到千家万户。它不是一种简单的形式,而是重要的国家政权稳定的标志。如果他们千里迢迢来到京城,陛下却不召见,人不乱而自乱,岂不是有失先祖立法的本意吗?"两宋一向以中央集权为国家的头等大事,历经二百多年从不放松对地方的控制,作为老臣的叶梦鼎深知,在大敌当前的情况下,稳定国内形势尤其重要。可是,他多次上书给度宗,却得不到度宗答复,叶梦鼎彻底绝望了,于是就挂印走了,从此归隐山林。咸淳九年,朝廷再次宣召叶梦鼎为少傅、右丞相兼枢密使。他也再不愿与贾似道之流共事,就上书"励精图治、重振朝纲、整顿吏治、恤养百姓"十六字给度宗后,坚决不肯往京师前进一步。使者向他说明违抗皇帝的旨意利害,叶梦鼎十分生气地对使者说道:"廉耻事大,生死事小。"这次,度宗只好作罢。

后来度宗去世,恭帝景炎元年,元朝大军攻入南宋都城临安(今浙江杭州),恭帝被掳北去,益王在福建即位,召集流散四处的南宋旧臣。叶梦鼎被任命为少师、太乙宫使。在朝廷面临生死危机时,叶梦鼎接到诏书后,不顾自己年老体弱,外面形势危急,前往赴任。当时,南下的元军四处搜捕宋廷官吏,叶梦鼎几经周折,都未能绕过元军关卡。情急之下,偌大年纪的叶梦鼎居然痛哭失声,面向南方遥遥下拜,回家不久便郁郁而终。

文天祥身世沉浮之谜

我国南宋杰出的民族英雄、诗人文天祥,一片丹心为百姓,在民族危急关头,宁死不屈,谱写了一曲中华正义歌,受到后人的敬仰。文天祥作为封建士大夫之所以有很深的同情百姓、热爱国家的思想,是与其幼年时期他的父亲对他的影响分不开的。

文天祥的父亲文仪学识渊博,名闻乡里,但他不喜欢做官,只愿意在家乡以教书为乐。在文天祥兄弟二人懂事时,文仪开始认真地教两个孩子读书、写字。文仪很疼爱这两个孩子,但对他们的学习,却从不因此而放松要求。

一次,兄弟俩没有完成父亲交代的背诵任务,被文仪毫不客气地惩罚了一顿,小兄弟俩吓得再也不敢怠慢,后来一旦父亲安排写字和背诵,他们就认认真真地、用心地写呀背呀。为了扩大孩子的知识面,文仪请私塾的名师到家里给文天祥兄弟俩授课。

文天祥

但是,后来由于家庭经济拮据,请不起名师,文仪便亲自给孩子授课。白天授课,晚上闲暇时间,文仪还要求孩子背诵,并且达到能理解文章的程度。为了提高孩子对文章的领悟能力,文仪不厌其烦,遇到孩子不懂的地方,就一遍遍地仔细耐心讲解,直到孩子理解、领悟为止。因为文仪懂得一些教育孩子的方法，在教孩子读书写字的同时，他要求孩子把文章中的重点、难点、格言、警句，都一一抄写下来贴在书斋的墙壁上，以便每天都能看到。

由于文天祥聪慧过人，他短短数年时间里把父亲收藏的书几乎都读遍了。文仪拿出家中不多的钱去买书给孩子读；没钱的时候，文仪就去典当自己的衣服换钱给孩子买书读。文仪教孩子读书在当地传为佳话。每当人们听到文家书声朗朗时，人们知道，孩子们又在读书了，不禁驻足称赞几句。

文天祥20岁那年到临安参加进士考试，在试卷里写了他的救国主张，受到主考官的赏识，并且中了状元。文天祥在朝廷做了官之后，马上发现贾似道和一批宦官都是些祸国殃民的奸臣，对他们非常憎恨。

有一次，蒙古军攻打南宋，宦官董宋臣劝宋理宗放弃临安逃跑，文天祥马上上了一道奏章要求杀掉董宋臣，免得动摇民心。但是就是因为这件事，他反倒被撤了职。后来，他回到临安担任起草诏书的工作，又因为得罪贾似道，在他三十七岁那年，竟被迫辞官。一直到了南宋王朝快要灭亡的危急时刻，他才被派到江西去担任赣州的州官。

南宋德祐元年，北方的元朝兵分三路，大肆南侵，威胁南宋京城临安，朝廷一片惊慌。当时的皇帝只是个几岁的小孩，大臣们请皇太后下《哀痛诏》发往各地，要求尽快起兵，救君主危急之中。但是诏书下了好多天，临近京城的地方官员见朝中的大臣无心抗战，纷纷逃跑，也就心灰意冷，按兵不动。

这时，在江西赣州任知府的文天祥接到诏书后，心急如焚。当他听到别处没什么动静时，更是坐卧不安。他立即召集幕僚商讨起兵勤王之事。文天祥义旗一举，各地纷纷响应。赣南的各路豪杰，迅速汇集；吉州永和吉州窑的数千窑工组成了义军，永新、万安、泰和、吉水等县招募了多支义军。只两个多月，赣、吉两地组织了义军五万多人。面对如火如荼的抗元热潮，文天祥感到非常兴奋，也就更加努力地抵抗元军。于是，文天祥接到朝廷诏书后，立刻招募了三万人马，准备赶到临安去。有人劝他说："现在元兵长驱直入，您带了这些临时招募起来的人马去抵抗，好比赶着羊群去跟猛虎斗，明摆着要失败，何苦呢？"文天祥泰然回答说："这个道理我何尝不知道。但是国家养兵多年,现在临安危急,却没有一兵一卒赴难出力,岂不叫人痛心!我明知道自己力量有限,宁愿以死殉国。但愿天下忠义的人,闻风而起,人多势大,国家才有保全的希望。"

但是,当时朝廷已是自身难保,无法供给军费。怎么办?文天祥和将领们商量,下令各支义军自带武器,粮食由县州调拨。但仅有这些远远不够,还要不少必需的军用经费和日常开支。文天祥准备号召州、县的官民有物捐物,有钱捐钱,支援部队。他想,身为主帅,应以身作则,当好典范。

一天晚上,文天祥回到住所。母亲关切地询问起兵的事情。文天祥说:"形势喜人,形势也逼人。目前最困难的是经费不足,一时难以出兵。""那怎么办呢?"母亲焦急地问。文天祥答道:"我打算向社会各界募捐,多少能筹到一些钱。"母亲说:"这几年天下不太平,百姓的日子过得很艰难,恐怕也拿不出多少钱来。""是呀,我正为此事发愁。有件事同您老人家商量一下,就是庐陵老家富田还有几幢房产,十几亩地,我打算卖掉一些,只留几间祖传的房子就行,这样可以卖到一笔钱,用来作军饷。"母亲听后沉思了一会儿,说:"国家不存,留家何用?你爹在世时常这样说,现正逢报效国家之时,你只管一心一意去救国难。"文天祥见母亲如此深明大义,很受感动。

第二天,文天祥委托亲友去富田卖掉了大部分房产和田地,得到了一笔钱,充作军资。文天祥毁家救国难的举动一下子传开了,义军军府趁机发出了募捐的倡议,官绅百姓踊跃捐资。文天祥高举帅旗,率义军顺赣江浩荡北上,奔赴保卫国家的前线。

文天祥自从捐献了家资,就高举帅旗,率领义军排除种种阻挠,来到了临安。右丞相陈宜中派他到平江防守。这时候,元军统帅伯颜已经渡过长江,分兵三路进攻临安。其中一路从建康出发,越过平江,直取独松关。陈宜中又命令文天祥退守独松关。但是等文天祥刚离开平江,独松关已经被元军攻破,想再回平江,平江也失守了。

文天祥无奈之下就回到临安,跟郢州来的将领张世杰商量,向朝廷建议,集中兵力跟元军决一死战。但是胆小的陈宜中说什么也不同意。伯颜带兵到了离临安只有三十里的皋亭山,朝廷里一些没有骨气的大臣,包括左

丞相留梦炎都逃走了。

当时，把持朝政的谢太后和陈宜中惊慌失措，赶紧派了一名官员带着国玺和求降表到伯颜大营求和。伯颜指定要南宋丞相亲自去谈判。陈宜中害怕被扣留，不敢到元营，反而逃往南方去了，张世杰不愿投降，气得带兵乘上海船出海。谢太后没办法，只好宣布文天祥接替陈宜中做右丞相，要他到伯颜大营去谈判投降事宜。

虽然文天祥表面答应到元营去，但是他心里另有打算。他带着大臣吴坚、贾余庆等到了元营，见了伯颜，根本不提求和的事，反而严正地责问伯颜说："你们究竟是想跟我朝友好呢，还是存心消灭我朝？"伯颜说："我们皇上（指元世祖）的意思很清楚，并不是要消灭宋朝。"文天祥说："既然是这样，那么请你们立刻把军队撤退到平江或者嘉兴。如果你们硬要消灭我朝，南方军民一定跟你们打到底，这对你们未必有好处。"

听到这话，伯颜把脸一沉，用威胁的口气说："你们再不老实投降，只怕饶不得你们。"文天祥也气愤地说："我是堂堂宰相。现在国家危急，我已经准备好拼死报效国家，哪怕刀山火海，我也毫不害怕。"文天祥洪亮的声音，庄严的语言，把伯颜的威胁顶了回去。

周围的元将个个被文天祥的话所震撼。双方会见之后，伯颜传出话来，让别的使者先回临安去跟谢太后商量，却把文天祥给留了下来。文天祥知道伯颜不怀好意，向伯颜抗议。伯颜装出若无其事的样子说："您别发火。两国和议大事，正需要您留下商量嘛。"

当时随同文天祥到元营的吴坚、贾余庆回到临安，把文天祥拒绝投降的事回奏谢太后。但是此时被吓怕的谢太后一心只想投降，于是就改任贾余庆做右丞相，到元营去求降。伯颜接受降表后，再请文天祥进营帐，告诉他朝廷已另外派人来投降。文天祥气得把贾余庆痛骂一顿，但是投降的事已无法挽回了。

景元初年，伯颜带兵占领临安。谢太后和恭帝赵㬎知道后立即出宫投降，元军把赵㬎当作俘虏押送大都，文天祥也同被押解。一路上，他一直在考虑怎样从敌人手里逃脱。路过镇江的时候，他和几个随从人员商量好，趁元军没有防备的时候,逃出了元营,乘小船到了真州。

真州的守将苗再成听到文丞相到来,十分高兴,于是打开城门迎接。苗再成从文天祥那里知道临安已经陷落,表示愿意跟文天祥合作,之后他们开始集合淮河东西的兵力,打退元兵。文天祥为此感到很高兴,可是就在这时守扬州的宋军主帅李庭芝听信谣言,以为文天祥已经投降,是元军派到真州去的内奸,命令苗再成把他杀死。苗再成不相信文天祥是这样的人,但是又不敢违抗李庭芝的命令,只好把文天祥骗出真州城外,把扬州的来文给他看了,叫文天祥赶快逃离。文天祥对此气愤又无奈,只得又带着随从连夜赶往扬州。

第二天天还没亮,文天祥就到了扬州城下,等候开门进城。城门边一些等着进城的人坐着没事都在闲谈。文天祥一听,知道扬州正在悬赏缉拿他,不能进城了。文天祥带着手下十二个人为了免于被缉拿,改名换姓,化了装,专拣僻静的小路走,想往东到海边去,找船向南转移。

但是不幸的是,十几个人走了一段路后,正遇到一队元朝的骑兵赶了上来。他们躲进一座土围子里,幸亏没被元兵发现。文天祥等日以继夜,历尽千难万险,终于在农民的帮助下,从海口乘船到了温州。在那里,他得到张世杰和陈宜中在福州拥立新皇帝即位的消息,就决定到福州去。经过许多艰难险阻,于景炎元年五月二十六日终于辗转到达福州,并被宋端宗赵昰任命为右丞相。

但是之后,文天祥对张世杰专制朝政极为不满,又与陈宜中意见不合,于是离开南宋行朝,以同都督的身份在南剑州开府指挥抗元。不久,文天祥又先后转移到汀州、漳州、龙岩、梅州等地,联络各地的抗元义军,坚持斗争。

景炎二年夏,文天祥率军由梅州出兵,进攻江西,在雩都获得大捷后,又以重兵进攻赣州,以偏师进攻吉州,陆续收复了许多州县。元江西宣慰使李恒在兴国县发动反攻,文天祥兵败,收容残部,退往循州。

祥兴元年夏,文天祥得知南宋行朝移驻厓山,为摆脱艰难处境,便要求率军前往,与南宋行朝会合。由于张世杰坚决反对,文天祥只好放弃了这个决定,率军退往潮阳县。也就在这一年的冬天,元军大举进攻过来,文天祥在率部向海丰撤退的途中遭到元将张弘范的攻击,战败之后被敌人俘虏。

文天祥还愤愤地写道:"山河破碎风飘絮,身世沉浮雨打萍。"的确,烽火连天的乱世,国不将国,人人自危。勇于肩负挽救朝廷危难的文天祥,自然更是前路坎坷,九死一生。

中华宫廷秘史

元宫秘史

孙桂辉 ⊙ 主编

线装书局

第一章　大元帝王篇

作为一个从茫茫草原、历史深处跨马而来的英雄,成吉思汗的出现和消失正如他的兵法一样,具有神秘的色彩,在中国的历史长河中,再没有任何一位帝王,像他那样,震撼了世界;再没有任何一位帝王,像他那样,给后世留下了如此难以解开的谜团。成吉思汗建立的蒙古帝国并没有因为他的逝世而停止扩张,相反,他的子孙们把他的帝国疆域延伸至欧洲,成为一个横跨欧亚大陆的空前强盛的帝国。

成吉思汗"铁木真"名字的由来

蒙古大帝国的创建者,谥号元太宗,曾经纵横驰骋亚欧大陆而所向无敌,被称为"一代天骄"的成吉思汗,他的名字叫铁木真。"铁木真"是蒙古语的音译,意思是"像铁一样"。这个名字是他的父亲也速该给他起的。也速该为何给自己的儿子起了这个名字呢?

追溯缘由可从草原蒙古部落之间的爱恨情仇和争夺地盘的战争故事开始。据历史记载铁木真出生时生而有异,"初出母胎,头角峥嵘,双目炯炯有光,手握凝血如赤石"。见此景况有贵人就说这是个吉祥预兆。

在公元 1162 年之前,亚洲北部那一望无际的辽阔草原上,生活着大大小小、强弱不等的部落。其中有一个部落叫作蒙古。在蒙古部落的四周,分布着塔塔儿部落、弘吉剌部落、克烈部落、乃蛮部落、篾儿乞部落、斡亦剌部落、吉利吉思部落和汪古部落。这些部落内部又分为若干个小部落。在蒙古部落中有一个小部落叫孛儿只斤,就是铁木真家族所在的部落。在孛儿

只斤内部有两个比较强大的分部,一个是乞颜部,一个是泰赤乌部。那时候在各部落之间经常发生争夺地盘、牲畜、人口的战争。铁木真的父亲也速该的叔叔忽都剌合当上了乞颜部的首领。忽都剌合是继他叔叔俺巴孩之位而当上部落首领的。在俺巴孩当首领时,有一次,乞颜部和塔塔儿部发生了战争,塔塔儿部被打得大败,连首领都被杀死了。从此,这两个部落就结下了深仇大恨。塔塔儿部人无时无刻都在想报仇雪恨,但又自知

铁木真

其力不支,打不过乞颜部。于是他们就设下了一个圈套,把俺巴孩和他的大侄子,也就是忽都剌合的大哥干勤巴儿哈合骗去逮起来送给了金国。塔塔儿部人为什么将俺巴孩叔侄送给金国呢? 原来金国和乞颜部仇恨甚深。早在公元 1147 年,乞颜部的祖先哈不勒汗曾和金国打过几次仗,都把金兵打得大败,杀死金兵无数,所以金国深恨蒙古部落。这次塔塔儿部人就是想借金兵的手来杀俺巴孩叔侄。结果,果然不出塔塔儿部人所料,金国人一见俺巴孩,分外眼红。这可是一个不费吹灰之力就能报仇的良机。于是将俺巴孩残酷地钉在木驴上,把他活活地折磨致死,同时又把干勤巴儿哈合也杀死了。忽都剌合即位后,为报杀叔杀兄之仇,率领乞颜部在公元 1162 年和塔塔儿部打了一场大仗。在这次战斗中,力能搏虎、英勇善战的也速该表现神勇,连擒塔塔儿部的两员大将:铁木真和豁里不花,威震群部。

　　就在也速该高奏凯歌、班师回返的途中,接到妻子诃额仑给他生了一个儿子的喜讯。也速该一听,大喜过望,奋马急驰。到帐房前,忙不迭地滚鞍落马,三步并作两步,跑到襁褓中的儿子面前一看,啊! 好一个不同寻常的大胖小子。只见他生得头角峥嵘,奇伟异常。双眼初睁就炯炯放光,眉目之间透出一股在寻常小孩脸上绝见不到的英气。更兼他哭声洪亮,声震云天,远非一般婴儿可比。此外这个孩子还有一奇,那就是他一生下来,手里就紧

紧握着一块赤紫色的血块。这血块形状像是铁矛,却又坚如铁石。也速该内心在叹奇不绝之时,又暗自思量道,这孩子生得如此奇巧,将来一定前途无量,这可是我们部落兴旺发达的希望啊!他把这个孩子的降生看成是上天对自己部落的佑助,是一个大吉之兆。于是他就按照当时蒙古族取名的习惯,用刚刚擒获的敌将铁木真的名字为自己的爱子命名。这一是为了庆祝这双喜临门的好事,同时寄托了也速该对爱子的厚望。

就这样,一代天骄成吉思汗铁木真,这个曾经称霸世界的伟大政治家、军事家在东方大地上诞生了。

铁木真在童年为什么杀亲兄弟

铁木真及其诸多兄弟由于生活在那种动乱不安的环境中,所以社会给他们的教育也是野蛮的教育,这种野蛮教育很容易反映在他们的待人处事上。处境的孤立、眼界的狭窄,加上生活的贫苦,使他们兄弟之间产生了对彼此的嫉妒和怨恨。这6兄弟其实并非一母所生,他们之中,4人是诃额仑夫人所生(铁木真是长子),另2人即别克帖儿和别里古台是铁木真父亲也速该的别妻所生。这一现实就更激化了他们兄弟之间的嫉妒和怨恨。这两组青年之间矛盾日益激化,终于爆发了一场势不两立的冲突。

一天,铁木真、合撒儿、别克帖儿和别里古台兄弟四人在斡难河畔钓鱼。他们钓着了一条非常漂亮的小鱼,名金色石鲸。双方争了起来,铁木真和合撒儿为一方,别克帖儿和别里古台为另一方。争来争去,别克帖儿和别里古台力大,把鱼夺了过去。

抢不来鱼,铁木真就和合撒儿一块回家向他们的母亲告状。他们十分委屈地说:"我们好不容易钓到了一条金色石鲸,可是却被别克帖儿和别里古台给夺去了!"可是,让铁木真和合撒儿二人感到吃惊的是,他们的生身之母诃额仑夫人不但不说他们有理,反而袒护别克帖儿和别里古台。她当即回答铁木真和合撒儿道:"怎么能这么说呢,你们几个都是兄弟,有什么争不争的呢。"接着她又强调指出他们目前所处的孤苦无依的处境说:"你们应该知道如今我们所处地位,可谓是孤立无援,所以你们几个兄弟之间更应该要同心、要互相帮助才是,怎么可以效仿昔日阿兰母的五子不合睦的事呢?"

诃额仑夫人如今是一家之长,她所考虑的当然是整个氏族的利益。诃额仑夫人还特别强调指出,他们兄弟必须承担起复仇的重任。然而,铁木真和合撒儿却并没有把母亲的话放在心上,因为他们认为,别克帖儿恃强凌弱,这已不是偶然为之了,实在是已经成了习惯,不教训教训他们是不行的了。在不久之前,铁木真和合撒儿射下一只云雀,也被别克帖儿夺了去。所以,铁木真和合撒儿二人听了母亲的训斥,心中感到十分委屈,兄弟二人撅着嘴,满肚子不服气,推门而出,向野外跑去……

艰难困苦的生活已使这两个年轻人具有了成年男子的火暴脾气,悲剧很快就发生了。当时,别克帖儿正坐在一座小山上看守全家仅有的九匹马,其中有一匹骟马,银灰色,膘肥体壮,煞是漂亮。铁木真和合撒儿经过一番策划,便立即开始行动。铁木真从后面蹑手蹑脚地接近别克帖儿,合撒儿则从前面接近别克帖儿。两人在茂密的草莽中匍匐前进着,悄悄地逐渐接近目标,就像猎人不想过早地惊动猎物而悄悄地接近猎物一样。铁木真兄弟俩此时的猎物就是他们的同父异母兄弟别克帖儿。别克帖儿这时正坐在小山上专心放牧,丝毫没有觉察到正在发生的事……一直到铁木真二人突然站起身来弯弓搭箭向他瞄准时,他才发现二人已经来到了他跟前。

此时的他还试图平息铁木真二人的怨恨,像刚才诃额仑夫人那样向他们指出应该团结起来对付共同的敌人泰亦赤兀惕人。他对二人说:"我们兄弟几个不应该互相残杀,应合力向泰亦赤兀惕人复仇……"但是,他这番话丝毫没有打动铁木真兄弟二人的心。箭在弦上,眼看就要射出。

别克帖儿感到无可奈何,只好向他们最后恳求道:"是我错了,以后我再也不敢了,请你不要杀我好吗?"但是,此时说什么也没有用了,铁了心的铁木真和合撒儿一个瞄准其前胸,一个瞄准其后背,同时朝这个"共同的靶子"射去。别克帖儿应声倒下了。铁木真兄弟二人收弓扬长而去。

这两个年轻的杀人者就这样回到了家里。诃额仑夫人一看二人脸色阴森可怖,就明白发生了什么事,不禁怒从心起,严厉责骂道:"杀人魔鬼! 汝等如下山之猛虎焉，如难抑其怒之狮焉，如欲生吞猎物之莽魔焉，如自冲其影之海青焉，如窃吞其他鱼类之狗鱼焉，如食其羔之雄驼焉，如乘风雪而袭之狼焉，如难控其仔而食之狼貉焉，如护其卧巢之豺焉，如捕物不贰之虎焉，如狂奔驰冲之猛兽焉。然则汝等正值影外无友，(马)尾外无鞭之时也。汝等忘却泰亦赤兀惕对吾等之凌辱，无能复此仇矣！"

诃额仑夫人引用前人之言，严厉训斥着她这两个儿子的不义行为。正因为铁木真杀了敢于顶撞他的弟弟，小小年纪就成了他所属氏族的首领……

铁木真如何死里逃生

成吉思汗铁木真戎马一生，驰骋北漠，血刃欧亚是建立蒙古帝国的铮铮强人，谁曾想他也曾有年少时的一段死里逃生的惊险经历。

在铁木真9岁时候，随父亲也速该去订亲。半路上遇上了父亲也速该的老朋友德薛禅。二人本来就是发小，这次偶然相见更是谈得投机，德薛禅眼见铁木真虽然还小但已经是一表人才，加上早就听说铁木真出生时的奇闻，就马上决定将自己10岁的女儿孛儿帖许给铁木真。铁木真父子看到孛儿帖后，感到非常满意，立即就给儿子定下了这门婚事。第二天，也速该启程返回自己部落，将铁木真留在了德薛禅的家里。在返回的路上也速该被仇家塔塔儿部人杀害，铁木真幸免一死。

也速该死后，铁木真的母亲诃额仑夫人带着子女忍饥挨饿，在丈夫的仇家和翻脸无情的宗族追杀中艰难求生。在这种境遇下，铁木真竟然成长为一个有胆有识，胸怀大略的人物。并在争斗中一点一滴地积聚起实力。

泰赤乌部人见状非常担忧。他们深怕天生异相的铁木真长大后，不忘他们的背弃之恨而采取报复行动，就想乘铁木真尚幼之时，先下手为强，把他除掉，免留后患。但一直苦于没有机会下手。

有一天，铁木真带着兄妹6人出外打猎，半路上碰上了泰赤乌部人。这真是冤家路窄，泰赤乌部人一看机会来了，怎肯轻易放过铁木真？泰赤乌部人大声叫道："我们只要铁木真,和别人没关系!"铁木真一听便明其意,忙回马而逃,疾行3里路,看到半山腰处有一山洞,就躲了进去。泰赤乌部人搜寻不到,就把附近一带团团围住。

铁木真在山洞里面前后躲藏了九天九夜没吃没喝,把他饿得头昏眼花,骨软筋疲。这其中前三天,饥饿难忍,他就想冲出去。没想到刚一牵马,系得紧紧的马鞍子忽然脱落到地上。铁木真好生奇怪,觉得这也许是上天警示,泰赤乌部人还没有撤离,不让我出去。于是只好强忍饥肠,继续在洞里躲着。这样又躲了三天三夜,实在是饥肠辘辘,又要冲出去。没想到刚走到洞口,突然发现一块像蒙古包那么大的山石挡住了出路。"上天又在警示包围未撤,还是不让我出去。"铁木真自语着,踉踉跄跄地又回到洞里坐了下来。就这样,铁木真又在洞里躲了三天三夜。实在撑不下去了。铁木真想:"不行,这样下去,不被泰赤乌部人捉去,也得活活饿死。不如硬闯出去,还有一丝逃脱的希望。"于是,他挣扎着起来,勉勉强强地从挡着洞口的石头旁边一条狭小的缝隙钻了出去,策马而行。刚走几步,那马突失前蹄,把铁木真跌进坑里。他爬起来骑上马放眼一看,才知道是掉进了泰赤乌部人挖的陷阱里。就这样,铁木真还是落入了泰赤乌部人的手中。

虽然铁木真受尽了欺辱,但心中生存的意念告诉自己命不该如此,必定有逃生的机会。机会终于来了。泰赤乌部人在斡难河畔筵宴,直至日落西山,方罢宴而散。铁木真注意到看守自己的是一个身体并不强壮的年轻人,他心里开始盘算如何逃生,如何对付眼前这个年轻人。他耐心地等待机会,等到夜幕降临泰赤乌部人喝足了马奶酒,一个个回到蒙古包去休息时,他趁那年轻人不注意,突然向他扑去,捧起木枷照准他的脑袋砸去。那年轻人还没来得及叫喊就晕倒在地上。铁木真拔腿就跑,也不问东南西北,没命地飞跑起来……也不知跑了多长时间,眼前出现了一片小树林,铁木真已筋疲力竭,便躲在浓密的树丛里歇息。但他明白不能在这里久留,泰赤乌部人早晚会发现自己逃跑,肯定要追来,自己必须找个安全的藏身之处。可这里除了树林旁有一条小河流过以外,没有任何可以藏身的地方。此时铁木真听见人声嘈杂,看见远处火把闪烁,知道泰赤乌部的人已经追来。他情急生智,

一下跳进小河,仰面藏在水中,只露出鼻子呼吸。

再说,那个看守铁木真被砸昏的小卒苏醒过来发现铁木真逃跑,赶忙跑去通报。泰赤乌部人一听,决不能让铁木真逃脱,否则后患无穷,于是马上派人四处搜捕。

泰赤乌部人之中有一个忠厚老人名叫锁儿失罕剌,平日对本部不顾亲族之情,背弃铁木真母子的做法就看不惯,对铁木真母子的处境很是同情。他看到水上仰面漂着一个人,虽然看不见脸也能猜到那就是铁木真,不禁心中暗暗佩服铁木真的机智和胆识。他就走近几步轻声告诫铁木真先在水中藏着,待他把追兵引开。

锁儿失罕剌离开河岸,向众人处走去,边走边佯装高声道:"这时候黑天瞎地的,就是有月光、火把,也不如白天好找。咱们已经把路口都封锁住了,谅他也逃不出去,明天白天再搜,一定能抓住他。"众人一听有理,再加上大家身体也累了,便各自回到自己的住处去了。

铁木真待追兵走后,急忙走上岸来。等醒过神来不禁又一阵失望,此时身体疲乏到了极点,恐怕自己没有体力逃得更远。他下意识地望了望眼前这条救命河,依稀认出这条河叫斡难河。他猛然记起,锁儿失罕剌的家就在这条河旁。他平素就知道,锁儿失罕剌是个忠厚长者,平常又同情自己。以前在困难时,他的两个儿子沉白和赤老温也曾经帮助过自己。他心想自己索性到锁儿失罕剌家中暂时避难吧。

锁儿失罕剌见到铁木真大吃一惊,锁儿失罕剌虽然想救他,但是担心自己全家人会遭到连累。这时,他的大儿子沉白和他的二儿子和女儿都劝说父亲救救铁木真。锁儿失罕剌听了儿女们的话,下定了决心,除掉了铁木真脖子上的木枷,吩咐女儿合答安准备马乳和大饼让铁木真充饥,并拿来儿子的衣服让铁木真换上。

锁儿失罕剌要救铁木真就要想个万全之策,否则,明天被搜捕的人发现,不但救不了他,还得搭上自己一家人的性命。这时女儿合答安献上一计:"咱家后面有一辆装满羊毛的车,让铁木真藏在羊毛里,别人肯定发现不了。"锁儿失罕剌觉得这法子虽有一定的风险,但也想不出更好的法子了,就对铁木真说道:"就这样办吧!你躲在里面,不听我们叫你,千万不要自己出来。到时候,饮食自有合答安拿给你。"

铁木真连声答应,接着开始动手搬下车上的羊毛。铁木真的身子骨经过这一番的活动后从先前的紧张状态缓过神来了,他开始仔细端详起合答安来。这一细看竟把铁木真看呆了,涌起了怜香惜玉之心,一把攥住合答安的手说:"承蒙姐姐如此帮忙,教我日后如何才能报答呢?"

合答安微红了双颊:"现在不是道谢的时候,快搬羊毛藏身才是正事。"这句话将铁木真拉回到现实中来,他赶紧搬下半车羊毛,恋恋不舍地跳到车上。

正如锁儿失罕剌所料的事情发生了。第二天一早一队人马来到锁儿失罕剌家中进行搜查,锁儿失罕剌家中立刻被翻了个底朝天,犄角旮旯儿仔仔细细地被搜了个遍。最后来到羊毛车旁,一个人叫道:"看看是不是在羊毛车上!"合答安的心一下子提到了嗓子眼儿,心脏几乎停止了跳动,血液也几乎凝固了。这时只听锁儿失罕剌说:"你不是在开玩笑吧!天这么热,咱们在外面光着膀子还冒汗呢,躲在这里头,不闷死才怪呢!也好,为解除各位的怀疑,我来搬,你们亲眼验看。"边说着边佯装开始搬羊毛。众人平日都知道锁儿失罕剌忠厚老实,又看到他毫不犹豫地要搬羊毛,疑惑顿消,一齐哈哈大笑道:"你说得对,不要搬了,大伙谁还能信不过你!"这伙人乱哄哄地又到别人家搜索去了。

就这样,铁木真在锁儿失罕剌一家人鼎力帮助下,终于死里逃生。最后,又和合答安依依不舍地挥手洒泪而别,逃回自己的部落。铁木真的这次死里逃生无疑要感谢锁儿失罕剌和他的儿女们,说到底整个蒙古国的人都要感谢锁儿失罕剌和他的儿女们。关于铁木真与锁儿失罕剌的女儿合答安是否能成就一段姻缘不得而知,但后人可以充分地遐想,也说不准可以把这段历史编排成一部影视剧,主题就是成吉思汗铁木真与合答安的爱情故事。

成吉思汗选择继承人之谜

元太宗(1186~1241年),即窝阔台,成吉思汗第三子。其性情内敛,城府幽深,处世宽容,因之被父选为即汗位人,即大汗位后,重用耶律楚材,灭金,1236年更是将拔都派出西征,远至欧洲中部。其注重经济,采纳"汉法",令大汗国逐渐兴盛、强大。

元太祖铁木真出身于蒙古部孛儿只斤族贵族,幼年丧父,家境困苦,但他发奋图强,汇集群英,使家业重振。于1200至1206年间,战胜了塔塔儿、克烈、乃蛮诸部,统一了蒙古主要部落。开禧二年,蒙古各部在斡难河畔举行"忽里勒台",他被拥立为大汗,号成吉思汗,建立蒙古汗国,并制定了军事、政治、法律等制度,创制蒙古文字,促进了蒙古社会经济、文化的发展。在1218至1223年间,进行了第一次西征,占领了中亚细亚和南俄罗斯草原,建立了一个以和林(今蒙古人民共和国乌兰巴托西南)为中心的,横跨欧亚的大汗国。1205至1209年,曾三次进军西夏,迫使西夏纳贡乞降。从嘉定四年开始向金进兵,于嘉定八年攻占金朝中都(今北京)。他一生"灭国四十",是一个有着丰功伟绩、叱咤风云的一代英豪。

成吉思汗的长妻孛儿帖共生了四个儿子:长子术赤、次子察合台、三子窝阔台、四子拖雷。成吉思汗让术赤管狩猎,察合台掌法令,窝阔台主朝政,拖雷统军队。他们都为蒙古帝国的奠基立下了汗马功劳,犹如帝国的四根台柱。

蒙古自古流传着幼子有优先继承权的习惯。长妻所生的幼子,蒙古语叫斡惕赤斤,意为"守护灶之主",是留守家业者,而他的兄长们则要到外面另立炉灶。成吉思汗克制了自己对小儿子拖雷的宠爱之情,打破蒙古的旧传统,让三子窝阔台为储君。历史的发展表明了他选择的继承人没有辜负他的期望,也证明了他的远见卓识。

成吉思汗为什么要选窝阔台为储君呢?

成吉思汗虽然以攻城略地使蒙古帝国初具规模,但他深谋远虑,清醒地认识到他的继承人不单要有军事家的本领,更要有政治家的才能,这样,才能巩固和发展他开创的大业,并且使江山永固。他逐一分析了自己四个儿子的才能和特长。认为窝阔台比其他三子都高出一格,认为窝阔台意志坚定,忠厚崇仁,举事稳健,能担负起治国安邦的重任。心里早有了打算。所以,当嘉定十二年,成吉思汗挥师西征前,他便召集了诸子及胞弟,议定窝阔台为汗位继承人。

此后,成吉思汗率四个儿子,分四路大军踏上了讨伐花剌子模国的征程。历时六年,凯旋而归。

宝庆元年,成吉思汗指责西夏国主违约,再次亲率大军征讨西夏。次年六月,西夏国主李派兵迎战,结果被击溃,只好遣使投降。成吉思汗遂挥师南下,渡过黄河,将兵锋直指全国。经积石州、临洮路,一直攻下京兆(今西安)。

宝庆三年七月,成吉思汗身患重病,一卧不起。他自知死期临近,便招诸子于枕边。叮嘱兄弟之间要和睦相处,精诚团结,并重申:"如果你们希望舒服自在地了此一生,享有君权和财富的果实,那么,有如我在不久以前已经让你们知悉的那样,窝阔台将继承我的汗位,我要把帝国的钥匙放在他的英勇才智的手中。"

按照封建制度,帝王驾崩后应立即由他指定的继承人登基。但是,由于蒙古的"忽里勒台制"(部落议事会制度)仍起作用,窝阔台暂不能因其父的遗命即位,而要等忽里勒台的最后决定。在王位空缺的两年内,由拖雷监摄国政。

到了忽里勒台推选新大汗的时候,为此整整争议了四十天。此时,术赤已死,察合台全力支持窝阔台,只有宫廷内的少数人主张让拖雷即位。拖雷无奈,只得拥立窝阔台。经过与会贵族的再三劝进,窝阔台终于答应继承汗位。是为元太宗。

成吉思汗铁木真的死因

在蒙古军最后一次远征西夏的途中,成吉思汗病倒了。当时他的众多爱妃中,只有也遂随军在身旁,侍汤奉药,日夜不离,殷勤照看。无奈天意难回,虽然名医精心诊治,也遂加意照料,但他的病却丝毫不见起色。成吉思汗知道,自己年迈病危,日子已经不多了。他想起身后的国事,不禁忧心忡忡。这时,也遂进前说道:"天下的大汗,您高山似的金身如果倒了下来,那您身后的国家将由谁来统治?请大汗留下圣言。"也遂的这句话说到了成吉思汗的心里。长期以来,他无时不在为这件事忧虑。他共有4个儿子,他死后,按照立长不立幼的规矩,应该由长子术赤继承汗位。但他平日了解到,术赤与弟弟们不和,弟弟们是不会服从他的,若立他为汗就会引起宫廷内乱。而次子察合台性情又过于暴躁,难以让人们为他忠心效劳。四子拖雷虽然具有非凡的军事指挥才能,但因为他年龄最小,也难以服众。只有三子窝阔台性情敦厚宽容,处事谨慎细心,可以继承大位。

公元1227年7月12日早晨,成吉思汗自觉身体不适,忙传大将木华黎,让他速速叫回4个儿子。木华黎说现在只有拖雷留守和林,二子察合台奉命前去攻打金国,三子窝阔台又远在西域……成吉思汗反问道:"西域不是术赤在管理着吗?窝阔台去干什么?"木华黎见成吉思汗问起术赤,不得已,只好说出术赤已死的实情。

从成吉思汗那双在40多年的刀光剑影生涯中从没有流过泪的眼睛里,滚落下来两行混浊的老泪。但他再也没有精力询问术赤被害的原因了,只是有气无力地说道:"那就速叫拖雷前来,暂时监国,同时速速派人叫窝阔台回来继位……"停了一会儿,他又说:"现正在征讨西夏,我死之后先不要发丧,以免给西夏以可乘之机。"说完了这句话,成吉思汗恋恋不舍地抓住正在嘤嘤而泣的爱妃也遂的双手,慢慢地合上了双眼,停止了呼吸。在马背上南征北战、东讨西伐,厮杀了40多年的一代天骄就这样结束了生命,享年66岁。后被追谥庙号为元太祖。

上述关于铁木真死亡的叙述主要来自蒙古正史的记载。而在民间野史及外域人撰写的关于成吉思汗铁木真死亡的原因，除了上述记叙之外还有另外多种说法：

蒙古人编撰的《元朝秘史》里交代了一个史实：成吉思汗于1226年秋天，带着也遂去征讨西夏国。冬季时，在一个叫阿儿不合的地方打猎。不想他骑的一匹红沙马，却让一匹野马惊了，导致没有防备的成吉思汗坠落马下受伤，当夜就发起了高烧。

当时，也遂和随从的将领商议这事，有人建议回去养伤，等好了再来攻打。成吉思汗一生要强，心想如果这样回去会让西夏人笑话。成吉思汗派员去西夏国探听情况时，正好西夏一个叫阿沙敢不的大臣讥笑道，有本事你就来过招。成吉思汗听说后，表示宁死不退兵，遂挺进贺兰山，将阿沙敢不灭了。但此后，成吉思汗的伤病一直未好，反而加重，到1227年农历七月十二病死。

"雷击说"：出使蒙古的罗马教廷使节约翰·普兰诺·加宾尼在其所著文章中写道，成吉思汗可能是被雷电击中身亡。约翰·普兰诺·加宾尼当时到达蒙古国时，发现夏天的雷电伤人事故频发，"在那里却有凶猛的雷击和闪电，致使很多人死亡"。因为这原因，蒙古人很怕雷电。所以约翰·普兰诺·加宾尼作为葡萄牙人，由教皇诺森四世派遣而来，回去后向教皇提交了题为《被我们称为鞑靼的蒙古人的历史》的出使报告。约翰·普兰诺·加宾尼就在他的书里记载着成吉思汗是遭雷击而亡的。

"中箭说"：这种说法，来源于《马可·波罗游记》。马可·波罗是十三世纪意大利商人，于1275年到达中国，其时正是元世祖忽必烈当政期间。马可·波罗与元朝有过17年的交往，在其游记中记叙有成吉思汗的死因：在进攻西夏围攻泰津（吉州，古要塞）时，膝部不幸中了西夏兵士射来的利箭。梁生智翻译版的《马可·波罗游记》是这样记述的："这个战胜者（指成吉思汗）在6年中相继征服了许多王国和城市，后来在围攻一个叫泰津的城堡时，膝部受了箭伤，并且因伤势过重而死去。"结果可想而知，箭伤攻心，伤势益重，一病不起。下面这三种说法都与一个年轻漂亮的，名叫古尔伯勒津

郭斡哈屯的西夏王妃有关,只是致伤的版本不同:

"中毒说":有传说,成吉思汗是"中毒"而死,下毒者是西夏王妃古尔伯勒津郭斡哈屯。成吉思汗的军队进攻西夏时,士兵俘虏到了很漂亮的西夏王妃古尔伯勒津郭斡哈屯,进献给成吉思汗。这位西夏王妃乘陪寝之际毒死成吉思汗,随后跳黄河自尽。

"被刺说":这种说法是西夏王妃古尔伯勒津郭斡哈屯害死成吉思汗的另一种版本。就在陪寝首夜,这位西夏王妃行刺了放松警惕性的成吉思汗。被刺一说,源于成书于清朝康熙元年(1662 年)《蒙古源流》。此书很珍贵,100 年后,即 1766 年蒙古喀尔喀部亲王成衮扎布作为礼物,将此书手抄本进献乾隆皇帝。乾隆令人将其译为满、汉两种文本,并题书名《钦定蒙古源流》,收入《四库全书》。应该说,成吉思汗被刺一说是有很高的可信度的。

"被咬掉生殖器说":这种说法未见于正史,但在民间中间有流传。这一风流事件也是因为西夏王妃古尔伯勒津郭斡哈屯,"凶手"当然就是这位美丽女人了。据说,这位王妃被献给成吉思汗后,成吉思汗要她做自己的妃子,王妃表面同意了。但她不甘受辱,集家仇国恨于一身的王妃在陪寝当天夜里,借行房时成吉思汗正在兴头之际,将成吉思汗的阴茎给咬掉了,顿时血流如注。一个长年在外征战的 66 岁老人,哪遇到过这种事情,又哪经得起这样的折腾,羞恨交加,遂致病重。因为这是一件发生在大汗身上、难以启齿的特大丑事,被瞒了下来,对外只称大汗是坠马受伤致病重。

此说荒诞不经,但细分析一下还是有道理的。如果成吉思汗真是死于西夏王妃之手,那么行刺和下毒都是不具备条件的,陪寝时乃裸体,何处藏带凶器和毒药?即使带有凶器和毒药,作为一个被俘之人也是要被搜身的。在这种情况下,两手空空的王妃最致命的暴力行为自然是"咬"了——咬男人的要害处。这个传说够得上是中国古代帝王风流故事中的极品了!真是这样,这也是一种报应——风流人物风流死。

成吉思汗征战的一生不知道夺去了多少人的性命,给多少家庭带来血光之灾,但他自己也没有逃脱掉。虽然他的死因是一道可能永远解不开的历史谜题,但不论是正史所说的坠马大出血致病,还是民间所传的被西夏王妃咬掉生殖器流血过多而亡,都沾满了"鲜血",是不是与他降生时手捏血块有一种因果关系呢?!

成吉思汗陵墓在哪里

像蒙古族这样的游牧民族为了生存,他们要在广袤的大草原上,根据牧草的生长规律迁徙不同的居住地点。在迁徙的过程中,有人死去,就会被就地掩埋在迁徙途中,部落族人还要继续走向下一个水草丰茂的地方。为防止敌人或盗墓者打扰长眠地下的亡人,蒙古贵族们死后,其家人要用大量的马匹把埋葬亡人的地方踏平,不留任何可能被发现的痕迹。等到坟冢周围的黄土重新生长出茂盛的野草,人们就无法分辨出哪里是坟地,哪里是草地了,这种丧葬方式叫作"马踏青冢"。

据史载,公元 1227 年夏历七月十二日,成吉思汗病逝在出征西夏的途中。成吉思汗死后被埋葬在由 2500 名工匠为他打造的陵墓中,墓建成之后,所有工匠被 400 名蒙古士兵集体杀死在一个秘密地点。随后,这 400 名士兵也全部被处死,并且每个人的耳朵都被割下来,以证明他们身首异处。成吉思汗陵由此成了永远的秘密,没有人知道它在哪里,更没有人知道墓中埋葬着什么……几百年来,不少人声称找到了成吉思汗陵墓,但却热闹一阵后又偃旗息鼓了,留下的种种线索令成吉思汗陵更加扑朔迷离。

茫茫草原"马踏青冢",成吉思汗陵疑似地点多达 7 处,但至今仍无确切地点——在内蒙古鄂尔多斯高原上,三座镶嵌着彩色琉璃瓦蒙古包式的大殿掩映在松柏之中,殿内供奉着铁木真生前用过的衣物、马鞍、弓箭、刀等遗物。然而这里却只是成吉思汗的衣冠冢,当初,人们把成吉思汗的遗体埋葬后,就把他穿过的衣服、佩带过的刀带在身边作纪念。随着不断迁徙、征战,这些东西被留在这里,被后人供奉起来,而真正的成陵在哪里,数百年来无人能够说得清楚。而成吉思汗陵墓内到底会埋藏些什么,后人也只能靠推断和猜测了。

成吉思汗陵墓

　　南宋文人的笔记中关于成吉思汗陵墓有这样的记载，成吉思汗当年在西夏病逝后，其遗体被运往漠北肯特山下某处，在地表挖深坑秘葬。其遗体放置在一个独木棺里，下葬后用土回填，然后"万马踏平"。为了不让外人看出曾经动土的痕迹，之后，还要用帐篷将周围地区全部围起来，待到墓葬地面上的青草长出，而且与周围的青草无异，这样才会避免墓葬的地点被泄露。全套工作完成后，蒙古人在墓葬地表杀死一头小骆驼，这时，陪伴这头小骆驼前来的母骆驼就会十分悲痛地号叫，并且记住这个地点。第二年来祭祀的时候，把这头母骆驼牵来，离得很远，母骆驼就会悲痛地飞奔过去，在小骆驼被杀的地方号叫，这样，前来祭祀的人就能找到墓葬的确切地点。

　　邵清隆介绍，有关史料记载，成吉思汗一生征战、一生游荡，生前的生活算不上奢华，尽管他有 500 多个妻妾。依照蒙古人的习俗，人死后随葬的物品都是生前常用之物，皇帝也不例外。成吉思汗陵中随葬的有他生前征战用的马鞍、金酒具和美女，但是具体数量不得而知。成吉思汗生前用兵无数，元帝国百战功成，所以他的陵墓中，应该有大量兵器随葬，如用过的刀剑、强弩、铠甲等物。邵清隆判断，成吉思汗墓葬距离地面至少有十几丈，其内部空间应该至少可以放进一个能容纳百多人的蒙古包，而且很有可能更大。至于成吉思汗使用的独木棺，据推测其材质应该不会像明代或者清代帝王那样使用金丝楠木，而是大兴安岭等地常见的松木等针叶木种。

　　从 20 世纪开始，我国以及蒙古、日本和美国等国的专家学者均曾试图

寻找这些墓冢,甚至大规模使用了航空探测等高科技方法,但至今谁也没有足够的证据,证明自己发现了成陵等元代帝王陵墓。

然而在吉尔吉斯斯坦国的考古界流行着成吉思汗尸首装载巨型石棺进行水葬的说法。吉尔吉斯斯坦国不少历史、考古学家坚信成吉思汗的陵墓就在高山明珠——伊塞克湖湖底。考古学家们在伊塞克湖底,已经发现一个古城堡遗迹,从湖底打捞出部分古代的生活用品及钱币,经鉴定是成吉思汗时代的物品。根据当地民间流传的说法:成吉思汗病逝后,其子孙将其遗体以及大量随葬品秘密地运到湖边,在这里制造了一个巨大的石棺,将遗体、财宝等装进棺材中后沉入湖底。

由日本国学院大学考古专家加藤教授与蒙古国专家共同组成的考古队经过3年多的实地考察,发现在蒙古国首都乌兰巴托附近,有一座建于十三至十五世纪的遗址。在这座遗址旁,他们发现了一座"灵庙",并认为这很可能是后人为祭奠成吉思汗建造的,而这座"灵庙"则可以看作是揭开成吉思汗陵墓之谜的一把"钥匙"。这与中国现存的史料中所记载的成吉思汗陵墓特征几乎一致。

一支由美国、蒙古国专家组成的探险队曾表示,他们在蒙古国首都乌兰巴托东北322公里、邻近俄罗斯边境的一片森林中,发现了一个由60个坟墓组成的大墓群。探险队在墓群附近发现了陶瓷碎片,年代可追溯到成吉思汗出生时,因此可判断该墓群建成时间应与成吉思汗生活年代相吻合。其中很可能包括成吉思汗的陵墓。成吉思汗生前有很多重要事件发生在墓群附近,成吉思汗陵极有可能在这一墓群之中。

内蒙古社科院研究员潘照东等人对位于内蒙古鄂尔多斯草原鄂托克旗的千里山元代遗址进行了考古调查,发现这里的地貌、地名等特征,与《蒙古秘史》《史集》《蒙兀儿史记》等文献中有关成吉思汗埋葬地点的描述极为吻合。并根据《元史》记载,"太祖二十二年围西夏,闰五月避暑于六盘山,六月西夏降,八月崩于萨里川哈剌图行宫,葬于起辇谷",而起辇谷就位于我国境内的千里山。

对于成吉思汗陵墓所在地,近年来还有蒙古国的肯特山、杭爱山以及我

国的六盘山等说法。但不少专家认为,成吉思汗病逝于公元 1227 年的夏秋之季,遗体是无法运回到数千里外的肯特山、杭爱山埋葬而保证中途不腐坏的,因此,埋葬在这两个地点从实际情况看似乎不太可能。六盘山在当时的西夏境内,蒙古贵族也不太可能把他们的领袖埋葬在那里,并且,六盘山附近也没有发现有关成吉思汗陵墓的遗迹,因此,这种说法不太可能。

寻找成吉思汗铁木真的墓葬已经成为世界性的考古课题。不同的国家不同民族不同的人各怀有不同的目的在寻找。为了寻求历史的真相而寻找,为了发展旅游产业而寻找,为了墓葬的财宝而寻找,等等。我们所看到的所有怀疑是成吉思汗墓葬地的证据都与宏伟、财富等的象征分不开。然而我们为什么不从另一个角度去推断成吉思汗可能是天葬了,他的尸首喂养秃鹫?如此,就再也不用劳民伤财无望地寻找了。

窝阔台怎样坐上汗位

成吉思汗铁木真的 4 位继位候选人,术赤、察合台、窝阔台、拖雷在蒙元帝国第一次继位中的表现确实不是好的开端。甚至给大元帝国后代们的继位工作做出了一个"夺位"的"表率",以致他们的后代更是肆无忌惮地纷纷效仿。

铁木真的 4 个儿子中,拖雷是幼子。他也是成吉思汗最为宠爱的儿子。但是,成吉思汗最后却把这个重要的汗位传给了他的三子窝阔台。窝阔台承继了父业,成为大蒙古帝国第二任可汗。他于公元 1229~1241 年在位,统治了帝国 13 年。

成吉思汗根据 4 个儿子的才能和特长,分别给他们安排不同的职位,特地安排窝阔台主持朝政,很有针对性地让他慢慢过渡。成吉思汗改变了当时蒙古幼子继承汗位的旧传统习俗,擢升三子窝阔台为继承人。《元朝秘史》记载,成吉思汗西征前夕,皇后示意让他在四个嫡子中指定一个继承人。此事传出后,术赤与察合台发生了争执,于是二人共推敦厚的窝阔台,通过商议便通过了此提议。同时按照蒙古习俗,幼子为"守产"之子,理应继承

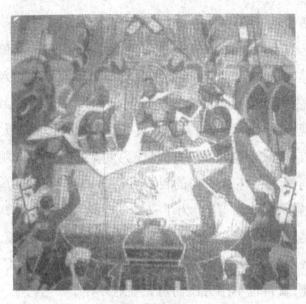

成吉思汗陵壁画

父亲的财产和牛羊,作为幼子的拖雷又是成吉思汗最为疼爱的儿子,心中肯定是愤愤不平。成吉思汗曾经让拖雷担任监国,还曾经将拖雷称为自己的"那可尔"(同伴)。可见,成吉思汗对拖雷的喜爱是不言而喻的。成吉思汗曾经想将帝位传给拖雷,但是有了前面的家族内部纷争,他最后决定将帝位传给嫡三子窝阔台。其实更为主要的原因可能是成吉思汗还是觉得窝阔台在掌控大局等方面更适合作为一国之君。并且窝阔台从小就得到了骑马射箭的锻炼,随成吉思汗参加了多次战役,经过历练,他逐渐成为一位骁勇善战、足智多谋的将领。更为突出的是他治国的才能也超过了其他的兄弟,这一点成吉思汗是看在眼中的,他深知窝阔台的才能比他最为疼爱的拖雷更为全面。

从这点可以看出成吉思汗在大事的决断上还是非常理性的,并没有因个人的偏好而耽误整个蒙古帝国的前程。大概是为了补偿拖雷,更是因为蒙古民族的"守产"习俗使然,成吉思汗随后将绝大多数的财产分给了拖雷。这里有一个最直接的对比是这样的:拖雷所得军户为 10100 户,而汗位继承人窝阔台仅得 4000 户。

公元 1220 年秋,成吉思汗派遣窝阔台、察合台统率右翼军进攻花剌子模首都玉龙杰赤(今土库曼库尼亚乌尔根奇),命术赤率本部兵马从其驻营

地南下会合,3000个蒙古军士在夺取桥梁时全被守军杀死,术赤想用"软攻"法攻取以保全这个富裕的都市,于是在进攻方式等方面与察合台发生争执。此时在阿富汗境内的成吉思汗知道后委派窝阔台为最高指挥官,诸军皆由他统率。窝阔台很好地调解了兄弟之间的矛盾,严整了军纪,然后统率大军攻城,激战持续9天,坚守者在力竭的情况下,只得请降。蒙古军于城外赶走居民,将10万工匠遣送东方,部分被分配各军。公元1225年春,窝阔台随父回到蒙古故土,从此结束了持续7年的第一次远征。西征后,窝阔台被成吉思汗封于今额尔齐斯河上游和巴尔喀什湖以东地区,封为窝阔台汗国。

据《史集》记载:公元1226年7月,成吉思汗攻下京兆(今西安)后,终因积劳过度,在六盘山的营帐中病死。在临死前,成吉思汗召见诸子,告诫他们由窝阔台继承汗位,要他们精诚团结,服从窝阔台的指挥。他坚定地说:"我指定窝阔台为我的继承人,把帝国的钥匙放在他的手中。"

不过,蒙古帝国时期有一个这样的规矩,即使老皇帝有遗嘱,也必须通过忽里勒台大会的最后批准,新帝才能继位。这是一个必须得走的形式。大汗是要经过蒙古贵族们参加的"忽里勒台"大会选举确认的,就是说成吉思汗只是在临死之前指定了一个大汗的唯一候选人。同时他还指定在"忽里勒台"大会选举窝阔台为大汗之前,蒙古由拖雷来管理,拖雷做监国。成吉思汗死后,由于战事很多,拖雷并没有马上召开"忽里勒台"大会,一直拖了两年,在这两年的时间里,窝阔台和察合台为首的窝阔台系眼看着汗位却坐不上,因此这些贵族很是恼火,他们多次催促拖雷召开大会,直到公元1229年,此时术赤已死,察合台全力支持窝阔台。蒙古宗王和重要大臣举行大会,会议由拖雷主持,由耶律楚材从中周旋。虽然成吉思汗生前曾指定窝阔台为继承人,但拖雷却掌握着绝大部分蒙古百姓和军队,拖雷的态度起初暧昧不明,并无坚决推戴之意,窝阔台不得不一再忍让于他。因此自夏至秋,聚会多时,议犹未决。最后经过四十天的议论考量,实力雄厚的拖雷觉得再这样拖下去,反而让自己处于很被动的局面,于是表示愿意接受父亲的主张,将汗位给予三哥窝阔台。由于拖雷的实力实在太雄厚,虽然他已经点头应允,窝阔台仍然颇为踌躇,又经过多次推让后,窝阔台终于被二哥察合台、弟弟拖雷、叔父斡惕赤斤一起又推又拉地登上了蒙古帝国的大汗宝座。

虽然窝阔台的大汗之位被确认,但是在拖雷治理蒙古两年的时间里,蒙古在凶猛地扩张,他的领导才能得到了大多数蒙古贵族的认可,呼吁拖雷、拥护拖雷即大汗位的贵族明显多于窝阔台的支持者。因此蒙古贵族形成了势同水火的两大派系。窝阔台和拖雷这对亲兄弟也就此结下了仇恨,尤其是窝阔台对于拖雷简直是恨之入骨,但是在表面上两个兄弟的感情让外人看到的还是很融洽的。兄弟之间的矛盾并没有因为拖雷主持召开了"忽里勒台",使得窝阔台登上汗位而结束,因为在窝阔台系的蒙古贵族和窝阔台眼里,这个汗位被拖雷霸占了两年,现在的汗位是经过 40 多天拖雷自己说服了大多数蒙古贵族,才把汗位让给了窝阔台。这对于窝阔台来讲是难以接受的,所以他把仇恨埋在了心里。

从此,窝阔台开始采用"合汗"称号,因此元朝文献中有时称之为"合汗皇帝"而略其名。窝阔台登上帝位之后,拖雷遵守诺言,尽心尽力地辅佐他。不过我们可以想象,窝阔台心里面不可能不对这位实力超群的弟弟满怀忌恨。

窝阔台汗之施政

窝阔台汗在位时期继续发动更大规模征伐,消灭了花剌子模、金国,征讨高丽、南宋,派术赤之子拔都率领各宗室长子对钦察、斡罗思等地进行讨伐,蒙古大军攻至今天的波兰、匈牙利、奥地利等地,引起了欧洲的一片恐慌。在对漠北本土的治理上,窝阔台汗重申了成吉思汗颁布的法令,制定了牲畜税法,建立了仓储、驿站制度,修筑城池等。窝阔台汗起用旧臣契丹人耶律楚材为中书令,并在其建言下在汉地设立十路征收课税所、定户籍、拘括民户,推行军政权分离,在分封诸王的同时限制其特权。耶律楚材试图将汉法引入蒙古对汉地的治理中,并多次建言窝阔台汗体恤民众,勿要大肆杀掠。当然,耶律楚材建言推行的这些政策由于受到各方面的阻挠很多都没

有能够彻底推行,但仍大大推动了蒙古对汉地统治秩序的建立,也为蒙古吸收汉法开了先河,留下了宝贵的经验和教训,同时这也反应出蒙古统治者,包括窝阔台汗在内,当时对于汉法还不能完全理解和接受。

窝阔台汗为提高大汗权威,还完善了朝会和宿卫制度。1234 年夏五月,窝阔台汗在鄂尔浑河上游之西的达兰达葩夏营地召集诸王、百官,颁布了一系列新条令,对朝会和礼仪做了进一步的规定。例如,规定凡是不听大汗召集而私自设宴者斩;出入宫禁,从者限十人;军中十人置甲长,听其指挥,其甲长有事赴命,即置权摄一人、甲外一人,二人不得擅自往来,

窝阔台汗

违者治罪;胡乱干涉国家事务者,拳其耳,再犯笞,三犯杖,四犯论死;诸千户越过万户前行者,用木箭射之,百户、甲长、诸军违反此规定者同罪。

窝阔台汗即位后热衷于修建宫殿、城池。他利用从汉地掳掠而来的各类工匠,在自己主要的营地鄂尔浑河畔修建一座有着高台基和柱子的宫殿,即万安宫。宫殿的每一面的长度为射出一支箭的距离,中间耸立着巍峨的殿堂。殿堂有着精美的装饰,描以彩绘和图画,称为合儿失(即宫殿)。窝阔台汗又下令让他的兄弟、儿子以及在他身边的其他宗王们各自在宫殿的周围建立华丽的住宅,这样就形成了一个大的建筑群。

下面是蒙古的第四任大汗蒙哥汗时期法国传教士鲁不鲁乞对这座宫殿的描述。鲁不鲁乞首先了解到来自法国巴黎的威廉师傅为蒙哥汗制造了一棵供宴饮用的大银树,在树的根部有四个银狮子,每一只狮子嘴里有一根管子,喷出白色的马奶。"这座宫殿像一座教堂,中间有一个正厅;两边,在两排柱子外面,各有一条走廊。在南面有三座门。在中间的门里面,树立着那棵银树。大汗本人坐在北面一个高起的地方,因此他可以被每一个人看到。

有两条阶梯通向他的坐处,把他的酒杯奉献给他的人从一条阶梯走上去,从另一条阶梯走下来。在银树与阶梯之间的地方是空着的,司膳官站在那里,带来礼品的使者们也站在那里。大汗坐在那里,像一个上帝。在他的右边,即西边,坐着男人们;在他的左边,即东边,坐着妇女们,因为宫殿是坐北朝南。在南面,在右柱子的旁边,有几排座位,高起像一个阳台,上面坐着他的儿子和兄弟们。在左边,也有同样的座位,他的妻子们和女儿们坐在那里。只有一位妻子坐在他旁边,不过,她坐得没有他那样高。"按照当时蒙古人的习俗,白天坐在大汗旁边的妻子就是大汗晚上要临幸的妻子。

据鲁不鲁乞的记载,蒙哥汗时期在宫殿的旁边还有蒙哥汗的巨大的斡耳朵,鲁不鲁乞受命"进入那座斡耳朵,这座斡耳朵是设计得很好的,在夏季,他们利用渠道,从四面八方把水引来,从事灌溉。然后我们进入那座宫殿,看见里面挤满了男人和妇女"。

窝阔台汗命令在上述宫殿周围修建一座大城,名为哈剌和林,又名斡耳朵八里。一般认为哈剌和林因附近有哈剌和林山而得名;哈剌和林为突厥语,意为黑砾石。哈剌和林城的遗址在今蒙古国北杭爱省鄂尔浑河上游右岸厄尔德尼召北。

窝阔台汗设立了通往哈剌和林城的驿站,每天有五百辆载着食物和饮料的大车从各地方到达哈剌和林,在哈剌和林,这些食物和饮料被储藏起来以便大汗取用。

鲁不鲁乞对哈剌和林城有如下详细的描述:"至于说到哈剌和林,我可以告诉您,如果不把大汗的宫殿计算在内,它还不及法兰西的圣伯尼(Saint-Denis)村大,而圣伯尼的修道院的价值,要比那座宫殿大十倍。城里有两个地区:一个是萨拉森人区,市场就在这个区里。许多商人聚集在这里,由于宫廷总是在它附近,也是由于从各地来的使者很多。另一个是契丹人区,这些契丹人都是工匠。除这些地区外,还有宫廷书记们的若干座巨大宫殿,十二座属于各种不同民族的异教徒的庙宇,两座伊斯兰教寺院(在寺院里公布着摩诃末的教规),一座基督教徒的教堂(坐落在城市的最末端)。城的周围环绕着土墙,并有四个城门。东门出售小米和其他谷物,不过那里难得有

这些谷物出售;西门出售绵羊和山羊;南门出售牛和车辆;北门出售马匹。"从上述记载,我们能看出以下两个问题:其一,哈剌和林城的规模并不大;其二,由于蒙古帝国的版图横跨欧亚,哈剌和林城中居住着来自不同地区,有着不同信仰的人们。

除哈剌和林外,窝阔台汗建造了四季行宫。窝阔台汗让伊斯兰工匠在距离哈剌和林一天行程的名为迦坚茶寒的地方建立了一座宫殿作为春季行宫,春天在那里放鹰打猎。在月儿灭怯土地方则建有夏季行宫,窝阔台汗命人在那里搭起了一座可容纳千人的大帐,这座大帐也不拆卸收起。由于大帐的挂钩是用黄金做的,帐内存有织物,所以这个大帐也被称为昔剌斡耳朵(Sira Orda),即大金帐。窝阔台汗秋季行宫和冬季行宫则分别在古薛纳兀儿和汪吉。窝阔台汗下令在冬季行宫汪吉用木桩和泥筑一长达两天行程的围墙,在其中修一些通道。在打猎时,不断告诉四周的军队,要他们全体围一个圆圈,向围墙行进,把野兽赶到那里,并预先通知一月途程的四周居民把猎物赶进所修围墙的通道。军队排成一个圆圈,肩并肩紧密站立着。大汗先带一些近臣进入围墙内打猎,厌倦之后,便到围场中央的高处。诸王和大臣们,然后是普通战士,依次入内打野兽。此后为了解散围猎圈,先让一部分人走开了。相关的官员把猎物在各级宗王、大臣和战士间公平地分配。全体进行吻尘和献礼的仪式,在十天的节日之后,每个氏族回到自己的营地和住处。至于窝阔台汗四季行宫的位置,今天已经难以详细考察了。

窝阔台汗在哈剌和林附近还建有一座名为秃思忽八里的宫殿。当他前往哈剌和林时,他在该处享受秃思忽(意城中的贡献),并行乐一日。第二天,所有人都穿上一色的衣服,由该处前往合儿失,并让年轻的优伶们走在前头。他在合儿失娱乐一个月,敞开库藏之门,宽宏大量地赏赐贵族和平民。每天晚上都举行弓弩手和角斗士的比赛,奖赏获胜者。

窝阔台汗之死与乃马真皇后摄政

1240 年阴历十一月,窝阔台汗去世,时在位十三年,享年五十六岁。一般认为窝阔台汗的死与他无节制地饮酒密切相关。窝阔台汗一名医师写道,在窝阔台汗去世那一年,"他(窝阔台)的痰增加得比[任何]其他一年都多,一天又一夜,[甚至]使门外汉也学会了豪饮,[这]彻底毁灭了他的健康。愿[人们]知道此事以及酒对此的作用"。据说,窝阔台汗的兄长察合台曾指派一个近臣掌管窝阔台汗酒食,不让他喝过量的酒。可是这名近臣为了博取窝阔台汗欢心,却主动给窝阔台汗大量的酒喝,并常举行宴会。不过当时也有传闻,说窝阔台汗是被拖雷正妻唆儿忽黑塔尼别吉的妹妹亦巴合别吉及其儿子毒死的,亦巴合别吉的儿子时为窝阔台汗博尔赤(即厨子),但这并没有确凿的证据。窝阔台汗乳兄弟,札剌亦儿氏的一个有势力的大臣额勒只带说道:"为什么要胡说?亦巴合别吉的儿子是宝儿赤,他本来就已经给合罕(即窝阔台)送上杯子,合罕也经常饮酒过多。为什么[我们]要侮辱自己的合罕,[说]他死于别人的谋害呢?他的死时来到了。不许任何人再说这种话。"有关窝阔台汗为人所害的种种传闻当然未必是事实,但确是蒙古国时期蒙古宫廷内部一直存在着激烈政治斗争的反映。据说窝阔台汗遗骸和他的坟墓禁地在一极高的山上,其上有永恒的雪。有学者推测,窝阔台汗及其子贵由汗的墓在新疆北部与额尔齐斯河分隔开的萨乌尔山南麓某处。

窝阔台汗死后,按照旧例,国政应由正宫皇后孛剌合真代理,不过诸长子的母亲乃马真氏脱列哥那皇后却夺取了蒙古汗国的控制权。乃马真皇后为窝阔台汗二皇后,她来自蔑儿乞部落,是窝阔台汗与蔑儿乞部落作战时俘获的,"这个皇后不很漂亮,但生来好用权势"。窝阔台汗死后不久,孛剌合真皇后亦死去,这样乃马真皇后更能大权独揽。她以大量的赏赐博得了宗亲的支持。她掌权后,排除异己,引发了朝政的混乱。当时中书省丞相镇海以及燕京行省丞相牙老瓦赤为躲避乃马真皇后的迫害逃至乃马真的儿子阔端处寻求庇护,阔端将他们保护起来。在突厥斯坦和河中的长官马思忽惕伯闻讯后,为了自保也投靠到术赤兀鲁思首领拔都的帐下。而呼罗珊(今伊朗东部及北部)地区的长官阔儿吉思则被处死。

乃马真皇后还宠幸一个名叫法迪玛的回回女子,法迪玛权势倾朝,任意发号施令,排除异己。由于法迪玛与燕京行省丞相牙老瓦赤有仇,乃马真皇后遂重用回回商人奥都剌合蛮,以之取代牙老瓦赤。奥都剌合蛮自窝阔台统治后期扑买课税,极力搜刮百姓。乃马真皇后还把盖好印章的空白圣旨交给奥都剌合蛮,让其自行填写,同时下旨:凡是奥都剌合蛮的建言,负责书写的吏员"不为书者,断其手"。老臣中书令耶律楚材极力抵制乃马真皇后以及奥都剌合蛮的专权,招致乃马真皇后的反感,最后忧愤而死。此一时期,诸王、贵族们随意向四方派遣使臣,滥发诏旨和牌符,四下结党,各自为政。唯独拖雷的正妻唆儿忽黑塔尼别吉及其诸子丝毫不违背法令。

汗位空虚、窝阔台汗长子贵由西征未归之际,势力强大的成吉思汗幼弟斡惕赤斤趁机夺取汗位,率军前往大汗宫廷,在此背景下,蒙古国的所有军队和兀鲁思都骚动起来。乃马真皇后派使节前去质问斡惕赤斤,并把宫廷中斡惕赤斤的亲属和家仆都送还给了斡惕赤斤。在乃马真皇后的斡旋下,斡惕赤斤很后悔,便托辞辩解。这时又传来贵由已远征归来

蒙古骑兵

的消息,斡惕赤斤更加懊悔自己的所为,便返回自己的营地去了。

贵由汗即位

窝阔台汗死后,大汗的人选问题又一次成为蒙古宫廷面临的主要问题。窝阔台汗在世之时,曾选定乃马真皇后所生的第三子阔出为汗位的继承人,不过阔出却先于窝阔台汗死去。阔出之前,窝阔台汗似曾选定五子合失为继承人,合失因过度酗酒也早于窝阔台汗死去。于是窝阔台汗就把阔出的长子失烈门抚养在自己的大帐之中,并准备让失烈门继承汗位。但在临死之前,窝阔台汗派出使节去紧急召回远征钦察草原的长子贵由,贵由返回之

前,窝阔台汗已经去世。另外,窝阔台汗的二子阔端此时也有意获得汗位的继承权。对贵由、阔端、失烈门三人,《世界征服者史》中有这样的描述:"在合罕(即窝阔台)的所有儿子中,贵由以他的英武、严峻、刚毅和驭下而最知名;他是长子,处理危难最富实践,而且对祸福最有经验。阔端,相反地,病体奄奄,失烈门仅为一孩童。"

摄政的乃马真皇后倾向于让长子贵由继承汗位。为了能让贵由顺利继承大汗之位,乃马真皇后派出使节邀请蒙古宗王、贵族来参加选举大汗的忽里台会议。1246年春,蒙古左右翼宗王和大臣们带着部属和侍从们来到了名为阔阔纳兀儿的地方参加忽里台大会。术赤兀鲁思的首领拔都由于不满贵由即位,就借口身体不好和腿病不来参加忽里台大会。在忽里台大会上,在乃马真皇后的积极斡旋下,1246年六月贵由继承了大汗之位。贵由汗为了让大汗之位留在自己的家族,便让宗王们立下了誓书:"只要你的家族中还留下哪怕是裹在油脂和草中,牛狗都不会吃的一块肉,我们都不会把汗位给别人。"此次忽里台选汗大会规模极大,"为来宾们准备好了两千座帐幕。斡耳朵周围已无住处可供驻留,但达官贵人们还在从四面八方来到。从来没有人目睹过这样[盛大的]集会,史书上也没有记载过这样的盛会"。

文献中有如下详细的描写:"因此大家同意汗位应交给贵由,他应当登上帝国的宝座。贵由一如旧习,暂时拒绝这份荣誉,时而荐举这个,时而那个作为代替。最后在珊蛮(萨满)巫师选定的一个日子,所有王公齐聚一堂,脱去他们的帽子,松开他们的皮带。于是[也速](也速是察合台之子,与贵由汗关系密切,后在贵由汗扶植下继承察合台之位)引着一手,斡鲁朵(斡鲁朵为拔都的兄长)引着另一手,他们把他拥上御座和皇位,同时举起他们的酒杯;朝见殿内外的人三次叩拜,称他为贵由汗。又按照他们的风俗,他们立下文书称他们不违背他的话和命令,并为他的幸福祝祷;在这之后他们走出大殿,三次向太阳下跪。当他再度登上雄伟的宝座时,王公们坐在他右手的椅上,公主们在他的左手,每个人都像一颗珍珠那样极其高雅。充当侍儿的都是这样的俊童:风姿优美、紫罗兰面颊、玫瑰脸庞、乌黑头发、丝柏身材、嘴如鲜花、齿若贝珠、笑脸迎人。"之后一连九天,人们在一起宴

饮，"从早到晚，他们尽情轮番把盏，凝视美若天仙，体态婀娜的美人"。"当他们宴乐完毕，他命令打开新旧库藏的大门，准备各种珍宝、金钱和衣服。主持这件事，即是说，散发这些财宝，他委诸唆鲁禾帖尼别吉（即拖雷的正妻唆儿忽黑塔尼别吉）的才智和持重，她在那次忽邻勒塔上享有最大的威望。最先得到他们份子的是在场的成吉思汗氏族中的王公和公主；还有他们的所有奴仆和扈从，贵人和贱民，老头和幼儿；然后按顺序，那颜们、土绵长（即万户长）、千夫长、百夫长、十夫长；按人口，算端（国君）们、蔑力克（世侯）们、书记们、官员们，以及他们的属下。其他每个在场的，不管他是谁，没有不分得一份而离开，确实，人人领到他的足额和该得的那份。"

此一时期奉教皇之命出使蒙古汗廷的葡萄牙人加宾尼目睹了此次忽里台大会的情形，下面就是他的记述："在那里，正在举行庄严的大会。在我们到那里时，已经树立了一座用白天鹅绒制成的大帐幕，照我的估计，它是如此巨大，足可容二千多人。在帐幕四周树立了一道木栅，在木栅上画了多种多样的图案。第二天或第三天，我们同被指定照管我们的鞑靼人一道来到帐幕跟前，看到所有的首领们都集合在那里，每一个首领骑着马，带着他的随行人员，这些人分布在帐幕周围的小山和平地上，排成一个圆圈。第一天他们都穿白天鹅绒的衣服，第二天——那一天贵由来到帐幕——穿红天鹅绒的衣服，第三天，他们都穿蓝天鹅绒的衣服，第四天，穿最好的织锦衣服。帐幕四周的木栅有两个大门，一个门只有皇帝有权出入，虽然这个门开着，却没有卫兵看守，因为没有人敢从这个门出入。所有获准进入的人都从另一个门进去，这个门有手执剑和弓箭的卫兵看守……首领们在帐幕里面开会，我相信，是在进行选举，所有其余的人都在上述木栅外面很远的地方。"在木栅外面有许多人，"如果算入那些前来呈送贡品和礼物的人、前来朝见的算端（国君）们和其他首领们、被鞑靼人召来的人和各地的长官们，在那里有四千多位使者。所有这些人都被安置在木栅外面，让他们喝饮料……我想我们在那里住了足足四个星期。我相信，在这个期间里进行了选举，虽然选举的结果在那时还没有宣布。我做这样推测的主要根据是：当贵由走出帐幕时，他们在他面前唱歌，当他留在帐幕外面时，他们手拿顶端有数簇

红羊毛的美丽旗杆,略略放下,复又扬起,向他致敬,对于任何其他首领,他们都没有这样做。他们称这座开会的帐幕为昔剌斡耳朵"。"我们离开那里,同大家一起,骑马来到三四里以外的另一处地方,在那里,在群山之间的一条河附近的一片美丽的平原之上,已经树立了另一座帐幕,这座帐幕,他们称之为金斡耳朵。"在这里原定为贵由举行的登极典礼由于一场冰雹延期举行。"这座帐幕的帐柱贴以金箔,帐柱与其他木梁连结处,以金钉钉之,在帐幕里面,帐顶与四壁覆以织锦,不过,帐幕外面则覆以其他材料。我们留在那里,直至圣巴塞洛缪节[8月24日]。在那一天,一大群人在那里集合。他们全都面南而立,并且做这样的安排:他们之中的某些人与其余的人相隔约一掷石之远;他们继续向前走,越走越远,口诵祷词,向南跪拜……在这样跪拜了很长时间以后,他们回到帐幕里面,把贵由放在皇帝宝座上,首领们在他面前跪下,所有在场的民众也都在首领们后面跪下,只有我们没有跪下,因为我们不是他的臣民。然后他们开始喝起来,并且按照他们的风俗,一直不停地喝到傍晚……就这样,他们宴会了好多天。"

贵由的死亡之谜

窝阔台生前与其长子贵由之间关系不很融洽,故不想让贵由继他汗位。而窝阔台最宠爱的是贵由的三弟阔出,有意让其继位。然而短命的阔出却在公元1236年入侵宋朝的征途中死去,窝阔台悲痛万分,只好把汗位继承人定为阔出的儿子失烈门。窝阔台1241年去世,大皇后木哥哈敦主持朝政,但是1242年,木哥哈敦也去世了,权力就落到六皇后脱列拿哥即乃马真的手里,她极力袒护贵由,费尽心机才将窝阔台的遗言否定,决定等贵由回来后继承汗位。此时,成吉思汗的幼弟斡赤斤欲夺汗位,便率兵开赴都城。乃马真氏立即遣使责问他,斡赤斤只得引兵退回驻地。按照蒙古习俗,汗位的继承人还要经过忽里勒台(诸王大会)选举决定。乃马真氏便召集各宗王和将领赴都城和林(今蒙古人民共和国鄂尔浑河上游哈尔和林)参加忽里勒台推选新汗。当时在诸王、贵戚中,西征军统帅拔都威望最高,可是他

与贵由不和，因而反对贵由出任大汗，以患病作推辞，拒不赴会，致使忽里勒台不能如期举行，因此只得由乃马真氏摄政。到公元 1246 年秋天，拔都才派其弟别儿哥代他出席忽里勒台大会。由于乃马真氏的力争，大会达成协议，推举贵由为新的大汗。乃马真皇后在摄政了 5 年之后，终于让自己的大儿子贵由当上了大汗。

　　贵由曾经在长子军西征中跟随拔都作战，因他平时好勇斗狠，和拔都多次发生过口角冲突，甚至有几次在军中发生决斗。多次冲突过后，两个人在心中都埋下了很深的仇怨。当时拔都的汗国是成吉思汗子孙中最大的汗国——钦察汗国，又称金帐汗国。由于父辈们遗留下来的矛盾，加之两个人的个人恩怨，拔都对贵由继位非常反对，一直拒绝承认贵由为蒙古大汗。

　　关于贵由和拔都的积怨恩仇可追溯到他们一起西征的时候。拔都是成吉思汗长子术赤的次子，因为长兄撒里塔自己觉得在智慧和才能方面不如二弟，所以主动避让，凡事以拔都为先。术赤死后，拔都继承了术赤的全部领地和财产，在长子军西征中是最高统帅。贵由是成吉思汗三儿子窝阔台的长子。按照亲

窝阔台

属关系，拔都和贵由是亲叔伯兄弟。二人的交恶还要从两个人的父亲说起：成吉思汗在位时，术赤与察合台共同领兵攻打玉龙杰赤，由于思路不同，双方配合出现问题，使蒙古大军损失惨重。成吉思汗派窝阔台前去调停，二人表面和解了，但心里的疙瘩却难以解开。玉龙杰赤被攻破后术赤的军队损失很大，在胜利后去见成吉思汗的时候他并没有去，只有窝阔台和察合台面见了成吉思汗。在汇报战况的时候，由于窝阔台和察合台平时关系甚好，二人就把蒙军损失的责任都推给了术赤。术赤损兵折将还落得这样的结局，

他从此对窝阔台和察合台心生怨恨。成吉思汗在临死前（1227年）把术赤、察合台、窝阔台、拖雷叫到身边，在确定继承人的时候，成吉思汗先让术赤说话。术赤还没有说，察合台就说术赤是篾儿乞人的杂种，不能算作大汗的儿子，根本没有继承大汗的资格。

术赤的母亲孛儿帖曾经被篾儿乞人抢夺走，孛儿帖后来被成吉思汗夺回来时，带着一个刚刚出生的婴儿，成吉思汗并不介意，给这个婴儿取名为术赤（客人的意思）。成吉思汗虽然训斥了察合台，但是术赤认为窝阔台和察合台二人是共同商量好向他发难的。最后成吉思汗没有选择战功最大的术赤，也没有按照蒙古祖传的幼子继承父业的风俗选择拖雷，而是选择了窝阔台。窝阔台继位后，术赤对这个大汗很少服从。由于术赤和拖雷平时关系密切，而窝阔台和察合台又关系很好，在黄金家族中就自然形成了拖雷系和窝阔台系两大派系。父辈的隔阂同样传给了儿子，尤其是拖雷之死，使拔都与窝阔台系的关系更是到了水火不相容的地步。

贵由即位后，逐渐清除了乃马真后的一些势力，汗位坐稳后，贵由始终不忘的就是远在西域的钦察汗国的拔都。元定宗二年（1247年）冬，蒙古大汗贵由突然"病倒了"。他说："当新春到来时，叶密立的空气合乎我的天性，内蒙古科左中旗六家子鲜卑墓群那里的水也对我的病有利。"为了掩饰他西巡的真实目的，他派出亲信到处散布大汗要率大军西巡，到其原来的潜邸叶密立（今新疆额敏附近）去休养，其大将野里只吉率十几万大军先行。

唆鲁禾帖尼王妃和忽必烈兄弟得到密报，认为"他的仓促出行并非别无用意"，西巡的目的显然是要袭击其政敌——钦察汗国的可汗拔都。于是唆鲁禾帖尼王妃立即派出密使向拔都通报了这一消息。拔都接到情报后，决定"守着边境，武装起来，准备与他作战"。但是被他手下的谋士阻止。谋士说贵由自己送上门来，我们就以欢迎大汗为名前去迎接，再送上各种礼物，贵由是匹夫之勇，必然认为我们臣服于他，对我们不加怀疑。趁着贵由不加防备，暗中将其除掉，这样比刀兵相见除掉他要容易得多。拔都听后连连称是，即照此计布置下去。

第二年三月，贵由大军到达横相乙儿之地（今新疆青河东南），贵由却溘然长逝,一场战争避免了。这一事件,实质上是维护蒙古帝国的统一和主张几大汗国的独立两条政治路线的斗争。拔都从钦察汗国的实际和术赤系诸王的利益出发,对贵由大汗干预各汗国内政的行为不满,要求有更大的独立性甚至走上独立发展的道路。因此,他本能地反抗贵由汗加强蒙古汗国统一的措施,故而双方之间的矛盾和冲突是不可避免的。对于贵由的突然死亡,史书上有几种不同的说法:

元定宗三年(1248年)三月下旬,贵由大军来到新疆青河县南部,只见沿途百姓和拔都的军队都打着朝觐大汗的旗号,贵由生性鲁莽,自以为拔都是真心欢迎他这个蒙古大汗的,自然放松了警惕。拔都让自己的弟弟提堪带着礼物和美女10名前去与贵由相见,说拔都和贵由都是成吉思汗的孙子,虽然平时有些争执,但是亲情还是有的,所以拔都欢迎大汗到西方来巡视。贵由以为拔都已经臣服,就与提堪当晚在帐中饮酒作乐,深夜时分,贵由烂醉如泥,抱着美女倒在帐中。美女乃是拔都安排的训练有素的刺客,趁此良机将贵由刺杀然后连夜返回拔都大营。贵由就这样在不知不觉中做了死鬼。后来有谣传说拔都在贵由的食物中下毒,贵由吃了有毒的食物中毒身亡。还有的说提堪在帐中与贵由发生口角,两人拔刀将对方互相刺死,但是这两种说法都站不住脚。贵由死后拔都力挺蒙哥即位,这样拖雷的儿子蒙哥就成了蒙古大汗。而贵由被刺杀案也就成了千古悬案,后人无法知道当时的真相了。

安德鲁修士说:"贵由是由于服用了送来的某些药而死去的,一般怀疑这是拔都干的。但是,我听到的却是另一个故事。贵由曾经召拔都前来朝见,以对他表示臣服,拔都当即举行了盛大的仪式,启程出发。然而,拔都和他的部下非常害怕,因此派他一个名叫思梯坎(昔班)的兄弟先行。当思梯坎到达贵由那里,并且正要向他献盏时,发生了争吵,他们两人互相把对方杀死了。"以上两种说法,一是说贵由服用了拔都给他的"某些药而死去",二是说贵由是与拔都之弟昔班在大帐决斗而同时毙命。《出使蒙古记》的作者还写道,当他们途经钦察汗国时,"这位思梯坎的寡妇挽留我们一整天,以便我们能够进入他们的帐篷并为她祝福,也就是说,为她祈祷"。由此可

见，他们可能是直接从昔班的寡妇那里听到的后一种说法，应该说是当时的第一手材料或重要旁证，因此具有更大的可信性。

其实，在定宗之前，太宗（窝阔台）也是与人饮酒后死在睡梦中，由于实在找不出有谋害的理由，才以饮酒过多去世勉强确定了死因。

阿里木哥在与哥哥忽必烈争夺汗王失败后，走投无路的他只好归顺了忽必烈。一年后，阿里木哥就离奇地病死。已经关在笼子里的猎物，要想让他死，完全可以做到天衣无缝。

亲情在这个时候只是被利用的工具，贵由就是因为受拔都的亲情的迷惑，才贸然与拔都的弟弟思梯坎相见，并且与他饮酒作乐，致使自己丢掉了性命。贵由终年43岁，庙号定宗，追谥为简平皇。

贵由墓葬究竟在哪里

青河，正如它那美丽的名字"青格里"（蒙语：美丽清澈的河），位于阿尔泰山东南麓。几千年来，由冰山雪水融汇而成的大、小青格里河、查干河、布尔根河与乌伦古河，就像五条银色的绸带镶嵌在辽阔的青格里草原上，清澈的河水不仅孕育了青河肥沃的黑土地，成千上万亩连片分布的白桦林和多种珍稀的野生动、植物，也养育了以哈萨克族牧民为主的勤劳善良、热情好客、民风淳朴的青河儿女，使青河成为物华天宝的风水宝地。青河深藏在阿尔泰山中，蕴藏着无尽的宝藏。它与草原丝绸之路、蒙元帝国史诗般的历程和神秘的文化现象紧密地联系在一起。近年来，考古学家发现青河境内的一座巨石陵冢，它气势宏伟，是新疆境内古代游牧人陵墓中最大的一座。虽然古代游牧民早已作古，却在三道海子留下了巨大而神秘的古堆墓。目前，青河三道海子墓葬及草原鹿石已被国务院批准列为国家第五批重点文物保护单位。

根据历史记载，成吉思汗铁木真及后人率领蒙古大军曾多次跨过阿山，西征东欧、中西亚，青河县则是必经之道。因而这里留下了与成吉思汗及其他蒙古汗王有关的大量文化遗迹。特别是三道海子被当地人称为"敖石"

的石堆墓造型独特,规模宏大,一直被当地传说为成吉思汗的墓地。

三道海子所处的谷地为古冰川经过的"U"型谷地,视野开阔,水草丰茂,地理位置显要。石堆墓体矗立于其中,显得神秘而威严。这是由大小基本一致的石片所砌成。从东面方向侧切,可见石堆成不规则的梯形体,东面较缓,西面较陡。石堆体四周都用石块下挖铺成一个包围石堆的圆圈,圆圈形状如车轮,墓体在车轴位置,石堆外围圈的北面,用石块铺成一个奇怪的形似某种象征符号的水平图案。在墓边片石圈外有一个由下沉片石圈和片石路组成的外圈,外圈到墓体边石圈有4条石路相通,墓体向外辐射犹如太阳放射般的光芒。在花海子与中海子之间有一条河流相通,其地表平坦,坡降度较小,秋季水面几乎处于静止状态,石堆墓两边的河流宽约12米左右,经探测,发现河流两岸陡峭,在离河流两岸不到50厘米的地方的河底平坦,有石板铺砌的现象,水深至人胸部。由此可以推断,此河虽是自然河流,但经过人工加工、修筑,形成半自然、半人工的护陵河。

青河三道海子石堆墓到底是不是成吉思汗的奉安之地呢?这里若不是成吉思汗陵墓,那到底是蒙元王朝哪个汗位的陵墓?

新生代探秘者说——一代天骄葬于青河大山中。青河三道海子及其附近,有成吉思汗西征时开辟的四车道栈道,有成吉思汗当年驻扎军帐的遗迹、烽火台,还有其父也速该的拴马桩和山洞石榻,等等。因此,青河和其出生地克鲁伦河畔均应是成吉思汗的故乡。法国传教士鲁不鲁乞在他的行记里记载:"无论他及他的子孙卒于哪里,只要能办得到,总要想方设法把他们运到这里安葬。"元史上透露这个神秘的地方叫起辇谷。这个神秘的地方究竟在何方,历史上说法五花八门。据《元史·太祖纪》中记载"葬起辇谷"就是青河三道海子附近。

然而民间传说——大汗葬于蒙古国萨里川。据说成吉思汗选定两处安息之地。一处在三河源头的不儿罕山(今蒙古国境内的肯特山)中,成吉思汗有一次去距他出生地有6天路程的萨里川打猎,发现有棵孤树,便脱口说道"这个地方做我的墓地倒挺合适!"另一处是他在西征途经伊金霍洛,见这里水草肥美,花鹿出没,便随口说出"花角金鹿栖息之所,戴胜鸟儿育雏之乡,衰落王朝振兴之地,白发老翁享乐之邦"。并说"将来欲葬于此地"。后来成吉思汗远征西夏时病死途中,诸子和诸将先后决定将遗体葬在萨里川,在伊金霍洛葬衣冠。又说是路经伊金霍洛灵车突陷泥潭中,用五匹马拉纹丝不动。大家便以此为衣冠冢,建陵园。

马可·波罗说——成吉思汗奉安阿尔泰山。十三世纪意大利探险家、商人马可·波罗来到中国,与忽必烈大汗共事整整17年,其间当过监察员、情报员、总督。他在《马可·波罗游记》中写道:"成吉思汗在一次围攻泰津(吉州)战役中,膝部中了毒箭,因伤势过重而与世长辞,遗体奉安在阿尔泰山上。"又据《蒙古源流》载成吉思汗死后"乃葬主上之金身于阿勒泰山阴,肯特山阳,也客斡特之地"。

史学者说——成吉思汗墓地被万马踏平或栽成密林。据《蒙古秘史》记载,蒙古皇族下葬后,先用儿百匹战马将墓上的地表踏平,再种植树木,直到地表不露任何痕迹方可离开,知情者则会惨遭杀戮。据叶子奇《草木子》记载,汗陵"以万马蹂之使平。杀骆驼其子于其上,以千骑守之,来岁春草既生,则移帐散去"。另据冯一鹏《塞外杂识》载:"无人知陵墓所在,不令人知,葬后必驱万骑踏之使平,至草长无迹乃已。"

因此说青河三道海子石堆墓就不应该是成吉思汗的陵墓了。

经多方论证,追溯和考证历史资料,专家们一致否定这里是成吉思汗的墓穴,断定三道海子石堆墓为成吉思汗之孙、蒙古帝国第三位大汗贵由汗之陵墓。

《元史》《蒙古秘史》都记载贵由汗死亡之地在横相乙儿,《中国历史地图集》将横相乙儿标在青河县境内以南的布尔根河与青格里河汇合处附近。也就是查干郭勒三道海子附近,即乌伦古河上游支流小青格里河的源头。贵由汗死于横相乙儿,但死后身葬何处,史书中各有记载。

拉施特的《史集》中记载,贵由汗死后,按照斡兀立海迷失的懿旨,贵由汗的灵柩运到了他的斡再杂(帐殿)的所在地叶密立。据《西域地名》解释:叶密立即今新疆的额敏县。贵由汗此次率兵西征,意欲突袭钦察汗国之地。而叶密立在钦察汗国之地,贵由汗素与拔都不和,其死后不可能将灵柩运往叶密立的。

所以，贵由汗尸葬何处的最好解释，就是在他的死亡之地横相乙儿——青河三道海子。那巨大的石堆墓——阿勒泰青河县境内那神秘的皇陵，应该就是蒙古帝国第三代大汗贵由汗的墓地了。

蒙哥是如何继汗位的

窝阔台做大汗的第七年，俄罗斯诸部起来反抗。窝阔台听从察合台的意见，命令诸王、驸马、万户、千户各派长子出征。因为每个长子麾下都是兵众将广，所以实力特别强大，总兵力大约是 15 万人。这次西征称为"长子远征"。拔都是术赤的继承人，是长子中的长子，所以由他担任统帅。察合台部派长子莫图根的长子不里统军，窝阔台部由长子贵由统军，拖雷部由长子蒙哥统军。统军的是长子，但别的儿子也有不少参加远征的。

大军西征，势如破竹，平定了钦察、北俄罗斯、南俄罗斯，攻克莫斯科、基辅等大城。在征服俄罗斯等 11 个国家之后，拔都决定分兵三路西征，于是搭起大帐设宴，但是在宴会中却发生了一场大争吵。拔都是长兄，又是大军统帅，宴会还没有开始，便拿起酒杯来先饮了几杯。察合台的孙子不里、窝阔台的儿子贵由对此十分不满，吵嚷起来。不里骂道："拔都为什么先饮酒？他自以为是元帅，其实是个生胡子的婆娘，早就该将他踏在脚底下。"贵由说："这是个带弓箭的婆娘，我们二人早就该用棍子狠狠地打他一顿。"还有一个大将附和二人。大吵之后，宴会不欢而散。

他们为什么骂拔都是"婆娘"？拔都很会打仗，对待部下将士很好，人人叫他为"赛因汗"。"赛因"在蒙古话里是"好"的意思，说他是"好王子"。不里和贵由对部下却很凶，他们觉得拔都婆婆妈妈，不够威风，像个女人。更重要的原因，是察合台系和窝阔台系的王子们心中对术赤系的王子瞧不起，总觉得术赤并不是成吉思汗的亲儿子。

拔都派人去禀告了大汗，窝阔台很是恼怒，等贵由回来朝觐报告战况时，痛骂他："听说你在出征途中，把有屁股的人都打了屁股，把军人的脸都丢光了。你自以为征服了俄罗斯,就可对兄长不敬吗?其实那又不是你的功劳。"骂完便把他送去给拔都处分,把不里交给察合台处分。

拔都自然不敢当真处分大汗的儿子贵由,但这场怨仇互相结得很深。拔都与贵由、不里两人争吵后,兵分三路:北路军察合台部队,由察合台的另一个儿子贝达尔任统帅,攻打波兰;中路军术赤部队,由拔都自己任统帅,攻打匈牙利;南路军窝阔台部队,由大将速不台及窝阔台另一个儿子合丹(贵由的弟弟)共任统帅。北路军击溃波兰大军,打得波兰王布莱斯狼狈逃命。继而渡过奥德河,在莘尔斯达特大平原遭遇波兰日耳曼联军。一场大战,波德联军全军覆没。这是世界史上有名的一个战役。中路军和南路军也都取得节节胜利,北、中、南三路军队在多瑙河畔会师,拔都大军一路打到亚德里亚海的威尼斯国边界,另一路打到离维也纳30里的地方,正要征服全欧洲,忽然接到窝阔台大汗逝世的消息,于是拔都下令班师。

这次西征一共打了6年,吓得欧洲人心惊胆破,称之为"黄祸"。拔都班师回到俄罗斯,在自己汗国都城中驻守。从东到西,几万里的大片土地都是他的势力范围,他统治的钦察汗国,欧洲人称为金帐汗国。俄罗斯王侯在金帐前战栗听命,达400年之久。当元朝在中国的统治结束后,金帐汗国仍然统治着俄罗斯。直到16世纪中叶,俄国彼得大帝兴起,蒙古人在俄国的统治才逐渐衰退乃至消失。

由于鄂尔达让位给拔都,所以拔都将东方锡尔河一带地方分给了他,鄂尔达遂建立了"白帐汗国"。拔都的弟弟昔班(术赤第五个儿子)西征有功,拔都也分给他一片领地,建立的汗国叫作"青帐汗国"。这两个汗国都远不及金帐汗国重要。

窝阔台死后,皇后和诸王大臣召开"库里尔台"大会。几次召拔都来参加,拔都始终不来。大会决定立窝阔台的长子贵由接位。贵由做了大汗,便要统兵去征讨拔都,朝中大臣极力劝阻,他才打消了这个主意。贵由喜欢喝酒,手足有痉挛病,接位后第三年春天就死了。

短命的贵由死后,王公大将召开"库里尔台"大会,推举大汗。大会的地点设在拔都所管辖的地方,会上王公大将都推举拔都,因为在成吉思汗的许多孙子中，拔都年纪最长，兵力强盛，西征的威名很大，仁慈而得人心。何况大会是在他的势力范围之内举行呢！然而拔都不肯当大汗，极力主张由拖雷的长子蒙哥接位。拔都很精明，知道自己如做大汗，另外三系会联合起来反对，自己寡不敌众，一定抵挡不住。蒙哥在西征之时和拔都很合作，堂兄弟间感情很好。察合台系的不里、窝阔台系的贵由联合起来反对拔都，拖雷系的蒙哥却一直支持统帅拔都。库里尔台大会尊重拔都的意见，推举蒙哥当大汗。

这时朝中大权是在贵由的皇后海迷失手里。她想叫自己的儿子做大汗，派人去对拔都说："大会向来是在东方蒙古本部举行的，这次在西方开，不合祖宗规矩，而且许多王公大将都没有参加，会议的决定不能算数。"拔都说："那么明年在东方再开大会好了。"

到了第二年，拔都派自己的弟弟统领大军，护送蒙哥到蒙古本部开会，自己驻在西方做后援。开大会之时，窝阔台与察合台两个系统的王公知道争不过拔都和蒙哥，都不到会，拔都传下命令：哪一个不遵从大会决定，国法处置。术赤和拖雷两个系统的兵力很强，两系联合，窝阔台系和察合台系的力量及不上。蒙哥做大汗的决定，在东方的大会中又通过了。国家大权于是从窝阔台系手里转移到了拖雷系的手里。

蒙哥汗时的教派辩论内幕

成吉思汗时期，全真道教领袖丘处机不远万里，西行拜见成吉思汗。成吉思汗与丘处机坐而论道，对丘处机大为赏识，令他统领道教事务。自此，全真道教凭借着蒙古汗廷的支持，势力逐渐壮大。1227年丘处机死后，门人尹志平、李志常相继掌管全真道教。伴随全真道教的兴起，全真教广建道观、刊行道藏、招徕门徒，每至盛会，参与者甚至有数万之众。道教势力的扩张，势必会在蒙古宫廷内招致其他教派的不满。蒙古宫廷内部聚集着一批伊斯兰教徒和基督教徒，他们都设法对蒙古大汗及蒙古权贵施加影响。同在蒙古宫廷中的各教派之间常会产生交锋或矛盾。蒙哥汗在位前期，就曾组织过基督教徒、伊斯兰教徒、道教徒进行辩论。

法国传教士鲁不鲁乞就参与了这场辩论。当时蒙哥汗通知鲁不鲁乞，说希望基督教徒、伊斯兰教徒以及道人能在一起举行一场辩论，并解释说："你们之中每一个人都宣称，他的教规是最好的，他的文献——即他的书籍——是最正确的。"鲁不鲁乞主张在辩论时基督教徒应该联合伊斯兰教徒共同反对道士，因为不管是基督教徒还是伊斯兰教徒，都承认只有一个上帝。因此当辩论开始时，鲁不鲁乞代表基督教徒辩论，并要求首先与道士们辩论。而"道士们——他们有许多人聚集在那里——开始嘟囔着埋怨蒙哥汗，说以前从来没有任何大汗企图发现他们的秘密"。于是道士们推选一个契丹人来与鲁不鲁乞辩论。道士们希望辩论的题目是"世界是怎样创造出来的"或者"人死以后灵魂的遭遇怎样"。鲁不鲁乞则坚决反对，他认为应该辩论上帝的问题。蒙古宫廷裁定辩论的题目是上帝的问题，这样道士们在辩论题目的选择上就首先处于被动的局面，因为讨论上帝的问题是基督教徒的强项。结果道士们在与鲁不鲁乞的辩论中失败了，而伊斯兰教徒则赞同鲁不鲁乞的意见，不愿再进行辩论。在这场辩论之后，基督教徒和伊斯兰教徒都高声歌唱，而道士们则保持沉默。但这场辩论更多是讨论性的，没有上升到政治的层面，蒙哥汗也没有因此对道士们进行惩罚。蒙哥汗在辩论开始之前就命令辩论中不得"妄加议论"，"不得争吵或侮辱对方，不得引起骚动以致妨碍辩论之进行，违者处死刑"。

其实，蒙古国时期教派之间的冲突主要是在道教和佛教之间。事件的缘起是蒙古国时期全真道教凭借着蒙廷的支持，不断打压佛教以及儒学。全真道教在地方上毁坏释迦牟尼的佛像以及白玉观舍利宝塔，占据大批佛寺，印发贬抑佛教的伪经《老子化胡经》，还将西京天城夫子庙改为道观，气焰十分嚣张。全真道教宗师所到之处，应者云集，"望尘迎拜者日千万计，贡物如山"。全真教会葬王重阳祖师之际，"四方道俗云集，常数万人"。面对全真道教在地方的崛起，蒙古统治者渐起戒备之心，试图找机会打击全真道教。恰好少林长老前往汗廷向蒙哥汗告发了道教欺压佛教的种种行径，于是蒙哥汗令道士与佛教徒进行辩论，由于蒙哥汗明显偏袒佛教，结果全真道

中华宫廷秘史

教在这场辩论中败下阵来。蒙哥汗命令全真道教归还侵占佛寺，焚毁伪经《老子化胡经》。

不肯服输的全真教徒在蒙哥汗统治后期，由蒙哥汗弟弟忽必烈主持，又与佛教徒进行了一场辩论，结果同样是全真道教惨败。自此全真道教的地位大为削弱。正如有的学者指出的那样，宗教派别之间的争权夺利并不是全真道教遭遇厄运的主要原因，根本原因在于伴随着蒙古政权对汉地统治的日渐巩固，全真道教在帮助统治者稳定政权方面的作用有所弱化，而蒙古统治者对全真道教势力的急剧发展有了戒备之心。对待不同宗教，蒙古统治者往往能够兼收并蓄。据载，成吉思汗"因为不信宗教，不崇奉教义，所以，他没有偏见，不舍一种而取另一种，也不尊此而抑彼；不如说，他尊敬的是各教中有学识的、虔诚的人……他的子孙中，好些已各按所好，选择一种宗教……他们虽然选择一种宗教，但大多不露任何宗教狂热，不违背成吉思汗的札撒，也就是说，对各教一视同仁，不分彼此"。看来，蒙哥汗对全真道教的打压更多是出于政治上的考虑，而非教义。

蒙哥汗与忽必烈

1251 年阴历六月，蒙哥汗即位伊始，便任命同母弟忽必烈总领漠南汉地的军民事务，忽必烈随即南驻漠南爪忽都之地。其实早在蒙哥汗即位以前，忽必烈便"思大有为于天下"，延请、召集"藩府旧臣及四方文学之士"，咨询治国之道。大约从此时开始，忽必烈对儒学和汉法有了一定的了解。也正是有了大批儒士谋臣的辅佐，才使得忽必烈在各种政治事件中运筹帷幄，应付自如。在汉族谋臣姚枢的建言下，忽必烈主动奏请蒙哥汗将自己总领漠南汉地军民事务的权限缩小为只掌军事，避免将来引起蒙哥汗猜疑。正如姚枢所言，"今天下土地之广，人民之殷，财赋之阜，有加汉地者乎？军民吾尽有之，天子何为？异时廷臣间之，必悔而见夺。不若惟持兵权，供亿之需取之有司，则势顺理安"。

1252 年至 1253 年忽必烈奉命统兵征服大理，从而开辟了从西南包抄南

元宫秘史

宋的又一战场,这也为忽必烈奠定了在蒙廷中的地位和威望。1256 年,忽必烈命令藩邸旧臣,善于占卜的刘秉忠在漠南金莲川之地修筑开平城(位于今内蒙古正蓝旗境内),作为自己在漠南的固定驻所,这说明忽必烈有意长期致力于漠南汉地事务。在藩府旧臣的建议下,忽必烈开始了改革蒙古旧制、以汉法治汉地的尝试。他奏准设置了邢州安抚司、河南经略司和京兆宣抚司等机构,荐举名士及藩府旧臣担任这些机构的主要官员,惩办贪官,申明法制,奖励农桑,均平赋税。忽必烈以汉法治汉地的改革尝试,成效显著,很得中原人心,更是受到了汉地士大夫的普遍赞誉。但忽必烈对汉地的经营,此时已经扩大到理民领域,于是 1251 年他受命伊始,谋臣姚枢的担忧应验了。

忽必烈对汉地的经营及势力的急剧扩张都为政敌提供了攻击的借口,同时也必然会招致蒙哥汗的猜忌。结果忽必烈被告发,其罪名主要是“王府得中土心”“王府诸臣多擅权为奸利事”。1257 年春,蒙哥汗派亲信阿蓝答儿、刘太平等前往河南、陕西等地钩考财赋的出入盈亏,忽必烈在汉地设置的安抚司、经略司、宣抚司等机构也被撤销,他起用的很多藩邸旧臣均受到了追查、严惩。同时,蒙哥汗剥夺了忽必烈的统军权。对此,忽必烈一开始颇为不满,但谋臣姚枢则规劝忽必烈亲自朝见蒙哥汗,以消除蒙哥汗猜忌。忽必烈在经过慎重考虑后决定采纳姚枢的建议。忽必烈先是派出使节将朝见一事告知蒙哥汗,蒙哥汗一开始并不相信,怕忽必烈图谋不轨,便没有同意让忽必烈前来朝见。随后,忽必烈又派去了使节,请求朝见,这时才得到蒙哥汗同意,但蒙哥汗仍持十分谨慎的态度,让忽必烈留下辎重,日行二百里,乘驿传觐见。等到蒙哥汗见到忽必烈,便开始消除对忽必烈的猜忌,数次为忽必烈斟酒,没等忽必烈有所陈奏就废止了钩考,兄弟二人都流下了伤感的泪水。

大约在蒙哥汗开始对汉地进行钩考之际,他做出了一个重要的决定,那就是亲自统军攻打南宋。蒙军准备兵分三路,从东、西、南三面发动攻击。东路军由蒙古东道诸王斡惕赤斤家族的首领塔察儿率领进攻襄樊,这支军队也是蒙军攻宋的先头部队;西路军由自己亲自率领进攻川蜀;南路军则由兀良合台率领云南蒙古军和收编的少数民族军队,经广西、贵州进攻潭州(治今长沙)。蒙哥汗宣谕道:"忽必烈合罕腿有病,他以前已率师远征,平定作乱地区,今可让他留在家中静养。"于是忽必烈便遵照蒙哥汗旨意,在自己的帐殿中,即在蒙古斯坦的哈剌温一只敦(即大兴安岭)地方休息。蒙哥汗将长期主管漠南汉地军国事务的忽必烈排除在征伐南宋的计划之外,这表明蒙哥汗仍没有完全消除对忽必烈的疑虑,至于忽必烈患有脚疾,只不过是个托辞罢了。

不过,蒙哥汗亲自发动的征宋战争一开始就不顺利。蒙哥汗欲塔察儿率领东路军首先从正面进攻南宋,自己则在侧面包抄,不料塔察儿率领大军在围攻襄阳和樊城一周而不能攻克后,竟然退回自己的营地驻屯下来。对此,蒙哥汗十分恼怒,并派人通知塔察儿等说:"你们回来时,我要下令狠狠地惩罚你们。"塔察儿出乎意料撤退让蒙哥汗有点措手不及,不得不起用没有预定远征的忽必烈。正如文献中所载,"一年后,塔察儿那颜及左翼诸宗王远征南家思(即南宋)无功而还。蒙哥合罕降旨责问他们,对他们动了怒,并降下了这样一道必须严格执行的诏旨:忽必烈合罕奏告说'腿疾已愈,怎能坐视蒙哥合罕出征,而自己家居休息',今可让他率领塔察儿那颜的军队向南家思边境推进。"这样,忽必烈得以重新掌握军权。或许由于重新编制军队需要一定的时间,且要避开炎热的夏季,做好充分的战争准备,忽必烈在接受统军南征的命令后,率军南下的速度十分缓慢。忽必烈从漠南开平出发,到渡过淮河进入作战前线,用了约九个月的时间,或许心中对蒙哥汗仍有怨恨,故忽必烈有意拖延,借此观望战局发展。而《史集》中则对忽必烈受命后的行动做了粉饰,着重突出忽必烈积极赴命、英勇作战的形象。下面是对此事的记载:"圣旨到达后,忽必烈合罕奏告:'我的脚已经养好了,我的长兄率领军队出征,而我在家里坐视,[这]怎么能行呢?'他立即骑上马,启程前往南家思。由于路途漫长、行军艰难,该国又举国为敌、气候恶劣,他们每天都要打两三次仗,以解救自己,就[这样]行进,直到进抵鄂州城下为止。他们围攻该城,直到他们的十万[军队]剩下不到两[万]人为止。"由于忽必烈行军缓慢,蒙哥汗不得不先行攻宋,不料在四川合州附近的钓鱼山城遇到宋军的顽强抵抗。从1259年的阴历二月到七月,蒙古大军连续进攻钓鱼城五个月,损兵折将,未能攻破该城。1259年阴历七月,一心想要一举攻取南宋的蒙哥汗病死在钓鱼城附近的军营中。蒙哥汗死后,统军征宋并手握重兵的忽必烈与留守漠北的幼弟阿里不哥都觊觎汗位,于是两人之间不久即爆发了争夺汗位的斗争。

蒙哥汗屯兵六盘山

1257年春,蒙哥汗决定亲征南宋,在经过一系列的准备后,1258年阴历四月,蒙哥汗驻跸六盘山,准备从四川攻宋。同年七月,炎热的夏季刚过,蒙哥汗便留辎重于六盘山,正式率军对南宋发动进攻。一年后,1259年七月,蒙哥汗病死于征宋战争前线四川合州附近的钓鱼山。值得注意的是,就在蒙哥汗统率大军艰苦作战的同时,在六盘山一带却屯驻了大量蒙古骑兵,由大将浑答海率领。

浑答海留屯六盘山骑兵的具体数目,有的史料记载是两万,有的史料记载是四万。但据《元史·宪宗本纪》,1258年四月蒙哥汗统军至六盘山之时,军队总数为四万,号称十万,这四万军队估计当以骑兵为主。虽然蒙哥汗驻跸六盘山之时,下诏"发民为兵",但估计新征发的军队当主要以步兵为主,且数量不会特别巨大。这样一来,问题便较为清楚了。驻屯六盘山的骑兵大致为二万,占到了蒙哥汗一开始南下军队的一半。从兵种上看,这两万骑兵应以蒙古军队为主。浑答海统领驻屯六盘山的两万骑兵,是一支举足轻重的武装力量。正因为如此,当忽必烈与阿里不哥争夺汗位,而浑答海两万骑兵又倒向阿里不哥之时,忽必烈的重要谋臣廉希宪对蒙古官八春讲:"六盘兵精,勿与争锋,但张声势,使不得东,则大事济矣"。忽必烈的另一谋臣赵良弼也讲"浑都海屯军六盘,士马精强,咸思北归"。

这样就出现二个问题:一,蒙哥汗大举征宋,是不是需要留成如此庞大的军队在六盘山?二,六盘山距离征宋前线的长江一线尚有较远距离,其间险要之处颇多,为何一定要把军队屯驻在六盘山呢?如此一来,单纯把六盘山蒙古戍军看成是蒙哥汗征宋的后援或后方就不十分准确了。要解开蒙哥汗为何屯戍重兵于六盘山这个谜团，就必须从当时的政治大背景来考察。

事实上，蒙哥汗做出亲征南宋的决定，与派人对陕西、河南等地进行钩考，几乎是在同一时间。也就是说蒙哥汗出征既有提高自己大汗威望的用意，又有剥夺忽必烈统军征宋特权的目的。果然，在蒙哥汗最初拟定的征宋计划中，忽必烈被排除在外。蒙哥汗为什么非要从四川地区发动对南宋的征伐呢？推测蒙哥汗主要想避开南宋的主力部队，把这一最艰巨的

蒙哥汗

任务交给其他人。急于求成的蒙哥汗试图通过侧面包抄的办法一举突破南宋防线。日本学者杉山正明强调蒙哥汗原本只考虑在后方遥控，只是由于塔察儿的意外撤退，而忽必烈接收塔察儿的部队需要一定的时间，才被迫自己进入攻宋的前线。从当时战争的安排和进程上看，杉山先生的说法有一定的道理，不过这也只是一种推论而已。其实就当时的形势来看，还可以做出另一个推论，那就是蒙哥汗让塔察儿首先从正面冲击和消耗南宋军事力量，自己则随后从四川方面发动进攻。但事态的发展正如杉山先生所言，由于塔察儿的意外撤退，而忽必烈行军过于迟缓，蒙哥汗统领的西路军被迫成为攻打南宋的主力和先头部队。

不过，杉山先生进一步认为："蒙哥主力部队所担当的四川方面，本来是正应当分配给忽必烈的地域。也许蒙哥南伐的目的之一，就在于接收忽必烈的关中王国吧。"1253 年蒙哥汗将京兆之地分封给忽必烈，随后又增赐忽必烈河南怀孟之地，忽必烈又奏请在这些地区享有便宜治理的特权。如此，杉山先生的说法不无道理。但考虑到蒙哥汗已派亲信在关中地区进行过钩考，忽必烈的势力已基本被排挤出关中地区，在上述背景下，我们再联系蒙哥汗与忽必烈矛盾的化解以及忽必烈的重新被起用，可以认为蒙哥汗在征伐南宋之时屯精兵于六盘山并非仅仅要控制关中地区以削弱忽必烈在该地

元宫秘史

区的政治影响。

六盘山位于今宁夏、甘肃、陕西的交界地带,由此向东是辽阔的关中平原,向西主要是统领二十余州的巩昌路便宜都总帅府的辖地,向北则是河西地区以及蒙古草原,向南则是征宋前线。由此可见,六盘山的地理位置十分重要,既可以充当征宋的后方基地,又可以控制秦陇,与蒙古草原留守军队连成一片。元代的史料中也称六盘山"介乎凉陇羌浑之交","为高昌要冲"。同时六盘山地势险要,夏季山高凉爽,是蒙古军队理想的驻屯避暑之所。正因如此,成吉思汗攻打西夏以及忽必烈南征大理都曾在这里驻屯避暑。

六盘山战略地理位置如此重要,蒙哥汗征伐南宋之时屯重兵于此,除作为战争后方基地外,更为了牢牢掌握对帝国的控制权,防止和应对后方的政治变动。前已述及,大蒙古国汗位传至蒙哥汗,帝国内政治斗争日趋尖锐,故当蒙哥汗看到忽必烈在漠南汉地急剧扩张势力时,才会做出激烈的反应,当然这其中不乏大臣的离间,但蒙哥汗担心汗位受到威胁的心理无疑是决定性因素。

以六盘山为中心的关中、河西等地区恰恰是蒙古诸王封地较为集中的地区。在忽必烈受封京兆以前,蒙古诸王就在该地扩张势力、瓜分利益,当时"京兆控制陇蜀,诸王贵藩分布左右,民杂羌戎,尤号难治"。原西夏旧地河西一带则分布着窝阔台汗之子阔端一系的封地。在窝阔台汗、贵由汗时期,阔端还受命"镇西土"。此"西土"包括从河西瓜沙二州直至陕西全境的广大地区。蒙哥汗即位后,"当窝阔台合罕家族的成员谋叛蒙哥合罕时,他们的军队都被夺走了,除阔端诸子的[军队]以外,全都被分配掉了",这主要是因为阔端诸子与蒙哥汗的关系较为融洽并且没有参与反对蒙哥汗的政变。随着忽必烈受封关中以及蒙哥汗对窝阔台系的打压,阔端诸子在河西一带的封地和特权无疑都大大缩小了。即便如此,蒙哥汗仍然对阔端系诸王保持着警惕,因为他们毕竟是此时最有势力的窝阔台后王了,忽必烈受封关中可能就有监控阔端系诸王的意图。

其实不仅关中、河西一带形势复杂,刚刚化解与蒙哥汗矛盾的忽必烈以及漠北的政治形势等等,均是蒙哥汗离开漠北远征南宋之时所不能完全放心的。忽必烈在接到代替诸王塔察儿统军南征的命令后,率军南下的速度十分缓慢,这使蒙哥汗不得不先行与南宋军队作战。其实,早在蒙哥汗最初南下之时,忽必烈及其谋臣已经注意到蒙哥汗攻打南宋缺乏精心的准备,过于急于求成,对其结果也不甚乐观。不管怎样,蒙哥汗对忽必烈迟缓的军事行动不能不有所猜疑,也正因如此,刚刚进入作战前线的忽必烈在得知蒙哥汗去世的消息后,并没有急于撤兵去争夺大汗之位,反而做出姿态,大举进攻南宋以提高自己的威望,牢牢控制手中大军。

可见,蒙哥汗屯精兵于六盘山的目的主要是作为征伐南宋的后援以及出于控制蒙古帝国形势的需要,而后者可能是更主要的目的。蒙哥汗屯兵六盘山并非仅仅针对忽必烈在关中的势力,但蒙哥汗并没有放松对忽必烈以及其他蒙古帝国内部潜在威胁的警惕,而六盘山独特的战略地理位置使其成为蒙哥汗屯兵后方的首选。

蒙哥命绝钓鱼城

公元 1258 年八九月份,元宪宗蒙哥大汗下令三路大军进攻宋朝。蒙哥汗亲自率领西路军,由陕西进攻四川;东道诸王塔察儿率领东路军,从河南进攻荆襄;兀良合台率领南路军,由云南出兵广西沿湖南北上,进攻檀州,意在与东路军会师于鄂州。蒙哥汗的西路军是三路大军的主力,麾下有大将纽邻任先锋,汗长子阿速台、亲王木哥、万户孛里叉、大将哈剌不花、乞台不花、浑都海,汉军万户刘太平、史天泽、刘黑马,汪古部大将汪德臣、汪良臣、汪惟正等随军参战,率军总数约 10 万人左右。战争一开始,西路军进军相当顺利,先锋纽邻在乞台不花、刘黑马等将领的协助下,在遂宁大败南宋刘整的军队,不久占领了四川重镇成都。纽邻令刘黑马留守成都,自己与副将乞台不花等率 15000 骑兵沿沱江南下,进攻叙州,活捉宋将张实。然后沿长江顺流而下,至涪江,造浮桥,驻军桥南北,阻止南宋援军。蒙哥接到捷报,立即率主力由陇州入大散关,让木哥率军由泽州入米仓关,万户孛里叉率军

由渔关入沔州。当年十月，就进驻利州北山，与前锋军的利州守将汪德臣兄弟会合，准备在嘉陵江、白水的汇合处渡江。十一月，蒙哥的中路军进至大获山，宋将杨大渊率众投降。兀良合台的南路军则不断遇到南宋军民的英勇抵抗，好不容易兵抵檀州，蒙古军队攻城失利，士兵伤亡惨重，进展困难。东路军的进展更不顺利，塔察儿等诸王习惯于烧杀抢掠，将士任意掠夺，引起南宋军民的极大反感，一年多竟然没有攻下一座城池。当其进至郢州时，受到宋军张世杰部坚决阻击，只好退兵。

钓鱼城

　　郝经对于蒙哥南征拟写了《东师议》提交给忽必烈，忽必烈的谋士们在开平宫中进行了议论。对南下攻宋提出了不同意见。郝经是个儒生，并无作战经验，但他出语惊人，立即引起了忽必烈及众人的重视。他说：我蒙古军队以往之所以能所向无敌，一是靠蒙古铁骑披坚执锐，二是靠出奇制胜。所谓"奇"，即能出其不意，攻其不备。而这次蒙哥汗亲征四川，一来铁骑在水乡不能展其所长，二来六师雷动，实际上是舍奇而用正。郝经重点分析了蒙哥汗舍奇用正的弊病：四川一带，限以大山深谷，扼以重险荐阻，迂以危途缭径。我方乘险以用奇则难，敌方因险以用奇则易。况且双方力量悬殊，我方的战略意图明显暴露。敌方坚壁清野以待之，我无掳掠以为资，无俘获以备役。以有限之力，冒无限之险，虽有奇谋秘略，无所用之。最后完全丧失主动,兵势滞遏难前。其结果必然是再衰三竭。强弩之末,势不能穿鲁缟也。故而他认为,征宋战争,失败在所难免。

公元1258年秋,蒙哥命令忽必烈代塔察儿总领东路军,进攻鄂州。十一月初,忽必烈率军从开平出发。十二月初,蒙哥攻取四川大良坪。公元1259年春,蒙哥进攻合州城下,西路军连下成都、龙门、剑阁、阆州、巴州、长宁、大良等大小城市10余座,可以说是战果辉煌。可眼看夏天就要到了,蒙军不怕寒冷,却难耐酷暑。是继续前进,还是撤师北还,是当时蒙哥西路军面临的一个关键问题。于是蒙哥在重贵山大帐里召开了一次军事会议,商讨对策。一种意见认为应该乘夏季酷热到来之前,迅速北还。至于占领的城池,则可以委派官吏治之。今后如何进军,等回到和林再从长计议。长驻军四川的汪氏将领认为不如取道关中,直临江汉。几位老将主张沿江东下,这样可以很快脱离四川险地。但蒙哥汗没有听取他们的建议,最终决定本年二月率军进攻钓鱼城,然而,对敌估计不足反被众志成城的10万宋朝军民阻止在钓鱼山下,战争进入胶着状态。这时由于天气已经相当炎热,蒙古军水土不服,疾疫流行,不久又出现了霍乱,人心惶惶,士气低落。六月,南宋四川制置副使吕文德,率军支援合州,打败蒙古的涪州守军,进入重庆,并增援钓鱼城。蒙哥集中2万水陆大军,由大将史天泽指挥,拦击增援钓鱼城的吕文德军。元宪宗九年(1259年)七月二十一日清晨,蒙哥汗亲率蒙军主力进攻钓鱼城,为炮石所伤,不久死于军中。蒙哥命绝钓鱼城下,关于他死的地点,所有历史资料记载都是钓鱼城,但具体讲到他的死法后人却有着种种猜测。

耶律铸是蒙哥入侵川蜀的大臣子弟,率领禁卫军保护蒙哥,蒙哥死时,他就在其身边,亲眼见到蒙哥死的情形。同时他也是《宪宗实录》编撰的总负责人,蒙哥是如何死的,他清清楚楚。耶律铸虽然不是史家,但他是深明史例、史法之人。所以对蒙哥的死先于六月写成"不豫",而七月写为"帝崩",才不感到突然,引起人们的疑惑,这是耶律铸在有意避讳蒙哥的死因。有史料记载,臣子编修的史料,忽必烈是必须亲自过目审核的,因此,现在留下来的元代忽必烈之前的史料,特别是涉及皇室内部的史料,忽必烈才是真

元宫秘史

正的主编。忽必烈是一个所谓汉化很深的人,应该知道写史的重要意义,因此他任命那个特殊的臣子耶律铸来"诏监修国史"。耶律铸仅仅是为了迎合忽必烈的意愿这样记载历史。忽必烈给耶律铸的任务不是修史,而是在"毁史"。难怪明人在修元史时,史料是那样的残缺破损。这也造成了元宪宗蒙哥死亡原因有更大的猜测空间。

第一种传说就是上文所记述的被宋军炮石所伤致死。《中国古代史·元朝史话》认为是宋军发炮石击中了蒙哥,伤势过重死于军中。此说的依据是钓鱼城的地名之一脑顶坪,该地名传说是因为蒙哥死于此而命名。

其二传说为宋军飞矢射中而死。最早见于南宋诗人刘克庄"蜀捷"一诗,《中国史纲要》和叙利亚阿部耳法剌底《世界史节本》等沿袭此说法,钓鱼城也有碑文如是说。

其三传说被水淹死。蒙哥在水战过程中,所乘坐的战船被宋军凿穿,沉没,淹死。这一说法见于 1307 年小阿美尼亚海屯口授的东方史《海屯纪年》。问题在于嘉陵江的水战中,是宋军水师大败,该战遗址就在现今重庆市北碚区的北温泉旁的江段。该江段水流平缓,江面最宽处不足千米、最窄处才百余米。

其四传说炮风震伤而死。记载见于清代《古今图书集成·钓鱼城记》,"为炮风所震,因成疾。班师过金剑山温汤峡而殂",当时合川县志等均有记载。

忽必烈命令耶律铸掩饰了元宪宗蒙哥大汗的死亡原因,给后人们可以任意猜测蒙哥汗多种死因提供玄机,把蒙哥的死因记载得如此玄乎,对忽必烈有什么好处大概只有当朝的人们才知道。

忽必烈与阿里不哥的汗位之争

忽必烈与阿里不哥汗位之争的背景

　　1259 年阴历七月,蒙哥汗病死于征宋战争前线。由于蒙哥汗生前并没有指定汗位的继承人,加之蒙古汗位继承制度不完善,蒙古帝国内部一场汗位争夺的斗争在所难免。我们首先观察一下此一时期蒙古成吉思汗黄金家族内部几股主要的政治军事势力。成吉思汗诸弟建立的东道诸王兀鲁思始封地在大兴安岭西麓,蒙古国时期东道诸王也不断向东扩展自己的兀鲁思,但由于东道诸王兀鲁思临近中央兀鲁思、蒙廷对东北的经略以及对诸王食邑封地特权的限制等原因,东道诸王的势力进一步扩展的空间不是很大,并且始终处于蒙古大汗的控制之下。另外,成吉思汗之后的四任大汗,其汗位一直留在成吉思汗的直系子孙当中。因此东道诸王此时还不具备夺取汗位的实力和政治基础。

　　成吉思汗诸子建立的西道诸王兀鲁思中,窝阔台兀鲁思和察合台兀鲁思的势力在蒙哥汗在位时期已大为削弱。蒙哥汗即位后对参与政变的窝阔台家族和察合台家族的成员进行了清洗,尤其是窝阔台家族,其所统领的大部分军队基本上都被大汗剥夺,可以说窝阔台兀鲁思此时已经基本上瓦解了。察合台兀鲁思的领地原来包括从阿尔泰山到河中地区(中亚锡尔河和阿姆河流域以及泽拉夫尚河流域,包括今乌兹别克斯坦全境和哈萨克斯坦西南部)的广大地域,蒙哥汗虽然保留了察合台兀鲁思,却把河中地区交给术赤兀鲁思的首领拔都进行统治,这样察合台兀鲁思的领地就大为缩小。蒙哥汗在位时期,察合台兀鲁思长期由察合台长孙哈剌——旭烈兀的妻子兀鲁忽乃哈敦统治。

　　可以说此时在西道诸王中最有实力夺取大汗之位的是术赤家族。术赤兀鲁思的领地极为辽阔。据载,"成吉思汗把也儿的石河和阿勒台山一带的

一切地区和兀鲁思以及四周的冬、夏游牧地都赐给了术赤汗管理，并颁降了一道务必遵命奉行的诏敕，命令［术赤汗］将钦察草原诸地区以及那边的各国征服并入他的领地。他的禹儿惕在也儿的石河地区，那里为其京都所在地"。不过，术赤在成吉思汗时代并没有完成对钦察草原诸地区的征服。1236年，窝阔台汗命术赤长子拔都率各

宗室的长子西征，至1240年，先后征服了钦察草原、克里木、高加索（到打耳班）、保加尔（保加利亚）和伏尔加河、奥卡河地区，以及第聂伯河流域的俄罗斯各公国。被征服的这一广大地区并入了拔都的兀鲁思。从1242年以后，拔都兀鲁思称金帐汗国。

窝阔台汗死后，拔都成为成吉思汗后裔中的最长者，这样拔都就在蒙古帝国内拥有极高的地位和实力。由于拔都与贵由素有矛盾，拔都竟公然挑战后者的权威，拒不参加选举贵由为汗的忽里台大会。不过，拔都与贵由汗的矛盾却因贵由汗突然去世而没有诉诸战争。随后，拔都一手把拖雷的长子蒙哥推上了大汗的宝座。蒙哥汗时期，拔都的势力得到进一步的发展。不过，在蒙哥汗登上汗位后不久，拔都就去世了，之后受命做他继承人的儿子撒里答和兀剌黑赤也相继去世。在蒙哥汗去世之时，拔都的弟弟别儿哥执掌术赤兀鲁思，并且照旧与拖雷家族保持着真诚的友谊，遵循着忠诚、善意和团结之道而行。可能正因如此，在蒙哥汗死后，别儿哥才没有夺取汗位的企图。另外，别儿哥统领的术赤兀鲁思远离蒙古本土，这必然会加剧其离心的倾向，而他对于参与蒙廷事务的热情也逐渐减退。综上所述，在蒙古的第四任大汗蒙哥汗死后，最有实力的拖雷家族应该会继续执掌大汗之位。

蒙哥汗死后，在拖雷家族内部最有实力的是蒙哥汗的三个同胞弟弟，即阿里不哥、忽必烈和旭烈兀。蒙哥汗即位后，曾派他的两个弟弟忽必烈、旭

烈兀去征服东方和西方,委以重任。前已述及,忽必烈受命后主要是总领漠南汉地军事,为征伐南宋做准备,同时为实现从西南面包抄南宋的目标,忽必烈还统兵征服了大理。而旭烈兀则受命出镇波斯,征伐中亚、西亚尚未降附的地区。到1259年秋,旭烈兀大军已征服了统治中心分别在祃拶答而(在今伊朗马赞德兰省)和报达(即今伊拉克巴格达)的亦思马因派宗教王国和阿拔思王朝,并且兵分三路攻入叙利亚。1260年初叙利亚首府大马士革的官员献城投降。此时旭烈兀才得知蒙哥汗的死讯,率军回波斯。

不管旭烈兀是否有意夺取汗位,没等旭烈兀返回漠北,忽必烈和阿里不哥已经分别即位并展开了争夺汗位的斗争。于是在蒙古本土和汉地都没有雄厚政治军事基础的旭烈兀便放弃了争夺汗位的努力,在中亚、西亚建立了自己的统治。与旭烈兀不同,与蒙哥汗一起统兵征伐南宋的忽必烈与留守漠北的阿里不哥都在第一时间获悉了蒙哥汗的死讯,都具备争夺汗位的实力和政治基础。忽必烈手中握有征伐南宋的东路大军,其中主要包括东道诸王、五投下(即蒙古札剌亦儿、兀鲁兀、忙兀、弘吉剌、亦乞列思五部)和汉世侯的军队。阿里不哥在蒙哥汗南征期间,以拖雷幼子的身份主持大兀鲁思,管理留守军队和诸斡耳朵。

忽必烈与阿里不哥筹备争夺汗位

据文献记载,在蒙哥汗死后,留守漠北的阿里不哥为争夺汗位首先行动起来。他控制了蒙哥汗原来统领的一部分征宋西路军,在川、蜀、陇一带发展自己的势力,同时派亲信阿蓝答儿发兵漠北诸部,脱里赤括兵于漠南诸州,而阿蓝答儿乘传调兵,距离忽必烈在漠南的幕府所在地开平仅百余里。一开始形势似乎朝着有利于阿里不哥的方向发展。不过,正在征宋战争前线的忽必烈在得知蒙哥汗死讯后并没有急于撤兵,而是继续对南宋发动进攻。忽必烈与一起统兵征宋的蒙古札剌亦儿部首领霸都鲁进行了商议,并宣告:"我们率领了[多得]像蚂蚁和蝗虫般的[大]军来到这里,怎能因为谣传便无所作为地回去呢?"于是,忽必烈率领大军首先突破了南宋的淮西防

线,进逼南宋长江南岸的重要据点鄂州。1259 年阴历九月,忽必烈的异母弟穆哥自合州钓鱼城派遣的使者来到忽必烈的大帐,告知了蒙哥汗去世的消息,并请忽必烈马上北归以控制蒙古政局。穆哥的母亲同时又是忽必烈的乳母,忽必烈与穆哥之间有着深厚的感情,所以忽必烈对于穆哥传来的消息应该是深信不疑的。不过忽必烈却认为"吾奉命南来,岂可无功遽还",于是率领大军渡长江,进攻鄂州。

此时,由于蒙古西路征宋军的撤退,南宋在西线的防御军迅速增援鄂州,使得鄂州城愈加难以攻破。另外,忽必烈的正妻察必的急使和她营中的大臣太丑台和也苦,带来了阿里不哥在各地抽调士兵的消息,并传达了一句隐晦的谚语:"大鱼的头被砍断了,在小鱼中除了你和阿里不哥以外,还剩下谁呢? 你回来好不好?"这时忽必烈终于决定撤兵北返。忽必烈同时派军队接应兀良合台统率的征宋南路军,使其顺利北撤与忽必烈所统军合并,这样忽必烈所统军的力量有所增强。兀良合台所统军由今越南境内以及广西、湖南北上,不过由于长驱直入,损失惨重。

为与阿里不哥争夺汗位,1259 年阴历十一月,忽必烈匆忙与南宋右丞相贾似道议和后北返,同时命霸都鲁和兀良合台留驻在征宋前线。忽必烈在得知蒙哥汗的死讯后,迟迟不从征宋前线北还奔丧,一方面的原因当然是忽必烈自己所宣称的蒙军大举南下,不能无功而返,但是自己的哥哥、蒙古大汗去世,回去奔葬难道就不重要吗? 忽必烈欲夺取军功的解释不免有些牵强。从当时的大背景来看,忽必烈欲借南征牢牢控制征宋东路军和南路军,且不愿返回由阿里不哥控制的漠北本土,才是他迟迟不愿从征宋前线撤兵的真正原因。

当忽必烈北返至黄河岸边的原金朝南京(今河南开封市)时,他根据沿途的所见所闻,已经确知阿里不哥派亲信脱里赤和阿蓝答儿在各地征索军队的情况。于是忽必烈派出急使去责问阿里不哥。这时阿里不哥在亲信脱里赤的建言下,欲安抚忽必烈,"便派出一个万夫长和使者们一起,带着五头海青作为[送给忽必烈]的礼物,让[他们]去对[忽必烈]说,他将去[忽必烈处]问候,还[指示]他们同脱里赤那颜一起,向忽必烈说些甜言蜜语,使他感到安全,很快放心下来"。同时使者们还向忽必烈禀告说阿里不哥已经停止了征发士兵的行为。忽必烈说:"既然你们已解释了这些无谓的谣言,那就一切太平无事了。"于是假装满意地放阿里不哥的使者们走了。其实忽必烈此时早已明白阿里不哥的真实意图,派出急使前往驻守在鄂州附近的霸都鲁和兀良合台处,向他们说:"立即从鄂州撤围回来,因为人生的变化犹如命运的旋转。"当急使们到达那里时,宗王塔察儿、也松格和纳邻-合丹已经回去了,霸都鲁和兀良合台还和军队一起驻留在那里,他们接到命令后马上率兵北返朝见忽必烈。1259年阴历闰十一月下旬,忽必烈抵达燕京,此时阿里不哥的亲信脱里赤还在燕京一带征调士兵,于是忽必烈诘问脱里赤,并果断下令将脱里赤所征集的士兵全部遣散。统领着大部分汉地军阀的军队,在汉地有着深厚政治、军事基础的忽必烈,在与阿里不哥争夺汉地控制权方面并没有费多大力气。

阿里不哥得知忽必烈已知道自己的图谋,便对身边的人说道:"既然忽必烈对我们的计谋已有所闻,最好把住在各禹儿惕和自己家里的宗王、异密们召集起来,找一处偏僻地方,把继位问题解决了吧!"他们商议之后,便向各方面派出急使召集宗王参加忽里台大会,不过很多宗王都找借口没有与会。因为来的人不多,阿里不哥再次与大臣们商议,他说道:"最好再次派遣急使到忽必烈处,用假话骗住他,让他放心无虑。"他们便再次派出使节通知说,为了举行蒙哥汗的丧礼,务请忽必烈和全体宗王都来。他们企图在这些人前来时,把他们全部抓住。当阿里不哥的使节到达忽必烈所在的燕京城时,支持忽必烈的宗王塔察儿、也松格、纳邻-合丹和其他万夫长们恰巧也从各地汇集到燕京来朝见忽必烈。

据《史集》记载,汇集到燕京的宗王们一致认为为蒙哥汗举行丧礼是件大事,应当而且必须参加,不过阿里不哥没等上述宗王到来,就自行在漠北牙亦剌黑—阿勒台地方称汗。其实不然,据相关史料记载,忽必烈在谋臣的建言下,在阿里不哥称汗之前抢先在开平即位。正如忽必烈的藩府大臣廉希宪所言,"安危逆顺,间不容发,宜早定大计"。忽必烈的另一位谋臣商挺也说:"先发制人,后发人制,天命不敢辞,人情不敢违,事机一失,万巧

莫追。"

　　其实在此之前,忽必烈已经为拉拢宗王、准备忽里台选汗会议做了细致的准备工作。在忽必烈召集、笼络的诸王中地位最高,最有影响的莫过于东道诸王,尤其是被誉为东道诸王之长的斡赤斤家族的首领塔察儿。在忽必烈统兵征宋期间,塔察儿隶属忽必烈帐下,两人之间有着甚为密切的交往。在忽必烈北返后,塔察儿也返回自己的营地。由于塔察儿与汉地世侯李璮有着紧密的联系,且被誉为蒙古黄金家族的东道诸王之长,因此塔察儿在这场汗位之争中的动向至关重要。

　　忽必烈早在从征宋前线返回之时已经认识到了塔察儿态度的重要性。谋臣郝经在《班师议》中向忽必烈指出:"宋人方惧大敌,自救之师虽则毕集,未暇谋我。第吾国内空虚,塔察(即塔察儿)国王与李行省肱髀相依,在于背胁。西域诸胡窥觇关陇,隔绝旭烈(即旭烈兀)大王。病民诸奸各持两端,观望所立,莫不觊觎神器,染指垂涎。一有狡焉,或启戎心,先人举事,腹背受敌,大事去矣。"即是说宋人暂时不足为虑,塔察儿大王和盘踞山东一带的汉世侯李璮"肱髀相依"、势力很大,旭烈兀大王远征未返,各种政治势力均处于观望的状态,这种情况下如果不早定大计,让阿里不哥率先行动起来,又或争取不到塔察儿大王的支持,很可能会"腹背受敌,大事去矣"。于是忽必烈把争取塔察儿的支持放到了至关重要的位置。郝经在给南宋丞相贾似道的书信中又说:"纵彼(阿里不哥)小有侵轶,则塔察国王一旅,足以平荡。其余三十余王,犹卷甲牧马,从容营卫。"意纵使阿里不哥南下侵扰,诸王塔察儿一支的兵力就足以平定之,况且还有其余三十多宗王严阵以待。郝经的言论当然有夸张的成分,但却足可以说明塔察儿大王当时的实力和地位。

　　于是,忽必烈命廉希宪赐膳宗王塔察儿,借以拉拢。在廉希宪的建言下,塔察儿同意承担推举忽必烈为汗的任务,即"许以身任其事"。在这一过程中,塔察儿的王傅官撒吉思发挥了重要的作用。当时撒吉思"驰见塔察儿,力言宜协心推戴世祖,塔察儿从之"。

　　东道诸王塔察儿在这场汗位之争中之所以能站到忽必烈这边,一方面是忽必烈竭力拉拢的结果,另一方面也与塔察儿及其谋臣对当时政局的判断有关。在对政局的判断中,塔察儿不仅看到忽必烈与阿里不哥之间实力的对比,其个人与这两个政治集团的关系也是他首要考虑的内容。前已述及,蒙哥汗统治后期,塔察儿与蒙哥汗之间产生了矛盾。1257 年,蒙哥汗曾任命塔察儿统领东路蒙古军攻打南宋,不料塔察儿在首战不利的情况下撤兵回到自己的营地。结果蒙哥汗大怒,扬言要惩罚塔察儿,同时不得不重新起用忽必烈率领东路军攻宋。蒙哥汗的突然死去使塔察儿幸免受罚。在蒙哥汗死后,留守漠北的阿里不哥恰是蒙哥汗既定政治方针的代表,阿里不哥身边的大臣基本上都来自蒙哥汗原有的亲信。蒙哥汗对塔察儿惩罚的诏令此时也多少让塔察儿有些不安,所以面对同样曾失势于蒙哥汗且主动结交自己的忽必烈,塔察儿果断站到忽必烈一方。另外,忽必烈在经营漠南汉地及统领东道诸王征宋期间可能早已与以塔察儿为首的东道诸王建立了密切的关系。

忽必烈和阿里不哥分别称汗

为应对阿里不哥准备在漠北称汗的企图,中统元年(1260)春三月,由忽必烈自己召集的忽里台贵族会议在忽必烈藩府所在地开平举行。在与会的蒙古东、西道宗王中,以塔察儿为首的东道诸王是主流,与会的西道诸王不仅数量少,而且不具备代表性。在此次忽里台选汗会议上,塔察儿率领东道诸王率先劝进忽必烈即位。忽必烈礼节性地三次表示退让。在诸王、大臣的坚决请求下,忽必烈即大汗之位,时年四十六岁。据《史集》记载,这些蒙古宗王、贵族经商议后一致认为,"旭烈兀汗已去到大食(阿拉伯人)地区,察合台的子孙在远方,术赤的子孙也很遥远。与阿里不哥[勾结在一起]的人做了蠢事……如果如今我们不拥立一个合罕(皇帝),我们怎么能生存呢?"这说明在蒙古帝国内部已形成了忽必烈与阿里不哥两大对立利益集团。中统元年阴历四月,阿里不哥在漠北匆忙称汗。与忽必烈相比,阿里不哥更多地得到了西道诸王的支持。可以说忽必烈的突然称汗打乱了阿里不哥的部署,因为身在漠北并主持蒙古国事务的阿里不哥起初并没有料到忽必烈的行动会如此果断、迅速。同时,阿里不哥也是蒙古旧俗、旧制的代表,长期留居漠北使他在固守蒙古旧制方面显然比忽必烈做得好多了。蒙哥汗时期忽必烈统领漠南汉地的军国重事,在儒臣谋士的辅佐下,在汉地开始了改革蒙古旧俗、以汉法治汉地的尝试。可以说,忽必烈的改革措施早已为许多守旧的蒙古诸王所不满,故忽必烈与阿里不哥的汗位之争在一定意义上也是革新与守旧两种势力之间的较量。

阿里不哥

忽必烈和阿里不哥在漠南和漠北分别即位后,首先展开了外交上的较量。参与拥立忽必烈为汗的蒙古宗王们指派一百名急使到阿里不哥等处宣布:"我们这些宗王和异密们,商议之后,已一致拥立忽必烈合罕为合罕。"结果,这一百名急使被阿里不哥囚禁了起来。忽必烈即位后,为了与阿里不哥争夺对察合台汗国的控制权,任命察合台的后裔阿必失合为察合台汗国的首领,并送他去接管察合台汗国,阿必失合的长兄纳邻—合丹也被派遣随同阿必失合前往。当阿必失合、纳邻—合丹到达西夏境内时,他们被阿里不哥派来的急使追上,结果他们同上述一百名急使一起被囚禁在漠北和林城。为了争取更多的支持,阿里不哥也分别遣使到各地颁降诏旨,宣谕道:"旭烈兀汗、别儿哥和宗王们已同意并宣布了我为合罕,不要听忽必烈、塔察儿、也松格、也可—合丹和纳邻—合丹的话,也不要服从他们的命令。"兄弟二人曾经派出许多急使进行谈判和交涉。不过,双方都互不相让,只有诉诸武力。

忽必烈与阿里不哥争夺汗位的战争

从当时的形势来看,阿里不哥所统军主要是漠北大部分蒙古千户的军队，以及散处在秦、蜀、陇一带原来随从蒙哥汗征宋的部分军队。忽必烈统领的主要是蒙古征宋的东路军、南路军以及其他一些蒙古东道诸王、五投下、汉世侯的军队，据守着漠南汉地广阔的农耕地区。与据守漠北的阿里不哥相比，忽必烈所掌握的人力、物力资源占有绝对优势，尤其是蒙古东道诸王和五投下军团，更是具有极强的战斗力。正如忽必烈的谋臣郝经所言，忽必烈"奄有中夏，挟辅辽右、白霫、乐浪、玄菟、秽貊、朝鲜，面左燕、云、常、代，控引西夏、秦陇、吐蕃、云南"，"倍半于金源，五倍于契丹"，而阿里不哥所守地"地穷荒徼，阴寒少水，草薄土瘠，大抵皆沙石也"。不仅如此，忽必烈卓越的军事才能及其笼络的一大批儒臣谋士也是阿里不哥阵营所无法比拟的。

面对与阿里不哥的战事，以漠南汉地为基础的忽必烈首先做的就是牢牢掌握汉地的控制权。此一时期汉地分布着众多据地自守的军阀，即汉世侯。汉世侯在归附蒙廷的同时又割据一方，享有较大的特权。中统元年五月，忽必烈下令设立十路宣抚司，即燕京路、益都济南等路、河南路、北京等路、平阳太原路、真定路、东平路、大名彰德等路、西京路、京兆等路。十路宣抚司是忽必烈临时派往地方代表朝廷宣谕一方的机构，具有明显的监司性质。忽必烈主要任命自己亲信的藩邸旧臣担任十路宣抚使，这样十路宣抚司就在监控汉地，调集汉地人力、物力资源等方面发挥着重要的作用。

忽必烈与阿里不哥之间的战事首先在陕西、四川、甘肃一带爆发。这一带的军队多为原蒙哥汗统领的征宋军队，蒙哥汗死后，这些军队中有的支持阿里不哥，有的支持忽必烈，也有的持观望态度。不过上述地区也是忽必烈经营多年的根据地，蒙哥汗曾将京兆之地分封给忽必烈，忽必烈奏准设立京兆宣抚司统管京兆之地和整个川陕地区。早在从鄂州征宋前线北返途中，忽必烈便采纳谋臣廉希宪的建议派赵良弼前往关右了解情况。忽必烈即位伊始，又任命八春、廉希宪、商挺为陕西四川等路宣抚使（即京兆等路宣抚使），赵良弼为参议。其中廉希宪、商挺、赵良弼本来就是蒙哥汗时期忽必烈奏准设置的京兆宣抚司的负责官员，对这一带的情况颇为熟悉。廉希宪等就任后审时度势、恩威并重，分化敌对势力，迅速控制了陕西、四川的形势，接管了大批的军队。与此同时,阿里不哥也派军队增援该地。中统元年九月,阿里不哥与忽必烈的军队在今甘肃山丹县的耀碑谷展开决战。结果,忽必烈阵营大获全胜并斩杀阿里不哥军队统帅阿蓝答儿和浑答海。

在进行西线作战的同时,忽必烈还主动出击,进攻漠北。约在中统元年夏秋之交。忽必烈亲自督军进攻漠北统治中心和林。双方军队战于漠北巴昔乞之地,这一次阿里不哥的军队又遭惨败,阿里不哥被迫率军从和林逃到乞儿吉思地区(位于今叶尼塞河下游)。在逃走之前,阿里不哥将所囚禁的来自忽必烈一方的前述两位宗王和一百名急使全部杀掉了。其实,忽必烈军队的获胜也在情理之中,除去人数众多、英勇善战、纪律严明外,他的大军还有着十分充足的后勤保障,能够持久作战。而漠北的阿里不哥军队失去了汉地物资供应,开始面临着严重的给养困难,这在和林城中表现得特别明显。和林城的饮食通常是用大车从汉地运来的,当忽必烈封锁了从汉地通往和林的运输后,那里便开始了大饥荒,物价飞涨。阿里不哥陷入了绝境,他说道:"最好是让早就担任宫廷职务,通晓各种事情、法度、规矩的察合台的儿子拜答儿的儿子阿鲁忽去掌管自己祖父的首邑和他的兀鲁思。以便把武器和粮食送来援助我们,并守卫质浑河(即阿姆河)边境,使旭烈兀的军队和(术赤兀鲁思首领)别儿哥的军队不能从那方面前来援助忽必烈。"于是阿里不哥便把阿鲁忽遣送回去,任命他执掌察合台汗国。不过,事与愿违,阿鲁忽执掌察合台汗国后,开始不听阿里不哥的命令,并逐渐倒向忽必烈的阵营。

当忽必烈到达和林时,擒获了阿里不哥的全部四个斡耳朵和一些蒙古勋贵的斡耳朵,忽必烈将他们遣回并令其驻扎在各自的营地。那年冬天,忽必烈在汪吉-沐涟(今蒙古国翁金河)附近过了冬。这时惊魂未定的阿里不哥带着瘦弱饥饿的军队驻扎在谦谦州(位于今唐努山以北、叶尼塞河上游流域)边境,由于害怕忽必烈追击,阿里不哥派出急使请求忽必烈的饶恕,说道:"我们这些弟弟有罪,他们是出于无知而犯罪的,[你]是我的兄长,可以对此加以审判,无论你吩咐我到什么地方,我都会去,决不违背兄长的命令。我养壮了牲畜就来[见你],别儿哥、旭烈兀和阿鲁忽也将前来,我正在等待

中华宫廷秘史

他们的到来。"忽必烈听罢高兴地说:"浪子们现在回头了,清醒过来,聪明起来,回心转意了,他们承认自己的过错了。"于是他回答说:"旭烈兀、别儿哥和阿鲁忽到那里时,让他们立即派急使来,他们的急使一到,我们就可以确定一下应当在何处聚会,首先应当让他们守信用,如果你们在他们到达之前就来,那更好。"这时忽必烈遣散了宗王的军队,让他们各自回到自己的分地,并命令东道诸王移相哥率十万军队留守和林,自己则在哈剌温-只敦地方他的帐殿里停驻下来。

在取得对阿里不哥作战的胜利后,整个蒙古帝国的形势发生了巨大的变化,驻守在中亚、西亚的旭烈兀和察合台兀鲁思的首领阿鲁忽都倾向于支持忽必烈,他们各自向忽必烈派出了使节,而忽必烈也派出使节以拉拢旭烈兀和阿鲁忽。忽必烈说道:"从质浑河岸到密昔儿的大门(今尼罗河),蒙古军队和大食人地区,应由你,旭烈兀掌管,你要好好防守,以博取我们祖先的美名。从阿勒台(即阿尔泰山)的彼方直到质浑河,可让阿鲁忽防守并掌管兀鲁思和各部落。而从阿勒台的这边直到海滨,则由我来防守。"这时,术赤兀鲁思的首领别儿哥也向忽必烈和阿里不哥双方派去了使节,劝他们和解。然而阿里不哥只是假意议和,其真正的用意是积蓄力量,等待时机。约在1261年秋,阿里不哥之军伪装投降戍守漠北的移相哥,趁移相哥放松警惕之时,对移相哥的军队发动突然袭击,结果阿里不哥之军大败移相哥的军队,横扫漠北,直指漠南。忽必烈闻讯后,迅速调集大量军队应战。十一月,双方军队在昔木土脑儿展开决战,忽必烈军队重创阿里不哥之军,阿里不哥率领残部向北逃窜。这时忽必烈却说:"不要去追他们,他们都是些不懂事的孩子,[应当]使他们明白过来,后悔自己的行为。"十天之后,蒙哥汗的儿子阿速带率兵去支援阿里不哥。趁忽必烈的军队撤退之际,阿里不哥与阿速带商议好,折军回去,在失烈延塔兀之地与忽必烈军队遭遇。这场战争进行得非常惨烈,双方士兵由于路途遥远急速行军而大量死亡。同年冬天,双方均把军队撤到了自己的控制区,以养精蓄锐。

到1262年,阿里不哥与察合台汗国的首领阿鲁忽之间又爆发了战争。靠阿里不哥扶植而成为察合台汗国首领的阿鲁忽到任后,致力于强化自己

在察合台汗国的统治,同时派军夺取术赤兀鲁思占据的撒麻耳干、不花剌和河中地区。这时,阿里不哥派来的使节到察合台汗国征集了大量的牲畜、马匹和武器。阿鲁忽眼红这批财物,便以各种借口加以扣留。于是阿里不哥的使者扬言:"这批财物是我们奉阿里不哥诏命征收的,与阿鲁忽有什么相干?"此话触怒了阿鲁忽,于是他命令把这些使节抓起来,夺回了那批财物。这种情形下,阿鲁忽为了自保,开始倒向忽必烈。正如阿鲁忽的大臣所言:"你(阿鲁忽)既已干出这样的罪行,[你]就失去了阿里不哥这样的靠山,尤其是兀鲁忽乃哈敦(即阿鲁忽之前察合台汗国的统治者)早已去[向他]告了状。我们经受不住他的责备和愤怒。因为我们已起来反对他,那我们就只好去归顺[忽必烈]合罕。"于是他们把阿里不哥的使节杀掉了。

阿里不哥听到这件事以后,极为愤怒,于是他就出兵去攻打阿鲁忽去了。这时,忽必烈统军趁机再次征服了漠北的和林城。当忽必烈准备去追击阿里不哥之时,忽必烈控制的汉地爆发了以汉世侯为首的叛乱,于是忽必烈迅速南下燕京。

阿鲁忽在与阿里不哥的战争中,先胜后败。阿里不哥获胜后,经常举行宴饮,杀害和劫掠忽必烈的臣民,并凌辱他们。这时,阿里不哥的跟随者一个个找借口离开了他,他们说:"他(阿里不哥)如此残酷地糟蹋成吉思汗征集起来的蒙古军队,我们怎能不感到愤怒而离开他呢?"就在 1263 年冬天,阿里不哥的军队大部分走掉了,其中跟随阿里不哥的蒙哥汗的儿子玉龙答失,率领很多千户长归附了忽必烈。这样阿里不哥身边只有阿速带及少数军队。当阿鲁忽得知阿里不哥势力衰弱,便出兵攻打他,阿里不哥已经走投无路。

阿里不哥的归降

至元元年(1264)七月,阿里不哥归降忽必烈。在阿里不哥抵达忽必烈驻地以后,忽必烈随即降旨集合了很多军队,然后命他进见。按照惯例,在此场合下,罪人的肩上要披上大帐的门帘觐见,阿里不哥就这样披盖着去见忽必烈。过了一会,他得到允许进入帐殿,但被拦住,站到了必阇赤所在的地方。身为同胞兄弟的忽必烈与阿里不哥此时都颇为难过,阿里不哥哭了起来,忽必烈也流下了眼泪。忽必烈擦去眼泪问道:"我亲爱的兄弟,在这场纷争中谁对了呢,是我们还是你们呢?"阿里不哥回答:"当时是我们,现在是你们。"看来阿里不哥仍坚持认为自己即位得到了众多蒙古宗王的支持,是合乎蒙古制度的。但胜者为王,败者为寇,在众多宗王纷纷倒向忽必烈,自己走投无路的情况下,自己理所当然是过错者了。在塔察儿的请求下,忽必烈赐座给阿里不哥,命他和宗王们同坐。于是众人就开始宴饮起来。

第二天早晨,忽必烈的大帐中聚集了大臣和宗王们,开始审讯阿里不哥的追随者。结果阿里不哥的十个大臣被处死,一些跟随他的宗王则被流放。几天后,忽必烈想接着审讯阿里不哥,但阿里不哥毕竟是自己的同胞兄弟,是蒙古黄金家族的成员,为防止激起宗王们,尤其是黄金家族成员的不满,忽必烈没有轻易审讯阿里不哥。为此他等待同胞兄弟旭烈兀、术赤兀鲁思首领别儿哥和察合台兀鲁思首领阿鲁忽的到来,但由于路途遥远,他们迟迟未到。于是在忽必烈的授意下,东道诸王塔察儿等宗王以及蒙汉大臣们便聚在一起,审讯了阿里不哥以及跟随他的蒙哥汗之子阿速带。宗王、大臣们商议:"我们应如何看待阿里不哥和阿速带的罪行呢? 看在合罕(忽必烈)面上,赐他们活命吧。"忽必烈派一些急使到旭烈兀、别儿哥、阿鲁忽处将审讯的结果告知他们,并咨询他们的意见,旭烈兀和别儿哥均表示同意,并准备前去忽必烈处出席忽里台大会,只原由阿里不哥扶植即位的阿鲁忽提出了条件,他说:"我也是未经合罕和兄长旭烈兀同意继承察合台之位的,现在全体宗亲们聚集在一起,正可判定我当否[继位],如果同意我[继位],我才可发表意见。"可是没等到旭烈兀、别儿哥、阿鲁忽到来,1265 年的秋天,阿里不哥就病死了。忽必烈准备召开的由蒙古帝国内部各支主要势力参加的忽里台贵族会议一直没有举行,而没多久,旭烈兀、别儿哥、阿鲁忽都死去了。

忽必烈改国号为元的始末

成吉思汗的亲孙子忽必烈,经过一系列的内争外斗,终于在公元 1260 年,得到了蒙古大汗的位置。7 年以后,忽必烈迁都"大都"城,也就是今天的北京城,又过了 4 年,他将他的国家改名为"大元"。

忽必烈已是成吉思汗创业以来的第三代,因为有祖先开创的局面,忽必烈的早年生活,想必和成吉思汗当年赤手空拳打世界的状况不可同日而语,虽然因为蒙古人的传统,免不了还要驰马疆场,但是也有了条件接受一些较好的教育,和起于草莽的成吉思汗迥异。1251 年,忽必烈的亲哥哥蒙哥做了大汗,忽必烈得到了施展抱负的机会。

要改变一国的国号,当然不是一朝一夕可以完成的,这件事情在好几年以前就已经开始筹划。如果没有一个好的、叫得响的名字,谁愿意轻易地改变一个国家的国号呢? 直到忽必烈得到了一个好名字,因此他毫不犹豫地用"大元"取代了"蒙古","大元"的国号出自儒家经典《易经》中的"大哉乾元"一句,是对无始无终、无边无际的浩大的宇宙的赞叹。这当然不是出于皇帝自己的主意,虽然忽必烈从小就喜欢汉人的文化和历史,也有条件受到较好的教育,可是即便是这样,他的汉文化的程度,还不能达到这样的水准,"大元"这个国号的提出,的确来自中原知识分子的建议。

元史世祖本纪记载:忽必烈早在漠北做藩王的时候就"大有为于天下"的抱负,在他的身边开始聚集一些有学问的人才。忽必烈对汉族的文化很有兴趣,非常的神往,所以,当时的忽必烈就已经延聘了不少的汉人到王府来做幕僚,向他们学习汉人的文化和制度,这些汉族的幕僚中间,有一个叫作"子聪"的和尚。他就是后来主持营建北京城、改国号、制定朝仪的刘秉忠。

刘秉忠何许人也,居然能够和忽必烈攀扯到一块去,并在历史上大大书写下如此一笔? 刘秉忠生于 1216 年,比忽必烈仅小 1 岁。其父亲和爷爷都曾经是金国的官吏。因家庭的原因,他 17 岁时做过小官吏,然而,刘秉忠这

个人生来不是凡种,因为不甘心于做个小官,或者是另有其他原因导致他放弃仕途出家为僧,修行于武安山一寺庙,取法号"子聪"。1247 年,已出家的刘秉忠游历化缘到山西大同一带,可以说忽必烈和刘秉忠是有缘之人,他们曾经在一起讨论过"马上得天下,不可以马上治之"等高深的政治理论问题。忽必烈平时就非常喜欢让这些有学问的汉臣给他讲历史掌故,最喜欢听的是讲唐太宗等帝王的治国故事。这一次"子聪"的一番高谈阔论深深吸引了忽必烈,他立马被忽必烈招进了幕府,从此深得忽必烈的器重。

至元七年(1271 年)的旧历十一月,由刘秉忠领衔,几位大臣给忽必烈上了呈文,呈文说:"元正、朝会、圣节、诏赦及百官宣敕,具公服迎拜行礼。"就是说按照忽必烈认可的方案,改国号行朝仪的一系列策划工作已经完成了,忽必烈非常高兴,批准了他们的方案,正式建国号为"大元"。为此,朝廷下了一道诏书,公告天下。

刘秉忠

从"大元"这样的国号可以看得出,忽必烈志向的远大,他一心怀天下,是以天下为己任。又过了 8 年,大元的军队打败宋军,宋亡,忽必烈终于得到了南宋数千里的锦绣江山,大元至此成为当时世界上最庞大、最富庶、最难以想象的大帝国。

曾有偏激的人认为元朝是蒙古人的国家,是蒙古人挟西亚人、阿拉伯人、俄罗斯人、色目人等来侵犯我中国的,是中国的黑暗时代。这种想法是不对的,毕竟那段历史是发生在中国这块土地上的,这是客观存在,我们不能视而不见,它的首都是今天中国的北京,它的人民绝大部分是黄河长江流域的中国人,因此对这一段历史我们还需要给以更多的了解和研究。

元成宗铁穆耳是怎样继位的

元世祖忽必烈之前的蒙古国大汗们没有明确立皇太子的做法,他们只是在临终之时才会留下遗训确定汗位继承人。虽如此,对遗训中明确的新汗位继承者还需通过蒙古国传统的"忽里勒台",经贵族们的推举后,方能真正成为新的大汗。这种不明确立皇储的做法是造成蒙古贵族之间争斗和分裂的主要原因。作为开创元朝的第一位皇帝元世祖忽必烈有鉴于此,效尤汉法在即位之初就明确了设立皇储的意向。至元十年(1274年)正式册封真金为皇太子。然而皇太子真金却短命,在至元二十二年(1285年)早逝。

皇太子真金的去世,对忽必烈来说是个很大的打击,此时的忽必烈已经年过70岁,但他却迟迟没有再册封皇太子。这其中自然有他的为难之处。当时有资格被确定为皇位继承人的主要有4个人:一是忽必烈的幼子那木罕,二是真金的长子甘麻剌,三是真金二子答麻剌八剌,四是真金三子铁穆耳。

那木罕被叛王昔里吉俘虏关押了几年,威信已丢,故不能被册封为皇太子。根据汉法的皇太子继承制,"有子立子,无子方能立弟"。故而朝中汉法派大臣都倾向于从真金太子的几个儿子中选择皇位继承人。忽必烈对这3个皇孙都很喜欢,一时不能决定由谁来继位,这可能也是忽必烈迟迟不再立皇位继承人的重要原因。真金的这3个儿子,除了二子答刺麻八剌早死外,甘麻剌和铁穆耳能力都很强。甘麻剌先后被封为梁王和晋王,率兵镇守北边,在蒙古诸王贵族中很有影响。铁穆耳曾经随从忽必烈讨伐东北叛王乃颜,作战勇敢,立有战功。

据《元史》记载,早在忽必烈去世前,朝廷几个重臣玉昔帖木儿、伯颜、完泽、不忽木、阿鲁浑萨理、赛典赤伯颜等已经明确表示支持铁穆耳继位,并且得到真金太子妃阔阔真和忽必烈的支持。其中的完泽,还是同受遗诏的托孤之臣。

在《阿鲁浑萨理传》记载，太子妃阔阔真倾向于立铁穆耳为帝，因此立即派遣伯颜（此处指赛典赤伯颜）去追铁穆耳合汗，通知他关于祖父的情况并让他返回，以便让他登临帝位。

在返回大都途中的这段时间里皇太妃阔阔真哈敦主持了一切重要国事，并在铁穆耳已返回大都后立马组织召

元成宗铁穆耳

开忽里勒台。大会进行了 12 天也没有结果，主要原因是真金二子甘麻剌在帝位继承上存在异议。

聪明皇太妃阔阔真哈敦想到一个能够说服甘麻剌的办法：忽必烈合汗曾经吩咐，让那精通成吉思汗必里克（训言）的人登位，现在就让他们每人来讲他的必里克，让在场的达官贵人们看看谁更为精通必里克。因为阔阔真知道铁穆耳合汗口才好，能够很好地讲述必里克，而甘麻剌则由于口吃，无力与他争辩。全体一致宣称："铁穆耳合汗精通必里克，他应取得皇冠和宝座。"于是铁穆耳顺利地被扶上合汗之位。皇太妃阔阔真哈敦的这一妙计最终说服甘麻剌自动让位，从而避免了一场亲兄弟之间互相残杀的局面。

在这次皇位之争中，起关键作用的是诸位汉法派大臣和太子妃阔阔真，他们选择铁穆耳继位主要不是考虑他是幼子，而是考虑他"仁孝恭俭"。从总体看，铁穆耳的政治才能优于甘麻剌，而从军事才能看，甘麻剌似乎略胜一筹。蒙古诸王之所以有不少人持有异议，大概主要是从这一角度考虑的。而从守成的角度考虑，当时元朝更需要一位倾向于实施儒家政治的国君，这应该是诸位汉法派大臣选择铁穆耳的主要原因。

在整个元朝，册封皇太子立王储制一直没有真正确立，由此而导致了元朝后期的多次宫廷政变和军事冲突，成为元朝统治阶级内部矛盾尖锐以及

元朝短命而亡的一个重要原因。

元仁宗吸收儒学汉法

在元代诸皇帝中,仁宗是一位受汉文化影响颇深的皇帝,他的汉学素养明显高于他之前的元代诸帝。书法至少从两宋以来就被视为中原皇帝最重要的修养之一,仁宗有《御书除官制》传世,似乎是最早掌握了书法技艺的元朝皇帝。仁宗喜欢结交和重用儒士,元人称仁宗"初未出阁,已喜接纳儒士"。即位后,仁宗"述世祖之事,弘列圣之规,尊五经,黜百家,以造天下士,我朝用儒于斯为盛"。正是有了这种汉文化背景,使得仁宗施政大不同于武宗,前已述及,仁宗即位后转变施政方针,纠正武宗朝遗留的各种弊政。但仁宗本人却无法改变元朝政治体制以蒙古法为内核的现状。他即位伊始便进行的改革,效果并不显著,在执政后期,他甚至还有所倒退。

即位前,仁宗身边已聚集大批的儒士和受汉文化影响颇深的色目人。即位后,仁宗重用儒士,这些潜邸旧臣纷纷得到重用,这与武宗朝儒士基本上被排挤在国家统治中枢之外形成了鲜明的对比。仁宗曾对群臣讲:"所重乎儒者,为其握持纲常,如此其固也。"仁宗掌权伊始,至大四年正月,首先任命自己的老师,汉族儒士李孟为中书平章政事,同时诏谕中书省大臣说,翰林院、国史院的儒臣由他本人亲自选用,中书省不要介入。人们都言御史台责任重大,而他却认为国史院更为重要,因为御史台"是一时公论,国史院实万世公论"。至大四年闰七月丁卯,中书省平章政事完泽、李孟等奏言,今天任用的儒士年老日衰,望征集天下有才能的儒士擢任国子学、翰林、秘书、太常或儒学提举等职,这样可以激励儒士为国家效力。对此仁宗十分赞同,下令自今不受朝廷选官资历、品级的限制,对那些贤能的儒士,即便是普通百姓,也要加以重用。

不仅如此,仁宗还特别注重儒学的传播。元代国子学主要是培养蒙古贵族子弟的学校,国子生的教育实际上关系到将来蒙元帝国的整个政治文化倾向。至大四年夏四月辛酉,仁宗敕命,国子监儒学老师的选用,只要是

贤能之人，不受品级的限制，"虽布衣亦选用"。二月又曾命中书平章李孟领国子监学，谕之曰："学校人材所自出，卿等宜数诣国学课试诸生，勉其德业。"七月，仁宗又诏谕中书省臣说，当年世祖皇帝就十分重视国子学，如平章政事不忽木等皆是蒙古人，均在国子学中受教成才，"朕今亲定国子生额为三百人，仍增陪堂生二十人，通一经者，以次补伴

元仁宗

读，著为定式"。至大四年十二月乙未，仁宗又命李孟整饬国子监学。延祐二年八月，元廷增国子生百员，岁贡伴读四员。除李孟外，仁宗朝中书省平章政事张珪、参知政事许思敬、参知政事赵世延均统领过国子学，而不管李孟、张珪、许思敬、赵世延，都是具有较深儒学素养的汉族人。延祐四年，仁宗还在国子监学的北面兴建崇文阁，作为国子学的藏书之所。吴澄《吴文正集·崇文阁碑》："仁宗皇帝文治日隆，佥谓监学椟藏经书，宜得重屋以庋，有旨复令台臣办集其事，乃于监学之北构架书阁。延祐四年夏经始，六年冬绩成。"

　　受儒家文化的影响，仁宗积极倡导以民为本，而对于一些能够辅助治国理政的汉文典籍，他也是积极学习和传播。至大四年四月丁未，仁宗以太子少保张驴为江浙平章，并告诫他说："以汝先朝旧人，故命汝往。民为邦本，无民何以为国？汝其上体朕心，下爱斯民。"至大四年六月，仁宗览汉文典籍《贞观政要》一书，诏谕翰林侍讲阿怜铁木儿说，此书有益于国家，应该译成蒙古语刊行，让蒙古人、色目人研习。延祐元年四月，仁宗以《资治通鉴》载前代兴亡治乱之事，命集贤学士忽都鲁都儿迷失及李孟挑选重要篇章译写，供仁宗御览。延祐二年八月，仁宗又降诏江浙行省印行农书《农桑辑要》万部，颁降给相关机构，供其遵守劝课。延祐四年四月，翰林学士承旨忽都鲁都儿迷失、刘赓等译写《大学衍义》上呈仁宗，仁宗看后，对群臣说，《大学衍

元宫秘史

义》议论甚嘉。令翰林学士阿怜铁木儿译成蒙古语。延祐六年十一月,仁宗又谕御史台大臣曰:"有国家者,以民为本。比闻百姓疾苦衔冤者众,其令监察御史、廉访司审察以闻。"

延祐二年十一月,左丞相合散等奏言,彗星出现异常,这一天象的出现皆因他们无能,请求辞官让贤。仁宗的回答是,这是他本身的过错使然,与诸大臣无关,并激励大臣们尽心尽职,即使是施政出现了问题,也必须马上改正,今后只要有可以安抚百姓的言论,均可直言不讳,这样经过上下齐心协力,一定可以消除天变。延祐四年春正月庚子,仁宗对身旁的人说,中书省近奏百姓贫苦乏食,应该加以赈恤,这是不是因为他的施政出现了过错,"向诏百司务遵世祖成宪,宜勉力奉行,辅朕不逮,然尝思之,唯省刑薄赋,庶使百姓各遂其生也"。延祐四年四月,仁宗常常夜里坐起,对身边的侍臣说:"雨旸不时,奈何?"正在身旁的中书省平章政事萧拜住回答,这是因为宰相犯有过错。仁宗反问道,你不也是中书省的宰相之臣吗?萧拜住惶恐惭愧,无以应对。

仁宗十分注意人才的选拔以及听取各方面的意见。至大四年四月,仁宗诏谕集贤学士忽都鲁都儿迷失说,不久前召老臣十人询问政事,你将老臣们的言论整理译写进呈。仁宗还诏命中书省认真听取老臣们的意见。同年六月乙巳,仁宗又命近侍之臣咨访内外,"才堪佐国者,悉以名闻"。皇庆二年六月己卯,河东廉访使赵简言:"请选方正博洽之士,任翰林侍读、侍讲学士,讲明治道,以广圣听。"仁宗认真听取了赵简的建议。延祐元年春正月庚子,仁宗"敕各省平章为首者及汉人省臣一员,专意访求遗逸,苟得其人,先以名闻,而后致之"。

仁宗还特别注重监察机构及监察官员的作用。至大四年七月,敕御史台臣选更事老成者为监察御史,超授中散大夫、典内院使字叔荣禄大夫。皇庆元年春正月庚子,帝谕御史大夫塔思不花:"凡大臣不法,卿等劾奏毋避,朕自裁之。"次年三月,御史中丞郝天挺上疏论时政,仁宗欣然采纳,并褒奖了郝天挺直言不讳的行为。延祐二年正月乙亥,仁宗下诏遣宣抚使分十二道问民疾苦,黜陟官吏,并给银印。同月,御史台臣奏言,近来地震、洪水、干旱等自然灾害频繁发生,民间出现不少流民盗贼,皆是因为监察官员失于纠察,"宰臣燮理有所未至,或近侍蒙蔽,赏罚失当,或狱有冤滥,赋役繁重,以致乖和。宜与老成共议所由"。于是仁宗下诏给御史台,弄清事情的缘由,上奏如何处理。五月,仁宗还拒绝了御史中丞王毅的辞官请求。延祐三年秋七月壬子,命御史大夫伯忽、脱欢答剌罕拯治台纲,仍降诏宣谕中外。延祐六年三月,诏以御史中丞秃秃合为御史大夫,谕之曰:"御史大夫职任至重,以卿勋旧之裔,故特授汝。当思乃祖乃父忠勤王室,仍以古名臣为法,否则将坠汝家声,负朕委任之意矣。"又谕御史台臣曰:"有国家者,以民为本。比闻百姓疾苦衔冤者众,其令监察御史、廉访司审察以闻。"仁宗虽然重视监察机构和监察官员的作用,但由于以皇太后答己及权臣铁木迭儿为首的势力专权朝堂,仁宗朝御史台监察机构作用的发挥仍受到了很多的限制。

开科取士被誉为仁宗文治的主要标志。在对汉文化有着很深隔膜的蒙古族入主中原的特殊政治背景下,政府官员的充足、科举制自身的弊端、统治者重理财、由吏入仕的制度化等原因促成了科举制的长期停废。随着由吏入仕制度弊端日益显现以及部分蒙古统治层的汉化,科举制到仁宗统治时期终于得到恢复。皇庆二年冬十月己卯,在李孟等儒臣的建言下,仁宗敕中书省议行科举。十一月甲辰,仁宗正式下诏行科举。仁宗对侍臣说:"朕所愿者,安百姓以图至治,然匪用儒士,何以致此? 设科取士,庶几得真儒之用,而治道可兴也。"仁宗还规定"举人宜以德行为首,试艺则以经术为先,词章次之。浮华过实,朕所不取"。延祐二年二月己卯朔,会试进士。辛丑,赐会试下第举人七十以上从七流官致仕,六十以上府、州教授,余并授山长、学正。科举制推行的同时,元廷对吏员入仕做出了限制。延祐元年十月乙未,敕"吏人转官,止从七品,在选者降等注授"。

由于科举久废,元代儒士的境遇颇为凄惨。仁宗朝科举制的推行在文人士大夫中引起了巨大的轰动,"士气复振","天下士君子忻然曰:庶几可以展吾志也"。但在蒙古旧制根据出身、承荫选官以及以吏入仕的影响下,元代科举制推行的效果并不理想,进士出身的官员无论就数量或地位来说,在官僚构成中都居于绝对劣势,以至于有人发出感慨,称科举"殆不过粉饰太平之具"。不过,元代的科举考试最先把程朱理学规定为取士的标准,对理学的发展产生了重要影响。

元武宗与元仁宗的离奇死亡

根据《元史》上的记载,元武宗海山沉溺酒色,因"病"死于公元1311年。死时仅31岁。元武宗海山仅做了3年7个月的皇帝就归西了。元武宗死后其弟爱育黎拔力八达即位,史称元仁宗。然而他也是个短命鬼,仅在位9年,于公元1320年也一命呜呼了。死时年仅36岁,死因也如是。光说这可怜的两兄弟皇帝的死因都是"沉迷酒色"而英年早逝这一事件足以让后人展开丰富的想象。首先有史学家对武宗海山31岁就死亡事件提出疑问:一、海山为武将,身体状况一向很好;二、海山临朝称制,也还算是勤勉,凡朝中的事务都是自己亲自定夺,即使对酒色只能说经常有之,不能算是沉溺。来自民间的传说可能对海山之死的解释更为合理,就是其弟爱育黎拔力八达将其毒死。而仁宗爱育黎拔力八达在36岁死亡又是被母亲答已下毒所致。

史学家或民间之所以对这两位皇帝兄弟的死因给出都是被毒死的解读也是有依有据的。

元成宗铁穆耳指定的继位人选德寿在1305年底就已经死亡。元成宗铁穆耳病死于1307年,之前没有来得及指定新的皇位继承人,所以成宗死后,关于皇位继承人选问题就一时成为焦点问题。这也造成了元廷中因力挺不同的人作为皇位继承人进行权力争夺而分裂为两派,一派是以中书丞相哈剌哈孙为首支持怀宁王海山和爱育黎拔力八达,另一派是以成宗皇后巴牙兀氏为首支持安西王阿难答,双方暗中较劲。丞相哈剌哈孙因实权在握公开与皇后派作对,拒不执行皇后旨意,甚至将印信藏起、国库封闭,同时请海山和爱育黎拔力八达赶快发兵到京城武装夺取政权。关于这段历史,很多史料中都有详细记载。大德十一年(1307年)二月被贬居到怀周的爱育黎拔力八达首先接到信息,以吊丧为由立刻启程赶回北京,借机发动宫廷

政变,杀死阿忽台,囚禁了成宗皇后巴牙兀氏和安西王阿难答,自己临朝摄政,意欲称帝。但是海山也在同年的三月赶到了上都和林,欲在上都称帝。兄弟二人又呈对立态势。二人的母亲答已见状忙出面进行调停,让爱育黎拔力八达放弃皇位,让哥哥海山即位,并约定:封弟弟爱育黎拔力八达为皇位继承人,作为回报自己死后由弟弟爱育黎拔力八达继位,而爱育黎拔力八达又要传位给海山的儿子,海山的儿子再传位给爱育黎拔力八达的儿子,皇位由两人之后轮流坐庄。这样一场亲兄弟之间即将开始的战争方告和平化解。

是年的五月份,海山在上都召开了形式上的"忽里勒台"宣告自己即位。海山即位后开始清除前朝不予合作的官员,任用自己的亲信,巩固自己的统治地位和建立自己的权力中心。元武宗海山还采取了多种汉法的经济改革和政治改革政策,但是都因为触犯了当时社会现实中那些蒙古贵族们的利益受阻而告失败。而爱育黎拔力八达虽

元武宗

然身为太弟,又被封为中书令兼领枢密院,但是由于海山都是自己直接下旨任命官员,他成了摆设,因此心中十分不满,最后导致愤怒,加上武宗海山脾气暴躁,爱育黎拔力八达想到当初应该自己称帝,现在却出现了这个局面,所以生出了除掉武宗海山的想法。但是毕竟海山是皇帝,又是一员猛将,正面交战肯定要失败,所以他就想出歪招,买通了宫内负责采购酒的官员,在给武宗的酒中下了慢性的毒药。武宗好喝酒,经常会一次喝很多,所以在一年多的时间里,武宗海山饮用的都是被下了慢性毒药的酒,毒性在他的身体里越积越多,身体也每况愈下,终于不治而死。

元武宗海山死后,其弟爱育黎拔力八达即位,是为仁宗。仁宗爱育黎拔力八达是个孝顺的儿子,对于自己的母亲答已非常顺从,不敢公开悖其愿。但是答已更喜欢的却是海山,所以她始终对海山的死亡抱有怀疑的想法,认

为是仁宗害死了海山。另外答已认为爱育黎拔力八达把自己的情人铁木迭儿看成眼中之钉,故此答已总是想废掉仁宗。作为皇帝,仁宗可以称得上是自忽必烈以后的元朝唯一的明君,他信佛教,但是不反对其他教派发展,他复科举、兴儒学、任用汉官、勤政爱民,使得在位统治时期全国上下的形势达到了稳定和发展。但是他这些举动却被铁木迭儿和答已太后恨之入骨,而仁宗又违背前约,封自己的儿子硕德八剌为太子,要在自己死后由儿子即位。还有铁木迭儿先后两次被罢官都被太后答已复职,搞得太后很没有面子。最后答已为了自己的情人铁木迭儿和自己的面子,决定要除掉仁宗。仁宗和武宗有一个共同的嗜好就是饮酒,所以答已采取了也是在酒中下毒的手段,这样仁宗很快就死在了自己母亲的疯狂之中。

这些经过并没有真正的历史记载,但是在民间却流传很多,仁宗为了皇位杀其兄,答已又为了情人杀其子,亲情在这里什么意义也没有了,残存的只是为了一已私利而选择的阴谋和害人手段。

元英宗流放高丽忠宣王事件

1231 年开始,元廷发动了多次征伐高丽的战争。1259 年,高丽高宗派世子王倎入元,表示臣服。之后世祖忽必烈扶植王倎,即高丽元宗继承高丽王位,并帮助王倎铲除高丽国内的武臣势力。至元十一年,忽必烈应高丽元宗的请求,将女儿忽都鲁揭里迷失嫁与元宗之子王愖,王愖即为高丽忠烈王。高丽忠烈王之子忠宣王王璋,是忽都鲁揭里迷失所生。王璋三岁时被封为高丽世子,长期在元廷生活。成宗元贞二年十一月,王璋娶元晋王甘麻剌之女为妻,这样有着蒙古血统的王璋又成了元朝的驸马。成宗大德二年正月,元廷遣使册封王璋为高丽王,即高丽忠宣王,可就在同年八月,元廷又褫夺了王璋的王位,复以其父忠烈王为高丽国王。究其原因,乃是王璋即位后擅自进行官制改革,及与元朝公主的矛盾激怒了元廷。

王璋被褫夺王位后十年间一直在元廷宿卫,他长期与爱育黎拔力八达生活在一起,并参与了拥立海山即位的元朝宫廷斗争。至大元年五月,武宗以"定策功"封王璋为沈阳王(后改封为沈王)。同年七月,高丽忠烈王去世,王璋在阔别高丽十年后回高丽奔丧。十月,元廷又册封王璋为高丽国王。可王璋在即高丽王位后仅一个月,便又回到了元朝。奇怪的是,王璋从此再也不愿回到高丽,其间高丽不断派人到元廷请王璋还国,武宗和皇太后答己也要求王璋回国,无奈之下,为了能继续留在元廷,王璋便在至大四年三月将高丽王位传给了他的儿子王焘,即高丽忠肃王。

至于王璋宁愿放弃高丽王位也不愿回国理政的原因,有很多种说法。有人认为是由于当时元廷对高丽的政局有决定权,王璋留在元廷,是为了在元廷展开外交活动以更好地控制高丽,其基本的依据是王璋在退位后仍然不断干涉高丽的内政。事实并非如此,虽然王璋在元廷中的地位对他能否控制高丽具有决定性作用,但他也不必非得一直生活在元廷不可。王璋为了奔丧回到高丽仅几个月,有生之年就再也不愿回高丽了,这似乎说明了另一个问题,那就是他已不再愿意在高丽生活了。王璋是蒙古公主所生,且长期在元廷生活,可以说他对元廷的感情并不亚于对高丽的感情,在武宗和仁宗朝,王璋又备受元帝与皇太后答己的宠爱,王璋不愿回国很可能是他贪恋在元廷的生活。

王璋对儒学有着浓厚的兴趣,喜欢与名儒交游。王璋在将王位传给高丽忠肃王王焘之后,便"构万卷堂于燕邸,招致大儒阎复、姚燧、赵孟頫、虞集等与之从游,以考究自娱",并曾向仁宗进言主张设科举,仁宗甚至准备任命王璋为右丞相,因王璋固辞才作罢。

仁宗延祐七年六月,刚刚即位的英宗突然将留在元廷生活的王璋逮捕,并于同年十二月将他流放到吐蕃撒思结之地。1322年,又将在位的高丽忠肃王王焘扣留在大都。1323年,泰定帝即位,大赦天下,才将王璋从流放地召回,并恢复忠肃王的王位。1325年,王璋在大都去世。

至于英宗流放高丽忠宣王的原因,根据《高丽史》的记载,起因系元廷高丽宦官任伯颜秃古思曾对忠宣王无礼。忠宣王奏明皇太后答己后,任伯颜秃古思受杖责,答己皇太后并将任伯颜秃古思侵夺的田产归还其主,故任伯颜秃古思十分憎恨忠宣王。在仁宗死后,皇太后答己亦逐渐丧失特权,任伯颜秃古思就想方设法陷害忠宣王。最终任伯颜秃古思奸计得逞,英宗归还了他被夺去的田地,流放忠宣王于吐蕃。从以上史料大体可以看出,高丽宦官任伯颜秃古思与高丽忠宣王遭流放有着直接的关系;英宗即位,太皇太后答己丧失特权,是高丽忠宣王遭流放的政治背景。

皇太后答己在仁宗朝就干涉朝政,尤其庇护为非作歹的右丞相铁木迭儿,而仁宗对太后一党的活动表现得较为软弱。答己同意立仁宗之子为太子,主要考虑到硕德八刺年幼容易控制,不过英宗上台后的举动却令答己大为失望。英宗即位后,与太皇太后答己的势力展开了斗争。这样看来,王璋遭流放又很可能与英宗打击太皇太后答己一党有关。

从现有的史料看,王璋显然是属于答己一党的。前已述及1298年高丽忠宣王王璋被召至元廷宿卫,之后十年间他主要与太后答己和仁宗生活在一起,"帝(武宗)及皇后(答己)、皇太子(仁宗)待王(王璋)甚宠",当王璋与元朝大臣发生矛盾时,答己也总是庇护王璋。至大二年三月,"辽阳行省右丞洪重喜诉高丽国王王璋不奉国法恣暴等事,中书省臣请令重喜与高丽王辩对。敕中书毋令辩对,令高丽王从太后之五台山"。王璋不用辩对乃是皇太后出力,据《宦者·方臣祐传》载,当时辽阳行省右丞相洪重喜向中书省诉高丽王不法,欲与高丽王廷辩,由于高丽宦官方臣祐向皇太后答己进言,"皇太后悟,言于帝,敕中书毋令对辩,杖重喜,长流潮州"。这样看来,英宗出于打击太皇太后答己一党的目的而将属于答己一党的王璋流放才是较为合理的解释。

传统上认为高丽忠宣王王璋是喜欢与名儒交游的正人君子,其实王璋也有不光彩的一面。《朝鲜史略》载,"上王(忠宣王)自记其德十余条,密下式目都监,令上笺陈贺"。对此,史官评论曰:"忠宣以聪明强记之资用之于不善处身接物,无一可称。乃欲求誉于上国,自记其德,密令臣下上笺陈贺,其所记之德,不知何德也? 灵殿之营先扬父恶,谓之德可乎? 转输燕京,财殚力痡,谓之德可乎? 以谓孝则失父子之亲,以为仁则杀无罪之子,常在元朝,不亲国政,则无克勤之德也。重营一宫,私占食邑,则无克俭之德也。饭佛点灯,万僧之会,糜费钜万,谓无一日之游丝毫之费可乎?"至于王璋与元

朝儒士的关系也未见得多好,其行为也为元朝一些名儒所不齿。《元史·姚燧传》云,当时在元廷生活的高丽沈阳王王璋父子,联姻帝室,利用钱财结交朝臣。一日,王璋想求得姚燧的诗文,姚燧一开始不愿意给,后来王璋拿来了圣旨,姚燧无奈只好答应。王璋为此赠给姚燧大批币帛、金玉、名画,姚燧随即将王璋馈赠的物品分给了属吏侍从,留下金银交付翰林院用来购买公用器皿,自己一无所取。当别人问起此事缘由,姚燧回答说:"彼藩邦小国,唯以货利为重,吾能轻之,使知大朝不以是为意。"高丽忠宣王王璋颇贪图利益,魏王阿不哥被流放到高丽大青岛,王璋听说魏王高丽住所庭砖光彩斑斓,皆成牡丹花状,十分好奇,命人回到高丽,欲抢夺这些庭砖。有人将这件事禀明仁宗,仁宗遣吏部尚书卜颜必着赤、买驴责问王璋,并安抚魏王。而彼时已经退位的高丽忠宣王王璋及其亲信,更是不断干涉高丽的内政,从而招致高丽忠肃王的极大不满。

元英宗之死与"南坡之变"

元英宗硕德八剌被铁失刺杀的案件,在历史文献记载中称之为"南坡之变"。这个发生在元朝中期刺杀皇帝案中,追溯起因首先要说是兴圣太后泯灭亲情,和铁木迭儿互相勾结企图发动宫廷政变而产生的结果。其次也是这位深受汉文化影响的小皇帝极力推崇汉化实行变革引起的后果。

公元 1320 年,元仁宗在世时和武宗海山有约定,死后要把元大汗传位给海山的儿子,但是由于各种客观原因和私心,仁宗背弃诺言,立自己的儿子硕德八剌为太子,引起了答已太后的不满,设计害死了仁宗。当时答已的情人丞相铁木迭儿本想立海山的儿子做皇帝,但是答已太后认为硕德八剌年纪小,更容易控制,所以就立了 17 岁的硕德八剌为皇帝,史称英宗。英宗即位后,比他的父亲仁宗更加积极推行汉法,虽然年轻,但是从小受汉文化教育,凡事很有主见,所以不愿意受到答已和铁木迭儿的控制。即位仅仅两个月,就下令免去了铁木迭儿的相位,铁木迭儿恼羞成怒,说动了失烈门、和散和兴圣太后,密谋在宫廷发动政变,立英宗的弟弟兀鲁不花为帝,但是政

变尚在准备阶段,就被英宗察觉。英宗先发制人,率宫中卫兵将失烈门、和散捕杀,将兀鲁不花囚禁。时过不久又废掉铁木迭儿的封爵,将他的儿子八里吉思处死,并将铁木迭儿家产全部没收。

英宗并没有将铁木迭儿派系的余党全部肃清,铁木迭儿的义子铁失仍然是掌管禁卫军的御史大夫。英宗斩草没除根最终为自己引来了杀身之祸。

至治三年(1323年),英宗硕得八剌去上都避暑,铁失和自己的死党锁南等人密谋决定在英宗回大都的途中行刺,因为沿途护卫的军队都是由他直接控制的,同时铁失还派自己的同党斡罗思到漠北去说服晋王也孙铁木儿到大都做皇帝。这年八月五日英宗一行来到上都以南30里处的南坡店,要在此驻扎过夜。这天夜里铁失和锁南等十几人手持利刃闯进英宗和丞相拜住的帐中将英宗和拜住刺杀。

"南坡之变"是在怎样的历史条件下发生的?"南坡之变"的主谋铁失为什么能够如此轻易地得手呢?

硕德八剌于公元1303年生于洛阳附近的怀州王府,那一带是宋代理学奠基人二程的故乡,他从小过的是地主士大夫式的生活,又受其父亲的直接影响,耳濡目染,自然与蒙古草原马背上长大的贵族子弟大不相同。他从小生活的环境和他所受的儒家教育,对他的思想和治国理念的形成和发展有重要影响,硕德八剌所具有的汉族封建文化素养,是元帝中所不多见的。在他即位后和他父亲一样继续推行"汉法"。

仁宗死后不久,英宗还未登位,答已作为太后摄政就把铁木迭儿立为右丞相,仁宗所亲信的一些大臣多受排斥,与答已、铁木迭儿关系至密的黑驴、赵世荣、木八剌儿等升任要职,对那些敌视自己或有不同政见的大臣一个个进行逐杀报复。英宗即位仅两个月,就发现宣政院使失烈门及阿散、亦失列八阴谋废立,由于他猜到幕后指使人就是答已本人,因而也不敢进一步追查,匆匆把他们诛杀了事。

答已太后和铁木迭儿的种种不端作为,元英宗硕德八剌看在眼里,记在心里。英宗开始担忧自己不但是个势单力薄的孤家寡人,而且其地位还岌

岌可危,他面临的是答已与铁木迭儿紧密结合在一起并对他造成直接威胁的势力。为了牵制铁木迭儿,巩固自己的政治地位,英宗即位不久,就把仅比自己大1岁的木华黎的后裔、世祖时丞相安童之孙拜住立为左丞相,收为心腹。史称为"蒙古儒者"的拜住作为主掌礼仪、祭祀宗庙和赠谥的太常礼仪院使,他有更多的机会与虞集、吴澄等儒臣交往,这自然与皇帝硕德八剌有更多的共同语言。英宗还是太子时候,就对他极为欣赏。另外拜住作为赫赫功臣木华黎的子孙,在蒙古贵族中享有很高的威望,这也有利于势单力薄的英宗加强自己在宫廷中的地位和权力。

至治二年十月,英宗以拜住为中书右丞相。拜住协助英宗进一步实行新政采用"汉法",大量起用汉族地主官僚及儒家知识分子。又发布《振举台纲制》,推行汉化。

但是,英宗和拜住所推行的汉法改革,触犯了大多数保守的蒙古色目贵族的利益,自然引起他们的抵制和反对。英宗改革政治的其他措施,也同样不利于蒙古色目的保守贵族集团。蒙古保守贵族对英宗新政的不满和抵制,这为"南坡之变"的政治原因埋下了伏笔。

铁失是铁木迭儿的养子,作为铁木迭儿的同党埋伏在元英宗的眼皮底下并得到元英宗的信任。前后授予铁失为御史大夫,并授予军权统领禁卫亲军和左、右阿速卫亲军,这对于元英宗来讲无异于把自己的性命交给了铁失。然而元英宗和拜住还处在不觉中,虽然此时有大臣进言小心提防,可这两位儒风极深的年轻君臣并没放在心上。

再说元英宗和亲信拜住在推行"汉法"的同时,另一方面逐步削弱答已太后及铁木迭儿的实力来巩固自己的统治地位。到至治二年八月和九月,答已太后及铁木迭儿这两根台柱相继倒塌,铁失的地位从而发生根本的动摇。然而,对铁失构成致命的直接威胁的,是刘夔献田贪污事件的余波所及。元英宗对这一事件进行了彻查和惩处,几乎所有的参与人员其中包括铁木迭儿的儿子八里吉思坐和锁南。除铁木迭儿已先死外,参与这一贪污案件的全部主要成员,均已处死,只剩下一个铁失。这年五月,监察御史盖继元、宋翼,上奏请求毁坏铁木迭儿碑以示惩戒。英宗准奏,并且追夺官爵

元宫秘史

及封赠制书，又在七月满门抄查铁木迭儿家资。这对于铁失来说，不祥的阴影渐渐迫近了。他必须找到一条摆脱困境的出路，否则，结局是可想而知的。

在这种情况下，铁失首先考虑到是利用英宗信奉喇嘛教的宗教意识，想通过他与喇嘛僧侣的密切关系，怂恿宫内喇嘛僧侣诱劝皇帝实行大赦，也许这是铁失逃生的唯一希望了。然而没想到元英宗和拜住不吃这一套。

铁失无路可走，我们完全可以设想，铁失好几个难眠之夜中的惶恐不安的心情。当时，元英宗和拜住即将从上都回大都，在铁失看来，宣布他的诛刑是指日可待的了，大驾南返中，正是下手的最好时机。除了纠集一伙亲信党徒和朝中仇恨英宗的人采取果断的刺杀外，在他们看来似乎已无其他选择了，刺杀也许能在绝望中带来一线希望。铁失立刻派遣密使斡罗思至和林东北秃剌河畔，密告在那儿打猎的晋王也孙铁木儿，政变之后，推立他为皇帝。

这年八月五日，英宗的大驾从上都向南出发，夜晚，驻营于距上都 30 里的南坡店。趁深夜英宗熟睡之际，铁失与知枢密院事先帖木儿、大司农失秃儿、前中书平章政事赤斤铁木儿、不久前被罢官的锁南，以及前面提到的按梯不花等 5 个蒙古王，共计 16 人，闯入皇帝行幄，以阿速卫兵为外应，铁失先杀拜住，后亲手弑杀英宗。英宗和拜住这两位可怜的年轻君臣就这样命绝于南坡。

英宗和拜住没有料到是这样一个结局，似乎是各种因素的凑合。硕德八剌元英宗死时仅 21 岁，是元代最短命的皇帝之一。作为中国古代一个蒙古族的皇帝，这位成吉思汗的后代，也未尝不想做点顺应历史发展需要的事情，他急切求治，也还是难能可贵的，然而图治过于心切，可能正是导致他被杀的主要原因之一。

泰定帝之施政

南坡之变后，铁失一党遣诸王按梯不花及也先帖木儿北迎晋王也孙铁

木儿于漠北。至治三年九月初四日,也孙铁木儿即皇位于漠北成吉思汗的大斡耳朵,是为泰定帝。泰定帝在即位诏书中申明了自己即位的合法性:一是自己继承了父亲甘麻剌的晋王封号,长期戍守漠北,统领成吉思汗的四大斡耳朵及军马、蒙古国土,而甘麻剌则为世祖忽必烈的嫡孙、裕宗真金的长子,是蒙古黄金家族的主要成员。二是他支持武宗、仁宗、英宗继承皇位,累朝以来,没有异心,不图位次,依本分为国出力。三是英宗被弑,皇位不可久虚,诸王勋贵、蒙古百姓都认为也孙铁木儿作为忽必烈的嫡系后裔适合继承皇位,且又没有其他人争位。姑且不说泰定帝是否参与谋划了南坡之变,一个明显的事实是,通过政变暂时掌控中央政权的铁失一党积极促成了泰定帝的即位。这样,元帝国的皇位就从真金三子成宗铁穆耳系,转移到真金长子晋王甘麻剌系。铁失一党之所以选择晋王也孙铁木儿,除去也孙铁木儿蒙古黄金家族的特殊身份且手握重兵外,另一个重要的原因就是如果皇位继续留在铁穆耳系,那么他们必会被追究弑君之罪。

泰定帝即位于漠北,但铁失一党仍然掌控着大都、上都政权,于是泰定帝采取了十分有策略的做法,那就是先赦免、优待铁失一党,趁机控制国家政权。在即位的同时,泰定帝就宣布对一些主要官员的任命,以知枢密院事淇阳王也先帖木儿为中书右丞相,诸王月鲁铁木儿袭封安西王,内史倒剌沙为中书平章政事,乃马台为中书右丞,铁失知枢密院事,马思忽同知枢密院事,孛罗为宣徽院使,旭迈杰为宣政院使,枢密副使阿散为御史中丞,内史善僧为中书左丞,完泽知枢密院事,秃满同佥枢密院事,撒的迷失知枢密院事,章台同知枢密院事。从泰定帝的任命状不难看出,泰定帝既重用铁失一党,又将自己的亲信安插到国家的主要机构之中,其中淇阳王也先帖木儿、诸王月鲁铁木儿以及铁失、孛罗、阿散、秃满、章台,均直接参与了弑杀英宗的南坡之变。

为了安抚铁失一党,泰定帝宣布大赦,十恶中除杀祖父母、父母,妻妾杀夫不赦外,其余如谋反、大逆、奴婢杀主等罪概赦不问,被赦罪行多是不论传统汉法还是蒙古旧制都不可能赦免的大罪。泰定帝的大赦显然是针对铁失一党的。因为当时泰定帝尚在漠北,铁失一党则掌控两都,握有兵权,控制着中书省、御史台等朝廷中枢机构，于是泰定帝就用大赦的方法先使铁失一党放松警惕，所谓"以宽恩而释其疑，使恶逆之徒，有以自安，不至狂肆"。泰定帝还一改英宗限制、打击蒙古诸王的政策，在即位伊始就召还了在英宗朝被流放的蒙古诸王。

　　泰定帝优待铁失一党的政策只不过是权宜之计。不管泰定帝是否参与了南坡之变，铁失一党的存在都会直接影响到他执政根基的稳定，因为不对铁失一党进行惩罚就意味着泰定帝参与了政变，这无疑会使泰定帝背上诛杀帝王的罪名，正所谓"不除元凶，则陛下美名不著，天下后世何从而知"。从另一个角度讲，如果泰定帝参与了政变，铁失等人就更不能存在了，因为一旦走露风声，无疑会使泰定帝在蒙古宗王、贵族中陷入孤立。此外，朝廷中很多儒臣对铁失等人的弑君行为极为痛恨，纷纷上书请求泰定帝严惩铁失一党。中书平章政事张珪在得知政变的消息后，不与铁失一党共事，并上书泰定帝，请求诛杀逆党。据说，铁失等弑君之臣受命与泰定帝派来的使节以新帝即位去告祭太庙，在祭祀之时，忽然从北边刮来一阵阴风，殿上的灯烛都熄灭，过了许久，风才停止，"盖摄祭官铁失、也先帖木儿、赤斤铁木儿等，皆弑君之元恶也"。

　　即位后的第二个月，泰定帝就开始严惩铁失一党。至治三年十月，泰定帝派亲信旭迈杰诛杀逆贼也先帖木儿、完者、锁南、秃满等于行帐之内。并以旭迈杰为中书右丞相，陕西行中书省左丞相秃忽鲁、通政院使纽泽并为御史大夫，速速为御史中丞。旭迈杰、纽泽等人随即又受命在大都诛杀铁失、失秃儿、赤斤铁木儿、脱火赤、章台等，并且灭其族，籍没家产。随后，泰定帝对铁失一党进行追查并严惩，于至治三年十一月，罢免御史中丞董守庸，于十二月罢免御史台经历朵儿只班，御史撒儿塔罕、兀都蛮、郭也先忽都，同月流放诸王月鲁铁木儿于云南，按梯不花于海南，曲吕不花于东北奴儿干，孛罗及兀鲁思不花于海岛。出乎意料的是，竟有如此多的诸王、大臣直接或间接参与了南坡之变，以至于泰定帝不得不下诏"逆党胁从者众，何可尽诛？后之言事者，其勿复举"。因为如果打击面太广，显然不利于维持政局的稳定，英宗被弑的教训也恰恰说明，朝廷施政必须取得多数诸王、大臣的支持。

其实，泰定帝即位后，他遵循的一个重要施政理念就是遵守世祖成宪、强调宫廷和谐。也就是说，泰定帝既不会像英宗那样强势改革蒙古旧制，打击诸王、贵族，也不会废弃世祖朝以来大多数吸收汉法的成果。

泰定帝即位伊始，对在仁宗、英宗朝专权的铁木迭儿势力进行追究。经过英宗朝对铁木迭儿的打击以及泰定帝对铁失一党的诛杀，铁木迭儿的势力已经基本清除，但铁木迭儿专权的很多消极影响还没有肃清，而泰定帝也可以借清除铁木迭儿专权的消极影响来提高自己的威望。至治三年十二月，御史台官员奏言，以前铁木迭儿专政，诬陷、杀害大臣杨朵儿只、萧拜住、贺伯颜、观音保、锁咬儿哈的迷失，流放李谦亨、成珪，罢免王毅、高昉、张志弼，天下之人皆知这些官员蒙冤，请求予以平冤昭雪。泰定帝下诏将上述在世官员召还录用，已死者赠予荣誉官爵。监察御史脱脱、赵成庆等言，铁木迭儿在先朝包藏祸心，离间亲藩，诛戮大臣，使英宗陷入孤立，遭受大祸，铁木迭儿之子锁南，参与了谋杀英宗的南坡之变，应该予以严惩，以快人心。于是，泰定帝马上下令诛杀了铁木迭儿之子锁南。

泰定帝为笼络诸王、贵族，使大批蒙古、色目官员得到重用，较之英宗朝，汉人在朝中的地位大为降低，同时在英宗朝一度受到限制的对诸王、贵族的赏赐，在泰定朝又开始泛滥起来。例如至治三年十二月庚午，泰定帝以新登大位，大规模赏赐后妃、诸王、百官，耗费"金七百余锭、银三万三千锭，钱及币帛称是"。与前朝同样的问题产生了，那就是国家财政负担加重。泰定二年（1325）闰正月丁卯，中书省臣上奏国用不足，请求罢省不急之费。同年五月，中书右丞相旭迈杰等以国用不足，请减厩马，裁汰卫士，节制对诸王的滥赐。面对中书省的奏请，泰定帝口头应允，但他笼络诸王，沿用蒙古赏赐旧俗的既定政策，决定了他不可能节制或停止对诸王、贵族的大规模赏赐。

泰定帝对诸王的优待、偏袒，在他对待辽王脱脱的态度上反映得极为明显。泰定帝即位伊始，很多大臣都上书要求严惩辽王脱脱，但泰定帝并没有采纳这些建议，反而对脱脱恩宠有加。泰定元年（1324）二月庚申，监察御史傅岩起、李嘉宾上言：辽王脱脱趁着国家政权不稳之际，诛杀骨肉，罪恶满盈,恐怕将来会阴谋反叛,如若让脱脱返回自己在东北的封地,就像放虎归山,不如今天废掉辽王脱脱,以辽王近族袭其位。泰定帝拒绝了监察御史傅岩起、李嘉宾的建议。五月,监察御史董鹏南、刘潜、边笴、慕完、沙班以国家灾害频繁上奏:"平章乃蛮台、宣徽院使帖木儿不花、詹事秃满答儿,党附逆徒,身亏臣节,太常守庙不谨,辽王擅杀宗亲,不花、即里矫制乱法,皆蒙宽宥,甚为失刑,乞定其罪,以销天变。"泰定帝再次拒绝了监察御史的建议。六月,中书平章政事张珪等上奏曰:"辽王脱脱,位冠宗室,居镇辽东,属任非轻,国家不幸,有非常之变,不能讨贼,而乃觊幸赦恩,报复仇忿,杀亲王妃主百余人,分其羊马畜产,残忍骨肉,盗窃主权,闻者切齿。今不之罪,乃复厚赐放还,仍守爵土,臣恐国之纪纲,由此不振,设或效尤,何法以治! 且辽东地广,素号重镇,若使脱脱久居,彼既纵肆,将无忌惮,况令死者含冤,感伤和气! 臣等议:累朝典宪,闻赦杀人,罪在不原,宜夺削其爵土,置之他所,以彰天威。"但泰定帝仍然不愿听从大臣们的意见。

泰定帝之所以偏袒辽王脱脱,与他即位前长期出镇北边的政治背景密切相关。自大德六年开始,也孙铁木儿就以晋王的身份统领太祖四大斡耳朵及军马、蒙古国土,历成宗、武宗、仁宗、英宗四朝,而这期间,东道诸王辽王脱脱无疑与晋王有长期的交往,因为晋王也兼辖东北事务。另一方面,泰定帝即位后,急欲弥合蒙古统治者内部由于仁宗、英宗大力推行汉法而出现的裂痕,平息英宗被弑而引发的种种猜疑,这就决定了泰定帝会把安抚诸王,稳定统治基础作为施政的重点。

泰定帝对宗王的信任、重用,还体现为泰定朝利用诸王出镇一方,统领军务事例的增多。有元一代,宗王出镇的现象较为普遍,主要是元帝任命皇子、宗王出镇一方,控驭边徼襟喉之地。如泰定元年四月,泰定帝任命昌王八剌失里出镇原安西王阿难答昔所居之地;六月,遣诸王阔阔出镇畏兀,并赐予大量金、银、钞。泰定三年正月,封诸王宽彻不花为威顺王,出镇湖广,封买奴为宣靖王,出镇益都,各赐钞三千锭;三月丁巳,遣诸王失剌出镇漠北;六月,改命湘宁王八剌失里出镇原安西王阿难答之地,同月命梁王王禅及诸王彻彻秃出镇漠北,赐王禅钞五千锭、币帛各二百匹;十一月,封诸王铁

木儿不花为镇南王,出镇扬州。泰定四年(1327)二月,亲王也先铁木儿出镇漠北,赐金一锭、银五锭、钞五百锭、币帛各十匹;三月,皇子允丹藏卜出镇漠北。

在诛杀铁失一党、厚待蒙古诸王的同时,泰定帝也采取了一些措施强化自己的统治。首先,他任命自己的亲信掌控国家政权。至治三年十月,泰定帝以旭迈杰为中书右丞相,同年十二月,又以倒剌沙为中书左丞相。旭迈杰和倒剌沙均是泰定帝为晋王时内史,得幸于泰定帝。晋王府内史,即朝廷任命的负责处理晋王政务的官员,内史的职责基本上等同一般诸王的王傅,朝廷礼遇晋王,故在晋王府设内史而不设王傅,且晋王内史的品秩比一般王傅高,一般诸王王傅均为正三品,晋王内史先为从二品,后升至正二品。先时,倒剌沙常常代晋王侦伺朝廷政局的发展,有记载称倒剌沙是南坡之变及拥立泰定帝的主要谋划者。事实的真相已经很难确知,但泰定帝在诛杀铁失一党的同时,确实没有惩罚倒剌沙,而是重用他。至泰定帝去世,倒剌沙一直是泰定帝最为亲信的官员,在中书右丞相旭迈杰去世后,左丞相倒剌沙就成为朝中最有权势的官员。需要说明的是,倒剌沙及中书平章政事兀伯都剌皆西域回回人,西域人多依附之,此一时期回回色目官僚在朝中颇为得势。倒剌沙主持朝政期间,"贿赂通行,卖官鬻爵,家有金窖宝海,以藏所得金帛珍异"。

不仅如此,泰定帝还接受英宗朝侍卫军参与政变的教训,对侍卫军统领的任命制度进行改革。泰定二年五月,中书参知政事左塔不台上奏泰定帝:大臣兼领军务,并不符合古来的旧制,铁失以御史大夫、也先帖木儿以知枢密院事的身份统领侍卫军,如虎而翼,这是他们能够成功发动政变的根本原因。今后侍卫军统领一职,希望不再由朝中大臣兼领,而是授予蒙古勋旧之家。泰定帝欣然接受这项建议,并对左塔不台大加褒奖,赏赐他大量的财物。

酒、色、佛、猎夺命泰定帝

元泰定帝也孙铁木儿在心中一直推崇佛法。在为皇后巴巴罕玉体违和而作的佛事完毕之后，皇后自然病愈身康，不久还生下一个皇子。泰定帝见佛法果然神通，就更加迷信佛法。为了求佛保佑，他突发奇想，于泰定二年（1325 年）十二月，封授佛戒为帝师。又过三年，于致和元年（1328 年）三月他举行盛大仪式，拜帝师正式入佛门，成了古往今来地位最高、身份最尊的佛门俗家弟子。从此以后帝师权重如山。为了防止海啸，元泰定帝也孙铁木儿不思实务，竟听信帝师的话，在沿海各处建造浮屠 216 座，以镇压海啸。

元泰定帝也孙铁木儿成了佛教徒，与众僧徒成了一体，众僧徒还不有恃无恐？所以有史以来的佛僧徒在元泰定帝也孙铁木儿当朝时，其宠信和权势，都高过以往历朝，达到无以复加的地步。元泰定帝也孙铁木儿把帝师的兄长封为白兰王，把公主嫁给他为妻，赐给金印，授予圆符。其他僧徒被赐予司空、司徒、国公名号。于是乎佛僧们横行霸道，肆无忌惮，占人田产，奸人妻女，为所欲为，使得百姓不堪其苦，流离失所。

西台御史李昌见状，气愤不过，忍无可忍，愤然据实上奏佛僧徒们的不法行为，历数佛僧徒们的种种劣迹和对天下百姓的危害及对国家的祸害。不料，奏章递了上去，元泰定帝也孙铁木儿不但不采纳忠言，反而受到帝师的恶言游说，认为李昌恰在自己和皇后受佛戒之后弹劾僧侣，这明显是与自己作对。于是下旨将李昌削职为民，而且永不启用。随后听取帝师的佛劝，又下旨令倒剌沙、旭迈住、燕帖木儿等大臣留守京师，自己带着皇后和两位贵妃及太子出巡上都狩猎取乐。

元泰定帝也孙铁木儿这种弃国于不顾的做法又惹恼了另一个耿耿忠心之臣平章政事张珪。他见皇帝如此行事，就联合枢密院、御史台、翰林院、集贤院各位大臣联名上了一道万言书。张珪与员外郎宋文瓒共同亲赴上都面呈圣上，但却遭到元泰定帝也孙铁木儿不理不睬的回应。

众大臣见元泰定帝也孙铁木儿如此崇佛胜似信人的昏庸，天天荒于饮酒作乐,不顾朝政及大臣们的进言,众臣们各个心灰意冷。张珪此时见事已无可挽回,于是启奏元泰定帝也孙铁木儿,以老病为由告老还乡。泰定帝虽有心挽留,但张珪去意已定,再次上奏说自己人老日衰,病势日趋严重,已到了只有搀扶才能行走的地步,恳请元泰定帝也孙铁木儿放归。泰定帝念他为三朝元老,勋业卓著,声名远播,还有利用的价值,还是不准其请,只是让他到西山养病,加封蔡国公,刻蔡国公金印赏赐予他。张珪只得暂时移到西山养病,但乞归的念头一刻也没有改变。此后,张珪又多次上奏恳请告老还乡终才得以恩准。

张珪归去以后,元泰定帝也孙铁木儿身边少了一个聒噪之人,更加无所顾忌了。这时不少忠直臣子都纷纷上表请归。泰定帝乐得耳边清静,不加细想,一概恩准。从此以后,泰定帝心中就只有酒、色、佛、猎四件事,那朝政就全由皇后巴巴罕处置。朝中重用的也大多是阿谀奉迎的小人。他们只知道自己升官聚财,为了达到他们各自的私利,他们只是一味地推波助澜,迎合泰定帝的心意,讨得泰定帝的欢心,哪有心思管什么国家大事?这样,泰定帝自然欣喜异常,滞留于行宫,不思回返,恣意行乐。

天长日久,他对必罕和速哥答里二妃也逐渐生出了厌心。这时就有那一般奸佞小人,窥知到了元泰定帝也孙铁木儿的心意,奏说异域女子滋味独具,秀色可餐,非中国寻常女子可比。元泰定帝也孙铁木儿正处于厌旧无新之际,闻奏自然大喜过望,即刻令人去高丽国搜取来明眸皓齿、各具千秋的妙龄美女 30 名,令她们轮流侍寝。泰定帝又尝新味,龙颜大悦。有时泰定帝淫性大发,竟然置宽床广被,和数名高丽美女同眠,极尽男女之乐。

终于,元泰定帝也孙铁木儿不胜酒色一病不起,用尽所有御医的针药也不能够治愈,病情一天比一天严重。泰定帝清楚地知道自己快不行了,马上传旨,急召留守京都的丞相倒刺沙,想要把后事托付给他。但倒刺沙还没有到达上都,泰定帝就于致和元年(1328 年)七月,在上都行宫死掉了,年仅36 岁。

短命皇帝阿速吉八

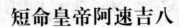

元朝时代出了两个短命皇帝,不但年龄不满 10 岁,做皇帝也不足 1 个月。元天顺帝阿速吉八就是其中的一个。

泰定帝驾崩,本来应当拥立太子阿速吉八即位。但阿速吉八当时年仅八岁,还不懂得世事。丞相倒剌沙见泰定帝遗下无依无靠的孤儿寡母,就起了擅权之心,以太子年幼为由,没有拥立,而由自己摄政,大权独揽,独断专行。命平章政事乌都伯剌进京传皇后敕令,收取百官印绶,安抚百姓。皇后巴巴罕在泰定帝在世时,虽然操纵朝政多时,但那毕竟还是倚仗泰定帝的权威。如今泰定帝已崩,朝中那些势利之臣,谁还听她这个过时皇后的话,全都趋于倒剌沙的门下。事已至此,巴巴罕也徒唤奈何了。

泰定帝巡幸上都时下旨留守京师的四个权臣,这时只剩下了手掌枢密院兵权的金书枢密院事燕帖木儿一人了。这燕帖木儿原是武宗海山宠信的人。武宗出镇朔方时,他就备列宿卫,以后又袭父左卫亲军都指挥使之职。泰定二年(1325 年)升为太仆卿。致和元年(1328 年)擢为签书枢密院事。燕帖木儿一直没有忘记武宗的恩遇,见武宗的两个儿子都被斥出京师,深感有负主恩。现在见泰定帝已崩,太子又没有即位,国内无君,天下无主,认为这是拥立武宗之子的天赐良机,于是决定拥立武宗之子为帝。

燕帖木儿想要立武宗之子,但又担心孤掌难鸣,于是就先去联络西安王阿剌忒失里,想得到他的支持。西安王本来和怀王的关系非常密切,但这时却说武宗之长子远在漠北恐怕来不及。燕帖木儿看出西安王阿剌忒失里的忧虑,又说武宗另一儿子就在江陵可先行拥立。西安王阿剌忒失里终于点头答应给与支持。

燕帖木儿即刻召集亲信,布置停当,待致和元年(1328 年)八月上都来使乌都伯剌召集百官集于兴圣宫,想要宣读皇后敕令时,命令勇士数百人包围兴圣宫。燕帖木儿率阿剌帖木儿、孛伦齐等 17 人,手执利刃,闯进宫内。燕帖木儿来到宫廷之上厉声宣道,武宗皇帝有二子,孝友仁义,名播遐迩,大

统所在,当迎立之。敢有不从者,立斩不赦。说完之后,燕帖木儿拔刀而立,怒目而视。乌都伯剌、伯颜察儿二人刚要开口,燕帖木儿立时亲自动手和阿剌帖木儿、孛伦齐将他们拿下。同时又将参知政事王士熙,参议脱脱、吴秉道,侍御史铁木朵、邱世杰,太子詹事丞王桓等囚进狱中。其余众臣见这种情况,都不敢乱说乱动。燕帖木儿和西安王入守内廷,在枢密院分布好心腹。从东华门夹道排列两行军士,派人在其中往来传命,以防泄漏。布置停当,再召百官入宫听命。命令前河南行省参知政

燕帖木儿

事明里董阿、前宣政院使答剌麻失里快马赴江陵迎请怀王,并让他密嘱河南行省平章政事伯颜选兵护驾。众人见当时处在非常之时,又奉非常之命,哪敢怠慢,遂连夜动身。燕帖木儿随即又封府库,收百官印,调兵遣将分守各处要道险关。

无论燕帖木儿和众臣怎么劝进,怀王执意不肯即帝位,于是先入居大内。

京中之变的消息传到上都后,丞相倒剌沙急急去见皇后巴巴罕,请太子速即皇帝位。巴巴罕早已迫不及待,满口答应,遂于致和元年(1328年)九月,太子阿速吉八即皇帝位,尊皇后为皇太后,议定明年改元天顺。

燕帖木儿闻知天顺帝登基的消息后,急忙去见怀王,请速即位。怀王看到如此境况,若再执意等待长兄恐怕来不及,于是就答应立刻即位。于是,怀王也于致和元年九月十三日即皇帝位,是为文宗。改元,以致和元年为天历元年。怀王即位以后,对燕帖木儿恩宠有加,封他为太平王,授中书右丞相之职,兼知枢密院事,赏黄金500两,白银2500两,钞万锭,金素织缎色缯2000匹,平江官地500顷。命他调兵遣将,分赴各地迎击上都的进攻。此时君臣相得,如鱼得水。

这样,元朝第二次出现了两君并存的现象。俗话说一山容不下二虎,这

种局面必然要有一场争夺之战。

大都、上都双方经历数十次大小战斗，直杀得尸横遍野，血流成河，人马死伤无数。上都终于兵折将损，大败亏输，宣告投降。十月，上都丞相倒剌沙奉皇帝御宝开门出降，元朝的两都之战，至此结束。

燕帖木儿到上都受降，奉旨将一班附合倒剌沙与大都为敌的大臣们尽皆斩首。将倒剌沙暂羁狱中，后来又押送大都，被处以五马分尸之刑。等到寻找天顺帝阿速吉八时，却是奇怪，搜遍宫中，不见踪影。可怜阿速吉八，乃一尚不谙世事的小儿，被人拥立为帝，在位不足 1 个月，就生不见人，死不见尸，成了元朝第一个短命皇帝。而究竟死于何人之手，更是千古之谜。

文宗与明宗的皇位之争

元代中后期的皇位继承，始终伴随着激烈的政治军事斗争，而在这一过程中，朝中权臣力量的向背往往起着决定性的作用。泰定帝死后，以武宗旧臣，金枢密院事燕帖儿儿为首的一批大臣，联合部分蒙古宗亲贵族发动宫廷政变，控制了大都，而大都作为元廷国家权力的中心，拥有可以调配的众多资源，同时它的地理位置非常重要，既可以切断中原汉地与漠北草原的政治军事联系以及对漠北的物资供应，又可以向南控制中原汉地，中原汉地丰富的物质、人力资源正是战争的重要保证。由于燕帖儿儿控制了大都这一国家权力的中枢，加上正确的决策以及作战策略，使得他能够击败上都以左丞相倒剌沙为首的泰定帝后王的支持者。而图帖睦尔正是在燕帖儿儿刚刚发动宫廷政变，政治斗争形势颇为严峻的背景下登上皇位的。在英宗、泰定帝朝遭到流放、排挤的图帖睦尔，在毫无准备的情况下，被燕铁木儿一党扶上了皇位。在一定程度上，图帖睦尔充当了燕帖儿儿发动宫廷政变的重要工具。

在燕帖木儿一党的精心安排下，致和元年八月，图帖睦尔从江陵迅速来到大都。由于面临着与上都泰定帝太子争夺皇位的严峻斗争，燕帖儿儿率诸王、大臣请图帖睦尔马上即位，以安天下。具有较高汉文化素养的图帖睦尔却推辞说兄长尚在漠北,自己不敢紊乱长幼之序。其实蒙古旧制中并没有嫡长子继承制,图帖睦尔之言显然是受到汉制的影响。不仅如此,这一时期蒙古最基本的忽里台选汗制度也名存实亡,取而代之的是权臣的扶植推荐,权臣在元代中后期政坛上发挥着非常重要的作用。

　　虽然图帖睦尔有所推辞,暂且不论这是否是图帖睦尔的真实想法,在当时的斗争形势下,图帖睦尔早登大位,无疑可以起到稳定民心、号召诸王的作用。于是燕帖儿儿进言:"人心向背之机,间不容发,一或失之,噬脐无及。"图帖睦尔曰:"必不得已,必明著朕意以示天下而后可。"致和元年九月十三日,图帖睦尔正式在大都大明殿即位,是为文宗,同时改致和元年为天历元年(1328)。文宗在即位诏书中表明了三个主要意思:一是泰定帝参与了弑杀英宗的宫廷政变,泰定帝即位是非法的;二是泰定帝权臣倒剌沙等专权自用,变乱祖宗法度,打算借扶植年幼的泰定帝后王即位来垄断朝政;其三,宗王、大臣协谋推戴,神器不可以久虚,天下不可以无主,皇兄又远在朔漠,自己姑且即位以安天下,并等待皇兄的到来。

　　文宗虽然即位,但大权仍掌握在燕帖儿儿一党的手中。颇有政治头脑的文宗赐予燕帖儿儿崇高的地位,仍令燕帖儿儿继续统领军队与上都军队作战,并封其为太平王,以太平路为食邑,赐金五百两、银二千五百两、钞万锭、平江官地五百顷,随即加开府仪同三司、上柱国、录军国重事、中书右丞相、监修国史,依前知枢密院事。这样,燕铁木儿就成为朝中具有最高权威的大臣。文宗同时还加命燕帖儿儿为答剌罕,仍命子孙世袭其号。燕帖儿儿借着宫廷政变、扶植新君,从泰定朝正三品的金枢密院事一跃而成为正一品的中书右丞相,大权独揽。朝臣利用宫廷政变来垄断、控制朝政成为元朝中后期一个特别值得关注的政治现象。

　　在右丞相燕帖儿儿的指挥下,大都军队很快击溃上都军队,文宗的皇位日渐稳固。值得注意的是,在燕帖儿儿的辅佐下,文宗即位伊始就重组国家中枢机构,随着战争的进展,又把政治、军事大权牢牢控制在手里。不过,皇位的归属还没有最终确定。文宗即位之时声明,要让远在西北朔漠的皇兄继承皇位,自己只是形势所迫,暂时理政。文宗在取得对上都的军事胜利后,于天历元年十月遣使迎皇兄周王和世瓎。

在西北诸王的支持下,周王决定南返即位。西北诸王察阿台、沿边元帅朵烈捏、万户买驴等,皆率军队扈从周王南行,随行的还有周王旧臣孛罗、尚家奴、哈八儿秃等。在周王南返途中,元朝诸王、旧臣争先迎接拜谒,络绎不绝,固然周王马上就要继承皇位,但也显示出他在蒙古诸王以及旧臣中仍然有着很高的威望。周王曾是武宗、仁宗约定的皇位继承人,只是仁宗后来改立己子硕德八剌即位,周王才丧失了皇位的继承权。大约在天历元年底,周王东行至阿尔泰山,岭北行省平章政事泼皮奉命迎接,武宁王彻彻秃、金枢密院事帖木儿不花等相继来迎。周王渐渐被这种欢迎拥戴的场面冲昏了头脑。

天历二年(1329)正月,周王南返途中,在没有通知文宗的情况下,宣布即位于漠北和林之北,是为明宗。不仅如此,他还遣使到京师,对文宗加以训导:"朕弟曩尝览观书史,迩者得无废乎? 听政之暇,宜亲贤士大夫,讲论史籍,以知古今治乱得失。卿等至京师,当以朕意谕之。"从明宗的诏旨我们似乎可以做出这样的判断,那就是明宗希望文宗主动让权,让文宗去讲论史籍乃是隐讳的说法。面对文宗以及诸王、大臣的迎请,明宗顺水推舟,试图在南返途中先行即位以夺取先机,但此时文宗尚未正式宣布退位,仍掌控着国家政权,明宗咄咄逼人的政治进攻态势,想必让文宗及其支持者大感惶恐。

天历二年三月辛酉,文宗遣右丞相燕帖儿儿奉皇帝宝前去迎接明宗,御史中丞八即剌、知枢密院事秃儿哈帖木儿等率官属从行。四月癸巳,燕帖儿儿拜见明宗于行帐之内,率百官奉上皇帝宝。明宗于是拜燕帖儿儿为太师,仍命为中书右丞相,开府仪同三司、上柱国、录军国重事、监修国史、答剌罕、太平王。明宗又诏谕燕帖儿儿等曰:"凡京师百官,朕弟所用者,并仍其旧,卿等其以朕意谕之。"燕帖儿儿奏云:"陛下君临万方,国家大事所系者,中书省、枢密院、御史台而已,宜择人居之。"于是明宗以武宗旧臣哈八儿秃为中书平章政事,前中书平章政事伯帖木儿知枢密院事,常侍孛罗为御史大夫。这里明宗所委任的中书省、枢密院、御史台官员均为自己的亲信,这凸显了明宗打算重组国家中枢的意图。

　　明宗还特命孛罗等传旨,宣谕右丞相燕帖儿儿、太傅伯答沙、知枢密院事火沙、中书平章政事哈八儿秃、御史中丞八即剌等主要官员,曰:"朕今居太祖、世祖所居之位,凡省、院、台、百司庶政,询谋佥同,摽译所奏,以告于朕。军务机密,枢密院当即以闻,毋以夙夜为间而稽留之。其他事务,果有所言,必先中书、院、台,其下百司及纮御之臣,毋得隔越陈请。宜宣谕诸司,咸俾闻知。傥违朕意,必罚无赦。"明宗宣谕的意思无非是自今要总揽朝政。为了达到这一目的,明宗还大量起用亲信,天历二年五月,选用潜邸旧臣及扈从,任命五品以上官员八十五人,六品以下官员二十六人。当然,为了安抚文宗及其支持者,明宗暂时并没有打击文宗及其所任命的官员。在天历二年四月,明宗还遣使立文宗为皇太子,明宗打算借用武宗、仁宗皇位的传承方式来化解矛盾,安抚文宗。不管是文宗,还是右丞相燕铁木儿,政治命运都将凶多吉少,明宗的执政势必会改变当时的政治格局。明宗尚未来到上都、大都,但他强化统治、任命亲信的政治意图已十分明显。

　　天历二年五月,文宗以皇太子的身份从大都启程,北上迎接明宗,而镇南王铁木儿不花,诸王也速、斡即、答来不花、朵来只班、伯颜也不干,驸马别阁里及扈卫百官,皆随同前往。到八月丙戌,文宗朝见明宗于旺兀察都(即武宗所立中都)之地。是日,明宗大宴文宗及诸王、大臣于行殿。不料数日后明宗突然死去,年仅三十岁。中书右丞相燕帖儿儿以明宗皇后之命,将皇帝宝授予文宗,随即护送文宗火速赶往上都,一路上严加戒备,"昼则率宿卫士以扈从,夜则躬擐甲胄绕幄殿巡护"。八月十五日,文宗再次即位于上都大安阁。

　　文宗在此次即位诏书中特别提及了自己曾让位于兄长,并对明宗暴崩表示悲痛。明宗之死的真正原因,史无明载,但明宗死前亦未见有生病的记载,加之当时的特殊政治背景,一般认为明宗之死与文宗以及右丞相燕帖儿儿等有密切的关系。后来明宗之子妥懽帖睦尔(顺帝)亲政后,后至元六年(1340)六月从宗庙中撤下了文宗的牌位,并指出正是文宗谋害了明宗。顺帝的诏书曰:"英宗遇害,正统浸偏,我皇考以武宗之嫡,逃居朔漠,宗王大臣同心翊戴,肇启大事,于时以地近,先迎文宗,暂总机务。继知天理人伦之攸当,假让位之名,以宝玺来上,皇考推诚不疑,即授以皇太子宝。文宗稔恶不悛,当躬迓之际,乃与其臣月鲁不花、也里牙、明里董阿等谋为不轨,使我皇考饮恨上宾。归而再御宸极,思欲自解于天下,乃谓夫何数日之间,宫车弗驾。海内闻之,靡不切齿。"

正如一些学者指出的那样,明宗一心以为自己可以重演乃父武宗在仁宗"肃清宫闱"之后,从漠北南返即位的历史故事,但却忘记了武宗作为总兵北边的统帅,是以强大的武力为后盾夺取皇位的。而明宗并没有直接控制强大的军队,只有贴身卫士一千八百多人,仅凭极其有限的政治资源去染指大都集团几经浴血奋战夺到手的皇位,前途本就不容乐观。但明宗对此却没有清醒的认识,擅自在漠北即位,终于惹来杀身之祸。

其实文宗对让位给明宗,态度后来也有所改变。在即位之初,原先的"固让之心"逐渐销蚀,可是已有让位明宗的诏书公示天下,他的心情十分矛盾。在派使节北迎明宗后,文宗还下令为自己元妃卜答失里造皇后玉册、玉宝,随后又以册命告于南郊、太庙,并在大明殿完成册封皇后的一系列仪式。当时朝中就有人建言:"陛下已诏天下,让位大兄。今立后,是与诏自相违也。"在文宗从大都启程北迎明宗后第三天,他在途中"置江淮财赋都总管府,秩正三品,隶詹事院"。文宗在这时设立这一隶属太子东宫的机构,显然是为将来做准备。

元顺帝痛失大元朝之谜

元顺帝(1320~1370年),元代皇帝,元明宗之子。其在位期间,王公官吏贪婪无度,加之时遇大旱灾害,国内民众难以生计,不断爆发农民起义。至正二十八年(1368年),明军攻克大都(今北京),其逃亡北方应昌。两年后亡。

元朝最后一个皇帝是顺帝妥懽帖睦尔,他是元明宗的长子。当初泰定帝死的时候,太师燕铁木儿与诸王、大臣迎立文宗即位,文宗因为他的哥哥嫡长,便又遣使迎立他的哥哥即位,这就是明宗。明宗即位于和宁的北面,立文宗为皇太子。不料明宗在去往大都当皇帝的路上忽然死了。死因不明,时人怀疑是文宗反悔以后害死的。文宗复了帝位,明宗的皇后八不沙被谗言遇害,于是妥懽帖睦尔被流放到了高丽的大青岛中。

三年后二十九岁的元文宗死去,燕铁木儿请文宗的皇后立太子燕帖古思。皇后不从,反而立了明宗的次子懿璘质班,是为宁宗。宁宗只做了几个月的皇帝就去世了。燕铁木儿又请立燕帖古思,文宗皇后让立十三岁的明宗长子妥懽帖睦尔。太平王燕铁木儿去迎接妥懽帖睦尔来大都即位,见了妥懽帖睦尔后,燕铁木儿与他并马一起走,扬着马鞭向他陈述了迎立的意图。妥懽帖睦尔年纪小,看见跛脚的燕铁木儿十分害怕,一句话也不说。于是燕铁木儿怀疑妥懽帖睦尔,待到了京师很久也不再提立他为帝的话。因为国事都决于权臣燕铁木儿,群臣也不敢过问。几个月后燕铁木儿因荒淫过度溺血而死,妥懽帖睦尔才当了皇帝,这就是元朝的末代皇帝。后来明兵攻入都城,妥懽帖睦尔逃到漠北。明太祖朱元璋说他知顺天命,自动退避到大漠,特加号为顺帝。

顺帝的近臣阿鲁辉帖木儿对顺帝说:"天下事重应该委任宰相决定,假如陛下躬自听断,事情办得不好的话会背负恶名。"于是顺帝便住在深宫里不出来,命伯颜为太师、中书右丞相;燕铁木儿的弟弟撒敦为太傅、左丞相,燕铁木儿的儿子唐其势为御史大夫,三人在朝廷统理百官,全权处理政事。燕铁木儿虽然死了,但他的势力还在。而且顺帝年纪太小,太皇太后开始专擅朝政,她认为燕帖木儿遗功卓著,将他的女儿答纳失里做了十三岁的顺帝的皇后。

元代青铜器

答纳失里与顺帝二人年纪都小,根本不懂情爱是什么,答纳失里以前蛮横跋扈惯了，加上倚仗叔父与兄长的权势，自然不把顺帝放在眼里。她私自传懿旨，将十万两盐银占为己有，还时常对宫廷的后妃横加责打。徽政院使秃满迭儿进献了高丽女子奇氏入宫服役，奇氏名叫完者忽都，她不仅长得美丽，还十分乖巧伶俐，善于烹茗。顺帝对她十分宠爱，一来二去就上了床。这件事被皇后答纳失里得知，她怒不可遏地召来奇氏，用鞭子打得遍体鳞伤。此时的顺帝只是一个傀儡皇帝，他的年龄和资历都决定他只能默默地在权力之外忍耐着。

这时的元朝早已经开始走下坡路，顺帝即位以后天灾人祸接连不断。京畿发洪水，黄河泛滥。两淮地区干旱，徽州、秦州、凤州的大山相继崩裂。元统二年的春季，彰德路下的雨像白线一样，民间流传成歌谣："天雨线，民起怨，中原地，事必变"。

不久左丞相撒敦病逝，伯颜一人独秉朝政，唐其势心里十分不平，他曾对密友说："天下本我家的天下，伯颜算什么东西？位置却偏在我的上面，真是可恨！"唐其势的叔父答里与诸王晃火帖木儿交情很深。唐其势写信给答里，信中说伯颜专权，顺帝昏庸，劝答里带兵入朝行废立的故事。于是答里、晃火帖木儿、唐其势三人辗转联络，蓄图起兵入宫杀伯颜、废顺帝。不料郯王彻彻秃知道了密谋，便密报给伯颜，伯颜便暗暗作了防备。

六月的时候，唐其势在东郊埋伏下人马，亲自率兵突入宫禁，却不知道自己早进了伯颜的伏兵控制里。唐其势被执，伯颜立刻引兵驰往东郊，唐其势的弟弟塔剌海还不知道兄长被擒，经过伯颜的一阵击杀，塔剌海被卫士射倒活擒。伯颜将唐其势兄弟绑入宫中，请顺帝登殿审讯，顺帝说："唐其势兄弟的逆谋已经昭然，何必再问，你照着律条惩办就是了！"于是伯颜命卫士将唐其势兄弟牵出去杀了。唐其势死命地攀

元代瓷器

住殿内的阑干高声喊:"先帝曾有明诏,宽恕臣父子孙辈九次死罪,为什么今天食言?!"顺帝怒骂说:"谁叫你谋逆反叛的?!兴兵犯阙还想活命吗?"众卫士一起过来牵扯唐其势,直到殿里的阑干拉断,才将唐其势拽出来,然后一刀砍为两段。

唐其势的弟弟塔剌海少年胆怯,竟逃避到他的姐姐皇后答纳失里的座椅下面。答纳失里因为情关手足,于是不假思索地扯开裙子遮住她的弟弟,真好像掩耳盗铃一般。伯颜喝令卫士从皇后的裙子下牵出塔剌海,然后拔出佩剑将塔剌海当场杀死,鲜血喷溅到皇后的衣服上,吓得答纳失里惊叫一声缩在椅子上抖做一团。伯颜大怒,走到答纳失里的面前揪住头发拖到地上。皇后号泣说:"陛下救我!陛下救我!"顺帝见她有些可怜,不过想起平日的情景横下心说:"你的兄弟谋逆,朕也不能相救。"话还没有说完,伯颜已将皇后牵到了宫外的一间民舍。不久用鸩酒将皇后毒死。这就是顺帝的第一位皇后的下场。

其余依附燕铁木儿的大臣也被一网打尽,从此燕铁木儿家势彻底败落。右丞相伯颜独秉朝政,开始胡作非为起来。他停废了科举取士,又将儒学贡士的庄田租改为宿卫的衣粮。伯颜任性横行,滥杀无辜,胡乱改变国法,朝野的士民都相率怨望。顺帝对伯颜非常信任,赐给他"塔剌罕"的称号,封号官衔名目非常繁多,加起来有二百四十多个字,顺帝又封伯颜的弟弟马扎尔台为王。天下百姓因生活没有着落,造反的乱祸四起。

至元四年,顺帝在涿州与汴梁为伯颜建立生祠,晋封伯颜为大丞相。伯颜更加骄恣,他将宫禁的卫兵都收为己有,每次出去都旌旗蔽日,侍从填满了街衢。而顺帝的车驾仪卫却一天比一天少。天下只知道有伯颜,不知道有顺帝。因此顺帝也慢慢畏惧伯颜了,开始谋划对付他。伯颜的侄儿脱脱对叔父的滥杀跋扈十分不满,便决定大义灭亲,劝顺帝除掉伯颜。在一次出城打猎后伯颜再也没有回来,因为城门已经关上,接着伯颜被流放岭南。在流放的路上伯颜病死。接着太后不答失里被流放,顺帝才开始自主地做皇帝,这一年他二十岁。顺帝起用脱脱的父亲马轧儿台作右丞相。马轧儿台一上任就开始大肆贪污,脱脱暗中让人弹劾父亲,马轧儿台便辞职了。顺帝起用脱脱继任为右丞相。脱脱上任后实施了许多清明的措施,一改前代的弊政,被朝野上下称为"贤相",这一段除弊革新的历史时期史称"更化"。

回头说当初皇后答纳失里被毒死以后,第二年顺帝册封伯颜忽都为皇后。伯颜忽都是蒙古语的音译,与伯颜没有任何关系。她是前朝真哥皇后的侄孙女,父亲名叫孛罗帖木儿曾封毓德王。本来答纳失里被鸩死后顺帝打算立他一向宠爱的奇氏为皇后,只是丞相伯颜硬行劝阻,顺帝没有办法,立了伯颜忽都为皇后。

伯颜忽都的性格与第一任皇后完全不同,她性情节俭,而且宽宏大量,于是顺帝对她也很好。册立为皇后不久伯颜忽都生下一个儿子,取名叫真金,可惜真金二岁就夭折了。

顺帝平日在奇氏那里宿夜的时候多,很少去皇后的宫里,伯颜忽都也丝毫没有什么怨言。奇氏生下一个儿子,取名叫爱猷识理达腊,更加赢得了顺帝的欢心。奇氏因宠生骄,除了与皇后没有嫌怨外,其他如太后母子、权相伯颜,都被她视为眼中钉,每天在顺帝眼前说长道短。后来伯颜被流放,太后母子被放逐都与奇氏的暗中诋毁有一定关系。奇氏想做皇后,但皇后伯颜忽都为人实在是好,她也不忍加害,便与嬖臣沙剌班秘密商量怎么办才好。沙剌班记起先代皇后曾有好几个,他按奇氏的嘱咐上了一个奏折,于是顺帝顺水推舟册立奇氏为第二皇后。

奇皇后生下儿子以后更是专宠后宫,正宫皇后伯颜忽都无形中被冷落了。连伯颜忽都身边的太监宫女都为她抱不平,而伯颜忽都却没有一句怨言。一次顺帝巡游上都的途中休息,想去伯颜忽都那里过夜,内监传了三次圣旨都被皇后拒绝,她说:"暮夜有许多难以预测的意外,这不是皇帝该来的时候。"顺帝听到了也极力称赞皇后的贤惠。

奇皇后是高丽人,自从做了第二皇后她将许多高丽女子安置在后宫,一时间宫廷里高丽女子如云,高丽族的服饰在宫廷和上层社会流行起来。奇皇后为了培植她的私人势力,将美艳的高丽女子送给朝臣,因此许多朝臣就甘心为奇皇后效力了。

顺帝很信任脱脱,曾命皇子拜脱脱为师,侍御史哈麻是先帝宁宗乳母的儿子,父亲名叫图噜,受封为冀国公。哈麻与母弟雪雪受到顺帝的宠幸,很早在宫禁做了宿卫。哈麻的口才十分出色,升任至殿中侍卫史。哈麻每天去宰相脱脱那里趋炎附势,脱脱误认为哈麻是个好人。当时天下红巾军烽烟四起,朝廷派出的征讨大将接连溃败,脱脱准备亲自出征,临行时他入朝奏请哈麻兄弟可以国事相托。顺帝立刻召哈麻为中书右丞,雪雪为同知枢密院事。脱脱很快平息了叛乱,顺帝将一切国政都委托脱脱处理,自己每天在宫中恣情酒色。

哈麻见顺帝厌烦国事,便引进了一个西天番僧入宫。这个喇嘛僧人教给顺帝房中术,称为"演揲儿"法,译作汉文就是大喜乐的意思。顺帝如获至宝,当即授给喇嘛僧人司徒的官职,让他在宫里讲授演揲儿法。顺帝悉心练习,再加以实践,果然行房的时候比以前畅快淋漓了许多。

哈麻的妹婿秃鲁帖木儿以前是集贤院学士,他出入宫禁,见哈麻得到顺帝的宠幸,于是也推荐西番僧伽璘真给顺帝。伽璘真会秘密法,秃鲁帖木儿密奏说:"陛下虽尊居万乘,富有四海,不过保有现世而已。人这一生能有几年?陛下应当学习秘密大喜乐禅定。"伽璘真的房中术叫作"双修法",与演揲儿不同的是演揲儿仅属于男子的御女之法,而双修法并及妇女,上行交形互动更有乐趣。"双修法"其实也就是男女交媾的不同方位和姿势。

顺帝下诏以西天僧为司徒,以伽璘真为大元国师。他们的子弟众多,选取良家女子入宫修习秘术,每个子弟赐给他们宫女三四个作为供养。两个番僧结为知己,肉身说法。后宫的美女久旱逢甘雨,都称伽璘真是无量欢喜佛。于是顺帝每天与后宫女子淫戏作乐。僧人又教顺帝选取彩女学习十六天魔舞。每次跳舞的时候有三圣奴、妙乐奴、六殊奴等十六个宫女列成一队,象征着十六天魔。宫女们垂发结辫,头戴着象牙佛冠,身披缨络、大红销金长裙、云肩、鹤袖,锦带凤鞋,手中执着乐器吹弹舞唱,好像天女散花一样。又有宫女十一人,穿着唐帽窄衫,用龙笛、头管、小鼓、筝、琵琶、笙、胡琴、响板按乐而奏,度曲而舞,顺帝趁着酒酣的时候,随手抱起几个宫女行云布雨,亲自试演揲儿法与双修法。

说起僧人的淫荡元朝是登峰造极的。据记载当时不仅皇宫里,而且民间有许多不法僧尼奸贪淫虐无所不至，"削发披缁，托身外名，归净域实恋尘缘"。元代一位诗人做过一首讽刺不法僧道娶妻买妾："红红白白好花枝，尽被山僧折取归。只有野薇颜色浅，也来钩惹道人衣"。

顺帝的一个弟弟叫八郎，也受了秘密戒，其他还有秃鲁帖木儿联结了八九个官僚，彼此勾结在一起在后宫里分了一杯羹，自称为倚纳，在顺帝面前与宫女亵狎，男女裸处君臣不避。他们聚集少壮男子和美丽的女子裸处在一室，不拘同姓异姓，也不分尊长卑幼，任其自相淫媾，号称他们所在的秘密室叫皆即兀该，汉语的意思是事事无碍，真是名副其实的皆大欢喜。君臣宣淫的丑声秽行着闻于外，市井百姓都知道了这件事。

西天僧与伽璘真迭相轮转出入禁中，夜里就留宿在宫闱，任意奸淫年少美丽的公主和嫔妃。那些嫔妃元顺帝一个人满足不了，独守空床早已寂寞难耐，乐得与僧人淫媾。顺帝只知道习法为快，从来不去禁止。凡是境中的女子都必须以册藉申报姓名，到了出嫁的年纪不论美恶必须先弄到僧人的府中强行淫媾，叫作"开红"，待僧人玩弄够了才可以发归回夫家完婚。民间女子遭此毒，衢巷悲哭不绝于时。当时人都说："不秃不毒，不毒不秃，惟其头秃，一发淫毒。"

其实也不是说僧人不一心向佛，专门干淫奸的事情，之所以如此是与佛教密宗的教规有关。佛教的经文、绘画以及雕刻中都表现了性欲的成分。密宗佛像"欢喜天"就是男女裸身相抱交媾的塑像，俗称为欢喜佛。利用女性的身体是达到佛法修为的一个重要途径，在这个过程中的女性称为"明妃"。欢喜佛男女交欢中的男性代表方法，女性代表智慧。佛经《四部毗那夜迦法》中就说僧人与妇女交媾是现身说法。《佛说秘密相经》也有许多性交的记述，在经文中"金刚杵"和"莲华"分别指男女的生殖器官，"金刚杵及彼莲华二事相击"可以修成正果。元朝成吉思汗和忽必烈都大力提倡密宗佛教，到了后来的清朝，欢喜佛还被供奉在雍和宫。

顺帝喜欢亲自操作工匠建造一类的事情，而且手很巧，京师里有"鲁班天子"的美誉。他亲手为近臣刻削屋宇的模型，做得巧夺天工，精致无比，然后让这些近臣依照模型建造房子。模型上因为镶嵌了许多珍奇的宝石，内侍们便哄顺帝说："这屋宇比不上某某家精美。"于是顺帝便随手将模型毁弃了重新做，内侍趁机从模型上抠下一些珠宝占为己用。

顺帝建造了清宁殿，以及前山、子月宫等穷极奢华的殿宇。在内苑制造龙舟，样式是他自己设计的，龙舟首尾长一百二十尺，宽二十尺，上面有五座宫殿，龙舟及宫殿都用五种颜色的金子装饰，二十四个身穿金紫的水手划船。龙舟一移动的时候，龙首及口眼爪尾都可以活动，像是活的一样。顺帝高兴地说："难怪隋炀帝游江都乐而忘返呢！"

他又自制宫漏，水在上下流动，宫漏上设西方三圣殿，宫漏的腰边雕刻玉女捧腰刻筹，到了时间就浮着水上升，左右各列一个金甲的神仙，一个悬钟，一个悬钲，夜里这两个金甲的神仙按更而音，一刻也不差。鸣钟钲时狮凤在左右飞翔舞动。东西分别有日月宫，设了六个飞仙。逢遇子午时分六个飞仙便度过仙桥，到达三圣殿，子午时分一过又退回去。

皇太子爱猷识理达腊年岁渐长，十分痛恨秃鲁帖木儿等人的所作所为，只是没有什么办法。他将哈麻为恶的事情告诉了脱脱，治书侍御史汝中柏也屡次告诫脱脱哈麻这样的人不能使用，脱脱便进宫劝谏，进来的时候顺帝正在密室里淫乐，看见脱脱闯进来十分厌烦。十四年秋脱脱领大军讨高邮的张士诚，哈麻乘间入中书为平章政事。哈麻向皇后奇氏进谗言说："皇太子既然已经确立了，而册宝以及郊庙之礼不举行，都是脱脱兄弟的主意。"奇皇后相信了哈麻的话，对脱脱暗中怀恨在心。哈麻又与桑哥实里、明理明古、袁赛因不花等一起诬陷。顺帝派使者去军中夺取了脱脱的兵柄，不久年仅四十二岁脱脱被贬逐而死。至正十五年，雪雪由知枢密院事拜御史大夫，哈麻升任了中书左丞相，国家大权尽归他们兄弟二人的掌握。

脱脱是元朝的顶梁柱，他一死腐败的元王朝更加没有力量挽救危亡。起义的百姓如火如荼，遍布中原。元朝的江山已经摇摇欲坠了。

哈麻做了宰相后忽然天良发现，深以从前进蕃僧为耻，对他的父亲父秃鲁说："我兄弟位居宰辅，应该导人主以正，下载秃鲁帖木儿专以媚上淫亵为事，天下士大夫必然会讥笑我，将来有何面目见人？我打算把他除去，而且皇帝日趋于昏暗，不能再治理天下。现在皇太子聪明过人，不如立他为帝，而奉今上为太上皇。"哈麻的妹妹知道了哥哥的预谋,回去告诉了她的丈夫秃鲁帖木儿。秃鲁帖木儿唯恐皇太子为帝,自己被杀,便对顺帝说:"哈麻说陛下年纪老了"。顺帝大惊说:"朕头发还没有白,牙齿也没有落,怎么忽然说我老了!"顺帝便将哈麻、雪雪兄弟杖死。因为害死脱脱的缘故,他们兄弟的死没有人怜恤。

哈麻死后搠思监做了左丞相,不久调任右相。搠思监在内献媚奇皇后,在外献媚皇太子。太子爱猷识理达腊见顺帝昏迷不悟,听说哈麻倡议内禅,心里也很赞成。到了哈麻被杀死,内禅也没有了下文,他想当皇帝,秘密与生母奇皇后商议再图内禅的事。奇皇后身边有一个叫朴不花的宦官,与奇皇后幼年时是邻居,朴不花内事奇后外结权相,一时间气焰熏天。三个人勾结在一起祸乱朝政,许多大臣被陷害而死。

监察御史傅公让等人联名弹劾,奇皇后母子扣下诏书,把傅公让等御史一律改任他职,只留下一个御史大夫老的沙。因为老的沙是顺帝的母舅。但是新上任的御史台官吏全体辞职抗议。奇皇后母子又谮毁老的沙,顺帝封老的沙为雍王,遣令他归国,命朴不花为集贤大学士。知枢密院事秃坚帖木儿一向与老的沙友善,也随老的沙西去了大同。

大同镇帅孛罗帖木儿与秃坚帖木儿是几十年的朋友,便将他们留在军中保护起来。奇皇后与搠思监知道这个消息,诬陷老的沙图谋不轨,许多在京人员被牵连成狱。奇皇后遣使到大同索要老的沙。孛罗帖木儿替他辩护,拒绝了来使的要求,搠思监与朴不花便弹劾孛罗帖木儿私匿罪人,顺帝下旨削夺孛罗帖木儿的官爵。孛罗帖木儿当下以清君侧为名率军攻入大都。

顺帝的卫兵不堪一击,很快孛罗帖木儿攻下居庸关,列营清河,京城为之震动。顺帝遣国师达达央求秃坚帖木儿罢兵。秃坚帖木儿说:"罢兵不难,只要将搠思监、朴不花执送到军前。"顺帝只好如约将二人绑去军营。奇皇后除了急泪两行,也没有其他的办法,秃坚帖木儿命军士将搠思监与朴不花用刀剁成了肉泥。然后孛罗帖木儿引兵入建德门,顺帝慰劳他一番,赐授秃坚帖木儿为平章政事,复了孛罗帖木儿官爵,并加封太保,仍旧镇守大同。

奇皇后与太子怀恨不已,遣使到扩廓帖木儿那里命他调兵北讨孛罗帖木儿。扩廓帖木儿与孛罗帖木儿一向有仇,便立刻发兵去打大同。孛罗帖木儿察知此事,再次率兵攻打京师,皇太子亲自督兵守御清河,不料军无斗志都跑得一干二净。皇太子知道京师也守不住,便由小路西去投奔了扩廓帖木儿。顺帝又封孛罗帖木儿为左丞相,老的沙为平章政事,秃坚帖木儿为御史大夫。接着进封孛罗为右丞相,节制天下的军马。

孛罗专权后,驱逐宫中的西番僧,诛杀秃鲁帖木儿等十多个人,遣使请皇太子还京。皇太子与扩廓帖木儿檄召各路人马入讨孛罗帖木儿。孛罗帖木儿大怒,带剑闯入后宫,要顺帝交出奇后。顺帝吓得浑身发抖,不能说一句话。孛罗帖木儿干脆指挥着宦官宫女拉奇皇后出宫,幽禁在总管府。

孛罗帖木儿亲自领兵出通州,路上遇到了大雨,只好返回大都。一个宦官带着几个绝色的美女进献给他。孛罗帖木儿心花怒放,他问宦官是谁送来的。宦官说是奇皇后送来为丞相解忧。孛罗帖木儿高兴地说:"难得奇后的一片心意,让她明天就回宫去吧。"这以后孛罗帖木儿每天与美女在府中恣意淫乐,不听外事。一天他接到急诏入宫,刚骑马驰到宫门,几十个勇士持刀将他刺死。老的沙听到孛罗帖木儿被杀,挈了他的眷属出大都北逃,被追及后乱刀砍死。不久秃坚帖木儿也被守兵所杀。

扩廓帖木儿接到奇皇后的密谕,让他率兵拥太子入城胁顺帝禅位。扩廓帖木儿没有听她的,快到京城的时候遣还了军队,只带数骑送太子入朝。奇后母子由此非常怨恨扩廓帖木儿。顺帝令扩廓帖木儿为左丞相。当时因军费开支过于巨大,政府筹措无术,靠印发纸币解决,导致纸币滥发无度,时政恶性循环,江、淮、川蜀,已全部陷没。扩廓帖木自请出征辞别了顺帝。

至正二十五年,皇后伯颜忽都在冷落寂寞中去世,享年四十二岁。顺帝册立次皇后奇氏为皇后。因为奇氏出自高丽,立她为正后有背祖制,于是改奇氏为肃良合氏,冒充蒙古族的后裔。奇皇后看见伯颜忽都所遗留下来的衣服都十分破旧,便嘲笑说:"身为皇后怎么穿这么破旧的衣服啊?"

扩廓帖木儿率兵南进,但此时的元朝地方军队都忙着扩充自己的地盘,互相打内战。扩廓帖木儿因为镇将不受调遣,不能去讨贼,便西攻那些拒绝命令的元朝军队。皇太子乘隙进谗言说他奉命南征,却反而西进与自己人互相残杀。顺帝遣使令他罢兵,扩廓帖木儿不拒不受诏,皇太子派人离间扩廓帖木儿的部下,不久部下都叛离了扩廓。扩廓帖木儿最后引兵据太原,尽杀元朝所置的官吏。顺帝令诸军四面进讨扩廓帖木儿。

这时起义军里的朱元璋打败了张士诚与陈友谅,至正二十八年正月建立了大明朝,建元洪武。接着朱元璋命徐达为征虏大将军,常遇春为副将军,率师二十五万北上灭元。明军势如破竹,元朝仍旧内部纷争不息。顺帝只好集合六宫的后妃、皇太子、皇太子妃,半夜开建德门北逃上都开平。

至正二十八年八月,明军攻入京城,元朝至此灭亡,自忽必烈开国到顺帝北奔共一百六十二年。

明朝洪武二年,朱元璋出师进攻开平,顺帝又逃到和林,后来又颠沛流离到了应昌。不久五十一岁的顺帝因痢疾去世,元人谥为惠宗,明朝认为妥欢贴睦尔在国破家亡的前夕不背城一战,是为“顺天命”,所以称他为元顺帝。《元史》关于元朝帝王的本纪一共四十七卷,但顺帝一个人就占了十卷,接近四分之一的篇幅,这与他在位的时间长有关系。顺帝是元朝十五个皇帝中在位时间最长的,一共在位三十六年,比元世祖忽必烈还多了一年。明军攻克应昌后,皇太子爱猷识理达腊率几十个骑兵向北逃走,他的儿子买的里八剌与后妃诸王等被擒获,奇皇后不知去向。

黄仁宇在《赫逊河畔谈中国历史》中有一句话:“一个少数民族虽获得政治领导权而不愿迁就于多数民族政治体系之需要,其统治不能长久。”其实对比后世的清朝可以得出这个结论。顺帝一朝出了许多难以节制的权臣,是因为元朝的政权体系拒绝汉化,缺乏有效的上下权力制衡。顺帝在后宫的淫乱生活一直被作为元朝灭亡的根据,但实际上其他朝代的许多君主远远比顺帝不如,只不过顺帝将自己的江山丢了,他的私人道德因此而显得格外刺目。

从《元史》记载看,顺帝没有什么过激的言辞,而且富于弹性,愿意迁就妥协,善于平衡朝臣之间的钩心斗角,许多势可滔天的权臣都是被顺帝不动声色地除去的,他的手段是利用另一个权臣。只是政权结构本身的弊端是他无法克服的,历史上少数民族只有两种选择:或者马不停蹄地征服世界,或者像清朝一样与汉族相融和实行汉化,否则提前灭亡绝对是人力所不可挽回的。

第二章 皇后妃子篇

她们有着不可抗拒的永恒魅力。她们为了实现自我的人生价值,潜心苦学各种技能,从而逐渐发展成女性中的佼佼者,诗词歌赋,琴棋书画,美颜倩笑,风姿柳态,音乐舞蹈,爱意痴情,在她们身上一一展露无遗。然而,尽管她们带给了男人从视觉到感觉的畅快淋漓,最终还是身不由己,往往成为政治斗争的牺牲品,或者被打入冷宫,终日孤寂难耐;或者遭对手暗算,不得不饮恨而死。

成吉思汗的母亲诃额伦是如何被抢来的

成吉思汗被誉为最伟大的世界征服者。在成吉思汗伟大的背后,有他母亲的谆谆教导和养育功劳。然而这伟大征服者的母亲也是被"征服"来的,成吉思汗也为此被人怀疑是否是也速该的亲儿子。成吉思汗的母亲诃额伦是如何被"征服"来的呢?

《史集》记载说,也速该作战勇敢,名声很高,受到所有人的承认和尊敬。他有许多个妻子,但长妻诃额伦却是被也速该抢来的。

诃额伦属弘吉剌部的斡勒忽纳氏,斡勒忽纳氏是活动于呼伦贝尔湖及海拉尔之间的游牧氏族,她的丈夫是一个名叫也客赤列都的是篾儿乞人。

一天也客赤列都兴高采烈地赶着车子往家走,在斡难河畔遇上了正在河上放鹰的也速该。也速该远远看见车上坐的女子十分漂亮,便想抢来做自己的妻子。他立即掉转马头跑回家去,请他的哥哥捏坤太子和弟弟答里台来助阵,兄弟三人于是骑马赶来。诃额伦一见他们来势汹汹便知来者不

善,她于是对也客赤列都说那三个人的样子好生不善,必害了你性命,你快逃走。你将来若还活着,能找到像我这样的媳妇你就给她取我的名字来呼唤。诃额伦边说边将自己的衣衫脱了送给也客赤列都留做纪念。也速该三兄弟渐渐近了,也客赤列都不得已含泪舍下如花似玉的妻子,打马逆着斡难河逃走了。也速该三兄弟追了7个山冈都没追上,于是返回来将诃额伦掳了回去。诃额伦因为失了丈夫,心里悲苦嗷嗷大哭,据说哭声把斡难河的水和山川里的树木都震动了。也速该对她说,你丈夫已跑远了,你再哭他也听不见了,他不会回来救你的。

诃额伦被抢回蒙古部后便做了也速该的妻子,并为他生下了一个名扬古今的后代成吉思汗铁木真。

虽然诃额伦被抢来时曾为失去丈夫而悲痛欲绝,但嫁给也速该后就一直忠诚于他,成为也速该忠诚的妻子。为什么这个忠烈的女人被抢后会心甘情愿地做也速该的妻子呢? 而也速该为何又会娶一个有夫之妇为自己的新娘呢? 原来,草原各部实行族外婚,青年男子要到很远的其他氏族去求婚,如果找不到妻子,就会用暴力去抢亲。这种抢亲的习俗从孛端察儿一直到也速该时代,一直在草原各部流行。人们对抢亲之事已见怪不怪了,也无人指责;而被抢者如果不被抢回,也只好听天由命,另嫁他人了。

正是这种远缘的巧合,才会生下成吉思汗。而也正是由于坚强的诃额伦母亲的辛勤哺育,成吉思汗才得以在颠沛流离的艰苦岁月中长大;也正是由于诃额伦母亲的教诲,成吉思汗才摆脱了狭窄的心胸,成为能够团结众人的一代君王。以致一代枭雄札木合临死时也承认:"安答啊! 你有聪慧之母,生性俊杰,有多才之弟,友为英豪,所以你所向无敌。"诃额伦母亲对成吉思汗的影响可见一斑。

上天将诃额伦降赐孛儿只斤氏,可能是上天想借诃额伦之身给蒙古人、给中国版图乃至世界一个惊奇。

成吉思汗为何一生珍爱皇后孛儿帖

孛儿帖作为蒙古汗国的皇后,成吉思汗的正妻,一生备受成吉思汗珍爱。即使成吉思汗贪恋美色,一度冷落了皇后,以致孛儿帖爱上了汗帐内的一名宫廷乐师,成吉思汗也没有因此责难于她。因为这一生,成吉思汗一直感觉愧对心爱的妻子孛儿帖,无论妻子有何过错,成吉思汗都不会责难。

公元 1179 年"亥猪多子之年",成吉思汗与健壮美丽的少女孛儿帖喜结良缘。两个年轻人沉浸在蜜月的欢乐之中,却不知厄运正悄悄地来到他们的身边。

因为铁木真的母亲诃额伦本是篾儿乞人首领脱黑脱阿的弟弟也客赤列都的妻子,被铁木真的父亲也速该抢来做了自己的老婆。雨季的一天早晨,天色苍苍还没有大亮,人们正在酣睡,一队 300 人的篾儿乞人找铁木真一家报抢妻之仇来了。老仆人豁阿黑臣最先发现敌人来犯,他把全家都叫起来逃跑。铁木真家里的 9 匹马一下子就分光了,只剩下新娘孛儿帖、别勒古台的母亲和老仆人豁阿黑臣无马可骑,难以逃跑。铁木真狠心丢下孛儿帖,保护着父母兄弟向不儿罕山逃去。孛儿帖只好坐在牛车里,与豁阿黑臣逃命。但是牛车的速度是如此之慢,很快便被篾儿乞人的军队追上了。打头的一人问驾车的豁阿黑臣,你是什么人?豁阿黑臣说:"我是铁木真家里剪羊毛的,如今回家去。"那伙人被骗过去了,豁阿黑臣急忙猛抽花牛,车子飞速跑起来。不料,车子碰上了一块大石头,车轴断了。那伙人又回来了,这次他们提高了警惕,从车中搜出了美丽动人的孛儿帖。由于不儿罕山周围都是陷泥险林,篾儿乞人无法进山抓住铁木真,只好带着 3 个被抓获的妇女回去了。他们相互安慰说:"将铁木真的妻抓了,抢夺诃额伦的仇,也算报了。"为了报复也速该,脱黑脱阿强迫孛儿帖与也客赤列都的弟弟赤勒格儿结婚。孛儿帖无力反抗,只好听天由命,等待铁木真前来搭救。

孛儿帖是被篾儿乞人抢走的,要从他们手中抢回孛儿帖,不能只凭少数人的力量,必须有一支人数众多的军队。如何组织起这样的一支军队呢?

这也成为铁木真从患难中崛起的契机。铁木真唯一可以依靠的便是他的"安答"札木合和王罕了。铁木真结婚时,曾将岳母搠擅夫人带来的珍贵礼物——黑貂端罩(黑貂皮做的短大衣,不沾水,不落雪),送给了"义父"——克烈部的首领王罕。王罕得到了这件珍贵的礼物,兴奋地对铁木真说:"我心里好生记着。"因王罕7岁时,被篾儿乞人掠去春米,对篾儿乞人怀恨在心,现在铁木真来求王罕帮他救妻,所以很痛快地答应了。他建议铁木真联合札木合一起进攻。札木合与铁木真是从小玩到大的伙伴,曾数次结为安答,根据蒙古传统,结为安答后,要同生死,不相弃。因此,札木合也同意帮助铁木真,并帮助铁木真将也速该的百姓收集了1万人,铁木真从此有了自己的百姓和军队。王罕、札木合和铁木真聚集了4万人的军队,以压倒性的优势向篾儿乞人发起了进攻,篾儿乞人大败而逃。

铁木真夺回了失去9个月之久的孛儿帖,并尽诛曾围困他的300个篾儿乞人。孛儿帖虽然抢回来了,但当初篾儿乞人猝然侵入的时候,铁木真将她抛弃了。铁木真心里始终感觉愧对妻子,所以当孛儿帖被夺回不久便生下术赤被人议论时,成吉思汗不曾责怪她一句。对于术赤,成吉思汗既不十分亲近他,但也不鄙视他,足见他对孛儿帖的愧疚之深!是啊,成吉思汗该对孛儿帖的牺牲做出多大的补偿才能弥补啊!谁能猜想,孛儿帖一个人坐牛车逃跑时,心里有没有恨意?有没有对铁木真的失望?尽管史书不会记载,但时隔千年,我们仍能感受到孛儿帖在牛车里无助而恐惧地哭泣。

孛儿帖在铁木真最落魄时嫁给了他,虽然被人抢去为妻,却仍爱着铁木真,在他一生的事业中,忠心服侍他。成吉思汗也是知恩必报的真汉子,一生尊重自己的妻子。大概成吉思汗心中的愧疚是他一生珍爱孛儿帖的重要原因吧。

耶遂耶干为何姐妹同嫁成吉思汗为妃

在众多的妃子中深得成吉思汗铁木真喜爱的要属塔塔儿部的耶遂与耶干俩姐妹,两人都长得如花似玉,聪明伶俐。姐姐耶遂本已是有夫之妇,在妹妹耶干的推荐下嫁给成吉思汗为妻,那么,这姐妹俩是如何成为成吉思汗妃子的呢?

塔塔儿人与铁木真是世代仇敌,铁木真的父亲也速该就是被塔塔儿人毒死的。为了报仇,铁木真多次征讨塔塔儿人,但是塔塔儿部比较强大,每次征战都难以如愿。铁木真在消灭泰赤乌部后,力量迅速壮大,于公元1202年春,乘胜向塔塔儿部发起了大规模的进攻。这次塔塔儿人抵挡不住,纷纷四散溃逃。塔塔儿人也客扯连为了活命,向成吉思汗献上自己的小女儿耶干,成吉思汗惊异于耶干的美貌,于是接受了也客扯连的投降。耶干以自己的身体换得了父亲的性命,却无法挽救濒于亡族的同胞。因为成吉思汗召集了乞颜氏贵族举行秘密会议,做出了一个决议:杀掉所有高于车轮的塔塔儿人,为祖先报仇。这个消息被别里古台泄露给了也客扯连,也客扯连马上通知了塔塔儿人,让他们做好反抗的准备。当蒙古人开始屠杀后,遭到了塔塔儿人的强烈反抗,铁木真的士兵因此死了很多。铁木真下令严惩了别勒古台,但因耶干的原因,也客扯连并未被惩罚,耶干第二次救了父亲的性命。可想而知铁木真对耶干的喜爱了。

耶干也许是为了感谢成吉思汗铁木真两次赦免父亲的死罪,也许是想借助铁木真寻找姐姐耶遂,就向铁木真推荐姐姐耶遂说:"不管可汗怎样待我,都是可汗对我的恩赐。我有一个姐姐叫耶遂比我更漂亮,只是今遭此离乱,不知道现在哪里,如果可汗能把她找回来,我宁愿将妃子的位置让给她。"成吉思汗铁木真听耶干说姐姐耶遂比面前这仙女般的人儿还漂亮,不禁心动起来。成吉思汗立马派人四处寻找。

再说耶遂与丈夫正在树林中躲避战乱,不料还是被成吉思汗的军队发现。耶遂的丈夫怕被杀死,只好丢下耶遂逃走了。成吉思汗的军队抓住了耶遂,将她带到成吉思汗面前。成吉思汗一见,果然长得比耶干还美丽,立即娶她为妃。妹妹耶干也实践自己的诺言,甘心坐在耶遂的下位。这姐妹俩便是成吉思汗的第二、第三夫人。

耶遂虽做了成吉思汗最宠爱的妃子,但仍没忘自己的丈夫。一天,成吉思汗与耶遂两姐妹在帐外开怀畅饮,突然,耶遂脸色异常,成吉思汗感觉到了什么,他抬头四顾,发现周围有许多陌生的百姓。他立即下令逮捕这些人,让博尔术与木华黎对他们进行检查,让他们按自己所属的部落排好队,不是本部落的另排一队。周围的人很快站到自己所属的部落里,只有一个苗条美少年,别于各部之外。那少年果是耶遂的前夫。成吉思汗醋意顿生,说他是个刺客,命人拉到背处杀掉了。耶遂的前夫死掉了,她也只好一心一意地侍奉成吉思汗了。就连成吉思汗铁木真死在征战途中时候也一直由耶遂陪伴在身边,不曾失宠。

这两个貌如天仙的姐妹双双嫁给了成吉思汗,她们用自己的美貌征服了成吉思汗,却不能挽救塔塔儿部众人的生命。

太子妃阔阔真的风流韵事

元世祖忽必烈的太子真金的媳妇名唤阔阔真,姓弘吉剌氏,原来是一户贫苦人家的女儿。有一次忽必烈出猎,追羊逐鹿,奔跑得大汗淋漓,口渴难忍,看见路边有一座帐房,就走了进去,想要杯马乳止渴。见房内只有一个年轻貌美的姑娘在整理驼绒。姑娘得知忽必烈的来意后,说道:"马乳倒是有,但是我的父母兄弟都不在家,我一个女子,难以给你。"

忽必烈觉得这个姑娘深明礼义,说得很对,不便相强,便要离开。不料那姑娘又用话语拦住了他:"我乃一孤身女子,你是陌生男人,随意出入,于礼不合。请你稍候一会儿,我父母就快回来了。"忽必烈觉得有理,便耐心地坐在那里等候。一会儿,姑娘的父母果然回来了,拿出马乳为忽必烈解渴。忽必烈离去后,盛赞这个姑娘:"若娶得此女为人家妇,岂不美哉!"

此后,这个姑娘的身影一直在忽必烈的头脑中晃动。到了为太子真金选妃的时候,大臣们提了许多美貌佳人,忽必烈都不同意。众大臣都不知忽必烈意欲何为。只有一个当时随同出猎的老臣,想起了忽必烈对那个姑娘的称赞,知道一定是属意于她。打听得那姑娘还没有许嫁,就向忽必烈提出。忽必烈当即答允,于是就娶了阔阔真为太子妃。阔阔真进宫后,果然性情贤淑,孝事翁姑,不离左右。忽必烈听说后常常称赞她的贤德。

元宫秘史

中华宫廷秘史

元世祖忽必烈一共有 10 个儿子,朵儿只虽是长子但属庶出。嫡子当中,真金居长,所以被元世宗忽必烈立为太子。

朵儿只不自思量自己的庶出地位,一味认为自己的太子之位被夺,便不肯善罢甘休,所以他时刻寻找时机,联合朝中一些与太子真金不和的官吏想要诬陷除掉太子,夺回自己失去的太子之位。因为真金太子力主实行汉法,不免在朝臣中结下仇怨。譬如真金太子对当时正被重用的阿合玛非常痛恨,每次见面都怒目而视。阿合玛虽然专横跋扈,权势炙手可热,但唯独对真金太子十分畏惧。后来阿合玛被诛,余党卢世荣专权,真金太子对卢世荣同样非常痛恨,卢世荣自然对太子耿耿于怀。

太子真金平素一向以仁孝著称。奉命总理朝廷庶务时,明于听断,优礼人才,内外归心。但偏偏发生了一件事,断送了这个将会大有作为的未来贤王的性命,可以推断这是朵儿只的陷害之计。

忽必烈年事已高,而太子又深得人心,所以朝中众多大臣上疏奏请忽必烈禅位给太子。太子闻知此事,慌惧异常。他深知父皇的为人,断不会在有生之日弃权让位,而且还会怀疑是他在背后唆使,图谋大位。那样,他不但做不成皇帝,连太子也做不成了。于是他马上知会中书省,不要把这份奏章送上。中书省也觉得忽必烈年事虽高,但精神矍铄,勤于政事,断不会准奏,于是就将奏章压下了。不料这件事不知怎么被朵儿只知道了。他一看机会来了,就指使朝中小人将此事奏明了父皇,忽必烈果然大怒。但他又深知太子素来仁孝,禅位之议绝不会是太子唆使,才没有加罪于太子。太子闻知父皇震怒,遂忧惧成疾,竟致一病不起,死时年龄仅 43 岁。

朵儿只的计谋得逞,太子真金病亡,理应就此罢手。谁知他邪念频生。他平日垂涎太子妃阔阔真容貌出众,现在太子已死,正可遂他愿,就对太子妃阔阔真动起脑子来。

再说这个德貌双优的太子妃,竟命运坎坷,正值旺盛之年,真金太子舍她而去任其守寡。太子妃从此孤衾独眠,回想起从前的种种幸福,而如今影单形只,不免哀从中来。朵儿只抓住这个时机,乘虚而入,每日到东宫这位弟媳面前,嘘寒问暖,百般抚慰。初时,太子妃阔阔真还能守身自持,按礼而行。时间久了,她心中冉冉升起那种莫名的渴望来,加上蒙古民族不注重贞操名节,以及架不住朵儿只蓄谋的情深意切,百般逗引、诱惑,二人终于成就了好事。

但终究是纸里包不住火,时间一长,朵儿只日夜泡在东宫内,这秘密竟传到了朵儿只的妃子奇儿乞的耳中。奇儿乞一听便醋意大发。这阔阔真虽说是太子妃,但毕竟是过时的太子妃,奇儿乞已不再怕她。奇儿乞不惜重金买通了朵儿只的侍卫,让其监督朵儿只与太子妃阔阔真的行踪。一天,就在朵儿只刚刚起身前往东宫之时,奇儿乞随后就接到了侍卫报信。

奇儿乞即刻带领女侍,气势汹汹径往东宫而来。她自认为此事不怕闹大,闹得越大,越能出太子妃的丑,越能泄自己心中这股怨气。但她没想到,侍卫们各为其主。东宫的侍女卫士见奇儿乞大兴问罪之师,直闯东宫,拦阻不住,急急通报进去。太子妃阔阔真很沉着,让朵儿只不必惊慌! 让他先从后门回府,由她来应付。

这时奇儿乞早已一边大叫,一边将自己的发髻抓乱,披头散发地骂将进来,她胸有成竹,认为这回定能当面将二人抓住。岂知进到内宫一看,只有太子妃一人,正满面怒容,盛妆端坐,朵儿只影儿也不见。而太子妃见她进来,全不似往日那样,不但不起身相迎,反而拍案怒喝道奇儿乞身为王妃,无故大闹东宫,平白诬陷太子妃,欺负我孤苦零丁,寡居无靠,应当到父皇处讲理去。

这个架势倒把奇儿乞吓住了。她知道父皇平日对太子妃赞赏有加,这个官司如何能打得赢? 此时太子妃占了上风,毫不难堪,而奇儿乞却下不了这个台。

奇儿乞此时是欲闹无凭,欲退不能,内心既恼又慌且羞,临来时的那股胆气早已飞到九霄云外去了,怔在那里,竟不知如何是好。这朵儿只派来的人早已得了王爷的密嘱,要他止息这场纷争,于是便向太子妃道:"王爷知王妃来此胡闹,触犯娘娘,不胜忿怒,特使我前来请罪,望娘娘念骨肉之情,饶恕这一次,以后定当重谢!"

太子妃阔阔真本也不是真心要去父皇面前评理,只不过是玩弄以攻为守的手法罢了。此时见状,觉得应该适可而止了,这才放了奇儿乞回去。

奇儿乞回到家中,又被朵儿只声色俱厉地责骂了一顿。此时的奇儿乞明知其中有鬼,但因为没有证据,就是浑身是嘴,也辩驳不过王爷,如何能咽得下这口恶气? 当夜思前想后,竟拿了一条白练,系于梁下,将头伸了进去,要想解脱这世间无尽的烦恼。幸亏被侍女发现得早,解救下来。朵儿只见事情闹到这个地步,再加上此事确实是自己的不是,于是良心发现,不觉念起了夫妻之情,也好言相劝了几句。当夜又和她温存了一番,打消了她自尽的念头,这事才算平息下来。这事发生以后,朵儿只与太子妃虽然旧情未了,来往不断,但也敛迹不少,不敢肆无忌惮了。

德貌双优的太子妃阔阔真的风流韵事不但没有造成很大的丑闻,从处理奇儿乞大闹东宫这件事上可以折射出太子妃阔阔真虽性情贤淑但非等闲之辈。

斡兀立·海迷失听政监国

元定宗贵由于公元 1248 年驾崩,其遗孀斡兀立·海迷失暂时听政监国。对斡兀立·海迷失的身世大多数史学家认为她出身于斡亦剌氏,其祖辈是成吉思汗的功臣与亲家,在蒙古汗国具有很高的地位。也有人认为海迷失出身于篾儿乞部,是一位喜欢争权夺势的女人。

斡兀立·海迷失虽然有很强的权力欲望,但不会处理朝政国事,她也没有想过为管理一个国家从而征求镇海等大臣们的意见。监国听政的斡兀立·海迷失像乃马真后一样,利用西域商人做交易,一味地搜刮财物。但她却缺乏乃马真氏的政治才能,而将大部分时间消磨在萨满教的巫术活动中。斡兀立·海迷失的所作所为惹恼了她的两个亲生子忽察、脑忽及朝中大臣,他们看到斡兀立·海迷失不务正业,耽误朝政,各宗王们也趁火打劫,他们各擅自签发文书,颁降令旨。朝中的官员失去了行政长官应有的功能和权威,蒙古汗国陷入混乱的无政府状态。

汗位空虚及矛盾冲突集中在选举下一任大汗,这是当时蒙古汗国臣民共同关心的问题,也是各派势力斗争的焦点。作为贵由的皇后斡兀立·海迷失当然希望汗位保留在窝阔台一系中,并与朝中亲信大臣商量,他们的最佳人选是阔出之子失烈门。于是他们派人四处活动,包括派出谋士游说唆鲁合帖尼王妃,唆鲁合帖尼王妃表面上答应了他们的要求,但私下里却加紧了自己的活动。唆鲁合帖尼是克烈部人,因此也是一位聂思托里安教徒,她不但精明,还很明智。

作为成吉思汗家族之首长王拔都在这件事情上起了主导作用,他决定排除窝阔台系。他与拖雷的遗孀唆鲁合帖尼联合起来,提名唆鲁合帖尼与拖雷所生的长子蒙哥为大汗。因此,大约于1250年在伊塞克湖以北、拔都的阿拉喀马克营地,为此目的召开了忽里勒台,会上,拔都推举和强加于大会的人选正是蒙哥。

然而,投票赞成蒙哥的只有术赤和拖雷家族的代表。窝阔台和察合台家族的代表们并未出席这次集会,当得知蒙哥的提名后,他们拒绝承认这次选举,理由是这次大会是在远离成吉思汗的圣地的地方召开的。因此,拔都决定在斡难河原蒙古圣地上再一次召集有更多的人出席的忽里勒台。他们邀请窝阔台和察合台家族的成员们参加。

拔都不顾窝阔台系、察合台系诸王的不合作态度,按原计划举行大会,到会的宗王贵族多数人也都拥护拔都的意见,再一次推举蒙哥为汗。但窝阔台、察合台系代表八剌、帖木儿一看大势不好,站出来反对拔都的意见。他们提出的理由是:会议不能违背先大汗的遗言。窝阔台在世时曾留下遗嘱,认为其孙失烈门可以继承汗位。现在失烈门年富力强,正可以出任大汗。而且当时各支宗王还曾约定,只要窝阔台系仍有后人,就不能奉其他系宗王为大汗。忽必烈站出来批驳了这一意见,他说:"窝阔台大汗的遗嘱的确不能违背,但究竟是谁违背了窝阔台大汗的遗嘱呢?是乃马真后和你们自己。你们早已取消了失烈门继位的资格,让贵由继位为大汗,今天还能归罪于谁呢?"拔都为忽必烈的聪明机智而叫好,再次强调指出:"如今适宜于君临天下的是蒙哥合罕。成吉思汗家族中另外还有哪一个宗王,能够凭借正确的判断和清晰的思想掌管国家和军队?只有蒙哥合罕。"大将速不台之子兀良合台也论证了蒙哥应该继位的理由。东道诸王塔察儿、也松哥及脱虎兄弟也坚决支持蒙哥为汗。会议终于通过了蒙哥为大汗候选人的决定。

汗位转移——蒙哥称大汗在窝阔台合罕和贵由大汗一系的一部分宗王、察合台的后裔也速蒙哥和不里等人的反对声中即位。但窝阔台系诸王并不甘心自己的失败，失烈门、脑忽、忽秃黑等率众前来，企图以祝贺为名，在宴会席上发动政变。这一阴谋被蒙哥汗廷一个名叫克薛杰的人偶然发现，叛乱被蒙哥挫败。

继承汗位后，如何处置这些政敌，蒙哥一时拿不定主意。他反复征求文武大臣们的意见。蒙哥听后有了主意，任命忙哥撒儿为蒙古汗国大断事官，负责处理此次政变事件。忙哥撒儿根据蒙哥指示及大札撒的规定，下令处死了三王的亲信77人，杀死了贵由的大将野里只吉父子，失烈门等三王因是近亲贵族，未被处死，但被终身监禁。忽必烈欣赏失烈门的才干，向蒙哥和忙哥撒儿提出要求，希望将失烈门放在自己帐下，令其戴罪立功。蒙哥同意了忽必烈的请求，但告诫他不可大意。窝阔台汗国被划分为6个小王国，由其六子合丹、嫡孙海都等分别治理。其二子阔端因与蒙哥兄弟关系好、又未参与政变阴谋，未被处罚。不久，蒙哥大汗下令处死了察合台汗国的可汗也速蒙哥，而由合剌旭烈兀出任察合台汗国的可汗。

元定宗贵由遗孀斡兀立·海迷失不肯认输，迟迟不向新任的大汗低头。蒙哥下令将她逮捕，将她包在一个革囊中投入河中淹死了。虽有争夺权力欲望却没有治理国家的才能，最终导致了斡兀立·海迷失如此下场。

元宫后妃为什么与佛僧淫乱

元朝从世祖忽必烈开始，在兼容诸教的同时，尤其推崇佛教，宠幸佛教徒，全国上下，佛法昌盛。然而一些不法佛教徒乘机依倚皇室势力，肆无忌惮，横行不法，为所欲为。令人匪夷所思的是元宫后妃们竟与这些佛僧教徒们做出淫乱后宫之事，给元朝留下了万世之羞。

武宗海山得了一场大病，宫里御医用尽各种办法进行治疗都无效果，皇太后弘吉剌·答已不思规劝武宗海山应立刻戒酒远色静心调理。她想起了以前历代惯用的佛法之术，请来众佛僧在皇宫大作佛事，为武宗海山祈祷保佑解除厄运。那些佛教徒正想到宫内见识见识，此时奉诏正遂心愿，于是即刻奉诏进宫，日夜在宫内设醮祈祷，一本正经地念诵佛经。

弘吉剌·答已皇太后率众妃嫔也都到佛堂顶礼膜拜，祈祷武宗万寿无疆。那些妃嫔平日在宫内所见到的男人除了皇帝之外就是那些不再是男人的宦官，只是武宗一猛汉难敌众花艳，那些妃嫔谁不是饥渴难耐，如久旱之田？今日见了这些身强力壮的男人，而且其中又不乏模样俊俏者、风流倜傥者、惯调风情者，哪还管得了他是佛僧还是俗人。如何能收得住芳心？再说那些和尚们本来就是色中饿鬼，在外面见到凡家俗女，尚要起淫念，如今见到宫内这些妙龄花艳的女子，个个体态轻盈，秀色可餐，如何能按捺得住那心中的痒痒？就这样两相情愿不发生些淫僧斗花艳的故事来才怪。但毕竟这是皇宫，初时各自尚能矜持自重，纵心内情浪接天，表面上仍循规蹈矩；继而就眉目传情，心照不宣了；最后终于双方交通，在诵经闲暇，纷纷捉对，各寻处所，寻欢求乐去了。

那皇太后弘吉剌·答已虽然比众妃嫔年长几岁，但因为她年轻寡居，比不得众妃嫔还能偶有寻欢，所以当她见到这些僧人们，更是心旌摇动。而且她又觉察到了那些妃嫔干的好事，所以每当白日佛事作毕，回到房中，看着眼前的孤衾冷枕，想象着众妃嫔的云雨之乐，心中就恰如翻江倒海一般不能平静。只是碍着皇太后的身份，极力支撑着，尚不至于贸然胡来。

哪种人群里都有敢摸老虎屁股的胆大之人，这众佛僧中有一个叫作龚柯的，二十左右年纪，体态翩翩，口齿伶俐，深得皇太后的欢心。皇太后每当看到他就欲火中烧，恨不得立刻将他搂过来。只是作为皇太后不比众妃嫔，这事不好轻易开口。而龚柯虽然领会了皇太后之意，但慑于皇太后的威权，也不敢贸然造次。

终于有一天，皇太后实在支撑不住了，并且这些天她日思夜想，终于想出一条计策。这天日暮，皇太后早早就寝，吩咐众侍女也早早歇息，只留下两个长年侍奉自己的贴身亲随在旁侍候。皇太后见身边闲人散尽，就吩咐

元宫秘史

亲随侍女："我心身不宁,想是有什么作祟,快召龚柯法师为我念咒解厄。"侍女急急忙忙将龚柯召来,一直带到皇太后榻前。太后闻报法师已到,从绣帐中伸出玉腕,一把抓住跪在榻前的龚柯,一侍女见状连忙避开。太后见身边无人,登时拉开绣帐,掀翻锦衾,抱住了龚柯："你怎么这么不晓事,搅得人寝食不安,却又迟迟不肯上前!"

龚柯早已洞悉了皇太后的心意,赶忙上床,仗着年轻力壮,使出浑身解数,百般侍候。当天夜里,二人如狼似虎,翻天覆地,大战了一个通宵。皇太后老调重弹,旧梦重温,解了数年之渴。从此,一发而不可收,天天夜里传龚柯入内念咒解厄。到后来,有时白天欲火烧身之时,也照样使人传呼龚柯入内。

元代疆域图

此类事情如何能瞒得住众人,内宫纷纷传扬,无人不知,无人不晓,只是瞒着病中的武宗海山一人。众妃嫔见皇太后尚且如此,更加有了主意,胆子越发大了起来。一到夜间,就毫无顾忌地个个寻找对手进入内室,彻夜宣淫。到后来甚而至于青天白日就一对对裸体交欢。那些佛僧们竟然恬不知耻地还为此起了一佛号,叫作"舍身大布施"。他们声称,凡能舍身于佛门弟子的，必定能受到佛祖的保佑。当然，对众妃嫔们来说，是不是真能受到佛祖的保佑并不重要，重要的是能求得眼前的快乐。而且这快乐还能蒙上一层体面的外衣、罩上一道圣洁的灵光，所以众妃嫔这时对佛祖就表现出了异乎寻常的虔诚，人人犹如比赛一般，争先恐后地更加卖力地舍身佛门。

这种自古以来绝无仅有的给元宫留下了万世之羞的丑行，一直延续到武宗海山崩逝，仁宗即位。

蒙古人的送子娘娘唆鲁合帖尼皇后

为什么在蒙古族人心目中成吉思汗幼子拖雷之妻唆鲁合帖尼不但是神圣的皇后、太后，民间更将她尊为送子娘娘呢？

唆鲁禾帖尼一共生了四个儿子，分别是：蒙哥、忽必烈、旭烈兀、阿里不哥。其中有三人终身称帝：蒙哥是蒙古帝国大汗，忽必烈开创元朝，旭烈兀为伊利汗国皇帝。阿里不哥则曾经与忽必烈争夺帝位，自称蒙古帝国大汗。这四个儿子之所以能够登上人间巅峰，关键的原因在于他们不但有一个深得成吉思汗信任的父亲拖雷，更有一个睿智精干的母亲唆鲁合帖尼。

唆鲁合帖尼是拖雷诸妻中年纪最长、最早嫁给拖雷，也最受宠爱的。作为后妃、作为母亲，唆鲁合帖尼无疑是幸运并且成功的，但是作为一个女人，唆鲁合帖尼却40岁左右就成了寡妇，算是这个幸福女人的不幸了。

在窝阔台攻打金国的过程中拖雷代兄赴死，唆鲁合帖尼开始守寡。拖雷的这一"义举"，整个蒙古帝国上下都将他奉若神明，窝阔台也非常感激。

蒙古汗国盛行的是萨满教，当时的萨满教仍然带着原始宗教的印记，巫术、人性、天意……以巫师的说法来解释拖雷之死，自然得到了绝大多数人的认可。然而——唆鲁合帖尼信仰的不是萨满教，而是"景教"，即基督教中的聂思脱里派，蒙语称之为"也里可温"。因此巫师的解释并不一定能在唆鲁合帖尼这里过关。几乎是从知道丈夫死讯的那一刻起，唆鲁合帖尼就敏锐地感觉到了事情另有隐情。不过，唆鲁合帖尼的理智很快就战胜了情感，人死不能复生。拖雷"义举"的名声肯定是比被大汗铲除的名声更符合实际需要,她没有做任何异样反应。与此同时,作为拖雷家族的当家人,唆鲁合帖尼开始严格地约束诸子及部属,既不让他们做任何违拗窝阔台大汗的事情,更不让他们彼此之间争执。总之,不能给别人任何整治拖雷家族的理由。

唆鲁合帖尼的默不作声,并不能平息窝阔台的疑心。他开始用各种方法挑衅拖雷家族。

窝阔台很清楚拖雷家族如今的主心骨就是唆鲁合帖尼。于是他忽然颁下了一道诏书,要唆鲁合帖尼改嫁给自己的长子贵由。很明显这不是一桩般配的婚姻,隐藏在背后的真正原因,应该还是窝阔台想借机将拖雷家族的兵权财富统统纳入窝阔台系的囊中,也顺便使拖雷诸子没有母亲可依靠。

唆鲁合帖尼接到诏书时非常镇定,她委婉地答道自己并不敢违背大汗的意旨,只是自己已经立下誓言,一定要先把拖雷的儿女抚养到成年之时。唆鲁合帖尼心平气和地如此说,窝阔台实在找不出什么毛病,再加上年轻的贵由并没有领会父亲的用意,始终没有坚持非娶寡婶不可,窝阔台只好打消这个念头。

然而,议婚之事并不是唆鲁合帖遇到的尼唯一麻烦。窝阔台在毫无理由、未经过任何宗室商议的情况下,就忽然把原属于拖雷家族的三千军户划到了自己的次子阔端的名下。

如此公然的挑衅,果然触怒了拖雷部下的老将领,他们纷纷表示要去讨个公道。聪明的唆鲁合帖尼仍然不动声色,她劝阻了部属的冲动,并平息了他们的怒火。经过她的劝说,她的儿子和将领们都明白了忍耐的重要性。除此之外,唆鲁合帖尼甚至变害为利,既然自己的部属和财产是不能拿回来了,何不趁势和阔端结下友情?果然,阔端从此成了窝阔台系最为亲近拖雷家族的人物之一。

由于在唆鲁合帖尼的管理下,拖雷家族长期以来都表现得服从温顺,时间久了窝阔台也就不再成心找碴了。此后尽管拖雷诸子统兵四出征战,军事实力越来越雄厚,他也不再把他们视做威胁,反倒对他们非常喜爱。窝阔台对唆鲁合帖尼也渐生愧疚之心,对她提出的要求一般都尽可能的满足。

中华宫廷秘史

但是唆鲁合帖尼仍然没有立刻轻举妄动。

公元 1241 年底,56 岁的窝阔台因为饮酒无度驾崩,乃马真称制四年。公元 1246 年春天,蒙古汗国在哈剌和林召开忽里勒台大会。唆鲁合帖尼表态支持贵由。

当贵由终于登上帝位之后,他对唆鲁合帖尼非常感激,可着劲儿地给拖雷家族各种荣誉和权力。当然贵由报恩之余也没有忘记跟自己早有私怨的拔都。称帝之后,他立即决定率军讨伐钦察汗国。

唆鲁合帖尼当然立刻就知道了这个消息。她派出密使,将贵由出兵的消息暗暗通知了拔都。这样在贵由感激涕零之后,接着就轮到拔都感激涕零了。有了这样两面逢源的手段,唆鲁合帖尼和她统率下的拖雷家族,能有未来那般远大的前途,也就是顺理成章的事情了。

刚刚当了三年大汗的贵由驾崩。唆鲁合帖尼倒也礼数周到,第一个派人前去看望他的大皇后斡兀立·海迷失。

此时拔都作为成吉思汗家族的长兄向宗王广发邀请,要他们到钦察汗国来召开选举新汗的会议,并主动提出要议立拖雷长子蒙哥为新汗。蒙哥能被议立为大汗,是因为他幸运地拥有一个聪明的母亲唆鲁合帖尼。

唆鲁合帖尼在得到讯息后,第一时间派出了蒙哥赴会,这个态度使得拔都对蒙哥刮目相看,认定蒙哥会是一个尊重自己地位的新汗,选他是最正确的决定。在拔都的大力支持下,蒙哥被术赤家族和拖雷家族推举为新汗。

公元 1251 年夏天,蒙哥正式在哈剌和林登基称汗,同时追封父亲拖雷为英武皇帝,庙号睿宗。

蒙哥称汗引起了窝阔台家族的强烈不满。原属窝阔台系的汗位,如今变成了拖雷家族的了。于是贵由的儿子脑忽联合窝阔台的另两个孙子忽秃黑、失烈门密谋造反。信息中途泄漏,蒙哥趁机将察合台系与窝阔台系所有反对自己的人都抓了起来,在审讯后几乎统统杀光。

自拖雷死后的整整 17 年间,唆鲁合帖尼一直维持保护着整个家族的利益,并在不动声色中使这个家族日渐壮大,最终达到了主掌蒙古帝国的目标。

如果说唆鲁合帖尼的所有作为是为拖雷复仇，这种说法有些片面。但不管怎样，唆鲁合帖尼以她超群的计谋与政治头脑，完成了历史上最迂回的王位争夺战，她在元朝的历史中占有重要的地位，其影响力仅次于成吉思汗的母亲诃额仑。

儿子已成为帝国皇帝、丈夫也获得身后尊崇的第二年，如愿以偿的唆鲁合帖尼离开了人世。按照习俗，她葬于起辇谷。

中统元年（1260年）三月，唆鲁合帖尼次子忽必烈在开平称汗。同年四月，唆鲁合帖尼幼子阿里不哥在按坦河称汗。至元二年（1265年），忽必烈为生母唆鲁合帖尼上谥号"庄圣皇后"。后来，元成宗铁穆耳为祖母唆鲁合帖尼再上谥号"显懿庄圣皇后"。

由于生出了这么几个影响力巨大的儿子，拖雷和唆鲁合帖尼的身后待遇极高。至今在成吉思汗陵的东殿里，仍然供奉着他们的灵位。在蒙古族人心目中把唆鲁合帖尼尊为送子娘娘，就是希望自己也能够像唆鲁合帖尼生出几个有出息的儿子。

元朝第一后如何挟君弄权

泰定帝也孙帖木儿即位后，在倒剌沙等大臣的辅佐下，朝野上下太平了几年光景，于是乎泰定帝也孙帖木儿得以沉迷于酒色之中。他为了有充裕的时间享乐，甘愿将朝政付与皇后巴巴罕。

在泰定帝之前，弄权的妇人或是君死称制，或以太后身份施威，而像巴巴罕皇后这样的泰定帝在世之时，就能挟持君主，肆行己权的，实乃元朝第一后！

皇后巴巴罕，本来就不是寻常女子。她聪慧过人，广有心机，素藏大志。自从被册立为皇后，便产生了弄权窃柄的野心。但泰定帝即位之初年富力强，勤于政事，皇后巴巴罕无从插手朝政。后来平定叛乱，朝野无事，泰定帝也孙帖木儿开始迷恋酒色。巴巴罕一看机会来了，便乘机想出了一条计谋，要替皇帝物色几个足以移人心性的尤物，来迷惑泰定帝也孙帖木儿。只要

泰定帝沉迷于酒色,自然就会懈于朝政,自己就有机会亲临朝纲。

皇后巴巴罕想到做到,立刻就物色到迷惑泰定帝也孙帖木儿的尤物人选。

巴巴罕的叔父衮王买住罕有两个女儿,妹妹名叫必罕,芳龄18岁,姐姐速哥答里年方二十,均处妙龄,二人生得天姿国色,各有千秋。

皇后巴巴罕游说两姐妹如果讨得皇帝的欢心,有了皇帝做靠山,今生富贵荣华将享用不尽。

一天,皇后巴巴罕得知泰定帝散朝以后来自己宫中,就先派人将两姐妹叫进宫来,同在一处闲谈,如此这般地嘱咐了一通。再说泰定帝也孙帖木儿来到后宫,看到必罕和速哥答里竟是惊呆了。巴巴罕见了泰定帝这副神态,自然会心窃笑,知道自己的计划将要实现。忙将两位妹妹推向前去,引见给皇帝,又忙令摆酒席。必罕姐妹之前得到过皇后巴巴罕的嘱咐,便使出平生所有的狐媚手段殷勤劝酒。泰定帝也孙帖木儿几杯酒下肚,早已心猿意马。皇后巴巴罕见时机已到,遂起身假说更衣出去了。

皇后在外面候了一会儿,料想屋内已成好事,遂转身进来。见必罕姐妹衣襟散乱,桃绽双腮。泰定帝也孙帖木儿则尚自在榻上两眼痴呆,面凝淫笑。皇后佯惊装怒,非要把此事禀告叔父,随即命起驾衮王府。泰定帝也孙帖木儿明白此事闹腾出去,将会失去已经到手的两位美人,一时想不出什么法子阻止皇后的行为,只得说皇后如能包容此事,往后朝廷大事统由皇后决断。巴巴罕要的就是这个,今见此话终于由皇帝亲口说出,还有何求?

自此以后,泰定帝也孙帖木儿一是迷恋于必罕姐妹的美色,一是有言在先,不便反悔,就果真将朝政悉由皇后处置。那皇后遂专权擅政,简直就是不临朝的女皇帝。那必罕姐妹二人日夜承欢宫中,六宫宠爱集于姐妹二人身上,也是心满意足。真乃一事成而四人皆大欢喜。

贤后弘吉剌·察必

在蒙元时代因"贤淑"而名留史册的皇后中,忽必烈的正宫皇后弘吉剌

·察必是一位不可多得的贤德皇后。

弘吉刺·察必的父亲按陈，是成吉思汗的皇后孛儿帖的弟弟。窝阔台时期，按陈被封为忠武王，统领弘吉刺部，并立下约定，以后生女则纳为后，生男则尚公主，世世不绝，所以元朝历代皇帝的后妃多出自弘吉刺氏。

弘吉刺·察必天性聪敏，通晓事理，对忽必烈登上汗位、建立元王朝、匡正朝中弊端作出过贡献，对忽必烈做军国大事的决断很有影响。

忽必烈灭掉宋朝以后，大摆酒宴犒劳群臣以示庆贺。宴席间，众大臣纷纷执酒为贺，歌功颂德。忽必烈好不得意，但独有察必皇后面无喜色，默默不语。忽必烈好生奇怪，问道："朕南征北战有年，终至平定江南，从此以后可以不用甲兵，刀枪入库，马放南山，人们安居乐业，众人都高兴至极，皇后为何闷闷不乐？"皇后闻言，离座到忽必烈面前跪奏道："从古以来，没有千岁不败的国家，但愿我们的子孙不要到这个地步，方是可贺之事。"忽必烈听罢，顿起惕惕之情。

一次，有个大臣上书奏请圈燕京城外近地为牧马场。忽必烈没有多想，当即准奏。察必皇后闻知此事后，知道此事不可行。但她并没有直接劝谏忽必烈，而是在忽必烈面前责怪当时的重臣刘秉忠。说他身为太保，是汉人中的聪明者，又是皇上亲近之人，言则帝听，为什么不向皇上进谏，她是间接提醒皇上变燕京近地为牧马场实为不妥。她还说若是刚开始定都燕京之时，把那地方做为牧马场还可以。但现在军民各业已经分清，若将耕地再变为牧地，岂不是强取豪夺人们的产业，如此怎能安民。忽必烈听后，知道这是对自己说的，觉得很正确，于是就把这件事停了下来。

弘吉刺·察必还亲自率领宫女做针线活，并把旧弓弦集中起来，重新煮过，织成布，其韧密的程度可比得上绫绮。她在做针线活时，还有小小的发明。原来蒙古人戴的帽子前边没有帽檐，不能遮挡阳光。戴这样的帽子在烈日下射猎，阳光直刺双眼难睁，很不方便。察必就在帽子前边加上一个帽檐。忽必烈一试，全无烈日刺目之苦，非常高兴，以后就令以这个帽子为标准样式制作。察必还发明了一种服装叫比甲，就是现在的马甲。因为以前蒙古的服装不便于骑马射猎，察必经过仔细观察，深入思考，精心设计，制出

一种上衣,没有衣领和衣袖,前面没有长襟,后面比前面长出一倍,穿上它骑马射箭非常灵便,深得忽必烈喜爱。察必又看到宣徽院堆着不少小块的羊皮,弃置无用,觉得弃而可惜,就令人取来,与宫女们将其缝合起来,做成地毯。

忽必烈为显示战绩,把从南宋宫中劫掠来的形形色色、各种各样的珍宝陈列在殿庭,派宦官去请察必皇后前来观看。察必皇后来了以后,只用双眼向那堆珍宝扫了一下,表情庄重,一句话也没说,随即退下。忽必烈令宦官去问皇后想要什么物件,皇后说:"这些珍宝都是宋朝人多年积蓄起来的,原想要传给他们的子孙,没想到子孙不能保守基业,这才归属我朝。我念及此,怎么忍心取他一物呢?"

正因为弘吉剌·察必皇后贤德明理,对忽必烈征战和治国的缺失多有影响和补正,所以忽必烈对她非常敬重。然而,弘吉剌·察必皇后年纪轻轻,竟于至元十八年(1281年)二月一病不起,死后被元成宗追谥为"昭睿顺圣皇后"。

为什么乃马真氏能够摄政长达 5 年

《元史·后妃传》中记载:"岁辛丑十一月,太宗崩,后称制摄国者 5 年。"这里说的"后"就是脱列哥那乃马真六皇后。太宗窝阔台驾崩后汗位虚悬,本应立即召开"忽里勒台"大会推举新的大汗。但为什么脱列哥那乃马真六皇后能够摄政,而且摄政专权长达 5 年之久呢?

乃马真氏作为蒙古帝国历史上第一位称制摄政的皇后,在皇族政治斗争中施展了非凡的才干。她不仅在窝阔台去世后成功地控制了朝政,而且还按着她的意愿,顺利地将贵由扶上汗位。乃马真氏的称制,首开了蒙元时代皇后干政的先例,从此以后,皇后直接影响皇帝的入选甚至指立皇帝的事件层出不穷,这在中国历代王朝中也是少见的。

按照蒙古族的习俗,在大汗死后直至他的后继者经过忽里勒台大会推举就任之前,在这段王位虚悬时间内,则由前王的未亡人来摄政。太宗窝阔

台汗生前立有 6 个哈敦（皇后），分守 4 个斡耳朵（宫帐）。他死后，按照传统惯例，应由大皇后木哥哈敦继守大斡耳朵，召集百官，发号施令。不料，太宗死后次年，即 1242 年春，木哥哈敦也相继死去，于是六皇后脱列哥那继守大斡耳朵，称制摄政。

太宗六皇后，名脱列哥那乃马真，原本是篾儿乞部长的妻子，成吉思汗消灭此部后，将她赐给窝阔台为妻。乃马真氏在太宗在世时并不受宠，她之所以能在木哥哈敦死后取而代之，主要在于她善用巧妙手段争取人心，特别是赢得察合台的支持。察合台是成吉思汗诸子中唯一在世的嫡子，他的话具有公认的权威性。他认为，乃马真氏是"有权继承汗位的王子之母"，在召开忽里勒台选汗大会之前，"正是她应指导朝政"。在乃马真氏暂时摄政不久，察合台也病死了。乃马真氏称制后的首要任务是依照先汗的遗命，召开忽里勒台大会，选出新的汗位继承人。太宗生前已经下旨，将汗位传给他所钟爱的第三子阔出，未料阔出于 1236 年早死，于是，他只好决定以阔出之子、皇孙失烈门为汗位继承人。乃马真氏临朝，亟欲推翻窝阔台"以失烈门为嗣"的这一遗诏，准备改立自己的亲生儿子贵由。这样，汗位继承上的矛盾更加复杂化。

首先，她的这一做法，在宗室家族内部遭到反对。贵由是太宗的长子，他与拔都在征服钦察等部时，在一次宴席上曾经公开发生冲突，积怨甚深，所以拔都对改立贵由持反对态度。太宗第二子阔端，经略河西有功，也想要争取汗位，只是因为身体羸弱，难以如愿，暂取中立态度，也对立贵由不表支持。

而这时，成吉思汗的幼弟铁木哥斡赤斤乘太宗死后，率领左翼大军前来报复旧怨，要求归还被太宗生前掠取走的左翼部落的人口。当左翼大军向和林进发时，朝廷一片骚动，有人提议西迁避敌。在这紧急关头，乃马真氏采纳了耶律楚材的意见。耶律楚材说："朝廷天下根本，根本一摇，天下将乱。"根据这一见解，乃马真氏派遣急使去询问斡赤斤这次带着军队、粮食和装备出动的用意，并转告他说："我是你的侄媳，对你存有期望，一切问题都好说。"乃马真氏问明他的来意后，善加安抚，及时归还了被太宗掠夺的人口。斡赤斤的要求得到满足，他于是改口说他是为奔丧而来，随即引兵退去，使得一场风波遂告平息。

善于笼络人心的乃马真氏，在抓紧时机争取宗王、贵族对她支持的同时，也不放过对朝中大臣的拉拢。1243 年，乃马真氏首先就储嗣问题征求耶律楚材的意见，精明的耶律楚材无意介入皇室之间的纠纷，并没有表态。当时，朝中外姓大臣为避免在汗位纷争中惹来杀身之祸，多采取观望态度，有的甚至自找门路，离开朝廷，寻找其他势力的庇护。如另一个先朝重臣镇海，这时便离开他担任的中书右丞相的职位，前去投靠在汗位争夺中持中立态度的阔端。朝中大臣的进退，反映了这场汗位争夺的激烈程度。

乃马真氏在争取到铁木哥斡赤斤等东部诸王和阔端的支持后，于 1246 年春，召集诸王百官大会，议立新汗。各路宗王大臣全都遵命带着部属和侍从们赶来赴会，连汉地、西域、中亚等地也派了达官贵人和使臣前来参加。只有拔都大王例外，他借口身体不好和腿病不肯前来赴会，仅派他的几个兄弟出席。这次大会推翻了太宗的遗诏，认为失烈门尚未成年，不是治理国家的合适人选。而贵由有参加西征的经历，又是太宗长子，继承汗位也是顺理成章之事。乃马真氏之所以能够实现改立贵由的原因，在于当时客观形势对她十分有利。拔都虽然反对贵由继位，但他的封地远在帝国西陲，在乃马真氏控制汗廷的情况下，他也无法影响和改变眼前局势。托雷系在窝阔台统治时期虽曾多次与大汗发生利益冲突，但没有其他强大实力派的支持，也难以夺取窝阔台系的汗位。至于其他亲王，只要不危害他们的利益，无论由窝阔台的哪一个子孙继位，他们都会随声附和。这样，贵由终于在 1246 年 8 月 24 日即帝位。贵由为笼络人心，大赏众人，诸王的随从人员也意外地得到赏赐。贵由为了使自己的赏赐能超过他父亲当选大汗时的赏赐，特意购入 7 万巴里失的货物。凡是参加了忽里勒台的人，包括服务人员都得到赏赐。但因货物太多，依然没有赏完。贵由索性下令让众人自己来取，想拿多少就拿多少。

乃马真氏自 1242 年春开始摄政，至 1246 年秋贵由即位，其间约有四年又四五个月之久。贵由即位后，"朝政犹出于六皇后"。她继续参予朝政。

贵由大汗实际在位一年又九个月,其中又有一年又六个月以上的时间,她仍然在世。在乃马真氏前后称制、摄政的近六年里,为了争取人心,她没有必要也没有可能从事统治制度的改革和人事上的大调整。她继续任用太宗朝的一些老臣,如代表汉人利益的耶律楚材仍在朝廷主管汉文文书和汉地公务;西域人奥都剌合蛮,继续充任提领诸路课税所官;畏兀儿人镇海返回朝廷后,仍拜中书右丞相;一个自幼被蒙古军抚养的汉人刘敏,担任了主管汉地政事的燕京行尚书省长官。正像志费尼所说,因为"外姓和亲属、家人和军队,都倾向于她,顺从她和愉快地听她的吩咐和指令,而且接受她的统治",所以,大臣们"如以往一样继续担任他们的职务,四方的长官也留在他们的位置上"。

乃马真氏称制之时,正值蒙古帝国的窝阔台和察合台于同年相继去世之后,当时蒙古帝国的四个主要部分中有两个部分突然失去了君主,从而使得成吉思汗的几乎所有继承人,都在不同程度上卷入了皇族的政治斗争。在这种形势下,不管是什么人执政,都难以挽回帝国的离心倾向。而乃马真氏在摄政期间,为了争取宗亲大臣的支持,不断满足他们的利益和要求,甚至容忍他们的不法行为。这样就更难保证帝国事业沿着太宗时的轨道继续下去。所以,《元史》的作者评论说,自壬寅(1242年)乃马真氏摄政以来,"法度不一,内外离心,而太宗之政衰矣",这个结论应该说是有一定道理的,但若持封建男权观念把所有的原因归结到乃马真氏这个女人专政上,那就有失公允了。其实反而是贵由的种种不合时宜的政策激化了蒙古帝国的分裂,窝阔台系因而丧失了汗位。

泰定皇后为何二度成寡妇

弘吉剌·八不罕是按陈的曾孙女、元世祖察必皇后的侄孙女。泰定帝也孙铁木儿于公元1323年继位后立弘吉剌·八不罕为皇后。

致和元年(1328年)五月,泰定帝也孙铁木儿驾崩。弘吉剌·八不罕皇后第一次成为寡妇。这时本应由弘吉剌·八不罕皇后暂时摄政,扶皇太子阿速吉八登上皇位，但是丞相倒剌沙欺负孤儿寡母，意欲揽权，不肯立即拥立太子，而是借故拖延。泰定皇后看出了倒剌沙的用心，连忙派平章政事乌都伯剌为使臣，急速进京，以皇后之钦命在胡文收缴武百官印章，等待新皇帝临胡，并下谕安定百姓。

而这时的大都，也正酝酿着一场争夺皇位的阴谋。发难者便是留守京城的燕帖木儿。身任左卫亲军都指挥使的燕帖木儿，曾经是元武宗海山镇守朔方时的亲信宿卫，深得海山宠信。燕帖木儿趁着泰定帝病危时要把帝位夺过来，让武宗的两个儿子周王和吐或怀王图帖睦尔做皇帝，并立刻决定由安西王出面，召集在京的文武百官齐集兴圣宫，共商拥立武宗之子继承汗位的事宜。燕帖木儿等率领数百名武士带刀闯入殿中，武力威胁大臣皇族们同意这一决定。大臣和皇族面对此景个个吓得面如土色，只好俯首听命。

消息传到上都，丞相倒剌沙慌了手脚，立刻面奏弘吉剌·八不罕皇后，随即拥9岁的阿速吉八登位，称为天顺帝。然后，他派出军队兵分三路攻打京师，讨伐"叛逆"燕帖木儿，结果是上都军队大败而回。此时，怀王图帖睦尔一行已到达大都，在燕帖木儿的主持下登上了皇位，史称元文宗。

文宗图帖睦尔赐给燕帖木儿大量黄金和白银，封他为太平王、中书右丞相兼知枢密院事。燕帖木儿接受封赏后，立即又率大军打败了各路前来讨伐的亲王军队，乘胜直逼上都而来，倒剌沙见大势已去，竟大开城门迎接燕帖木儿的军队，献上玉玺。进城后，燕帖木儿直奔行宫寻找天顺帝和泰定皇后的下落。只见弘吉剌·八不罕皇后玉容失色，瑟瑟发抖，天顺帝则不知去向。燕帖木儿见泰定皇后长得妩媚动人，不由起了淫心，打起了皇后的主意。他用好言好语劝慰一番，答应把上都行宫所有的侍卫都拨给皇后使唤，并决定亲自护送皇后去东安州。谁知次日清晨当他刚要出发时，忽然接到文宗诏令，要他马上回大都，他只好忍痛抛下皇后。临别，他再三叮嘱皇后道："他日相见，决不辜负！"回到大都，才知道元文宗将四位宗室公主赐予他为妻，命他立即择吉日成婚。燕帖木儿念着皇后，不肯受诏，但文宗坚持把四位美女送进太平王府，燕帖木儿只得先做了新郎再说。洞房之夜，左拥右抱快活异常，也就暂时忘记了东安州的泰定皇后。

元文宗因燕帖木儿功高显赫,特地封他三代为王,又授以开府仪同三司上柱国太师太平王答剌罕中书右丞相、录军国重事、监修国史提调燕王宫相府事、大都督领龙翊亲军都指挥使司事。这可谓是一人之下,万人之上了。

过了一年,燕帖木儿的王妃病故。燕帖木儿旧情不忘,又想起居住在东安州的弘吉剌·八不罕皇后。他立刻亲自赶到东安州相见。果然是人面桃花依旧,风姿绰约不减当年。他不由大喜过望,厚着脸皮恳求八不罕嫁给他。燕帖木儿半诱惑半威胁地对她说,皇帝念念不忘一直想加害于她,亏得他燕帖木儿再三设法保护,八不罕才不致遭毒手。今天到此求婚,无非是为了更好地保护八不罕,好让皇帝死了害她之心。经过激烈的思想斗争,八不罕只得答应下来。几天后,燕帖木儿派人把八不罕接到了大都做了自己的夫人。

可是好景不长,不过几个月工夫,燕帖木儿便老病复发。临死前他忽而悔悟过来,对妻子八不罕说:"夫人,夫人! 你负先帝,我负夫人! 这都是咎由自取啊!"转眼间,弘吉剌·八不罕皇后二度成了寡妇。

元惠宗妥欢帖睦尔的三个皇后

元惠宗妥欢帖睦尔在位时先后册封了三个皇后。第一位册封的皇后是钦察氏答纳失里,第二位册封的皇后是弘吉剌氏伯颜忽都,第三位册封的皇后为奇·完者忽都,历史上称这三个皇后为三凤。

元惠宗妥欢帖睦尔刚即位时,因皇太后卜答失里对已死的燕帖木儿感恩,先是聘娶燕帖木儿的女儿的答纳失里作为元惠宗妥欢帖睦尔的皇后,封燕帖木儿的弟弟撒敦为荣王,又让燕帖木儿的儿子唐其势袭爵太平王、晋阶金紫光禄大夫。撒敦病死,右丞相伯颜独揽大权。元惠宗妥欢帖睦尔渐渐开始信任伯颜,这使唐其势愤愤不平。

于是唐其势与几个皇亲贵族秘密商讨,准备废元惠宗妥欢帖睦尔,杀死伯颜,另立新君,以此来恢复自己家族的势力。可是愚蠢的唐其势不小心走漏了风声。元惠宗妥欢帖睦尔立即派人召见亲信伯颜,商讨对策,并命他小心提防做好防范准备。

元统二年(1334年)六月的一天,唐其势先派遣他的弟弟塔剌海在东郊设埋伏兵,自己亲率兵将突袭皇宫。然而当他刚进入城池,伯颜亲自带领大批将士杀了出来。唐其势毫无思想准备,仓皇应战。而伯颜的军队越来越多,把他及其卫士们团团围住,最后唐其势终因寡不敌众,被拖下马鞍活捉。伯颜又带兵去东郊,将答剌海的军队杀得东逃西窜,溃不成军,连答剌海也一并被活捉,关进了大牢。

伯颜押着两名罪犯,进宫请顺帝登殿亲加审讯。元惠宗妥懽帖睦尔说:"唐其势兄弟谋反之罪昭然,何必再审,你就按国法严办吧!"伯颜便命卫士先将唐其势拖出午门斩首。唐其势返身攀住殿上栏杆,大叫道:"皇后救我!"坐在元惠宗妥欢帖睦尔身边的皇后答纳失里虽然又悲又急,但不敢说一句话。唐其势又对顺帝说:"陛下当初对臣的父亲有明令,宽恕子孙九死,为何今日违背前言?"元惠宗妥欢帖睦尔大怒,斥责道:"谋逆之罪不可宽恕!当初你兴兵犯上,怎么不想到今日会身首分离呢?"两旁武士一拥上前拉扯唐其势,直至扯断栏杆,才把唐其势拖出殿外。这时,答剌海吓得颤抖不已,毕竟年纪小,一闪身,竟躲到了皇后宝座下面,皇后不忍幼弟遭难,忙用自己的衣裙把他遮掩起来。但是伯颜岂肯放过,他在文宗朝与燕帖木儿争权好多年,一直屈居燕帖木儿之下,早就窝着一肚子气。只听他一声怒喝,命卫士上前,将答剌海从皇后的座椅下面拉了出来,拔剑出鞘,把答剌海劈成两段。

顿时,鲜血四溅,洒在皇后的衣裙上,吓得皇后面色如土,缩成一团。伯颜见状,微微冷笑一声,又对元惠宗妥欢帖睦尔奏道:"皇后兄弟谋逆,皇后也有罪,何况皇后偏袒兄弟,显然是同谋。请陛下割舍私情,以正国法。"元惠宗妥欢帖睦尔听了,尚在犹豫,伯颜已下命令:"把皇后拖出去!"卫士们见元惠宗妥懽帖睦尔没有表态,不敢动手。伯颜大怒,自己走上前,扯住皇后发髻,一把拖了下来。皇后大声啼哭,哀求元惠宗妥欢帖睦尔:"陛下救我,陛下救我!"这时的顺帝也无可奈何,只是流着眼泪对皇后说:"你兄弟身犯大罪,朕亦不能救你!"伯颜不耐烦了,下令卫士,把皇后拖出宫外,押到上都开平,暂时安置,听候发落。几天之后,就有燕京派出的使者,手持元惠宗妥欢帖睦尔诏书和一瓶鸩酒,让皇后立即饮毒自裁。

答纳失里被册立为皇后还不到两年时间,又没有什么过错,只是受父兄牵连,却遭到这个下场,实在是可怜。元惠宗妥欢帖睦尔对她这样无情,除了为报复太后卜答失里和燕帖木儿之外,还有另一层原因,那就是元惠宗妥欢帖睦尔册立答纳失里为后不久,又宠爱一个高丽女子奇氏。奇氏名叫完者忽都,本是侍女,长得极其秀丽,尤擅长调制饮料。元惠宗妥欢帖睦尔每用膳必定要她侍候。她聪明狡黠,善用心计,很快就博得顺帝欢心,由侍膳变成侍寝。皇后答纳失里知道后,醋意大发,好几次辱骂甚至责罚她;受了委屈,她不敢当时发作,事后总到顺帝跟前哭诉一番,顺帝嘴上不说,心中颇为不满,渐渐便同皇后疏远起来。可见,假如顺帝一向同皇后情投意合,即使皇后犯了法,也会设法袒护的。答纳失里死后,元惠宗妥欢帖睦尔想立奇氏为皇后。当时,奇氏已为顺帝生下皇子爱猷识理达腊,因而更加得宠。

但是,伯颜却坚决反对,说奇氏是个高丽女子,并且出身微贱,不配正位中宫,元惠宗妥欢帖睦尔没有办法,只好改立弘吉剌氏伯颜忽都为皇后。伯颜忽都是武宗皇后真哥的侄孙女,她同皇后答纳失里不同,性情温淑,表现得相当宽容大度,生活也很节俭。她从不与奇氏争风邀宠,相反还处处谦让,不时给奇氏一些赏赐。奇氏住兴圣西宫,元惠宗妥欢帖睦尔时常宿在那里,很少去中宫。皇后左右的人有些不平,但皇后没有一句怨言,一笑置之。奇氏生了皇子,更得元惠宗妥欢帖睦尔宠幸,不免骄矜起来,很想夺取皇后宝座,无奈地同顺帝说了几次,元惠宗妥欢帖睦尔总是不敢,怕丞相伯颜阻挠。元惠宗妥欢帖睦尔即位之初还略有些作为,以后,渐渐沉湎于酒色与享乐之中,常常不坐朝。凡朝事要政,多由伯颜决定。这样时间一长,就处处受到伯颜的牵制。由此,奇氏更加痛恨伯颜,就经常在顺帝跟前说他的坏话。至元四年,元惠宗妥欢帖睦尔终于对伯颜的专横无礼忍无可忍了,在伯颜侄子脱脱的帮助下,设法铲除了这个权相。伯颜死后,奇氏才得以被立为第二皇后。她因伯颜忽都皇后待自己不薄,不忍恩将仇报,所以让人替她上奏,要求仿照前代几位皇后并封的先例。元惠宗妥欢帖睦尔十分高兴地接受下来。

第三章 龙子宗孙篇

龙子宗孙大都才华横溢,貌美异常,是最为令人美慕的高贵群体。他们有的志向高远,不随流俗,无论命运如何大起大落,他们依旧从容,处变不惊,后人莫不为之倾倒;有的野心勃勃,飞扬跋扈,性情卑劣,他们的所作所为,千夫所指,罄竹难书,千百年来,这些龙子宗孙的确给我们留下了许多耐人寻味的故事。

拖雷猝死之谜

拖雷作为成吉思汗的幼子、元世祖忽必烈之父,一位战功卓著,在蒙古汗国举足轻重的人物,在 41 岁时突然"薨"逝。他的死充满了诡异之处,给后人留下了许多解不开的谜团。

成吉思汗死前,对他的几个儿子留下三个遗言,一是由窝阔台继承汗位;二是将遗下的军队 12900 人,由拖雷继承一万一千人,窝阔台和其他兄弟各只分得四千人;三是要拖雷永远忠于自己的哥哥窝阔台。窝阔台要等到"忽里勒台"大会召开后正式选举后才能够继位,于是有了拖雷监国一年多的时间。拖雷并没有马上召开"忽里勒台"大会,一直拖了近两年,在这两年的时间里,以窝阔台和察合台为首的窝阔台系多次催促拖雷召开大会,对窝阔台的大汗之位予以确认。但是拖雷治理蒙古两年的时间里,他的领导才能得到了大多数蒙古贵族的认可,拥护拖雷即大汗位的贵族明显多于窝阔台的支持者。因此蒙古贵族形成了势同水火的两大派系,这使忽里勒台大会一直持续了 40 天还确定不下来。这时,作为成吉思汗谋士的耶律楚

材发挥了重要作用,他私下里找到拖雷,要求拖雷明确表示放弃汗位的争夺。拖雷答应了,并在大会上主动推举窝阔台为大汗。窝阔台以合法的形式得到了汗位。尽管窝阔台登上汗位,但拖雷的势力很大使得窝阔台心里几多猜疑。虽然表面上两个兄弟的感情很融洽,但是这对亲兄弟心里还是结下了仇恨。

《元史·睿宗纪》记载的是:1232 年"五月,太宗不豫。六月,疾甚。拖雷祷于天地,请以身代之,又取巫觋祓除涤疾之水饮焉。居数日,太宗疾愈,拖雷从之北还,至阿剌合的思之地,遇疾而薨,寿四十有一"。而《元史·太宗纪》的记载是:"九月,拖雷薨。"这里说的就是公元 1232 年,窝阔台大汗亲自征伐金国,一路占领了很多城池,忽然得了重病,随行巫师卜占之后,说是因为杀害金国百姓太多,所以山川神灵作祟侵害大汗,必须由亲族中一个人代死,否则病不能好。拖雷听说后主动要求代兄受死。巫师就念了咒,给拖雷饮了"神水"。拖雷死之后,窝阔台的病果然就好了。

蒙古摔跤手

为了掩盖拖雷的死因与窝阔台有关,拖雷的死亡时间被延后了 3 个月。而当拖雷的遗孀多次讲到拖雷是"为了合罕而去世"时,并没有遭到任何人反驳,包括窝阔台大汗也感到欠了拖雷夫妇的情。虽然对外宣称拖雷死于疾病,尽管拖雷的妻子唆鲁合帖尼坚持不承认拖雷死于疾病。拖雷到底是死于被害,还是他选择了自杀呢? 如果是被害,拖雷应该有所察觉,拖雷的手下和后人也能查出个原委来,但史书上并没有相关的记载。从当时的形势和利害关系上看,拖雷选择自杀的可能性很大,不管是窝阔台还是耶律楚

材肯定对其做过保证,以确保拖雷的后人财产和人身安全。

果然,拖雷死后,窝阔台并没有完全剥夺拖雷后人的财产,只是将其中一部分转给了窝阔台的儿子贵由和阔端等人,而拖雷系对中央兀鲁思依然有军事统辖权。窝阔台曾提议让自己的儿子贵由娶唆鲁合帖尼,以加强两系的关系,被唆鲁合帖尼坚决不肯,贵由也以唆鲁合帖尼太老为借口拒绝了。唆鲁合帖尼全身心地照顾自己的几个儿子,她相信拖雷系早晚会夺回汗位的。正是由于唆鲁合帖尼的决心和毅力,才保证了拖雷系后来的发展壮大。

但以上论述仍然属于推论,拖雷的死因究竟何在呢?国内外史学界出现了几种不同的意见:一种是说拖雷忠君爱兄,是真心实意地代兄领罪而亡,在《元史》《史集》和《蒙古秘史》的作者眼里,拖雷生前死后都是一个值得效法的英雄,并没有对其死因提出疑问;另一种说法认为,窝阔台和拖雷都是愚昧的,他们实际上是被那几个萨满巫师愚弄和陷害了,那杯治疗疾病的巫水正是一杯毒酒,但当时窝阔台、拖雷都被蒙在鼓里;第三种说法是窝阔台是知情者和主使者,他"害怕拖雷的威望和势力继续增高,构成对自己的威胁而设此骗局将拖雷害死"。

关于拖雷的死让我们姑且认为拖雷是听从成吉思汗的遗训,忠心拥护窝阔台继承汗位,同时为了蒙古民族的大义牺牲自我,从而来衬托伟大的成吉思汗吧。

术赤是成吉思汗的亲生儿子吗

相传成吉思汗铁木真晚年在考虑可汗的继位人选时,第一个排除的就是长子术赤,尽管术赤对汗位窥视已久。原因就是成吉思汗认为术赤不是他的亲生儿子。然而术赤真的不是成吉思汗的亲生儿子吗?

术赤作为成吉思汗的长子,是母亲孛儿帖在从篾儿乞人手中夺回的路上出生的,于是给他取名术赤。"术赤"在蒙古语中是"客人"的意思,之所以给他取这个名字是"因为他是猝然降生的",是一个不速之客。术赤于是被人怀疑为篾儿乞人的种,在家中备受歧视。

公元1226年在西征之战的选嗣大会上,成吉思汗的二子察合台就公开对术赤的血统提出了质疑。察合台竟在确定汗位继承人的大会上如此大胆地提出这个十分敏感的问题,可以说明一直以来许多人对术赤的血统都存在怀疑。察合台的师傅阔阔搠思站出来批评了察合台,特意讲明他们的母亲孛儿帖是因战争遭遇不幸被人掳去的,不是私下偷情而离家出走的,这是相互残杀的战争造成的。察合台不该如此胡言乱语,指责胞兄,报怨亲母!

虽然这番话对孛儿帖和术赤有维护之意,但对术赤的血统仍未置一词,术赤究竟为谁之子,仍是一个谜。

蒙古射猎图

要追寻历史的真相,弄清术赤的血缘到底是哪个种族,还得从铁木真的父亲也速该时代说起。当年,铁木真的父亲也速该抢去了篾儿乞人也客赤列都的妻子诃额伦做自己的老婆,并生下了铁木真等兄妹几个。也客赤列都是篾儿乞三族之一兀都亦惕氏首领脱黑脱阿的弟弟。在铁木真和孛儿帖新婚不久,篾儿乞人为报抢妻之仇来攻打铁木真。他们曾绑架过铁木真,被诃额伦赎了回来。这一次大概也是为物质利益而来。由于铁木真家只有九匹马,弟妹、母亲和博尔术等一人一匹,便剩下一匹,被作为从马,以备不测,因为蒙古人一离了马,便如鱼儿离了水,寸步难行了。孛儿帖只好坐在牛车里逃命,终被篾儿乞人掳走。待成吉思汗请王罕与札木合相助将其夺回之时,生下了长子术赤,由于这两次战争的情况,史书均无详细记录,因此术赤的血统便成了谜。

对于术赤是否是成吉思汗的亲生儿子,历史学家从历史资料中的时间因素来推断定论。他们各持己见,形成对立两派。一些人认为孛儿帖被抢去的时间不足 9 个月,术赤当为成吉思汗的亲子;另一些人则认为孛儿帖被掳几年,术赤应是篾儿乞人的种。持后一种观点的人所据的是蒙古族传说,孛儿帖被抢是在新婚不久,大约 1179 年末或 1180 年初,而传说中孛儿帖被抢回的时间却是 1185 年,这样看来,术赤无疑是篾儿乞人。再者,若孛儿帖几年之后才生术赤,不光与历史时间不符,而且别人也一定知道术赤是异种,对他也绝不会只是怀疑和议论了。而《史集》也说孛儿帖是在怀孕之后才被抢走的,由王罕送还给铁木真。综上所述,认为第一种说法较可信和真实。

成吉思汗对术赤的血统问题看似不怎么在意,其原因一来是感觉愧对妻子(别人都骑马逃走了,却留下她一人受难),二来也只是怀疑而非肯定,所以他在两种矛盾情绪中下令"今后不可如此说!"但"术赤"这一名字无疑是戴在长子头上永远挥不去的耻辱,无论如何努力,他也不会比其他三个兄弟更得父亲的宠。对于术赤本人来说在他后来主动放弃大汗之位的竞争,也可说明在他心里不曾确定自己的血缘。

阿里不哥为什么争夺皇位

阿里不哥是拖雷王妃唆鲁合帖尼的幼子,元宪宗蒙哥、世祖忽必烈和伊利汗国开国之王旭烈兀的胞弟。蒙哥南征时,命他统率留在蒙古的军队和斡耳朵,并有意让他继位。1259 年秋,蒙哥汗在四川钓鱼城下死去。阿里不哥凭借留守和林的有利地位要抢夺帝位,决定立即行动,准备以武力继承汗位,并遣使安抚忽必烈。蒙哥汗三皇后向忽必烈通报了阿里不哥的活动。忽必烈亦会集各宗王大臣,决定与之争位。遂与南宋达成和议,于 1259 年底迅速北归。

中统元年(1260 年)三月忽必烈至燕京,召见脱里赤,忽必烈在开平会集东西道诸王,宣布即位,建元中统。同年四月,阿里不哥于和林召开忽里勒台大会,宣布称汗。蒙古国出现两汗并立的局面。支持阿里不哥的有蒙

阿里不哥

哥之子阿速台、察合台之妃兀鲁忽乃、察合台之孙阿鲁忽以及玉龙答失等。拖雷家族内部一场争夺皇位的斗争爆发了。

因阿里不哥势力的中心远在朔漠，单以汉地武装难以取胜，为争取察合台汗国的支持，忽必烈于是派出不里之子阿必失哈、哈萨儿兄弟去察合台汗国夺取权力。阿必失哈行至河西，被阿里不哥军俘虏，押送至漠北。

整个 1260 年夏天，阿里不哥和忽必烈两方使者不停往还，但终因两方立场相差太大，无法达成一致的协议。公元 1260 年入秋，阿里不哥以旭烈兀汗长子药木忽儿及其他宗王数人率左路军向南进军，正与忽必烈的先锋移相哥、纳邻合丹等大军相遇。阿里不哥在两军大战中却以失败告终。这次战役导致阿里不哥退出和林，同年冬忽必烈亲自率军征战漠北，攻至和林，阿里不哥兵力不支，遂向其母后唆鲁合帖尼的封地谦州逃去。此前阿里不哥的大将阿兰答儿已率部前往河西，与浑都海和哈剌不华汇合。

阿里不哥战败退居谦州后，军队粮草给养发生困难。忽必烈下令封断运送粮草的官道，阿里不哥军陷于饥荒之中。依靠汉地粮草供给看来是不可能了，只好转而求西边诸国，阿里不哥命令自己身边的阿鲁忽归国即位。而且要他派兵沿阿姆河布防，使旭烈兀不得东援忽必烈。阿鲁忽来到阿力麻里后称察合台兀鲁思汗，并迅速向阿姆河以北地区发展。阿里不哥派出以不里台必阇赤、要束木之子沙的和也里可温为首的使团至阿鲁忽处，传达阿里不哥的旨意，下令征集财物、马匹和各种器械。阿鲁忽为阻止启运这些供给,扣留所征集的物资,于是召集大臣会议,决定彻底与阿里不哥决裂,投向忽必烈,并与窝阔台兀鲁思之主禾忽一起攻杀阿里不哥在忽只儿地所置镇守者唆罗海。

阿鲁忽背叛的消息传到阿里不哥那里时,阿里不哥正在漠北与忽必烈大战。这个消息导致阿里不哥节节败退。中统三年二月,因山东李璮叛变投降宋朝,忽必烈不得已退兵,使阿里不哥得以一时喘息。

公元1263年阿里不哥将背叛他的阿鲁忽撵出亦列河流域后,也可能是为解一时之气,或是为储备更多的粮饷,阿里不哥开始肆意屠杀阿鲁忽的无辜的兵民,以至于他身边的将士倍感寒心,多数都离他而走。众叛亲离使得阿里不哥与阿速台势力大衰,率残存士卒留驻阿力麻里,缺粮少食,窘迫万状。

叛变之风从驻于亦列河的军队蔓延至阿里不哥留驻蒙古本土的宗王大将。蒙哥之子玉龙答失派遣使者到阿里不哥处索要蒙哥汗玉印。阿里不哥不知内情把玉印还予玉龙答失。玉龙答失携带蒙哥汗玉印及诸千户投归忽必烈。阿里不哥在金山一线的防线土崩瓦解。

暂时躲避居于可失哈耳之地的阿鲁忽,见阿里不哥势力衰败,乘危攻之。阿里不哥已无兵可御,不得已只能投降忽必烈。

忽必烈念在胞兄弟情分上赦免了阿里不哥和追随他的宗亲诸王,但对谋划阿里不哥夺位的谋臣孛鲁合、秃满、脱忽思等统统杀之。忽必烈曾与阿里不哥谈起有关这场内战的是与非时,阿里不哥并不认为自己即位非法,只承认忽必烈是胜利者。

皇太子真金之死与禅位风波

真金是元世祖忽必烈第二子,其母亲为昭睿顺圣皇后。因为真金出生时正逢一名高僧云游漠北,便为他取了这个拿到今天俗而又俗的汉名,也许有真金不怕火之意吧。元世祖忽必烈由于长期驻守漠南,仰慕中原文化,崇尚汉法,并且忽必烈是靠中原的汉人地主阶层支持一步步走向帝位的。特别是忽必烈统一蒙古国,建立元朝后,一改蒙古可汗通过"忽里勒台"大会推举汗位,学习汉法册封皇储的方式确立汗位的继承人的做法。所以对于真金的出生,忽必烈寄予很大的期望。忽必烈先后选派姚枢、窦默、王恂等著名的儒家学士作为真金的老师,教授真金儒家经典、三纲五常、先哲格言、历代治乱等儒家思想。努力把真金培养成继承自己推行汉法治国理念的继承人。

中统三年(1262年)十二月,忽必烈下诏封真金为燕王,领中书省事。中统四年(1263年)五月,初立枢密院,又以真金守中书令,兼判枢密院事,同时敕令两府大臣,凡有咨禀,必令王恂与闻。又诏王恂对真金起居饮食,慎为调护,非所宜接之人,勿令得侍左右。王恂遵旨悉心辅侍。同年八月,忽必烈又命燕王真金署敕。六天后,刘秉忠、王鹗、张文谦、商挺等众谋士又向忽必烈建言:"燕王既署相衔,宜于省中列置幕位,每月一再至,判署朝政。"为的是逐步将真金推上政治舞台。至元六年(1269年)三月十三日,真金被正式册立为皇太子,忽必烈派遣重臣伯颜持节授玉册金宝。真金是一个很有正气的孩子,他小心翼翼地按着忽必烈的安排成长着。真金对汉文化的接触及在儒家思想的熏陶下,逐渐在朝中与那些汉人大臣们形成了主张推行汉法的改革派。然而这势必触及和损害原来蒙古帝国的皇室宗亲的利益,于是真金在皇室中就处在这两股势力冲突的漩涡中心。

真金被正式册立为皇太子时,中书平章政事阿合马由于理财有道得到世祖重用。但阿合马擅权专政,以真金为首的汉法派同以阿合马为首的理财权臣派之间的斗争日趋激烈,真金被册立为皇太子,在客观上加强了汉法派的力量。阿合马屡屡诋毁汉法,搞垮教习人才的国子监,逼得国子祭酒许衡无法执教,只好请求回乡。真金一方面在忽必烈面前请求让许衡之子任怀孟路总管以养其老,另一方面又遣东宫官员前往许衡处晓谕说:"公毋以道不行为忧也,公安则道行有时矣,其善药自爱。""道行有时"之语表明了他对实行汉法的决心和信心。

汉人儒士们的言论和主张,与专以"理财"为务的阿合马等人的所作所为是全然不同的,其中有些言论,如亲贤、革弊、去邪、崇儒等实际上就是针对阿合马等人而发的。真金赞同这些主张,对阿合马的所作所为极为不满。真金厌恶阿合马至极,以致有一天用弓击其头,并划破他的脸。朝见时,世祖问阿合马脸上何以如此,他不敢明对,诡言为马踢伤。适真金在侧,当即斥责他羞言系被太子所打,并当着世祖的面,拳殴阿合马多时。尽管如此,真金反对阿合马的历次斗争均未能成功。

至元十九年(1283 年)三月十八日,发生了益都千户王著与咼和尚等人合谋诱杀阿合马的事件。阿合马犯有欺君之罪,将商人们为元世祖买来的巨大宝石据为己有,加以真金及诸汉官之进言,元世祖遂令对阿合马及其同党严加惩处。

至元二十一年(1286 年)十一月,世祖又起用卢世荣"理财",命其任右丞。卢世荣自谓"其法当赋倍增而民不扰",但力主推行汉法的真金对卢世荣的言行不以为然,并持坚决反对态度。

卢世荣为右丞才 4 个多月,即遭监察御史陈天祥等人弹劾,中书右丞相安童、翰林学士赵孟传等也都反对他的措施。忽必烈于至元二十二年(1287 年)十一月,诛卢世荣。应当说,这是真金及其汉法派的又一次胜利。

反叛无果的昔里吉

昔里吉是元宪宗蒙哥第四个儿子,其母亲是蒙哥王妃巴牙兀真氏。在忽必烈与阿里不哥争夺汗位之战中,昔里吉支持阿里不哥。至元四年(1263 年)秋,因阿里不哥势衰,昔里吉与诸王玉龙答失、阿速台等投降忽必烈,获忽必烈赦免。这是昔里吉第一次反叛。次年昔里吉被忽必烈封为河间王。忽必烈与阿里不哥争汗之战结束后,各宗王均表示臣服,只有海都西北与察合台汗国展开激烈征战。至元五年(1264 年),海都叛乱,于是忽必烈派其子北安王那木罕,率领大军前往西北,昔里吉随军征战。那木罕本人和其兄弟阔阔出所统辖的忽必烈家族的属民组成中军,蒙哥和阿里不哥的子侄辈诸王等部民组成右翼军团,一举击败海都的叛乱部队。海都逃至亦列河流域,立帐于阿力麻里。

至元十三年（1272年）秋，因安童分配给养不公平，造成那木罕部下的脱脱木儿率部叛逃，脱脱木儿以阿里不哥失败后所受耻辱为由煽动昔里吉叛变忽必烈，并许诺事成后帝位归于昔里吉。昔里吉听了脱脱木儿的忽悠起兵发动叛乱，这是昔里吉第二次叛乱。

至元十四年（1273年），昔里吉、脱脱木儿、药木忽儿、撒里蛮等集结部众，分道东进，扬言海都、蒙哥帖木儿与之联兵而来。东部弘吉剌部折儿瓦台起兵响应，并劫掠先朝武帐。昔里吉、脱脱木儿、药木忽儿等率其主力越杭海山后继续东进，于和林北渡斡耳寒河，抵土兀剌河流域，欲与弘吉剌叛军会合。忽必烈调集大军很快擒获了弘吉剌部叛首折儿瓦台。以伯答儿、土土哈为首的忽必烈军于土兀剌河畔打败了药木忽儿和脱脱木儿后，与伯颜统率的大军相会于斡耳寒河畔。元军渡河，击败脱脱木儿等，原先被叛军擒获的宗王牙忽都从斡耳寒河前线返归。由于驻守陕西的安西王忙哥剌部奉调漠北平叛，后方空虚，于是同年冬，驻守陕西行省六盘的贵由之孙南平王秃鲁起兵响应昔里吉，但很快被平定。

屡次失败使昔里吉集团内部诸王之间互相猜忌和怨恨，最终爆发内讧。脱脱木儿在吉里吉思之战中失败，辎重遭元军刘国杰部洗劫之后，曾向昔里吉求援，未能如愿。见昔里吉实力削弱，脱脱木儿便同叛王集团中的撒里蛮结为同盟，共同反对昔里吉，他们相约事成之后帝位归于撒里蛮。这是昔里吉第一次被别人反叛。脱脱木儿等人的行踪被昔里吉的部将亦迪·不花侦知。昔里吉征集宗王诸将的军队迫近脱脱木儿和撒里蛮等，但未能使他们屈服。昔里吉不得已宣布退位，于是诸王们如约奉撒里蛮为帝，遣使布告于术赤兀鲁思和海都处，并派军追讨泄密的亦迪·不花，迫其自杀。拥立撒里蛮的行为虽然得到阿里不哥幼子明里帖木儿的支持，但并没有得到叛王集团的一致认可，阿里不哥之长子药木忽儿为反对集团的重要成员之一。脱脱木儿企图以武力迫使药木忽儿屈从，反被药木忽儿击败擒获。药木忽儿与昔里吉议决，杀死脱脱木儿。

脱脱木儿被杀后，撒里蛮自知实力弱于昔里吉，自愿去帝号，被昔里吉剥夺兵权和属民。撒里蛮的部下纷纷往投元军。昔里吉把撒里蛮送往术赤系宗王火你赤处,路过忽阐河下游撒里蛮辖区时为撒里蛮部下所救。撒里蛮有意投降忽必烈,袭击了昔里吉的辎重,这是昔里吉第二次被反叛。昔里吉闻讯召见药木忽儿共同对付撒里蛮。但诸军阵前纷纷倒戈,昔里吉和药木忽儿双双被擒。在押送往元廷的途中,因遇叛王集团同党斡赤斤后裔宗王,药木忽儿逃脱。撒里蛮受到忽必烈的礼遇,而昔里吉则被放逐到南方。

可怜的昔里吉几次反叛和几次被反叛把自己折腾得人鬼不分,落得如此下场。但俗话说得好,可怜之人必有可恨之处。昔里吉的可恨就是做人不诚实,妄自尊大。对人不忠,自然也就无忠己之人。

西北称雄的海都

海都是元太宗窝阔台与乃马真皇后的第五子。在元宪宗蒙哥即位风波中,海都没有直接参与争夺谋叛活动,于是宪宗即位后的第二年将海押封给海都作为封地。但是海都作为窝阔台的儿子对窝阔台家族汗位被夺走这件事内心仍十分不满。公元 1256 年,蒙哥派遣石天麟出使海押,却被海都长期扣留于海押。

蒙哥死后拖雷家族内爆发忽必烈与阿里不哥争夺汗位的战争时,海都力量尚小,于是加入了支持阿里不哥的阵营中。后来阿里不哥率兵讨伐阿鲁忽,窝阔台汗国大斡耳朵撒出叶迷立——火孛地区,汗国内部亲阿里不哥的势力占了上风,海都成为窝阔台汗国之主。阿里不哥失败后,海都利用忽必烈正倾全力灭宋,无力西顾之际,拒不参加诸王朝会,继续与忽必烈为敌,他逐渐把窝阔台系宗王的力量聚集在自己周围。

海都采取与钦察汗国结盟的方针,集中力量对付阿鲁忽。这样,在阿里不哥之乱刚结束时,在忽阐河以东草原就出现了以察合台汗国为一方,以钦察汗国和窝阔台汗国为另一方相争的局面。

阿鲁忽死后不久,海都借此机会夺取了察合台汗国大斡耳朵驻地亦列河流域阿力麻里一带及整个忽阐河以东塔刺思河、垂河流域,势力开始强盛。公元 1268 年,他开始与察合台兀鲁思汗八刺在忽阐河中游展开激烈争夺。八剌设置伏兵,击败了海都。消息传到钦察汗蒙哥帖木儿处后,他立即派出其叔别儿哥察儿率5万骑卒增援海都,使海都得以收集溃军,举兵再战,终于获胜。八剌被迫向西退入阿姆河以北地区。为挽救败局,阻击海都和别儿哥察儿的追击,八剌在撒麻耳干和不花剌两城大肆搜刮,筹集军资。海都为使阿姆河以北地区免遭战祸,建议八剌和谈,为八剌所接受。1269年春,海都、八剌和代表钦察汗蒙哥帖木儿的别儿哥察儿聚集在塔剌思地方结成安答,商议决定共同反对占据蒙古国东西两端的拖雷家族。塔剌思大会还决定察合台汗国可以越过阿姆河南侵,向伊利汗国掠夺土地人口,海都则提供兵员支持。公元1270年八剌发动入侵伊利汗国之战,海都明里派出宗王察八惕和钦察率军支援,但暗地里授意他们看准机会撤军。西征军攻入呼罗珊后,察八惕和钦察抓紧时机先后撤军,使得八剌孤军深入,最后八剌在也里城被阿八哈打败。

八剌战败后,察合台、窝阔台两汗国之间的力量对比发生了变化,双方名义上还互称安答,但实际上八剌的军队给养等,一切都仰赖海都,海都也如主子对待附庸一样,对八剌下达指令,为他划定越冬区域。公元1271年八剌因心悸发作死去。八剌死后,此时察合台汗国也迅速衰落,察合台后裔诸宗王向海都表示臣服。海都利用这个时机,变察合台汗国为附庸,择定撒班之子聂古伯立为汗。实际上海都这时已经称霸蒙古国的西域大部分地方。

海都迅速加强了自己的实力后,以为重新夺取窝阔台系的汗位时机成熟。于是在公元1268年大举率兵出征忽必烈。海都从阿力麻里东进至按台山,进攻依附于玉龙答失的纳邻部民,却受到那木罕的迎击。海都兵败后向西溃逃二千余里回到他的老家。忽必烈随后派遣昔班出使海押,诱使海都同意罢兵置驿,但丞相安童打乱计划私自对窝阔台后裔宗王禾忽发动突袭,尽获其辎重,但这一突袭迫使禾忽举兵叛乱,切断河西通达西域的道路。

驻守在阿力麻里的元军中的以昔里吉为首的诸王,因丞相安童分配给养不均,发动叛乱,拘押了忽必烈之子那木罕和丞相安童,昔里吉诸王把安童押送到海都处,企图想与海都结盟。但海都自有打算,按兵不动,准备坐

中华宫廷秘史

收渔翁之利。同·年忽必烈再次派遣昔班出使海押，想召纳海都入朝。海都却不领这个情。此时忽必烈正忙于攻打宋朝，没有足够的力量用兵于西北，不得已再次派出铁连出使海都处。铁连归来后给忽必烈提出了对付海都的建议：元朝承认海都在扩张过程中获得的权益，不主动对海都采取重大军事行动，而在西北地区取守势的基本国策。铁连的这一建议被忽必烈采纳，而海都也拿出了表示和解的诚意，主动放回被扣押于其处的皇子那木罕和丞相安童。

禾忽叛乱以后，海都已把天山以南诸绿洲视为自己的势力范围，与元朝展开了反复争夺。忽必烈灭掉宋朝之后，开始腾出手来对付西北叛王，海都是重点清剿的对象之一。忽必烈首先做的就是设关卡于沿天山南麓的道路，切断海都军队的给养运送。忽必烈的这些措施未能阻止海都对斡端一带频繁袭扰。海都在西北地区的势力日益增长，而忽必烈又难以在今塔里木盆地西南缘绿洲地区维持一支大军防其入侵，这是忽必烈从斡端撤出的主要原因。

公元 1287 年东部诸宗王叛乱，这次随着势力的进一步加强，海都彻底改变坐观漠北形势变化的做法。乃颜起兵叛乱，海都允以 10 万骑兵相助，海都命大将暗伯率兵跨越按台山，进犯叶里干脑儿。他攻占吉里吉思和漠北大片土地，迫近和林。

海都向漠北扩张之时，他的势力是极盛时期。在南方，海都之子撒班统辖的 5 万大军镇守今阿富汗之地，与印度相望。在北方海都选派自己儿子不颜察儿和沙驻守在伯颜与元朝控制地区之间。

大德三年（1299 年）元成宗铁穆尔命海山出镇漠北。第二年元成宗铁穆儿率军突袭海都，双方于帖坚古山一带发生激战。帖坚古山会战是元朝对海都、都哇进行的一场决定性大战。铁穆儿出动了几乎所有驻在漠北的精锐部队，然而仍是不能击败海都。铁穆儿大军从帖坚古山战场撤退时，海都还尾追而来，惊慌失措的铁穆儿大军无奈弃守和林。

此战过后海都在石河上游之泰寒泊因病死去。

铁木格斡赤斤鲜为人知的事

铁木格斡赤斤是成吉思汗铁木真的胞母幼弟,他比成吉思汗小 6 岁。铁木格为当时常见的蒙古男子人名,斡赤斤是蒙古人对幼小儿子的统称,意谓"守灶火之子"。关于铁木真这个最小的弟弟在史书资料中的记载少之又少。大概就因为他经常以幼弟身份据守老营,再加上他性情懒散,在成吉思汗铁木真早期的军事活动中难得见到他的行踪。但是铁木格斡赤斤毕竟是铁木真的幼弟,有这样的哥哥和不寻常的历史平台,后人在翻阅蒙元历史资料时依稀能够找到关于铁木格斡赤斤的点点滴滴。

公元 1204 年,铁木真得到乃蛮太阳罕部将要发起进攻的消息,随即在帖麦该川地方召集忽里台大会商讨对策。其中有人主张等待秋天马肥时再出兵。一向沉默寡言的铁木格斡赤斤不知哪来的劲头竭力反对以"骟马正瘦"为推辞贻误战机。铁木真异母弟别里古台也力主乘乃蛮不备时主动出击。铁木真最后决意即刻进兵。在这次与太阳罕部进行的纳忽昆山决战中,斡赤斤受命负责统带供铁木真阵前替换骑乘的从马。按蒙古传统只有充分信得过的"心腹"方可担当这一职务,可见铁木格斡赤斤被铁木真宠信之深。

公元 1206 年,铁木真统一蒙古,被拥立称成吉思汗。按千户、百户体制编组起来的全蒙古百姓,连同他们的牧地,按当时蒙古的社会制度,被分配给成吉思汗兄弟、子弟等。作为幼子的铁木格斡赤斤与他的母亲诃额伦一起,分得一万户游牧民,诃额伦死后,铁木格斡赤斤实际上总共分得八千户。

成吉思汗建国初期,蒙力克父子受命统率着一个千户的本部族人众。帖卜腾格理却不满足,继续收罗其他千户的游牧民,就连铁木格斡赤斤的部民也被收罗了。铁木格斡赤斤到阔阔出处,要求收回走失的牧民,结果却受一番羞辱。事后,铁木格斡赤斤到成吉思汗面前哭诉。在蒙力克父子奉命来见成吉思汗时,斡赤斤和经他事先布置的三个力士,在成吉思汗铁木真的

胡人携狗俑

授意下,当场打死阔阔出。从此,蒙力克父子的嚣张气势被压了下来。铁木格斡赤斤由此也巩固了自己在铁木真诸弟中最受兄长宠爱的地位。

1213年秋季,成吉思汗统兵南下攻金。蒙古分兵三路大举扫荡中原各州县。铁木格斡赤斤与合撒儿一起领左军,大破蓟州、滦州、平州及辽西一些城镇。这次战役以后,蒙古巩固了对长城以北松漠地带的占领。与此同时,成吉思汗诸弟的封地,则全都调整到蒙古高原的东半部。铁木格斡赤斤的封地位于蒙古遥远的东北角,即今大兴安岭西麓、海拉尔河以南到哈拉哈河流域的大片地区。

蒙古和高丽的初期关系,是在成吉思汗西征期间开始发展起来的。当时留守漠北的铁木格斡赤斤,因为自己的封地靠近东北,对于向高丽发展势力表现出较大的兴趣。在这一时期,他几次颁发"皇太弟国书"到高丽诏谕,或"趣其贡献",或"察其纳款之实"。稍后几代的斡赤斤后人也往往持有相同的做法。

成吉思汗铁木真晚年,对斡赤斤的信任程度似乎有所减退。但成吉思汗死后,铁木格斡赤斤仍然与拖雷、察合台一起,主持了窝阔台登上汗位的典礼。

公元1236年,窝阔台大汗消灭金国后,把金国的土地和庶民分赐诸王勋臣。铁木格斡赤斤分得益都路及平、滦二州作为自己在华北的封地。上述地区居民总户数共62156户。他的部民,在东西道诸王中,仅次于窝阔台

自己的儿子贵由和成吉思汗幼子拖雷名下的户数。

公元 1241 年,窝阔台大汗死后,贵由及蒙哥奉召从西征途中东返。但还在途中,皇后脱列哥那临朝称制,朝政混乱。一向无远大理想的铁木格斡赤斤却率大军从自己的兀鲁思趋向汗廷,欲乘人心浮动夺取汗位,可是斡赤斤临事迟疑,听说贵由已经带兵返回至叶迷立,于是铁木格斡赤斤很快撤回自己的封地。公元 1246 年贵由即位称汗,委任蒙哥与术赤之子斡儿答审理这一起未遂的铁木格斡赤斤篡位事件,正在参加忽里勒台大会的斡赤斤受审后被处死。

第四章　王侯将相篇

他们不靠命运、不待时势、不惧困难、不畏艰险，坚信人定胜天，他们宅心仁厚，以拯救天下苍生为己任；他们惠泽万民，以建立太平盛世为目标，他们气宇轩昂，妖魔鬼怪见之退避；他们胆量超人，泰山崩于前而不变色。英雄豪杰的慷慨悲歌，留下了可歌可泣的千古传奇，正是因为他们想凡人不敢想之事，做凡人不敢做之事，所以必然留下许许多多匪夷所思的奇闻谜案。

耶律楚材为何支持成吉思汗召见丘处机

公元 1219 年，成吉思汗在耶律楚材的劝说下召见长春真人丘处机，耶律楚材起草了诏书。对于长春真人丘处机谒见成吉思汗之事，耶律楚材表现了极大的赞同和支持。要知道耶律楚材自称佛、儒二教的门徒，自古以来道、佛、儒各自成体系，相互间存有不少矛盾和冲突，耶律楚材为什么会让道教的领袖人物去接近影响成吉思汗，而将其信奉的儒、佛主教置之不顾呢？

耶律楚材，字晋卿。金国尚书左丞耶律履于花甲之年生的儿子。耶律楚材长到 3 岁，其父亲耶律履去世，由母亲杨夫人抚养成人。耶律楚材自幼聪颖好学，长到 17 岁已博览群书。耶律楚材精通经史，于天文、地理、医卜、律历、释老、术数之类也均有相当造诣。公元 1206 年，年仅 17 岁耶律楚材"中科甲"；24 岁任开州同知；25 岁任尚书省左右司员外郎。因见金章宗无能南逃，又目睹连年战乱，于是皈依佛教，拜万松老人为师，自称湛然居士，法号从源。焚膏继晷，几近 3 年。耶律楚材虽然身在佛门，"以佛治心"，却心系朝野，希望"以儒治国"，大展雄图。公元 1215 年，26 岁的耶律楚材随

大批金国官吏投降成吉思汗铁木真,受到成吉思汗的赏识。年轻的耶律楚材认为自己终于英雄有用武之地,希望以自己的佛儒治国思想能帮助成吉思汗成就大业。于是耶律楚材竭尽全力向成吉思汗宣传儒、佛之道。但是耶律楚材同样犯了所有哲学家所犯的错误。他没想到成吉思汗自创业至今始终以武力打拼天下,因而崇尚武力,根本听不进他那些"以仁治天下"的儒家治国之道。而且一下子也很难使从未受过汉化的他们明白其中的道理。

因此要使成吉思汗及其蒙古贵族们明白治国平天下的深奥理论,必须要让他们了解儒、佛、道三教为何物,恰好丘处机的西游为此提供了一条再好不过的途径。

耶律楚材在诏书中请丘处机拜见成吉思汗的原因时写道:"谨邀先生暂屈仙步,或以忧民当世之务,或以恤朕保身之术,于咳唾之余,但授一言斯可矣。"耶律楚材如此写诏书的目的是让丘处机用"长生之术"吸引成吉思汗,再用道德之心匡时救世的思想感化成

耶律楚材

吉思汗,使其明白何为圣人之教,为日后自己向成吉思汗灌输儒、佛思想开辟一条道路。因此耶律楚材才会积极支持丘处机来见成吉思汗,并希望他"不限岁月,期必致之"。

长春真人丘处机用道教的道德之心去打动成吉思汗,用道教的世界观去影响成吉思汗,终于起到了积极作用。虽然成吉思汗并未信道却受到了丘处机的深刻影响,屠杀之风在蒙军中稍减。

另外道教的先入为主,使道教思想确实在成吉思汗甚至以后的二三代蒙古可汗中一直发挥着巨大作用。

耶律楚材在成为窝阔台汗的国相重臣之后,积极开展尊儒崇佛之事。

他办学校,修孔庙,举佛事,重用儒生,一时间"四海钦风",同读圣贤之书。公元 1234 年,在蒙古汗廷正式设立了国子学,耶律楚材让王公子孙学习儒学,使之信仰"圣人之道",为将来推行汉化政策储备人才、力量,这是非常精明的策略。大元朝开国皇帝忽必烈便是一个较深汉化了的蒙古人,提倡佛教,并以儒家思想治天下,从而完成了蒙古政权的封建化统治。忽必烈的汉化思想便是耶律楚材努力的结果。长春真人丘处机对成吉思汗及其蒙古贵族的道德启蒙,无疑是耶律楚材实现其儒教治国的第一步! 由此可见,当初耶律楚材积极支持丘处机西游时拜见成吉思汗是多么深谋远虑!

权臣燕帖木儿的荒淫无度

在元朝一代的权臣之中,燕帖木儿可以算作是第一人了。他在平定上都之乱、拥立文宗即位中累建大功;在文宗对明宗玩弄明让实争的手段中,屡出奇谋,致成大事;在征讨全国各地的反叛中,迭立殊勋。可以说,文宗能当上皇帝,坐稳江山,全赖燕帖木儿一人之力。文宗深深地清楚这一点,所以对燕帖木儿另眼相看,恩宠有加,使他成了元代的第一权臣,一身兼任多种要职。他先后被封为太平王、加开府仪同三司、上柱国、太师、录军国重事。又被任命为中书右丞相,监修国史,知枢密院事,提调燕王宫相府事,大都督,领龙翔亲军都指挥使司事。凡是号令、刑名、选法、钱粮、选作,一切中书政务,悉听总裁。诸王、公主、驸马、近侍人员、大小诸衙门官员人等,须服从燕帖木儿的安排,否则以罪论处。而且还追封了他的三世祖先。即使这样,文宗还认为不足以酬答他的大功,又于至顺元年(1330 年)二月,命礼部尚书马祖常制文刻石,立于北郊,以昭示他的丰功伟绩。在至顺二年(1331年)四月,竟然为燕帖木儿在红桥南建造了一座生祠,为他树碑立传。

燕帖木儿这时真是身处一人之下,万人之上,手握大权,权倾朝野。又蒙受文宗的巨额赏赐,生活上渐渐放纵起来,靡费无度,吃一顿酒席竟需杀掉 13 匹马,而且还极度迷恋酒色,在上都之乱刚刚平定、怀王即位召燕帖木儿商议北迎周王大计的时候,就曾关切地向他说道:"如今上都之乱已平,天下大局已定,朕与卿亦可稍图欢乐。闻卿家中只有一妇,何不再置数人?宗室中不乏貌美者;卿可自行选择,朕即诏遣。"燕帖木儿一听文宗如此施恩,慌忙离座,伏地谢恩道:"陛下之恩,天高地厚,没齿难忘。然陛下尚未册立正宫,臣安敢竟尚宗女?"

文宗笑着令他平身,未再深说。燕帖木儿自以为推辞掉了,没想到第二天,文宗竟直接派人用四辆小车送来了四位公主。燕帖木儿大吃一惊。但公主既来,断无辞归之理,于是就先行君臣之礼,后行过了夫妇之礼。行过礼之后,举目看那四位公主,一个个生得闭月羞花,沉鱼落雁,不禁心花怒放。当晚即五人同被,其乐无穷。一直乐到第二天大亮,还恋床不起。上朝谢恩罢,就急急忙忙回府,同四位公主重温昨夜之梦。之后,把酒言欢。看不厌的花容月貌,听不尽的笙歌美曲,直把燕帖木儿喜得身飘飘然,心陶陶然,不知今日何夕。五人正在忘情畅饮之间,燕帖木儿忽然眼前一亮,四位公主带来的侍女当中,一个淡妆素服、容貌尤妍的半老徐娘映入眼帘。这人年虽半老,但风姿不减,而且那满脸哀婉之情更是摄人魂魄。燕帖木儿不由得看呆了。但当着四位公主的面,不敢有过分之举,只是将那人暗记在心。歌歇酒罢,燕帖木儿托言公事在身,要回书房料理,请四位公主先回房歇息。燕帖木儿一退回书房,尚未坐定,即令人去带那女子前来。

没过多长时间,那女子在人引领下,娉娉婷婷,分花拂柳来到面前。这近看比远视更为动人。只见她淡扫蛾眉,天然素面,却唇红眉翠,发黑面白。最是那一脸惨淡愁容,难描难画,足以令人视而生怜,怜而生爱。燕帖木儿忍不住轻声问道:"你是何处人氏?"那女子抬起头来,环顾一下左右,又把头低了下去,没有回答。燕帖木儿会意,挥挥手让左右侍从一概退下。那女子这才柔声细语地禀道:"妾本不欲言明身份,恐增羞愧。然既蒙见问,不得不告。妾先前亦为朝廷命妇,谁想后遇事变,夫亡身辱,充没宫掖,今随公主前来……"话未说完,禁不住呜呜咽咽起来。两行多情伤心泪潸然流在香腮之上,其情其景足以令闻者为之一掬同情之泪。燕帖木儿声也软了,脸也笑了:"你不必悲伤,可从容说来,我自有成全你之法。"那女子才一开口,不禁使燕帖木儿大吃了一惊。原来她乃是前徽政院使失烈门的继妻。燕帖木儿

中华宫廷秘史

见她流落到这个地步,感慨系之。见那女子仍哀哀不止,说道:"你青春年少,夫亡身辱,岂不可怜！然今日到我家,也是你不幸之中的大幸,你放心,我绝不会辱没你的。"那女子忙娇声谢恩道:"日后全仗王爷庇护了。"

这时的燕帖木儿早已经把持不住了,他一把将那女子的娇躯揽了过来,置于怀内,便开始温存了起来。大约一个时辰以后,才云收雨散,订了后约,与其分手。那女子为了身后有靠,也顾不得许多,赖此天生资本,又侍奉起太平王来了。

双虎纹瓶

如此过了多日,就在燕帖木儿与文宗易子而子之后,太平王妃忽然辞世。文宗闻信,亲往吊唁,又遣宗女数人,下嫁燕帖木儿,连宫中一个正蒙恩宠的高丽女子,文宗也割爱相赏。这一下,可忙坏了燕帖木儿。家中贮了众多美女,仅文宗所赐宗女,前后就达 40 余人。这些佳人争妍斗丽,燕帖木儿见一个爱一个,见两个喜一双,如何能忙得过来？而且众多金枝玉叶,万一雨露不周,招致怨恨,又如何能吃罪得起? 好一个燕帖木儿,不愧为足智多谋,竟想出一个奇招,赖有强壮之躯,牛马精神,神力无比,制作一床硕大无朋的锦被,与众多美女同卧被下,夜夜普降雨露,众美人承露均匀,欢喜有加。

但是有一件事,众美人都不解其意。就是王妃去世后,太平王正室虚位,燕帖木儿却绝口不提再立新妃之事。众美人还只道是宗女众多,势均力敌,燕帖木儿不能择定,岂不知他早已意有所属,只是时机未到。原来上都之乱平定以后,燕帖木儿奉诏前往上都迁置泰定帝的后妃。燕帖木儿本是怒气冲冲而往,等到见了泰定帝的一后二妃,疑为蓬岛仙子,月宫嫦娥。暗想西施、王嫱、飞燕、玉环,未必就美过这三个人。恰好又赶上这三人闻知下旨迁置,未卜祸福,吓得玉容变色,娇喉失声,酥胸起伏,香躯乱抖,别有一番摄人魂魄的韵致。痒得燕帖木儿手脚无处置放,几次想搂香躯,探玉乳,一亲香泽。怎奈有众人在旁,圣命在身,使尽平生心力,才得压下自己的狂态。但心中那股怒气早已不知从什么地方溜得一干二净,口中的话语已全没了平日那威严赫赫的气势:"后妃不必惊慌,奸相倒剌沙擅权为乱,并非后妃之过,故圣命并未见责。只因后妃再居宫中,甚为不便,暂时迁居东安州,一路之上,一切日用饮食,尽皆照常。后妃只管放心前去。"皇后巴巴罕哭道:"今日迁居,明日赐死,这不明明是事分两步吗? 既如此,不如就死在宫内。"此时的燕帖木儿心中早有了日后的安排,闻知此言,忙不迭地宽慰道:"皇后万万不可萌生如此念头,有我燕帖木儿在,保后妃日后幸福长久。后妃今日尽可放心前往,一切琐碎之事,尽有我派人料理。且有强将护送,万无一失。若有差池,告我便是。"

泰定帝的后妃们听了这一番话,方才转忧为喜,连忙拜谢下去。燕帖木儿迫不及待地伸出那双无处置放的老手前去扶起,乘势一一握住那纤纤玉笋,双眼几乎就鼓出来掉在后妃三人身上。你想那三人尤其是必罕二妃是何等人,怎能不解燕帖木儿的心思? 于是又拿出久已不使的拿手本事,卖弄风骚地嫣然一笑。这一笑恰似桃花骤放,赏心悦目,更兼暗传柔情蜜意无数,真真可以倾人城国。燕帖木儿骨软筋麻,几乎瘫在三人身上。

当晚燕帖木儿就梦见自己宽床广被,左后右妃,与三人轮番云雨,一夜未停,醒后若有所失,怅然良久。遂匆匆赶到宫中,亲手帮助后妃打点,反复叮嘱将士加意护送,小心侍候。眼看着三人登车,互道珍重,四双痴眼相望,八只泪目传情。最令燕帖木儿忍受不了的是车轮转动以后,后妃三人那回头含泪的一瞥,恰如梨花带雨。燕帖木儿忽然醒悟道,泰定帝生前能受用这三个人,真不枉了人生一世,虽死亦值了。

燕帖木儿回到宫中,时时刻刻惦念着巴巴罕三人,总想找个机会将三人接回。无奈国事倥偬,日理万机,加上家事繁杂,竟然无一闲暇。足足忙了一年之久,才将诸事完毕,稍觉宽余。于是燕帖木儿急不可耐地传令:出猎东安州。由于行得匆忙,连仪仗都没有备上,遂微服出游而去了。

再说巴巴罕后妃三人迁居东安州以后,日盼夜想,望穿秋水,思断柔肠,但那燕帖木儿却总不见到来。但因那些士卒、宫人、宦者早已得了严命,所以对后妃三人殷勤侍奉,不敢有丝毫疏忽。后妃三人终日仍是锦衣玉食,倒也清闲自在。这一日,忽闻得燕帖木儿来到。这三人惊喜若狂,胜似当初闻知皇上要来临幸一般。燕帖木儿一进宫门,后妃三人早已轻移娇躯,分花拂柳,袅娜而至,罗拜于前。燕帖木儿与她们久别重逢,定睛一看,桃花依旧,人面如昨,岁月的风霜,人事的变迁,在这三张玉面上,竟看不出一点痕迹。燕帖木儿心中暗想:"真乃尤物。"这时耳边只听得娇声软语:"王爷神采奕奕,风采依旧,只略显清瘦。敢是国事劳神么?"燕帖木儿连忙手扶玉笋,口中应道:"正是! 正是! 后妃快快请起!"随即将国事之繁、家事之冗略述一遍,又详叙了自己的思念之情。巴巴罕三人起身,将燕帖木儿拥到内室,相对坐下,燕帖木儿关切地问道:"我因国事繁冗,未曾过问,不知日常一应物品尚足用否? 诸人有无不恭怠慢之举? 尽可说来,我定与后妃做主。"后妃三人连忙答道:"承蒙王爷盛情眷顾,我等日常用度,供奉甚周,不劳王爷费心。"说罢,巴巴罕命侍女道:"快快吩咐厨役,备酒席为王爷接风洗尘。"一会儿,酒席备好,共两桌。巴巴罕为避免嫌疑,请燕帖木儿独自一桌,自己和必罕二妃坐在另桌。燕帖木儿如何肯让,定要四人同桌共饮。后妃再三不肯,怎奈燕帖木儿执意不听,只好四人同坐一桌。

酒过三巡之后，燕帖木儿已忘乎所以，加之必罕二妃久熟此道，殷勤劝酒，那眉目之间，顾盼传情，恰似火上浇油一般，烧得他浑身燥热。那巴巴罕虽然碍着皇后的身份，力安心猿，强拴意马，但也是桃花绽脸。那燕帖木儿也是场上老手，如何会看不出勾当？于是便把话引上来此的正题："我日夜操劳国事，偏偏又家遇不测，我那妃子竟于前些日子病逝。"巴巴罕忙接道："可惜！可惜！还请王爷为国节哀。"必罕二妃却道："王爷后房佳丽众多，尽可拣一可心之人承袭正室，以解悼亡之痛。"燕帖木儿一听，这话正是顺着自己的道而来，心中大喜，便两眼直直地盯着二妃道："后房之人虽多，但均为圣上所赐，皆非我意中之人。我意中早有一人，却又不知肯屈尊俯就否？"说罢，将目光移到巴巴罕皇后身上。那后妃三人闻此言，见此情，如何不理会，但却未敢深问，惟恐燕帖木儿说出令人难堪的话来，只好又殷勤劝起酒来。

燕帖木儿见三人没有接着话题往下谈，又说道："后妃青春尚在，寄居如此偏远荒僻之地，冷帐孤衾，形只影单，难道就甘心不成？"这话正触在了后妃三人的伤心之处，那三双媚眼中禁不住滚下六行苦泪来。燕帖木儿一看，赶忙劝慰道："人生譬如朝露，去日苦多，何必拘泥于小节，自寻烦恼。后妃若能想得开些，肯于屈尊……"说到这里，燕帖木儿忽然停住，那双贼眼亮闪闪地在巴巴罕三人脸上晃来扫去。只见三人正屏气静心、全神贯注、神情紧张地听着，于是就接着说道："皇后若肯屈尊，我即纳为王妃！"巴巴罕皇后闻言，真是百感交集，难以说清；思绪万千，心乱如麻，剪不断，理还乱。想当初自己身为皇后，亲侍龙体，为天下母仪。今日区区一个藩王，竟妄想觊觎堂堂国母，真乃色胆包天，目无君主，罪在不赦。但转念一想，昔日的辉煌早已烟消云散，今日与阶下囚无异。但为何尚能存活于世？还不是赖有天生丽质这个父母给的资本？没有这个资本，岂不早追先帝于地下了？而若屈身俯就，尚可保后半世的荣华富贵。想到这里，百感交集化作嫣然一笑，万千思绪变为欲就还推的一句柔声："王爷佳丽无数，要老妪何用？"这话分明是应允之词，燕帖木儿心领神会，忙不迭地说道："不老！不老！皇后若肯屈尊，吉期就在明日。"必罕二妃见状，知趣地起身禀道："王爷恕罪，容妾更衣。"说着二人避了出去。

此时，屋内就只剩下了燕帖木儿和巴巴罕两个人了。燕帖木儿一看无人碍眼，早把那一双老手伸向巴巴罕的纤腰。巴巴罕这时又羞又急，生怕被侍女进来撞见，于是也站起身来，连忙向卧室走去，燕帖木儿也赶忙起身相随。刚刚走到卧室门口，就已是万般忍耐不住，抱住纤腰，托起玉体，闯进卧室，奔到榻前。巴巴罕这时还有什么话可说？惟有粉面含羞，半推半就，听任燕帖木儿解罗带、亲香泽，恣意所为。

可是没有想到的是，正在二人凤倒鸾颠的忘情之际，必罕二妃突然更衣回来，闯了进来。二妃亲眼看见了燕帖木儿的神力，芳心摇荡，不能自已。又加上二妃此调不弹久矣，久旱思雨心切，遂也顾不得许多，当下次第仰承雨露。而那燕帖木儿历经战阵，一夜御数十女视为家常便饭，何惧这三个人？遂抖擞神威，再现牛马精神。当下四人极尽缱绻，尽欢而止。从此以后，四人夜夜如此，迷得燕帖木儿把国事家事统忘脑后，乐而忘返。最后，还是巴巴罕劝道："王爷在此，非久留之计。还望王爷速速返京，做长久打算。我们姐妹三人后半生全赖王爷做主了。"燕帖木儿这才醒悟过来，遂于第二日互相叮咛嘱咐再三而别。燕帖木儿返京后，顾不得料理国事，第二天就派人前去迎娶一后二妃。一番排场，浩大声势，自不必说。京师内的诸王百官纷纷前来祝贺，就连那文宗皇帝也特命太常礼仪使，赍了许多珍宝前来贺喜。直至现在，燕帖木儿才算是正室有主，众人也才解开了太平王正室虚空日久之谜。

燕帖木儿自从娶得巴巴罕三人之后，遂一心在温柔乡内，连国事都日渐荒疏了，身子也渐渐赢瘦起来。而他却全不在意，年愈老而淫欲愈盛，凡是风闻得何处有俊俏美人，只要不是当今皇帝的后妃，定要品尝滋味。身份无论民女村妇，王亲国戚，年纪不论处女遗孀，有夫之妇，只要燕帖木儿一言既出，即须亲自送上门来，由他肆意奸淫。若有不从，则不免大难临头。有的妇人，偶一见面，殊觉新鲜，戏弄三日，遂生厌心，随即放出。总共算计起来，被他奸占的妇女不下百人。弄得他家后房充斥，竟至有人身处燕帖木儿后房却不为其所识。似这等荒淫，燕帖木儿那年迈之躯如何经受得住。不久就病倒在床,下腹部疼痛难忍。再想和众姬妾行那巫山云雨,已是心有余而力不足了。这样过了一些日子,有一天,突然觉得下腹部胀满,急忙来到厕中,竟然溺下一滩鲜红鲜红的血来。燕帖木儿大吃一惊,连忙遍请良医,参苓并用,但始终不见效。燕帖木儿自知将不久人世,睁眼四顾,见妃姜子女环立自己身边,两行老泪潸然而下,上气不接下气地说道:"我即要与你等长别了!"众人闻言,一齐呜呜咽咽地哭了起来。

突然,门外传报,朝中百官前来问候。燕帖木儿连忙传令请进。众朝官一齐近前问候病情,说了一些安心静养,早日康复之类的话语之后,燕帖木儿叫他们一个个依次到病榻前,各自嘱咐数语。嘱咐完毕,燕帖木儿的目光又在群臣中巡视良久,发现伯颜未来。燕帖木儿感慨系之,自言自语道:"死生之际,交情乃见。想我平日何等待他?为他何等出力?而今我病至危,他却毫不过心,视同陌路之人。可见生死之交,殊非易得。"刚一说完,燕帖木儿就连气带累地喘成了一团。百官心中都知道燕帖木儿说的"他"是谁,但这时谁也不好说什么,只是连忙劝慰一番。待燕帖木儿平定下来之后,众臣也就都告别而去了。燕帖木儿又派人把他的弟弟撒敦、他的儿子唐其势叫来,嘱托后事,叮咛切切。话刚一说完,下边又溺下一滩血来。元顺帝元统元年(1333 年)二月,燕帖木儿亡于家中。

博尔术为何被封为蒙古第一人

公元 1206 年,铁木真统一蒙古各部,被推举为"成吉思汗",意为"天赐之汗",如同自称"天子"的中原皇帝。成吉思汗即位后的第一件事,便是分疆授土,大封功臣。每个人都因战功赫赫,被成吉思汗封为千户甚至万户,但谁是受到成吉思汗最高封赏的人呢?

有人说是木华黎,因为他被封为左手万户;也有人说是蒙力克,因为他是第一个受到封赏的人;还有人说是夫吉忽秃忽,因为他被封为最高断事官,相当于"丞相"。回答是否定的。其实受到成吉思汗最高奖赏的不是别人,正是成吉思汗的第一个伙伴——博尔术。他与成吉思汗"共履艰危,义

均同气,征伐四处,无往不从","君臣之契,犹如鱼与水也"。成吉思汗在封赏大会上列举了博尔术的诸多功绩后说:"今国内平定,多汝等之力,我与汝犹车之有辕,身之有臂,汝等宜体此勿替。今封你为第二千户,并右手万户,居众人之上,虽九罪而不罚。"并对博尔术说:"你的地位在汗之下,但在众异密和庶民之上。"博尔术成为"一人之下,万人之上"的天子宠臣。据说,成吉思汗分封博尔术之前还有一段故事呢。当时,成吉思汗遍赏群臣,唯独遗漏了博尔术一人。晚上,博尔术的妻子心里不平衡,开始发起牢骚来,埋怨成吉思汗忘恩负义,不封赏自己的丈夫。博尔术打断了她,说:"我事奉可汗,并非为了索取报酬。不论可汗如何待我,我都会尽心尽力为其效劳,虽死不辞!"他们的谈话被成吉思汗派来的探子全听到了。第二天,成吉思汗拉着博尔术的手向众人复述了昨天博尔术的话,他用感激的语调喊道:"听啊,我的一切亲王和贵人;听啊,我的子民,你们都来作证,这就是他,我的博尔术啊,在危险的日子里,他是我忠诚的伴侣;在战争降临时,他视死如归,勇敢冲锋。今天,我叫他位于你们一切人之上!"

真的,无论在实际地位上,还是在成吉思汗心里,博尔术永远是第一人。为什么博尔术会获得如此巨大的荣誉呢?这还得从两人的相识开始谈起。

当年也速该一死,泰赤乌部就丢弃了铁木真母子投奔札木合去了。铁木真稍稍长大了一些,泰赤乌部的塔儿忽台又带人袭击了他们,并将铁木真抓走了。幸亏锁儿罕失剌一家人相救,铁木真才得以死里逃生。一家人担心泰赤乌部人再来,便辗转迁徙到不儿罕山前的古连勒古山中,靠捉土拨鼠、野鼠生活。不幸接踵而来,刚过了几个月安定生活的铁木真一家,八匹银合马又被几个主儿乞人抢走了。马是蒙古人的"脚",是蒙古人的财富,甚至是蒙古人的生命。铁木真一家的全部财富就是这八匹银合马以及锁儿罕失剌送给铁木真逃命的那匹秃尾劣黄马。八匹银合马被抢,几乎等于掏空了铁木真家的全部家当,铁木真自然不肯善罢甘休。他骑着那匹秃尾劣黄马追去,但此马太差了,三天三夜都没追上,连贼人的影子都没见着。第四天早晨,铁木真遇到了正在挤马乳的少年博尔术,便向他打听银合马的下落。博尔术是蒙古阿鲁剌惕氏首领纳忽伯颜的儿子,他听说了铁木真的事,心中十分同情,对铁木真说:"你来的好生艰难,男儿的苦难都一般,我与你做伴一同赶去。"他给铁木真牵来一匹黑脊白身的快马,自己也跳上一匹甘草黄快马,寻着踪迹,一路快马加鞭,追踪而去。又追了三天三夜,终于在第六天的黄昏,在一个营地旁发现了丢失的八匹银合马。他们趁着四下无人,顺利地将八匹银合马从营地中赶了出来。不久,主儿乞人发觉刚偷回来的马匹不见了,便三五成群地急追而来。铁木真见贼人追来,便回头与跑在最前边的主儿乞人对射起来。天渐渐黑了,主儿乞人停止了追赶,铁木真与博尔术终于安全回到博尔术家。

铁木真为答谢博尔术的仗义相助,愿以马相赠。博尔术拒绝了,说:"我见你辛苦来此,所以帮助你跟你做伴去的,如何能要你的马……"晚上博尔术父子宰羊羔热情款待了铁木真,第二天又给他食物、马乳送他上路,使铁木真能顺利回家。纳忽伯颜对他们说:"汝二少年,今宜相顾,后亦勿相弃也。"后来,铁木真与孛儿帖喜结良缘,派弟弟别里古台去请博尔术。博尔术来后,便不再回去了。自此,这位富家子弟便一直跟随铁木真,结束了铁木真"除影子外无伴当"的生活,博尔术因此成为铁木真的第一位那可儿,也是最知心的朋友与伴当。

博尔术做了铁木真的伴当后,一生相随,不离左右,他与木华黎、赤老温、博尔忽号称四杰,为成吉思汗东征西讨,立下赫赫战功。在乃蛮部打败王罕,抢走其全部牲畜的时候,四杰受命前往救助,帮王罕夺回了军队牲畜。此役打出了四杰的威风,博尔术也因一马当先,作战勇敢而名声大振。他在跟随成吉思汗征讨塔塔儿部时,战斗异常残酷激烈,许多人撤退逃跑了,但博尔术系马于腰,踞而引满,分寸不离敌处,终于鼓起全军士气,打败了塔塔儿人。

由于博尔术作战勇敢,又足智多谋,成吉思汗信任恩宠有加,常将其留在身边,督领中军,辅佐自己,使得博尔术很少独当一面,故而战功不著,但护卫大汗、辅佐之功却在众人之上。在与王罕作战时,成吉思汗的马被射死,幸得博尔术赶来,救得其性命。当天夜宿荒野,又天降雨雪,博尔术与木华黎张毡为帐,为成吉思汗遮避风雪,通宵直立,虽雪深数尺而足步不移,其忠心可嘉。在与篾儿乞人作战时，因寻不见大汗，曾数次入敌阵寻之，忠勇之心，天地明鉴。博尔术除了护卫成吉思汗，还时常像谏臣一样忠正不阿地给成吉思汗提意见，规劝他。西征时，术赤、察合台、窝阔台三人攻下花剌子模故都玉龙杰赤，悉分所获，没有留一份奉献给成吉思汗，惹得成吉思汗大为光火，不许他们再回国觐见。博尔术劝解说："皇子们攻下敌城，这是件可喜可贺的事情。他们虽然将城池分了，但他们是您的儿子，可这些城池不还是您的吗？请不要再责怪他们了，让他们来觐见请罪吧。"听了博尔术的一番话，成吉思汗终于原谅了儿子们。

这位忠诚的那可儿，晚年因病去世，成吉思汗痛心不已，哀悼至天明。博尔术忠心为国，其后代也忠心事元，满门忠烈。博尔术被成吉思汗封为蒙古第一人，确实当之无愧。

五百美女的"主人"阿合马

阿合马，此人是花剌子模国费纳客忒人（今塔什干），青年时代依附忽必烈皇后察必的父亲，得以成为皇后斡耳朵下属侍臣。忽必烈中统三年（1262 年），阿合马开始得到重用，领中书左右部，兼诸路转运使，掌管财政税收大权。忽必烈以开平为上都，任用阿合马同知开平府事，领左右部如故。

进入忽必烈视野后，阿合马很有一番作为，冶炼钢铁，每年铸铁器1037000 斤，铸就农器具 20 万件，粮食丰收 4 万石。由于其财政税收干得好，至元元年（1264 年），忽必烈将阿合马晋升为中书平章事。又过两年，忽必烈下旨任用阿合马为中书平章政事兼领使职，集全国财权大权于他一人之手。

官升得快，阿合马主意也越来越多，他以屎中捡豆的认真劲儿，一会儿上奏改铸金银，一会儿出主意禁止太原当地人煮盐贩卖得利，苍蝇脸上剥肉，蝴蝶翅上刮粉，很得忽必烈欢心，于是又将他任命为平章尚书省事。

阿合马并非是一般巧言令色的奸臣，他为人多智巧言，以功利成效自此外，阿合马有口辩，常在廷议上与丞相安童等人争论时占尽上风，口舌如簧，滔滔不绝。阿合马一旦朝权在手，就把令来行，并向忽必烈表示："事无大小，皆委微臣，所用之人，臣得自择。"获得忽必烈的批准。这样一来，阿合马把人事大权又紧紧地抓在了手中。

至元九年（1272年），元朝将尚书省并入中书省，阿合马又被任为中书平章政事。忽必烈1260年设的中书省是当时元朝中央最高的行政机关，中书令由皇太子真金担任，但却只是名誉头衔，而左、右丞相之位又常空缺，平章政事实际上就是真正的中书省主管，类似今天的国务院总理或国家首相。元朝的尚书省原先的名字是"国使使司"，类似今天的财政部，忽必烈曾把中书六部改为尚书六部，正是想突出"财臣"的重要性。阿合马倒是举贤不避亲，转年，就把儿子忽辛任命为大都路总管兼大兴府尹。

由于行事太过擅权，右丞相安童多次向忽必烈进言，但效果甚微。阿合马又蹬鼻子上脸，又派枢密院的心腹上奏皇帝要以忽辛任同佥枢密院事，想让他兼任"国防部长"。枢密院的最高官员是"枢密使"，也是真金太子挂名，所以，如果忽辛得任同佥枢密院事，等于阿合马让儿子掌握了元朝的军权，那样一来，忽必烈、真金父子的"家天下"，就会成为阿合马、忽辛父子的"家天下"了。

忽必烈这次没有同意，他把任命予以驳回，因为老皇帝深知阿合马的草包儿子担当不了如此重任。

此后，阿合马有所收敛。随着江南收为元朝所有，阿合马为忽必烈出主意，在南宋旧境行盐钞之法，禁止官员私自买卖药材。为了最大限度牟取暴利，他又帮忽必烈设置诸路转运司，征收利税丰富。高兴之余，每遇财政问题，忽必烈都会说："此财务事，其与阿合马议之便可。"可见，当时在元世祖心中，阿合马名列群臣中的第一。

大权独揽之下，阿合马肆意贪污受贿，不断结党营私。得知江淮行省平章阿里伯和右丞燕帖木儿不买自己的账，阿合马便上奏称这二人擅自支取钱粮布票，很快以贪污罪杀掉二人。

元朝的行中书省简称行省，最早是中统年间忽必烈为了方便统治而设立的十个临时机构,当时叫宣抚司。行省架构是中书省向全国的权力延伸,下辖路、府、州、县,权力很大。现在的"省",正是由当年忽必烈的行中书省转变而来。

纵观阿合马搜刮民脂民膏的手段和内容,无外乎以下几点:其一,滥发交钞。忽必烈继位后,所颁定的中统交钞是以丝为本,交钞二两合银一两(银五十两为一锭)。1261年底,发行中统元宝钞,分为十等,以钱为准,一千文钱(一贯)相当于一两交钞。南宋灭亡后,元朝用中统钞倒换南宋的会子、交子,使币制达成统一。1273年以前,中统钞发行量相当有节制,每年不过十万锭。阿合马大权在握后,为了敛财,滥发钞币,自1276年开始,中统钞的币量每年都是大者几十万锭,最高达一百九十万锭,如此,势必造成通货膨胀,最终使得民不聊生,使元朝经济产生了严重的混乱。其二,阿合马大兴理算,以检查清理政府财政收入为名实现其敛财的目的。其实,反贪反贪,越反越贪;理算理算,越理越乱。理算之法使得元朝各级官吏大鱼吃小鱼,小鱼吃虾米,最终吃大亏的还是基层官员和平民百姓。其三,阿合马大搞垄断主义,对银、铁、盐等实行垄断权,又命官府铸售农器,使得农器品质相当粗劣又价格昂贵。同时,他巧立名目,增加各种税目,任意提高税金,甚至连死人也要收丧葬税,可以说是前无古人,无后来者。

阿合马使得天下百姓怨声载道,而其又竭力排斥汉法以及儒士,使得儒臣与太子真金对他恨之入骨。真金太子之所以下决心杀阿合马,也与这位权臣先前诬杀御史中丞汉人崔斌有关。崔御史曾上章弹劾阿合马,阿合马很恼怒,便公报私仇,把崔斌排挤出中央,之后仍然捕风捉影寻个罪名置崔御史于死地,使得太子及其手下诸臣忍无可忍。所以,王著等人挺身而出,将阿合马杀死。

大都乱起,中丞也先帖木儿跳上马,直奔忽必烈的住处。当时忽必烈正驻跸于察察脑儿,距上都不远。听闻自己手下"财神"宠臣阿合马被杀,震怒,即日回到上都宫城,下令枢密副使孛罗等人率兵飞奔大都,镇压犯上作乱者。

阿合马已死,王著被擒,剩下的高和尚等人本来就是棋子,很快被悉数擒获。此时，忽必烈并没有意识到阿合马之死是真金太子及其汉人幕僚策划，还令太子名义上主持会审王著案件。当然，太子本人不办案，实际的主审官是孛罗。孛罗不傻，自然不会跟储君真金过不去，加上他自己也憎恶阿合马的专横跋扈，心中对阿合马的死亡，只有暗喜而已。

案件迅速得以审结，王著、高和尚被斩于市，皆醢之，并杀张易。"醢之"，即把尸体剁成肉酱，如此处置肯定是忽必烈亲自指示，可见当时他对宠臣被杀一事的悲愤。而且，张易是否参予杀阿合马行动，并无确凿实据，杀掉如此高级别官员，实是老皇帝震怒之下下的诏令。王著临刑大呼："王著为天下除害，今死矣！异日必有为我书其事者！"要仁得仁，可见王义士事前早已做好舍生取义的心理准备。王著被杀时，还不到 30 岁。阿合马死，忽必烈并未深知他是一大奸臣，估计只是知道这位宠臣贪污多，念其旧功，下令中书省不要深究他的家人。待孛罗面见汇报工作，忽必烈询问案件详情。孛罗对王著、高和尚等人之事简略带过，倒大谈起审案问讯得的阿合马罪状情实。所谓墙倒众人推，阿合马已死，孛罗在推审中又深刻感觉到太子真金的倾向性，自然把阿合马多年来的所为实话实说。这可不得了，听完整件事情后，忽必烈激恼无比，拍案大怒："王著杀掉他，干得好啊！"

于是，忽必烈下诏严审阿合马案，一定要把阿合马党人都从朝中全部清出。抄家之后，金山银山不说，阿合马家里有小妻 50 人，侍妾 400 多人。四五百美女，日御一人，一年也轮不过来。其实，权臣家中的金银美女不会招致忽必烈恼恨，阿合马最主要的罪状如下：

其一，阿合马爱妾有一人名叫引住，家里私藏两张鞣制过的人皮，全须全尾，两耳俱存，审问半天，也不知受害者是谁，引住招供说："诅咒时，置神座其上，应验甚速。"其二，一位陈姓画师为阿合马画两幅帛画，"画甲骑数重，围守一崲殿，兵皆张弦挺刃内向，如击刺之为者。"其三，有位名叫曹震圭的人为阿合马推算过生辰，妄言休咎。其四，算卦人王台判为巴结阿合马，称其有九五吉相。

忽必烈作为笃信藏传佛教密宗和萨满教的蒙古人，最相信怪力乱神，认定阿合马有诅咒自己早死之事。于是，在下令把上述四个人剥皮以外，又下

国学经典文库

中华宫廷秘史

诏将阿合马在朝中位列大官的子侄砍了头,没收全部财产。这还不解恨,忽必烈命人把阿合马尸体从坟墓中挖出,在通玄门外戮尸,然后纵放皇家猎狗群扑而上,把阿合马尸身吃得一块不剩。无论是文武百官还是普通老百姓看了之后,无不拍手称快。

此次交手,真金太子派获得胜利,杀汰省部官阿合马党 714 人,已革者 133 人,余 581 人,并黜之,将阿合马党人之名置以黑簿。由此,阿合马家族不仅灰飞烟灭,其党羽也皆上了"黑名单",永世不得翻身。

飘飘然之余,真金太子及其幕僚忽视了一个事实:阿合马擅取敛财近 20 年,没有忽必烈背后撑腰,他可能这样为所欲为吗? 行事太过,老皇帝能不产生想法吗?

桑哥为什么自树"功德碑"

桑哥,吐蕃人,是个有语言天赋的"高级翻译"。当然,在元朝仅仅是个"舌人",翻译是混不出名堂的,即使是会造抛石机的"高工",攻城缺材料时也会被蒙古人扔入濠沟充当填充物。

桑哥之所以能接近帝室,最主要原因在于他是蒙古国师胆巴的弟子。其实,阿合马、卢世荣被诛后,忽必烈也意识到儒臣的重要性,并任命程文海(字钜夫)为侍御史,行御史台事,派他到江南招募汉族名儒。

汉人儒臣虽得任用,儒户徭役也得减免,但元朝兵戈繁兴,维护帝国这么大的摊子,没钱万万不行。于是,吐蕃人桑哥又被忽必烈当作新一位"财神爷"。

至元二十四年(1287 年)初,在麦术丁建议下,忽必烈任命桑哥和铁木儿为平章政事,重新立尚书省,改行中书省为行尚书省,六部为尚书六部,更定钞法,在朝境内颁行至元宝钞。

桑哥这位吐蕃人上任后首先检核中书省账目,查出中书省亏欠钞四千七百七十锭,时任尚书省平章的麦术丁自认倒霉,心中暗悔日前荐引桑哥当理财大臣。于是,桑哥雷厉风行,在省部及各地大行钩考,当众命从人殴打汉族大臣,杀了不少与己意不和的人立威。

由于桑哥敛财有道,在半年多时间内为元廷增加了不少收入。汉人左丞叶李等人上奏忽必烈认为桑哥应该任"右丞相"。所以,同年十一月,元廷就诏任桑哥为尚书右丞相兼总制院使,领功德使司事,晋阶金紫光禄大夫。桑哥乘机又擢升了好几个私人党羽。

桑哥专政后,"组织部"归于"财务部",又兼"国务院"功能,桑哥把朝廷当成了市场,官位当成了商品,卖官鬻爵,肆无忌惮。

当婊子不忘立牌坊。为相两年后,他差使手下谄谀小人上"万民书",要求元廷为桑哥"立石颂德"。忽必烈得知此事,对这个能为他敛财的"大狼狗"很支持,吩咐说:"民欲立则立之,仍以告桑哥,使其喜也。"为此,翰林院蒙汉高手奋笔疾书,详列桑哥功德,在中书省府院前竖立一巨石,上题"王公辅政之碑",规模还不小,"楼覆其上而丹雘之"。"丹雘"本是指赤石脂一类的鲜红涂料,在此名词动用,是讲元廷在"桑哥辅政碑"的大石头外面又盖了色彩鲜艳的宏丽阁子,雕镂精细,唯恐内外不知桑哥的"政绩"。

折腾了4年,桑哥弄得天下怨起,人不敢言。最后,还是彻里趁忽必烈在柳林打猎心情好的机会,上书谏言说桑哥误国害民,辞语激烈。起初,忽必烈闻言即大怒,责斥彻里"诋毁大臣",命令左占卫士猛搧彻里嘴巴,打得满脸是血。稍停之后,忽必烈又问彻里是否知罪,彻里大声言道:"为臣我与桑哥无任何私怨,现不顾生死揭发他的罪状,实出于对国家的忠心。如果我害怕皇上震怒而不敢谏,奸臣何得而除,万民何得而息!"

闻此言,忽必烈沉吟。随同忽必烈外出的蒙古贵族也里审班、也先帖儿等人见状,也一同跪下,弹劾桑哥专横跋扈等罪。

忽必烈还是不大相信,急召出使在外的翰林学士承旨不忽木来问实情。不忽木在行宫营帐里见皇帝,痛心疾首地说:"桑哥确是祸乱政事,有人谏言将其斩首示众。今百姓失业,盗贼蜂起,国家危在旦夕。如不将桑哥诛杀,此人恐将是陛下的心腹大患!"在场的贺伯颜等人也力证桑哥奸邪。见这么多蒙古贵族指斥桑哥,忽必烈当然害怕危及元朝的统治,就下决心把"财神爷"送入阎罗殿。于是,他下诏御史台及中书省辩论桑哥之罪,并命人毁弃

"桑哥辅政碑"。

倘若没有忽必烈做靠山，桑哥肯定玩完。有司抄家，桑哥的家财竟然相当于大内一半之多，皇帝首富，他第二。几个月后，元廷有诏斩这个吐蕃人于闹市。恼怒之下，忽必烈又派彻里到江南行省，把桑哥的妻党要束木以及忻都、王巨济等党羽押还大都，审问之后，均送闹市开斩。

成吉思汗为什么封木华黎为国王

木华黎是蒙古扎剌亦儿氏人，"沉毅多智略，猿臂善射，挽弓两石强"，是成吉思汗"四杰"之一。战功卓著，被封为第三千户，与另一杰博尔术并列为成吉思汗的左右手万户。后来，成吉思汗西征，木华黎又被封为太师、国王，经略汉地，名贯天下。木华黎本是成吉思汗祖先海都时代传下来的部落奴隶，他是怎样一步一步由奴隶变成将军，由将军变成国王的呢？

木华黎出生于札剌亦儿氏白海都之后，就作为蒙古族主儿乞氏的奴隶属民，他们代代都是有胆量、有气力、刚勇能射弓的人。

主儿乞氏在成吉思汗攻打塔塔儿人时，不但不出兵助阵，反而倒戈相向，袭击了成吉思汗的后方营帐。成吉思汗战胜塔塔儿归来，发现这一情况，恼怒之下，灭掉了主儿乞氏，将它的首领该杀的杀了，将其百姓全做了自己的百姓。木华黎的祖父也带着全家投奔了成吉思汗，并把木华黎兄弟送给了成吉思汗做伴当，说："要永远做奴婢者，若离了你门户呵，将脚筋挑了，心肝割了。"木华黎的父亲、叔叔、堂兄弟均做了成吉思汗的那可儿。

木华黎

　　木华黎继承父亲遗志，忠心耿耿地保护成吉思汗。一次在与克烈部交战失利后，天下大雪，成吉思汗无营帐可居，卧草泽中。木华黎不忍心见可汗受风雪之寒，与博尔术张毡裘，为成吉思汗遮雪避风，通宵直立，足迹不移。木华黎"猿臂善射"，武艺超群，他同其他三杰一同为成吉思汗出生入死，辅助成吉思汗平定大漠，一统蒙古。成吉思汗在建国分封大会上对木华黎说："自你做了我的伴当，从未离开过我的门户……多次出生入死，威震敌胆。今日封你为第三千户，居于上位，直至子子孙孙。管辖东面直至合刺温只敦（即大兴安岭）一带的百姓。"

　　木华黎"沉毅多智略"，具有政治家风度，是将帅之才，其功绩主要表现在伐金上。成吉思汗征服西夏之后，于公元 1211 年，倾全国兵力南下攻金。金国派精锐部队 40 万人列阵野狐岭，抵挡蒙古入侵。木华黎为先锋，策马横戈，大呼陷阵。成吉思汗挥兵跟进，大败金兵，僵尸百里。野狐岭一役，尽歼金兵精锐，是蒙古伐金的第一场大胜仗，极大地鼓舞了士兵的斗志。之后，木华黎又接连攻克了金国的诸多州县，并派人招降了兴中府。他收附了许多汉人、契丹人的武装，大大加强了蒙古军队的力量，并在经营辽东期间，灭掉了锦州的张致，将降而复叛的朝鲜人赶回海岛。公元 1214 年，蒙古军会师中都城下，金宣宗纳女求和。由于蒙军此次征金志在掳掠，所以成吉思汗答应了金宣宗的请求，带着歧国公主，满载金银财宝、牲畜、人口大掠而还。

　　金宣宗担心蒙古再次进兵，决意南迁。成吉思汗怪他求和不诚，命人攻金。不久，木华黎将金国首都中都拿下。短短几个月，蒙军便攻占了金国862 座城池，黄河以北尽为蒙古天下。

　　公元 1217 年，成吉思汗准备西征，无暇顾及金国，于是对木华黎说："太行之北，朕自经略，太行以南，卿自勉之。"将讨伐金国的大任交给了木华黎，并封其为太师、国王，赐他誓券、金印，上刻"子孙传国，世世不绝"八字。为了增强木华黎的威信，成吉思汗还将一面象征成吉思汗权力的九尾白旄赐给了他，并宣布："木华黎建此旗以出号令，如朕亲行。"成吉思汗将经略中原的全权交给木华黎，放心地西征去了。

木华黎被封国王，一时名贯天下。但是木华黎的"国王"头衔却是有名无实，没有封地。而国王名号也不过是仅次于大汗的一个爵位而已，并不是哪国的国王。更可怜的是，木华黎虽有国王之衔，但其所统率的南征军既不是蒙军主力，也非其左手万户军，而是一支杂牌军。因为所有蒙军主力都被成吉思汗带去西征了。让我们来看一看木华黎国王的军队吧。

一、由镇国率领的汪古部骑兵1万人；二、由孛秃驸马率领的亦乞列思部骑兵2000名；三、阿勒赤那颜带来的3000名弘吉剌部骑兵；四、兀鲁兀惕部由客台率领的骑兵4000名；五、带孙率领的札剌亦儿人1000名；六、薛赤兀儿带领的豁罗剌思部骑兵1000名；七、蒙可·哈勒札率领的忙忽惕骑兵1000名。以上是国王木华黎所有的蒙古铁骑。除此之外，还有吾也而元帅率领的由若干女真、契丹、汉军组成的混合部队，以及耶律秃花元帅的若干山后汉军、札剌儿率领的契丹轧军。这些便是木华黎所有的正规军，尽管有许多汉族地主武装也加入进来，但其军队总数也不过10万人左右。而成吉思汗这次给木华黎的任务，却不再是掳掠财物，而是消灭金国。木华黎顶着国王的名号，却带着区区10万军队去对付金国的几十万大军，实在是困难重重。但是金宣宗见成吉思汗带着蒙古大军西征，以为无后顾之忧了，竟命金军主力去攻南宋，用极少的军队和地方武装去和木华黎的军队抵抗，结果再次铸成大错。

木华黎知道自己力量薄弱，遂改变了以往以进攻为主的方法。他利用金人与汉人的矛盾，以及百姓对金人残暴统治的不满，下令禁止士兵烧杀抢掠，将所俘百姓送回乡里，耕田垦荒；占领城池之后，不再抛弃，而是招集百姓，从事耕稼，并采取一系列措施保护农业，使得军民安定。同时招纳中原豪族及地主武装，并授予世袭官职，引来了大批武装，蒙古军力大大加强。

木华黎进军河北，打败张柔，收为部将，攻下了许多州县。之后木华黎又攻山东，曾用五百名轻骑兵打退袭击济南的两万金兵，山东州县纷纷投降。1221年，木华黎率蒙军主力进攻山西、陕西，攻占大片土地。1223年，木华黎病重，死于山西闻喜县。

木华黎未在有生之年拿下金国，并不是他无能。除军队少、年龄大之外,主要还是因为金国国力尚在,"瘦死的骆驼比马大",一只老虎也很难一口吃下一头大水牛。几十万人的军队,几千万人的大国,也不是靠一支十几万人的军队就能拿下来的。木华黎虽未消灭金国,但他6年来的征战已使得金国千疮百孔,国力大亏了,为后来宋蒙联军灭金做好了前期准备。

宗王海都、昔里吉之乱

在阿里不哥降附后,世祖忽必烈曾试图阻止蒙古帝国的分裂。忽必烈遣使邀请各支宗王召开具有广泛代表性的忽里台大会,并对他们进行安抚。由于伊儿汗国首领旭烈兀、钦察汗国首领别儿哥、察合台汗国首领阿鲁忽相继死去,这次忽里台大会没能够如期召开。与此同时,伊儿汗国、钦察汗国、察合台汗国以及窝阔台系后王海都之间的争斗日趋激烈,此种背景下,召开由全体宗王参加的忽里台大会已不现实。1269年,钦察汗国、察合台汗国以及宗王海都在塔剌思召开会议,结成联盟,形成了术赤、察合台、窝阔台三系与以忽必烈、旭烈兀为代表的拖雷系相对峙的局面,蒙古帝国加剧分裂。

面对此种局面,忽必烈采取的措施是拉拢钦察汗国,打击、防范与之邻近的宗王海都以及察合台汗国的势力。至元三年(1266),忽必烈任命皇子北平王那木罕出镇漠北,为打击海都的势力做好准备。忽必烈与西北宗王海都的战事始于至元五年(1268)。当时海都自阿力麻进军漠北,首先驱逐、击溃并洗劫了他们附近依附于蒙哥汗之子玉龙答失的纳邻,并与北平王那木罕大战于漠北的统治中心和林。

有关此次和林之战,《马可波罗行纪》有详细记载:"彼(海都)知大汗子名那木罕(Nomogan)者时镇哈剌和林(Karakoroum),而长老约翰(Pretre-Jean)孙阔里吉思(Georges)与之共同镇守,此二王亦有战骑甚众。海都国王预备既毕,即率师出国,疾行,沿途无抗者,抵于哈剌和林附近。时大汗子与新长老约翰已率大军驻此以待,盖彼等已闻海都率重军来侵,故为种种筹备,俾不受任何侵袭。及闻海都国王及其部众行抵附近,彼等奋勇迎敌。行至相距海都国王十哩之地卓帐结营。其敌逾六万骑,所为亦同。双方预备

既毕，各分其军为六队。双方之众各持剑盾、骨朵、弓矢及种种习用武器。应知鞑靼人之赴战也，每人例携弓一张，箭六十支，其中三十支是轻箭，镞小而锐，用以远射追敌；三十支是重箭，镞大而宽，用以破肤、穿臂、断敌弓弦，而使敌受大害。各人奉命携带如此，此外并持有骨朵、剑、矛，用以互相杀害……两军奋战既毕，开战之大角大鸣。每军有角一具，盖其俗大角未鸣时不许进战也。众军闻角鸣后，残忍激烈之血战开始，双方奋怒进击。双方死亡甚众，死者伤者遍地，马匹亦然。战中呼叱之声大起，雷霆之声不过是也。海都国王以身作则，大逞勇武以励士气。对方大汗子与长老约翰孙勇武亦不下海都，常赴酣战之处驰突，以显武功而励将士。我尚有何言欤？应知此战之久，为鞑靼人从来未经之酣战。各方奋勉，务求败敌，然皆不副所期，混战至于日暮，胜负未决。战争至于日落之时，各人退还营帐。其未负伤者疲劳已甚，至于不能站立。伤者双方并众，各视伤之轻重而为呻吟。个人亟须休息，甚愿安度此野而不欲战。及至黎明，海都国王闻谍报，大汗遣来重军援助其子，自量久持无益，遂命退军。比曙，上马驰还本国。大汗子与长老约翰孙见海都国王率军而退，不事追逐，盖彼等亦甚疲劳，亟愿休息也。海都国王及其部众疾驰不停，至于大突厥国撒麻耳干城，自是以后遂息战。"

那木罕击溃海都的进攻后，元廷对海都从消极防御转为积极进攻。

至元七年（1270）六月，世祖忽必烈赐皇子那木罕所部马六千、牛三千、羊一万，赐北边戍军马二万、牛一千、羊五万。同年忽必烈还亲历漠北，视察军情，激励士气。是年那木罕率军出征海都，到至元八年（1271）占领了海都的重要根据地阿力麻，海都率军又远遁二千余里。到至元十二年（1275），元廷又任命木华黎的后裔安童以行中书省枢密院事的身份协助那木罕镇戍阿力麻。安童到任后率军大败隶属于海都的火和大王，彰显了元廷对海都的强势姿态。形势朝着有利于元廷的方向发展，元廷在西北面收复了大量的领地。

这一时期，海都在与元军的作战中遭到了不小的损失，但由于他控制了察合台汗国，其势力不仅没有衰弱，反而大大增强了。1269 年塔剌思会议之后，海都支持察合台汗国的首领八剌去进攻旭烈兀建立的伊儿汗国，夺取

元宫秘史

呼罗珊地区,结果八剌被伊儿汗国的首领阿八哈汗所击败,他的大部分战士被阿八哈汗的军队所杀,剩下一小部分四散逃跑了。不过,此时海都背弃了与八剌的同盟,派军包围八剌的军队,当天夜里八剌就死去了。这时八剌帐中的很多部下、宗王转而效忠海都,至此,海都控制了察合台汗国。大约在至元十二年左右,由海都扶植即位的察合台汗国首领都哇和他的弟弟,率军围攻畏兀儿亦都护戍守的别失八里城(今新疆吉木萨尔北破城子),并一度占领该城。

元廷在增兵西北的同时,又派出了畏兀儿人昔班出使海都,希望能劝其罢兵,归附元廷。海都同意与元廷和解,退兵置驿。此后昔班又数次奉旨前往海都处,劝其亲朝忽必烈。有着丰富政治斗争经验的海都深知归附忽必烈绝对不会有好的下场,便以怕死为辞拒绝朝见忽必烈。这样,在元朝的西北边境,元廷与海都的势力对峙着,双方均欲伺机而动。

元廷西北戍守军的兵变首先打破了僵局。至元十四年(1277)七月,出镇阿力麻的皇子那木罕属下部分诸王发动兵变,这些反叛诸王大部分是拖雷幼子阿里不哥的支持者以及对忽必烈心怀不满者。参与反叛的诸王主要有蒙哥汗之子昔里吉、蒙哥汗之弟岁哥都的儿子脱黑帖木儿,以及阿里不哥的两个儿子玉不忽儿、灭里帖木儿等。其中脱黑帖木儿最先萌发了反叛的念头。脱黑帖木儿与营里吉在打猎时相遇,他们商议道:"我们把那木罕[和安童那颜]抓起来交给敌方吧。"脱黑帖木儿并且诱惑昔里吉说:"帝位将归于你,合罕使我们和我们的父亲们受了多少侮辱啊!"于是他们在夜里发动兵变,将元军主帅那木罕、阔阔出、安童抓住,并且把那木罕和阔阔出送到了钦察汗国首领忙哥帖木儿处,将安童送到了海都处。他们遣使对忙哥帖木儿和海都说:"你们有大德于我们,我们对此未忘,现将企图攻打你们的忽必烈合罕的宗王和异密们送交给你们;咱们不要互相算计,要联合起来打退敌人。"忙哥帖木儿和海都则传话给使节说:"我们很感谢你们,我们正希望你们这样做,请留驻于原地,因为[你们]那里水草很好。"但不管是忙哥帖木儿还是海都,更关注的还是自身的利益,至于联合诸王昔里吉等与强大的忽必烈政权发生冲突,他们已不热心。况且对海都来说,与其扶植一个本地区的竞争对手,还不如借元廷平定昔里吉等诸王的叛乱而坐收渔翁之利。因此忙哥帖木儿和海都都不愿给予昔里吉等以实质上的支持。

这种情况下,昔里吉等叛王转战漠北,威胁、引诱更多的蒙古诸王参与叛乱。叛乱诸王脱黑帖木儿来到了窝阔台和察合台后裔的斡耳朵帐殿,因为在他看来,不管是窝阔台家族还是察合台家族,长期以来对拖雷系政权都十分敌视。脱黑帖木儿抓住了主管那些斡耳朵帐殿的宗王撒里蛮和忙哥帖木儿的一个兄弟,并欺骗说,拔都的儿子们、海都和宗王们已联合起来反叛忽必烈,大军随后就到。不过脱黑帖木儿的谣言很快被揭穿了,但宗王撒里蛮等仍然加入了反叛的行列。另外,弘吉剌部驸马斡罗陈之弟只儿瓦台也举兵响应昔里吉之乱,裹胁并杀害兄长斡罗陈,还一度围攻应昌府,忽必烈之女囊加真公主也被围困。但昔里吉等宗王的反叛并没有得到大部分蒙古诸王的支持。

较之海都之乱,昔里吉等宗王的反叛更直接危及到忽必烈政权的存亡。于是忽必烈迅速调集重军平叛。统军征伐南宋的大将伯颜临危受命,充当了平叛主帅。结果元廷军队迅速击溃反叛宗王的军事力量。这时反叛诸王之间开始反目,相互攻击,更无法组织力量抵抗元廷军队的进攻。到至元十九年(1282),昔里吉等反叛宗王大都归附元廷。至于被叛王劫持到钦察汗国的皇子那木罕,到至元十八年(1281)左右也被遣回元廷。当时钦察汗国首领忙哥帖木儿病死,脱脱蒙哥即位。为了争取忽必烈对其即位的支持,脱脱蒙哥在送回那木罕的同时遣使于忽必烈,说道:"我们听命[于陛下],我们都将来参加忽里勒台。"不久,诸王海都也遣返了拘禁在窝阔台兀鲁思的元廷将领安童和石天麟,以示和解。但海都仍然拒绝亲往忽必烈处参加忽里台大会,同时脱脱蒙哥等人也取消了参加忽里台大会的决定。元廷与几大独立汗国对峙的格局并没有多少改变。

世祖朝中后期,元廷在其西北边境与窝阔台汗国以及察合台汗国的争夺一直继续,互有胜负,边界没有太大变化。在世祖去世后,成宗即位。成宗继续强化西北防御,在天山南北分立曲先塔林都元帅府、北庭都元帅府。成宗还先后派叔父宁远王阔阔出、皇侄海山出镇漠北。

成宗大德五年（1301），元军与窝阔台汗国首领海都、察合台汗国首领都哇大战于阿尔泰山附近的铁坚古山，双方都损失惨重。在这次战役中，海都、都哇都负了伤，海都不久死去。海都死后，都哇联合元军迅速控制了海都所建立的窝阔台汗国的领地。海都及其所建立的窝阔台汗国在与元廷的长期争夺中以失败而告终。之后，察合台汗国首领都哇胁迫窝阔台汗国首领察八儿主动与元廷议和，承认元廷的宗主地位，并得到了成宗以及伊儿汗国、钦察汗国的积极回应，元廷的西北战事基本平息。

东道诸王的反叛

与成吉思汗诸子建立的西道诸王兀鲁思遥相呼应，成吉思汗诸弟在蒙古帝国的东翼建立了东道诸王兀鲁思。以成吉思汗诸弟斡惕赤斤家族为首的东道诸王，始封地在大兴安岭西麓，不过自蒙古国时期开始，东道诸王便越过大兴安岭向东北地区扩展自己的领地或势力范围，斡惕赤斤家族更是担当了镇戍东北的任务。东道诸王在自己领地内拥有相当大的支配权。作为蒙古黄金家族成员的东道诸王在蒙古帝国内的地位也极高，为历代大汗所敬重。同时，东道诸王兀鲁思构成了蒙古的东藩，是蒙古帝国的重要支柱。因此东道诸王一直是蒙古帝国内举足轻重的政治和军事力量。

以斡惕赤斤家族首领塔察儿为首，东道诸王积极拥戴忽必烈继承汗位，在"忽里勒台上举行讨论以及商讨大事时，他（塔察儿）经常站在忽必烈合罕一边，威望很高"。但忽必烈即位后，东道诸王与元廷逐渐产生了矛盾。秉持蒙古黄金家族共权思想的东道诸王，认为自己也是忽必烈政权的共同管理者，他们不仅在自己领地内相对独立地行使特权，还经常擅发令旨，掠夺人口，肆意纵猎，欺凌百姓，甚至不把元廷的主要官员放在眼里，而这些都与忽必烈即位后附会汉法，加强中央集权的政策背道而驰。于是忽必烈开始逐步削弱宗藩的势力。虽然忽必烈在削藩过程中采取了怀柔与威胁并举的政策，但附会汉法，加强中央集权与蒙古旧制的根本对立，势必会导致忽必烈与许多藩王的矛盾。

忽必烈政权内部势力最大的蒙古宗王当数以斡惕赤斤家族为首的东道诸王。西道诸王兀鲁思逐渐走向独立的教训,加上西北藩王的叛乱,这些都促使忽必烈政权注意对东道诸王的防范和警惕。至元二十一年(1284),御史台中丞蒙古人亦力撒合任东北地区的主要官员北京宣慰使后,发现斡惕赤斤家族首领乃颜(Nayan)有反叛的迹象,便秘密上书忽必烈,建议加强对其的防备。为加强对东北地区的中央集权,元廷于至元二十三年(1286)设立了东京行省。东京行省设立后,一时间东道诸王惶惶不安。忽必烈害怕东京行省的设立会加速东道诸王的反叛,便在东京行省设立后不久废罢之。但元廷废罢东京行省的举动并没有起到安抚东道诸王的作用。势力强大的东道诸王已决意挑战忽必烈的权威,斡惕赤斤家族的首领乃颜联络诸王发动了叛乱,史称乃颜之乱。

至元二十四年(1287)四月,以乃颜为首的东道诸王发动叛乱。《史集》称:"他(乃颜)与他的堂兄弟,如拙赤·合撒儿兀鲁黑(氏族、后裔)中的势都儿、额勒只带那颜兀鲁黑中的胜剌哈儿、阔列坚兀鲁黑中的也不干等宗王,与窝阔台合罕的儿子阔端的兀鲁黑以及忽必烈合罕左右的其他宗王们策划了阴谋,企图与海都勾结起来,反对合罕。"可见这场叛乱的参与者既有起决定作用的东道诸王,也有西北藩王和其他宗王、贵族势力。这样,在忽必烈政权内部,部分宗王、贵族势力与元廷之间的矛盾终于激化到了兵戎相见的地步,而这种矛盾实际上也是忽必烈附会汉法,加强中央集权的统治政策与蒙古旧制之间的矛盾。

在得到乃颜反叛的确切消息后,忽必烈采纳大臣阿沙不花的建议,首先安抚诸王,瓦解诸王间的反叛同盟,同时决定亲征乃颜。结果元廷的军队连破叛王哈丹、叛将塔不台的军队,在不里古都伯塔哈之地,大败乃颜主力,擒乃颜于失列门林,旋即斩之。随后忽必烈返回大都,御史大夫玉昔帖木儿统军继续剿灭残余的反叛势力。玉昔帖木儿之军擒乃颜余党塔不台、金家奴等,斩杀数人于军前。忽必烈擒斩乃颜后,叛乱诸王纷纷投降,战争暂告一段落。据相关史料记载,忽必烈亲征的本意并非要诛杀乃颜,而是欲迫使其迅速归降,于是忽必烈设军帐于象舆之上,亲自督战。忽必烈认为反叛军队看到自己一定会马上归降,但是两军交战之时,乃颜的军队不仅不投降,还尽力攻击忽必烈乘坐的象舆。于是忽必烈下令尽歼叛军。

至元二十五年(1288),趁西北藩王海都犯边之机,乃颜的残余势力哈丹、火鲁火孙等集聚力量复叛于辽东。同年四月,忽必烈命皇孙铁穆耳率将领玉昔帖木儿、土土哈、李庭、博罗欢等,从西路再次征讨,辽阳行省平章阇里帖木儿、薛阇干以及未参与叛乱而同属斡惕赤斤家族的诸王乃蛮带等都参与了剿灭哈丹反叛的战斗。此次征伐哈丹的战事主要集中在大兴安岭东麓的贵烈河一带。元军大败哈丹军队。时隆冬时节,元军声称来年春天再次发动进攻,而暗中火速行军,过黑龙江,直击哈丹巢穴,哈丹潜逃,元军在夷平哈丹居地,安抚当地民众后凯旋而还。之后哈丹之军不断骚扰托吾儿河(洮儿河)以及辽东开元、海阳和高丽国边境等地。至元二十七年(1290),哈丹率军窜入高丽,元军进入高丽作战。大将伯帖木儿为先锋,诸王乃蛮带及辽阳行省平章政事阇里帖木儿、薛阇干也奉命出击,连败哈丹之军。哈丹余党继续流窜于辽东女真之地,直到至元三十年(1293)左右,元军才基本上剿灭了哈丹的残余势力。

元廷在平定乃颜、哈丹之乱后,便采取措施削弱东道诸王的势力,加强对东道诸王兀鲁思以及东北地区的控制,设立辽阳行省等政治、军事机构,增设通往东北的驿站等。

乃颜之乱爆发时,意大利人马可波罗正滞留在元廷。马可波罗在其《行纪》中对此次忽必烈督军与东道诸王乃颜作战,有详细而生动的描写:"时有一鞑靼君主名称乃颜……年事正幼,统治国土州郡甚多。自恃为君,国土甚大,幼年骄傲,盖其战士有三十万骑也……然彼自恃权重,不欲为大汗之臣,反欲夺取其国,遂遣使臣往约别一鞑靼君主海都(Kaidon)。海都者,乃颜之族而忽必烈之侄也,势颇强盛,亦怨大汗而不尽臣节。乃颜语之云:'我今聚全力往攻大汗,请亦举兵夹攻,而夺其国。'海都闻讯大喜,以为时机已至,乃答之曰'行将举兵以应'。于是集兵有十万骑。大汗闻悉此事之时,洞知彼等背理谋叛,立即筹备征讨,盖其为人英明,凡事皆不足使之惊异。并有言曰,若不讨诛此叛逆不忠之鞑靼二王,将永不居此大位……(忽必烈迅速征集好军队后）命其星者卜战之吉凶，星者卜后告之日，可以大胆出兵，将必克敌获胜，大汗闻之甚喜。遂率军行，骑行二十日，抵一大原野。乃颜率其全军四十万骑屯驻其中。大汗士卒薄晓倏然进击，他人皆未虞其至，缘大汗曾遣谍把守诸路，往来之人悉被俘掳。乃颜不意其至，部众大惊。大汗军抵战场之时，乃颜适与其妻共卧帐中。忽必烈汗预知其宠爱此妇，常与同寝，故特秘密进军，薄晓击之。比曙，汗及全军至一阜上，乃颜及其众安然卓帐于此，以为无人能来此加害彼等。其自恃安宁不设防卫之理，盖其不知大汗之至，缘诸道业被大汗遣人防守，无人来报。且自恃处此野地，远距大汗有三十日程，不虞大汗率其全军疾行二十日而至也。大汗既至阜上，坐大木楼，四象承之，楼上树立旗帜，其高各处皆见。其众皆合三万人成列，各骑兵后多有一人执矛相随，步兵全队皆如是列阵，由是全地满布士卒，大汗备战之法如此。乃颜及其众见之大惊，立即列阵备战。当两军列阵之时，种种乐器之声及歌声群起，缘鞑靼人作战以前，各人习为歌唱，弹两弦乐器，其声颇可悦耳。弹唱久之，迄于鸣鼓之时，两军战争乃起，盖不闻其主大鼓声不敢进战也。当诸军列阵弹唱以后，汗鼓鸣之时，乃颜亦鸣鼓，由是双方部众执弓弩、骨朵、刀矛而战，其迅捷可谓奇观。人见双方发矢蔽天，有如暴雨。人见双方骑卒坠马而死者为数甚众，陈尸满地。死伤之中，各处大声遍起，有如雷霆，盖此战殊烈，见人辄杀也。是战也，为现代从未见之剧战，从未见疆场之上战士、骑兵有如是之众者。盖双方之众有七十六万骑，可云多矣，而步卒之多尚未计焉。混战自晨至于日中，然上帝与道理皆以胜利属大汗。乃颜败创，其众不敌大汗部众之强，失气败走。乃颜及其诸臣悉被擒获，并其兵器执送大汗之前。乃颜为一受洗之基督教徒，旗帜之上以十字架为徽志，然此毫无裨于此。盖其与诸祖并受地于大汗，既为大汗之臣，不应背主而谋乱也。大汗闻知乃颜被擒，甚喜。命立处死，勿使人见，盖虑其为同族，恐见之悯而宥其死也。遂将其密裹于一毡中，往来拖曳，以至于死。盖大汗不欲天空、土地、太阳见帝族之血，故处死之法如此。"

权臣伯颜

伯颜,蒙古蔑儿吉氏。祖父称海、父谨只儿,均为朝中大臣、宿卫。伯颜十五岁时,奉成宗命担任海山的潜邸宿卫,后长期跟随海山出镇漠北,抵御西北叛王海都,屡立战功。大德十一年,武宗大会诸王、驸马于和林,赐号伯颜曰伯颜拔都儿(勇士)。武宗即位后,伯颜受到重用,先后担任吏部尚书、尚服院使、御史中丞、尚书平章政事等职,至大二年开始兼任右卫阿速亲军都指挥使司达鲁花赤。仁宗朝,伯颜曾任周王常侍府常侍、江南行御史台中丞、江南行御史台大夫、江浙行省平章政事、陕西行御史台大夫等职。英宗朝,伯颜复迁官江南行御史台大夫。泰定二年,伯颜迁江西行省平章政事;三年,迁河南行省平章政事。

致和元年七月,泰定帝在上都病死。八月,金枢密院事燕帖木儿在大都发动宫廷政变,随即遣前河南行省参知政事明里董阿、前宣政使答剌麻失里驰驿迎立武宗子怀王图帖睦尔于江陵,并秘密将计划告知河南行省平章政事伯颜,令他派人护送怀王北返。身为武宗旧臣的伯颜马上表示支持燕帖木儿的政变。伯颜叹曰:"此吾君之子也。吾夙荷武皇厚恩,委以心膂,今爵位至此,非觊万一为己富贵计,大义所临,曷敢顾望。"伯颜马上召集自己幕僚部下告知此事。为了保证怀王图帖睦尔顺利北返,伯颜先遣蒙哥不花火速赶往江陵,将此事告知怀王。伯颜又遣使通告燕帖木儿,表示他在河南将全力配合燕帖木儿的行动。伯颜专门募集五千勇士前去接应怀王北返,自己在河南做好准备。怀王图帖睦尔得到消息后,马上遣使拜伯颜为河南行省左丞相。怀王路过河南,伯颜昼夜不离怀王身旁,亲率兵对其严加护卫。伯颜率河南百官父老一同劝怀王即位,均俯伏称万岁。怀王解金铠,御服,宝刀及海东白鹘、文豹赐伯颜,伯颜次日马上扈从怀王北返大都。

不过河南行省内部对是否支持大都集团,存在着很大的分歧。河南行省平章曲列、右丞别吉帖木儿、参政脱列台、万户明安答儿均持异议。伯颜采取了果断措施诛杀曲列、别吉帖木儿、脱列台,将明安答儿关进监狱。可以说,伯颜此时在河南也发动了一场军事政变。为了应对政局,伯颜专擅河南,便宜处事,甚至擅自调动山东、河北蒙古军都万户府的军队以及任命本省参知政事。为了支持大都方面对抗上都,伯颜会计仓廪、府库、谷粟、金帛之数,应对乘舆供御、牢饩膳羞、徒旅委积、士马刍糒供亿之需,以及赏赉犒劳之用。不足的部分,他又命各州县提前收取明年田租,向商人贷款。伯颜还截留了东南经河南转输朝廷的赋税。另外,伯颜在河南"征发民丁,增置驿马,补城橹,浚濠池,修战守之具,严徼逻斥堠,日被坚执锐,与僚佐曹掾筹其便宜"。随后,河南行省的军队参与了两都之战,对于击败上都军队起到了举足轻重的作用。如此,伯颜在文宗朝成为仅次于燕铁木儿的第二功臣,地位显赫。

天历元年九月,文宗即位后,特加伯颜银青荣禄大夫,仍领宿卫,又加伯颜为太尉,赐黄金二百五十两、白金一千两、楮币二十五万缗,进开府仪同三司、录军国重事、御史大夫、中政院使。天历二年正月,拜伯颜为太保;二月加授储庆使,加赐虎符,特授忠翊侍卫亲军都指挥使。不久,明宗即位,文宗居东宫,复拜伯颜为太子詹事、太保,开府如故。八月,拜中书左丞相。明宗死后,文宗再次即位,加拜伯颜为储政院使。至顺元年正月,拜知枢密院事。同年,文宗以伯颜功大,特命伯颜娶世祖阔阔出太子孙女卜颜的斤,并分赐虎士三百,即怯薛丹百、默而吉军百、阿速军百,隶属左、右宿卫。又赐伯颜黄金双龙符,镌文曰"广忠宣义正节振武佐运功臣",组以宝带,世为明券。又命凡宴饮之时以宗王之礼对待伯颜。至顺二年八月,进封伯颜为浚宁王,特加授侍正府侍正,追封其先三世为王,又加昭功宣毅万户、忠翊侍卫都指挥使。至顺三年,拜伯颜为太傅,加官徽政使。

天历元年十月,文宗诏谕廷臣:朝中大臣只有丞相燕帖木儿、大夫伯颜可以身兼三职处理政事,"余者并从简省"。至顺二年四月,文宗有旨:"赏格具如卿等议。燕帖木儿首倡大义,躬擐甲胄,伯颜在河南先诛携贰,使朕道路无虞,两人功无与比,其赏不可与众同,其赐燕帖木儿七宝腰带一、金四百两、银九百两,伯颜金腰带一金二百两、银七百两。"至顺三年四月,文宗又命有司为伯颜建生祠,立纪功碑于涿州(治今河北涿州市),同时在河南汴

元宫秘史

梁（治所在今河南开封）之地也建祠立碑。

汉世侯李璮

李璮，字松寿，是金元之际山东南部豪强军阀李全的养子。蒙古攻金之际，李全趁势起兵山东潍州，先降于南宋，后又归附蒙古。李全攻南宋阵亡后，李璮承袭其职领益都行省，所控制的地盘扩大到山东半岛和淮河以北，而且得以专制其地。他修城储粮，集聚力量，常常不听朝廷调遣。

忽必烈即位后，北上亲征阿里不哥，汉地诸万户世侯奉命率兵从征，李璮"既不身先六军"，也未发一兵一卒。他还有意干扰忽必烈暂时与南宋修好议和的策略，暗中侵宋，轻启边衅，借此向朝廷索取箭矢十万、益都路盐课及官银，千方百计扩充所部的兵力和军备。这样，拥兵五六万的李璮就成为汉地世侯中桀骜不驯和心怀二志的危险人物。

中统三年（1262）二月，李璮趁忽必烈再次北征阿里不哥的机会，举兵反叛。对李璮叛乱，忽必烈事先是有所察觉和防备的。但因为元廷在与阿里不哥的战争中投入了大量的蒙古军和汉军精锐，尚未见胜负，而内地守备空虚，忽必烈无力顾及东南，故不得不采用加封大都督、赐金银符、拨付盐课官银等办法暂时稳住李璮。不久，李璮秘密安排私驿将留质于燕京的儿子李彦简召回益都，其谋反之迹已现。

李璮起兵反叛后，先设法取得南宋的支持，又以反蒙归宋为旗号传檄各路，希望能得到众多汉地世侯的响应。不过，形势的发展却出乎李璮的预料，不仅南宋方面未给予他多少实质性的支持，汉地世侯响应者更是寥寥无几，李璮只能孤军作战。忽必烈在获悉李璮举兵叛乱后，曾颁布一份诏书，历数和揭露李璮背信弃义、反叛朝廷的罪恶，然后调集各路蒙古军、汉军征讨李璮，李璮之乱被迅速平定。同年七月，被围困在济南城的李璮走投无路，亲手杀死爱妾，然后乘舟入大明湖投水，由于没有溺死，被元军捕获。

做了俘虏的李璮被绑缚到宗王合必赤帐前，接受审问。参与平叛的东平万户严忠范问道："此是何等做作?"李璮反问道："你每与我相约，却又不来!"元军的另一名主帅史天泽又问:"忽必烈有甚亏你处?"李璮依然反问道:"你有文书约俺起兵,何故背盟?"史天泽等反被问得十分被动,于是就用"宜即诛之,以安人心"的理由,下令将李璮肢解,枭首军门。

史天泽没有按照惯例献俘朝廷,却擅自命令杀掉李璮,虽然不能肯定他与李璮串通反叛,但至少表明其担心李璮更多地泄露汉世侯间议论朝政、诉说不满的秘密。

李璮的反叛招来了与李璮关系密切的中书平章政事王文统的杀身之祸。李璮举兵后,许多人揭发王文统暗中遣其子王荛与李璮通消息。中统三年二月,忽必烈下令以与李璮同谋之罪诛王文统及其子荛,还诏谕天下,说明王文统负国恩而被极刑的真相。

随后,一些忽必烈的藩邸旧臣,如廉希宪、商挺、赵良弼、游显等也受到牵连或追究。或许是受到王文统受重用却同谋逆乱的刺激,忽必烈对这些亲近旧臣的追究、调查也十分严厉。忽必烈对汉世侯军阀昔日与李璮的关系,却没有深究。忽必烈心里十分清楚:汉世侯军阀与李璮的私下交通肯定不会少,一味追究下去,可能会把他们逼到和元政权对抗的地步。况且他们已用率兵征伐李璮的行动表白了对朝廷的忠诚。对忽必烈来说,最迫切的不是追究旧事,而是利用汉世侯害怕被追究的心理,削夺他们的权力,彻底改造汉世侯制度。

于是忽必烈采取了一系列的措施,罢黜汉世侯,收揽权纲。这些措施包括:军民分职,军民官不能由同一人担任,同时每个世侯之家,或军或民,或将或相,只保留一人任官;罢诸侯世守,立迁转法;设置诸路转运司;撤销世侯封邑;易兵而将,切断其与旧部兵卒的隶属及联系;设立监战万户和十路奥鲁总管。通过罢黜汉世侯,忽必烈铲除了危害元王朝的地方军政势力,迅速在汉地构建了中央集权的路、府、州、县秩序。这就彻底解决了汉世侯制度的弊端,此堪称对李璮之乱的积极而高明的善后。

和礼霍孙以儒治国及其失败

阿合马被杀后，忽必烈在至元十九年四月，委任和礼霍孙为中书省右丞相，主持朝政。和礼霍孙是蒙古贵胄，宿卫大臣，原任蒙古翰林学士承旨。

和礼霍孙主持朝政期间，主要做了三件事，即惩治阿合马党羽，裁减冗官，重用儒士和奏开科举。在汉族儒臣许衡、姚枢、窦默等与阿合马抗争失败并相继谢世后，和礼霍孙代表受汉法浸润、影响较深的部分蒙古官宦，试图以上述措施，继续老一代儒臣未竟的汉法改革。

和礼霍孙的所作所为得到太子真金的全力支持。他任右丞相之初，太子真金即加勉励："阿合马死于盗手，汝任中书，诚有便国利民者，毋惮更张。苟或沮挠，我当力持之。"太子真金还对担任中书省参议和左司郎中的何玮、徐琰说："汝等学孔子之道，今始得行，宜尽平生所学，力行之。"

但是，忽必烈对和礼霍孙雅重儒术而"讳言财利事"感到不满，也对动摇蒙古贵族入仕特权的科举之议十分恼火。就在和礼霍孙奏请开科举一个月后，忽必烈解除了他的丞相职务，改命卢世荣入相理财。这就意味着忽必烈强行终止了和礼霍孙和真金的汉法改革，重新把朝政拉回到以理财为中心的轨道上。

桑哥专擅国政

至元二十四年闰二月，安童为首的新中书省执政告一段落，权臣桑哥开始把持朝政。这一变动，又是以总制院使桑哥奉特旨拟定中书省宰相人选，以及麦术丁等中书省官员理财失败为前奏的。

前述卢世荣入相掌管财政，就是桑哥的举荐。至元二十三年七月，桑哥居然草拟中书省官员候选名单奏上。桑哥虽然任职总制院使，但肯定不会有擅自拟定中书省官员的权力，此次草拟，事先得到忽必烈的特旨。忽必烈甚至说："廷中有所建置，人才进退，桑哥咸与闻焉"。看来桑哥此时所持有的特权，有元一代几乎是独一无二，可见他入相前夕已得到信任和亲宠。

此一时期朝廷财政的入不敷出及理财大臣的无能，是桑哥把持朝政及财政方面的背景。元廷大规模征伐交趾、缅国以及防备东道诸王的叛乱，这些都需要充足的财政支持。恰在此时，京师大都发生饥荒，朝廷不得不动用官仓赈济，但是朝廷财政状况并不乐观。至元二十四年闰二月，中书省官员上奏财政严重不足。中书省官员中主管财政的是右丞回回人麦术丁，此人早在和礼霍孙执政时就担任右丞，比较廉洁，但两度入相，理财并未见有显著成绩。此时，不仅右丞麦术丁感到无奈、焦急，忽必烈也为朝廷财政的入不敷出及理财大臣的无能而深感忧虑。至元二十四年闰二月，在大都近郊打猎的忽必烈，召集大臣开会议论钞法。麦术丁将议论的结果上奏，立尚书省主管财政，这就意味着麦术丁等承认自己理财失败而被迫把理财大权交给桑哥为首的尚书省。

桑哥是吐蕃人，通晓蒙、汉、畏兀儿、藏多种语言，起初充任帝师八思巴的译史和忽必烈的侍从官速古儿赤。桑哥随八思巴来京并多次被派遣到忽必烈驾前奏事，受到忽必烈的注意和喜欢，特召为大汗近臣。至元十一年左右，桑哥担任总制院使，负责管理佛教，兼治吐蕃之事。桑哥为人狡猾豪横，办事干练，好言财利，尤其是后者，颇为忽必烈器重。

至元二十四年闰二月，忽必烈颁诏在中书省之外另设尚书省，两省各设官六员。尚书省以桑哥、铁木儿为平章政事，阿鲁浑萨里为右丞，叶李为左丞，马绍为参知政事。数日后，户部尚书忻都增补为参政。又诏告天下，以中书省六部改属尚书省，称尚书六部，改行中书省为行尚书省。

同年十月，桑哥理财初见成效，忽必烈对他宠信眷顾有加，决定给以之为首的尚书省人员加官晋爵。桑哥被任命为尚书省右丞相，兼总制院使，品秩与中书省右丞相相同。

至元二十五年，桑哥奏准总制院改为宣政院，秩从一品。忽必烈又任命桑哥为开府仪同三司，尚书省右丞相兼宣政院使，领功德使司事。此时，桑哥本人的品秩为正一品第一，位在安童之上。

桑哥掌管尚书省后，更定钞法、钩考钱谷，尤其是他实行的钩考，遍及全国，征集数量巨大，这确实给国库暂时增添了一笔可观的收入。然而钩考在民间引起了很大的骚动。随着钩考日益峻刻，反对钩考的意见也相继出现，一些儒臣把辽阳行省大宁路一带发生的特大地震与钩考相附会。于是，至元二十七年忽必烈降旨停止钩考，以弭天变。另外，从至元二十六年闰十月开始，桑哥还奏请忽必烈批准改行赤裸裸的增加课税的办法来补充国库。

桑哥凭借理财才能及其所获得的宠信，很快上升为地位类似阿合马的另一位权臣。元人或曰：桑哥"贪暴残忍，又十倍于阿合马"。此言带有贬斥之意，不一定客观，但桑哥的专横跋扈，比起阿合马的确是有过之而无不及。桑哥担任丞相后，每日钟初鸣即坐于尚书省听事，六部官迟到者要受答责。对行省丞相，宣慰司及路、府、州、县官，桑哥也往往以"稽缓误事"和"慢令之罪"，派遣使臣施以答责之罚。桑哥如此行事，除了提高行政效率外，更增强了自己一人之下、万人之上的权势。忽必烈对此做法，几乎是全力支持。

至元二十六年，桑哥党羽唆使大都民史吉等请求为桑哥立德政碑以颂其德。忽必烈对桑哥宠幸正隆，于是答复说："民欲立则立之，仍以告桑哥，使其喜也。"忽必烈还特意命令擅长草拟诏令文稿的翰林学士阎复为桑哥撰写碑文。碑名曰《桑哥辅政碑》，又名《王公辅政之碑》，树立于尚书省官衙前。又建碑亭覆盖其上，碑亭的墙也被涂成红色。

后来，忽必烈还特旨允许怯薛秃鲁花散班护卫及侍卫亲军一百人充任桑哥的导从，又准许他每天视察内帑诸库可以乘坐小舆。忽必烈特别以"听人议之，汝乘之可也"等语，消除桑哥乘坐小舆的顾虑。忽必烈的宠爱支持，无疑助长了桑哥的权势和气焰。

桑哥得势当权以后，接受贿赂，卖官鬻爵，劣迹昭彰。史书记载，桑哥"以刑爵为货而贩之，咸走其门，入贵价以买所欲。贵价人，则当刑者脱，求爵者得"。不四年，纪纲大紊，人心骇愕。桑哥的专权与跋扈又表现在他对以御史台为首的台察官的压制打击。他一度想把御史大夫玉昔帖木儿贬谪江南，可见其气焰之嚣张。

桑哥卓有成效的聚敛理财、铁腕政治以及专横跋扈，虽然得到了忽必烈较牢固的青睐与宠信，但也引起了众多官僚、贵族的强烈怨愤和反对。反对桑哥的臣僚主要有两部分人，一是汉法派儒臣官员，二是受到某些限制或伤害的蒙古权贵及怯薛宿卫。这两部分中，汉法派儒臣官员反对桑哥由来已久，几乎是和桑哥入相掌权同时开始，而蒙古权贵和怯薛宿卫反对桑哥稍晚。

蒙古那达慕大会

忽必烈看到桑哥已犯众怒，于至元二十八年正月先罢免了桑哥的官职。随后忽必烈派近侍率怯薛三百前往桑哥家抄没，抄得的金宝充栋溢宇，其他物品计算价值，也相当于皇室宫内帑的一半。忽必烈看到被搬来的两箱珍珠和贵重物品，甚为恼怒。三月，忽必烈下令扑倒桑哥辅政碑，并将桑哥逮捕下狱。七月，桑哥伏诛。

至元二十八年初，忽必烈对桑哥的处理，只是罢职问罪，而且大抵是迫于蒙古权贵及怯薛宿卫的压力。桑哥家被抄，其受贿、窝赃巨额珍宝而不上贡，令忽必烈大为恼火，这也是忽必烈对桑哥的看法急转而下，最终于七月杀掉桑哥的直接原因。

总的来说，桑哥是个有争议的复杂人物。他理财变钞，钩考钱谷，殚精竭虑，有力地支撑了世祖朝的财政，而同时他贪赃受贿，恶声狼藉。

完泽、不忽木当政

桑哥获罪后，忽必烈于至元二十八年五月废罢尚书省，重新组建中书省，以总揽朝廷庶政。他任命完泽为右丞相，不忽木、麦术丁为平章政事，何祖荣为右丞，马绍为左丞，贺胜、高翥为参知政事。忽必烈在位最后三年，实际上是完泽与不忽木当政。

不忽木的政治倾向与桑哥相左。忽必烈欲用卢世荣，曾垂询于不忽木，不忽木坚决反对，忽必烈当时很不高兴。桑哥则对不忽木深为嫉恨，曾指着不忽木对其妻说："他日籍我家者，此人也。"

对于王恂和许衡以儒术教导出来的不忽木得以入相，汉人官僚自然感到十分欣喜。不忽木本人的政治态度，自然会影响到至元二十八年以后的朝廷政策。完泽和不忽木当政后，首先是重新起用受桑哥压抑迫害的官员，永远停止钩考钱谷，同时积极整顿台察，强化监察机构。不忽木还特别注意在桑哥急敛暴征之后与民轻徭薄赋和休养生息。

右丞相完泽是蒙古怯薛大臣线真之子。他长期担任太子东宫长官，并监管东宫卫兵。他做事小心缜密，真金太子对他甚为器重，曾称赞他："亲善远恶，君之急务。善人如完泽者，群臣中岂易得哉！"真金死后，完泽曾两次随皇孙铁穆耳征戍北边。但是忽必烈对完泽并不十分信任。有人揭发完泽徇私，忽必烈召来不忽木询问。不忽木替完泽辩护，并建议当面对质，以究真伪，忽必烈依其言而行。对质结果，揭发者屈服，忽必烈大怒，命令左右批打其面颊，而后驱逐之。

如果将忽必烈在位三十五年中的元初五年，以及阿合马专权的二十年算做前两个阶段，自至元十九年到忽必烈逝世的后十余年，似乎可以视为第三阶段，亦即忽必烈七十岁到八十岁的暮年时期。这后十年间，忽必烈已完成统一南北的任务，但他并没有志得意满和停滞不前。与北边海都、乃颜等叛王的战争，海外用兵征伐，镇压江南民众反抗，喇嘛僧作佛事和对蒙古诸王的赏赐等等，都是暮年时期忽必烈不得不应付的大事。为此，忽必烈依然

需要敛财大臣为其办理财政,筹集经费。在和礼霍孙等无法胜任理财的情况下,忽必烈先后用卢世荣立法治财,桑哥实施至元钞、钩考等。卢、桑二人,特别是桑哥,理财成效颇著,却又恃宠专横肆虐,得罪蒙古勋贵、怯薛、汉族儒臣等多方面人士。在这些人的激烈反对下,忽必烈不得不杀掉卢世荣和桑哥。在这段时期内,忽必烈藩邸汉族儒臣老死身亡,一个个在政坛上消失,汉法派儒臣的政治代表,改由受他们熏陶而发生一定儒化的真金太子、安童丞相及不忽水等担任,他们和卢世荣、桑哥激烈争斗并交替掌权。可以说忽必烈暮年之际,朝堂之上依然是腥风血雨,不得安宁,充满了戏剧性的事变和冲突。由于忽必烈身旁汉人精英匮乏,导致他改而重用叶李、赵孟頫等南人名士的奇怪现象。尽管如此,年逾古稀的忽必烈仍然以出色政治家的雄才大略,左右着朝廷大局,仍然按照自己的理念和意志,统治和支配着庞大的元帝国。

丞相完泽与哈剌哈孙

在世祖朝,完泽地位虽高,但并不为忽必烈所赏识。其实任命完泽为中书右丞相并非忽必烈的本意,忽必烈在罢黜聚敛之臣桑哥后,曾准备起用康里人不忽木为丞相,因不忽木固辞才作罢。在不忽木的举荐下,完泽担任中书省右丞相,忽必烈则任命不忽木为中书省平章政事。不难看出,不忽木比完泽更为忽必烈信任。蒙古旧制,非蒙古勋臣、贵族不得进入大汗的寝卧之内,但在忽必烈病重弥留之际,康里人不忽木却被特准不离忽必烈病榻左右,服侍忽必烈用药。前已述及,忽必烈任命不忽木与御史大夫玉昔帖木儿、知枢密院事伯颜三人为顾命大臣,令其留在禁中,接受忽必烈的遗诏,偏偏年龄、地位均在不忽木之上的中书省右丞相完泽,却被排除在顾命大臣之外。这想必会或多或少激起完泽对不忽木的怨恨。在完泽丞相看来,自己被排除在顾命大臣之外,与不离忽必烈左右的不忽木应该有关。

成宗即位后,谨慎奉行世祖朝定制,强调宽宥惟和,因此也被称为守成之君。在政府主要官员的任命上,成宗也基本上沿用了世祖朝的原有班底。

完泽继续担任中书省右丞相,并且直到大德二年(1298)哈剌哈孙担任中书左丞相之前,他一直是唯一的中书省丞相。与世祖朝完泽未能得到忽必烈的充分信任不同,成宗十分器重完泽,大德四年(1300)又加其为太傅,录军国重事,这主要是因为完泽与太子真金家族关系密切,并深得其赏识。完泽长期担任太子东宫的詹事长和怯薛长,世祖朝身为皇孙的铁穆耳两次出兵北方,完泽都跟随前往,可见完泽与真金家族以及铁穆耳的关系非同一般。忽必烈死后,完泽虽不是顾命大臣,但他内秉皇太后阔阔真之谋,外合宗亲、大臣之议,为促成成宗即位也立下了汗马功劳。

正是因为完泽与太子真金家族的密切关系,所以在成宗即位后,完泽首议加上祖宗尊谥庙号,厚待皇太后,以示"天子为人子之礼"。于是至元三十一年四月,成宗尊父亲真金为皇帝,尊母亲阔阔真为皇太后。五月,遣摄太尉兀都带奉玉册玉宝,尊谥忽必烈曰圣德神功文武皇帝,庙号世祖;尊谥察必皇后曰昭睿顺圣皇后;尊谥皇考真金曰文惠明孝皇帝,庙号裕宗。同时改皇太后阔阔真所居旧太子府为隆福宫,以詹事院之钱粮、选法、工役悉归皇太后位下,改詹事院为徽政院以掌之。

可能深受真金太子及父亲尊儒的影响,完泽反对理财大臣的聚敛政策。他任中书右丞相后,革除桑哥弊政,免除了自中统初年以来百姓拖欠的钱粮。在成宗朝,完泽在恪守世祖定制的同时,力主推行惠民政策,与民休息,罢征安南之师。正所谓"朝廷恪守成宪,诏书屡下散财发粟,不惜钜万,以颁赐百姓,当时以贤相称之"。可以说成宗朝的守成政策与完泽的处事作风直接相关。

世祖、成宗两朝右丞相完泽以为人忠厚著称,真金太子曾称其为善人。但完泽与中书省平章政事不忽木的关系却不是很融洽。前已述及,丞相完泽早对不忽木怀有几分怨恨,但不忽木毕竟是先朝的顾命大臣,是辅佐成宗即位的功臣,成宗及皇太后也都对不忽木十分尊敬,廷议大事多采不忽木之言,完泽亦无可奈何。但一山难容二虎,同是中书省主要官员的完泽与不忽木越来越难以相处。不久,不忽木被奏降官为陕西行省平章政事,史料中隐去了上奏者的名字,仅以执政代之,从当时的情形看,必是完泽无疑。

在皇太后的劝说下，成宗欲留任不忽木，但不忽木深知自身已经很难在中书省立足，只有低调行事，才可以自保，于是"以与同列多异议，称疾不出"。无奈之下，成宗专任其为昭文馆大学士，平章军国重事。而不忽木则辞曰："是职也，国朝惟史天泽尝为之，臣何功敢当此？"于是成宗改其职平章军国重事为平章军国事，方才令不忽木勉强满意。到成宗大德二年，不忽木兼行御史中丞，大德三年（1299）又兼领侍仪司事。大德四年，不忽木去世。不难看出，不忽木深谙为官之道，处事小心谨慎。

完泽在成宗朝之所以位高权重，与另两位顾命大臣在成宗即位后不久相继去世也有一定的关联。成宗即位的当年，开府仪同三司、太傅、录军国重事、知枢密院事伯颜便去世了。次年，开府仪同三司、太师、录军国重事、知枢密院事玉昔帖木儿也病逝。两位地位甚高的顾命大臣的去世，无疑使得完泽的地位日益凸显。

哈剌哈孙，蒙古斡剌纳儿氏。至元九年充怯薛宿卫，袭封答剌罕（一种崇高的封号，可世袭，享有特权）。为人雅重儒术，不妄言笑，善骑射，工国书。至元二十二年，拜大宗正，执法平允。至元二十八年，在蒙古勋贵、忽必烈第一怯薛长月赤察儿的推荐下，任湖广行省平章政事，政绩显著，"威德交孚，洽于海外"。大德二年，拜江浙行省左丞相，上任仅七日，在不忽木的举荐下，任中书左丞相，从而改变了中书省只有完泽一人为相的局面。中书省左、右丞相均为不忽木所举荐，不能不说不忽术颇有远见卓识，其能力较之于丞相完泽，确实略高一筹，难怪忽必烈对其如此信任。

哈剌哈孙的施政作风与丞相完泽有很多相似之处。他叱责那些一味言利聚敛的官员，提倡节用爱民，反对征伐劳民。遇有大事，则延请儒臣讨论。当时京师没有孔子庙，而国子学寓居他署，没有自己的固定馆舍。于是哈剌哈孙奏建文宣王庙（孔庙），营建国子学于文宣王庙旁。他还选名儒为学官，吸收近臣子弟入学。由于许多担任宿卫的国子学学生每年都要跟随成宗前往上都，于是哈剌哈孙命国子助教尚野建立国子分学于上都，以教诸生，仍铸印以给之。

大德七年（1303），右丞相完泽死，哈剌哈孙升任中书右丞相。大德九年

(1305)十月乙未,成宗谕中书省、枢密院、御史台臣曰:"省中政事,听右丞相哈剌哈孙答剌罕总裁,自今用人,非与答剌罕共议者,悉罢之。"大德十年(1306),哈剌哈孙又加拜开府仪同三司兼修国史,地位进一步上升。哈剌哈孙担任中书省右丞相期间,重视监管官吏,完善国家法制。他精加遴选官吏,"定官吏赃罪十二章及丁忧、婚聘、盗贼等制,禁献户及山泽之利"。

理财之臣梁德珪

梁德珪,大都附近大兴良乡人。最初任职于世祖察必皇后宫中,学习蒙古语,后又奉旨学习回回理财之法。他还有一个回回人的名字即梁暗都剌。梁德珪在至元末年跻身中书省宰执之列,他熟悉中书省事务,做事干练果断,"在省日久,凡钱谷出纳之制,铨选进退之宜,诸藩赐予之节,命有骤至,不暇阅简牍,同列莫知措辞,德珪数语即定;间遇疑事,则曰某事当如某律,某年尝有此旨,验之皆然"。梁德珪颇得成宗的赏识,历任中书省参知政事、左丞、右丞、平章政事,其升迁之快实为罕见。

世祖罢黜理财聚敛之臣桑哥后,为了应对财政日益入不敷出的困境,必须物色新的理财之臣,这时伯颜即赛典赤、梁德琏等就充当了这一角色。成宗朝由于不断对诸王、勋臣进行巨额的赏赐,加之冗官、腐败等,朝廷的财政状况近于崩溃,这种情况下,颇有理财之能的梁德珪升迁如此之快就在情理之中了。

但此一时期的赛典赤、梁德珪理财,与世祖朝阿合马、桑哥理财大不相同。阿合马、桑哥当政期间,无不架空中书省而另立尚书省,他们与中书省之间的关系极为紧张。而赛典赤、梁德珪同为中书省宰执官员,在他们之上还有一贯反对聚敛政策的丞相完泽和哈剌哈孙,这就决定了赛、梁的理财是以一种较为温和的方式进行。赛、梁在理财方面的具体作为主要表现在奏请继续任用阿合马余党中书省右丞阿里、建言厘正原属编民、增加岁课等方面。赛、梁理财最基本的作用是支撑了成宗一朝日益困难的财政局面。

但赛、梁等理财之臣的举动引发了一些御史台官员的不满。至元三十一年六月，御史台臣言：“名分之重，无逾宰相，惟事业显著者可以当之，不可轻授。”御史台的此番言论当是对一些理财大臣进入宰执行列表示不满。大德八年九月，当因受贿案而被罢黜的伯颜、梁德珪、八都马辛等官复原职时，御史杜肯构上书成宗：“伯颜等树党受赇，谪戍远方，道路相庆……天下之人，目伯颜、梁德珪、八都马辛为三凶，三凶不诛，无以谢天下，又况迷而火者、阿里等与之同恶相济，浊乱朝纲，是以比年灾异屡见。”“请将群凶或斥或诛，明正其罪。”另一名御史中丞何玮亦就此上奏章弹劾，“前后数十上，皆不报”。这里提到的八都马辛、迷而火者、阿里等均为中书省宰执官员。不过成宗并没有采纳御史台大臣的意见，将这些理财腐败之臣罢黜，而是继续加以重用。究其原因，乃是成宗确实需要这些理财之臣来保证国家财政的正常运行。大德八年九月，梁德珪死去。武宗即位后，伯颜也因支持安西王阿难答为帝而被杀，赛、梁理财秉政的局面宣告结束。

当时，中书省理财之臣面对御史台官员的攻击，积极予以反击。史载：“成宗新嗣位，时宰不快于御史台，成宗是其言，让责中丞崔公彧。”随后，御史中丞崔彧通过道教宗师张留孙引荐，疏通丞相完泽及成宗近臣，此事才作罢。这件事的起因是元贞二年（1296），成宗有旨建五台山佛寺，皇太后将临幸。监察御史李元礼上奏，以劳民伤财为由反对在五台山建佛寺以及皇太后临幸五台山。对这一奏章，台臣未敢上呈成宗。大德元年（1297），侍御史万僧与御史中丞崔彧有矛盾，就借此事上奏说：崔彧结党监察御史李元礼，反对在五台山建佛寺，并且大言不惭，攻击佛教。于是成宗大怒，敕右丞相完泽、平章不忽木负责查办此事。由此看来，侍御史万僧应该是在那些“不快于御史台”的中书省宰执的唆使下向成宗告发此事。这里的中书省宰执官员很可能就是赛典赤和梁德珪之流。不过在处理省官与台臣的关系上，成宗恪守世祖定制，既倚重省官理财，又容忍御史台臣直言上谏，力求折中不偏。

元宫秘史

儒臣李孟

李孟,字道复,潞州(治今山西长治)上党人。其曾祖李执为金末进士。祖李昌祚,归附蒙古,蒙廷授金符、潞州宣抚使。父李唐,先后在陕西、四川任官,因此徙居汉中。李孟十分聪慧,七岁能文,博闻强记,通贯经史,善论古今治乱之道。李孟学成后开门授徒,远近争从学之。当时的名士商挺、王博文等,都屈尊与李孟交游。

至元十四年,李孟随父亲来到四川,行省、行御史台先后欲任用之,李孟均辞不就。后李孟因事来到大都,中书右丞杨吉丁一见奇之,推荐给真金太子。不料真金随即去世,李孟没有来得及受到真金的擢用,因未得重用,他不久就离开了大都。成宗即位后,为了编写先朝实录,命采访先朝圣政以备史官记述,陕西行省于是命李孟讨论编写相关内容,乘驿传送至京师。当时海山、爱育黎拔力八达尚未成年,祖母徽仁裕圣皇后阔阔真求名儒为他们辅导,这时有人将李孟推荐给了阔阔真,于是李孟成为二人的老师。大德三年,海山受命抚军北方、出戍漠北,爱育黎拔力八达则继续留在宫中,跟随李孟学习。李孟向爱育黎拔力八达"日陈善言正道,多所进益",也就是在李孟为代表的一批儒士的熏陶下,仁宗逐渐接受了儒学汉法。

成宗统治后期,卜鲁罕皇后干政。为了能够让自己的儿子顺利继承皇位,卜鲁罕皇后将答己母子出居怀州,又至官山。答己母子遭受这一重大变故期间,李孟一直跟随在身边,在怀州居四年,始终诚节如一,不断用儒家思想感化爱育黎拔力八达。爱育黎拔力八达在其影响下,也对儒学产生了浓厚的兴趣,一有时间,就与李孟讲论古代帝王得失成败,以及君君臣臣父父子子之义,这就为爱育黎拔力八达即位后吸收儒学汉法奠定了基础。

成宗死后,由于卜鲁罕皇后所生太子先于成宗夭折死去,故其与安西王阿难答勾结,准备让阿难答即位。以中书右丞相哈剌哈孙为代表的一些大臣坚决反对。为了阻止卜鲁罕皇后集团的图谋,哈剌哈孙派人通知海山兄弟,准备扶植他们夺取皇位。在这一政局变动的关键时刻,李孟充当了爱育黎拔力八达的重要谋臣,他先是说服爱育黎拔力八达听从哈剌哈孙的建议返回大都夺取政权,在其控制大都后,他又力劝其即位。不过海山以武力为后盾,最终迫使爱育黎拔力八达让出皇位。

海山即位后,李孟害怕受到惩罚,于是逃去,不知所终。这也可以看出李孟是在政治上十分圆滑的人物,他既想利用平生所学参与朝政,有一番作为,又惧怕政治斗争,尤其是在政治形势对己不利时,他选择的不是积极应对,而是逃避隐遁。"孟久在民间,备知闾阎幽隐,损益庶务,悉中利病,远近无不悦服"。果然,海山即位后,有人揭发李孟曾经劝爱育黎拔力八达抢先即位一事,此时武宗已与弟弟达成了"兄弟叔侄,世世相承"的约定,不想再追究,故没有追查此事。爱育黎拔力八达深知武宗这样做只是不愿激化兄弟二人的矛盾,武宗肯定对李孟心怀忌恨,于是也暂时不敢在武宗面前提及起用李孟之事。

至大二年,一日爱育黎拔力八达在与武宗、答己太后宴饮之时,陷入沉思,颇为伤感,武宗问及何故闷闷不乐,遂借此上奏李孟在平定卜鲁罕皇后集团中的功绩,所谓"成今日母子兄弟之欢者",李孟立下了汗马功劳。武宗甚为友爱,为其言所动,命人寻访李孟,最后在许昌陉山找到了李孟,武宗遂遣使召见。

至大三年春正月,李孟朝见武宗于大都玉德殿。武宗指着李孟对宰执大臣说:"此皇祖姚命为朕宾师者,宜速任之。"同年三月,武宗特授李孟荣禄大夫、中书平章政事、集贤大学士、同知徽政院事。待到次年仁宗即位后,更是对李孟大加重用,拜中书平章政事,进阶光禄大夫,推恩其三世。仁宗对李孟说:"朕之旧学,其尽心以辅朕之不及。"李孟在担任中书平章政事后,勤于国事,帮助仁宗纠正武宗朝弊政,"以国事为己任,节赐予,重名爵,核太官之滥费,汰卫士之冗员,贵戚、近臣恶其不利于己而莫敢言也。前所建新法有未便者,奏请革去,百司庶政一遵世祖皇帝成宪而行焉"。但李孟的性格里还有曲意迎合、保全自己的一面。至大四年四月,仁宗刚刚登上皇位仅一个月,李孟进言道:"陛下御极,物价顿减,方知圣人神化之速,敢以为贺。"帝蹙然曰:"卿等能尽力赞襄,使兆民乂安,庶几天心克享,至于秋成,尚未敢必。今朕践阼曾未逾月，宁有物价顿减之理？朕托卿甚重，兹言非所赖也。"

针对朝廷名爵太滥，僧道官扰乱政事等现象，李孟请罢之，"滥冒名爵者，悉夺之，罢僧道官，天下称快"。仁宗早年在出居怀州之时，亲眼看见了国家吏治的腐败，即位后"欲痛划除之"。李孟则进言道："吏亦有贤者，在乎变化激厉之而已。"李孟的这番话得到了仁宗的认可与称赞："卿儒者，宜与此曹气类不合，而曲相护祐如此，真长者之言。卿在朕前，惟举人所长，而不斥其短，尤朕所深嘉也。"当时承平日久，朝中奢靡之风泛滥，车服僭拟的现象普遍，上下无章，近臣不断恃恩求请。而宰执官员对此不但不加以抑制，甚至更相汲引，谋求赏赐，"耗竭公储，以为私惠"。李孟上言："贵贱有章，所以定民志；赐与有节，所以劝臣下。请各为之限制。"

李孟虽想有一番作为，但面对蒙古权贵及近侍充斥朝堂，蒙古旧制依然为国家政权核心的局面，常常感到难以自保，无力回天，萌生了再次隐退的念头。于是李孟上书请求辞官："臣学圣人道，遭遇陛下，陛下尧、舜之主也。臣不能使天下为尧、舜之民，上负陛下，下负所学，乞解罢政权，避贤路。"不过，在复杂的宫廷斗争中，仁宗一直视李孟为亲信，并十分欣赏他的治国之术。仁宗拒绝李孟的请求，并安慰道："朕在位，必卿在中书，朕与卿相与终始，自今其勿复言。"仁宗赐爵李孟为秦国公，亲自授以印章，命学士院降制。在仁宗未即位前，尝因公所自号，命集贤大学士王颙书"秋谷"两大字，并盖上自己的玉玺赐给李孟。此时，仁宗命绘工画其像，又敕词臣作画像赞。每次李孟朝见，仁宗必赐坐。交谈之时，仁宗常称呼李孟的字而不直呼其名，可见李孟受到的礼遇之高。仁宗尝语近臣曰："道复以道德相朕，致天下蒙泽。"并赐李孟钞十万贯，营建私邸。李孟辞曰："臣布衣际遇，所望于陛下者，非富贵之谓也。"对仁宗的赏赐皆辞不受。

皇庆元年正月，仁宗授李孟翰林学士承旨，知制诰兼修国史，仍平章政事。不久，李孟以归葬父母于潞州先茔为由，请求离职，仁宗为之饯行，说道："事讫，宜速还，毋久留，孤朕所望！"同年十二月，李孟入朝，仁宗甚为高兴，对李孟大加慰劳。不过李孟还是请求辞官，仁宗婉拒了李孟的请求，但鉴于李孟的坚决态度，命李孟以平章政事议中书省事，承旨翰林。到皇庆二年夏，李孟连续三次上奏，请求归还国公之印，仁宗最后只好勉强同意。

仁宗每次与李孟谈论用人之道，李孟又常建言恢复科举制，谓"人材所出，固非一途，然汉、唐、宋、金，科举得人为盛。今欲兴天下之贤能，如以科举取之，犹胜于多门而进，然必先德行、经术而后文辞，乃可得真材也"。仁宗最终同意李孟的意见，下诏行科举。此后，延祐元年十二月，仁宗复拜李孟为平章政事。二年春，命知贡举，及廷策进士，又命为监试官。七月，进金紫光禄大夫、上柱国，改封韩国公，任职如故。不久，李孟以年老有病为由再次请求辞官，仁宗不得已，同意了李孟的请求，但仍任命他为翰林学士承旨，李孟也常可以与仁宗共同宴饮，受到了极高的礼遇。

延祐七年，仁宗崩，英宗初立，权臣太师铁木迭儿复为丞相。由于李孟曾经不愿归附铁木迭儿，铁木迭儿向英宗进谗言，诽谤诬陷李孟，结果英宗下诏，"尽收前后封拜制命，降授集贤侍讲学士、嘉议大夫"。铁木迭儿认为李孟必然会辞而不受，正好可以再次借机中伤李孟，不料李孟欣然拜命，毫无怨言。当时翰林学士刘赓前来慰问李孟，李孟即与之同入集贤院。宣徽使上奏英宗，李孟今天担任的这一职务，按照旧例皇帝应该赐酒给他。英宗对李孟的行为颇为惊诧，他说：李孟怎么能愿意降尊到集贤院任职呢？时铁木迭儿子八尔吉思正在英宗旁边，英宗对八尔吉思说道："尔辈谓彼不肯为是官，今定何如！"结果铁木迭儿等人的阴谋没有得逞。

李孟曾对人讲："老臣待罪中书，无补于国，圣恩宽宥，不夺其禄，今老矣，其何以报称！"英宗听到李孟的言论后开始敬佩李孟，对李孟也有所开恩。至治元年（1321），李孟辞世，御史台官员屡次上书为李孟申辩，英宗最终下诏予以平反。至治年间，赠旧学同德翊戴辅治功臣、太保、仪同三司、上柱国，追封魏国公，谥文忠。

李孟胸怀开阔，才能过人，三次任职中书省，洞悉民间疾苦，知无不言，在议论时政之时，引古证今，表述准确得当。他善于发现和重用人才，对于发现的贤能之才，不管贵贱，他都予以提拔。他生活简朴，"退居一室，萧然如布衣"。故时人云："皇庆、延祐之世，每一政之缪，人必以为铁木迭儿所为;一令之善,必归之于孟焉。"

诚如前述,李孟也有其圆滑的一面,他曾参与了一些中书省官员打压御史台的行动。一年大旱,庄稼没有收成,御史台臣奏言云:一定朝中奸臣当道,民间多冤狱,从而"感伤和气所致"。仁宗下旨举行御前会议讨论此事。中书省平章政事李孟认为,此事应该由自己负责,愿意辞官让贤。另一名平章政事忽都不丁则说,御史台臣应该负有主要责任。而平章刘正则说,御史台、中书省本是一家,应该同心同德治理国家,所谓"台省一家,当同心献替,择善而行,岂容分异耶!"应该说刘正的说法是颇为公允客观的。不料李孟竟然不同意刘正的意见,转而支持忽都不丁所言。李孟这样做显然有着打击御史台的意图。另有一次,中书省右丞相铁木迭儿传旨,各地监察机构廉访司的职权太大,经常判案有误,自今不许独立处理六品以下的官员。中书省平章忽都不丁、李孟都赞同这一规定,并准备推行之,只有刘正奏言反对,认为需要做的是认真遴选合格的廉访司官员,而不是更改现有的法律制度。最终这项动议因为刘正的反对而作罢。

答已及铁木迭儿干政

延祐七年正月,仁宗崩于大都光天宫。同年三月,年仅十七岁的太子硕德八剌登上皇位,是为英宗。与前朝各皇帝相比,英宗是最年轻,同时也最没有政治军事经验的皇帝。他是在仁宗的一手扶植下即位的,同时也争取到了太皇太后答已势力集团的支持。在仁宗以及朝中儒臣的影响下,硕德八剌很早就受到了中国传统儒家文化的影响。在他被立为太子后,不少儒臣官员就上言让他接受贤达之人的正确教导,并视之为"天下休戚之源"。

史称硕德八剌即位前就知书达礼,以孝为先。延祐六年十月,仁宗开始让硕德八剌协助处理政务,诏命朝廷各机构的事务必须先禀告皇太子,然后才能上奏仁宗。硕德八剌就此对中书省大臣说,仁宗任命他治理国家大事,受命后日夜诚惶诚恐,担心不堪重任,辜负了仁宗的重托;中书省大臣应当殚精竭虑,恪尽职守,切不可使朝政紊乱,以免父皇忧虑。延祐七年正月,仁宗病重，硕德八剌面容憔悴，夜里焚香为仁宗祈福。他哭泣着说道，仁宗以仁慈治理天下，功绩卓著，四海清平，不料患有重病，不如让这种惩罚转降到他身上，使仁宗永为万民之主。仁宗死后，他极度悲伤，穿白孝衣睡在地上，每天只喝一次粥。这些记载或许有时人颇多渲染，但至少可以反映出硕德八剌是一位乐于接受儒学汉法的皇帝。英宗即位后，曾亲笔书写唐代诗人皮日休的名句"吾爱房与杜，魁然真宰辅。黄阁三十年，清风亿万古"，把它赠给丞相拜住。这既表明了英宗重用拜住以及励精图治的决心，也反映出英宗已有较深的汉文化素养。蒙元诸皇帝多不识汉字，英宗所具有的汉文化素养，在元代诸帝中并不多见。

仁宗虽利用手中的权力使英宗顺利登上皇位，却未能留给他一个可以大展宏图的政治环境。英宗的即位是仁宗与答己势力集团达成的妥协，答己同意仁宗改变与武宗的约定，立硕德八剌为帝，也有出于自身利益的考虑。一向乐于干预朝政的答己看到硕德八剌年幼柔懦，易于控制，才同意拥立他即位。不过，英宗远非是一个柔弱、任人摆布的皇帝，年幼的他即位后，颇想独掌大权，成就一番丰功伟业。这样，英宗与答己势力集团的冲突就不可避免。

为了能够掌握朝中大权，太皇太后答己在仁宗去世后更加肆无忌惮地干涉朝政，发展自己的势力。老谋深算的答己一开始并没有把少不经事的英宗放在眼里。延祐七年春正月，仁宗刚刚去世，答己就利用英宗尚未正式即位之机，迫不及待地将自己的亲信，太子太师铁木迭儿重新提拔为中书右丞相。随即答己利用铁木迭儿，在朝中提拔亲信、打击异己，一时间政治空气变得十分紧张、恐怖。延祐七年二月，答己集团又任命亲信，江浙行省左丞相黑驴为中书省平章政事。在答己集团的安排下，陕西行省平章政事赵世荣为中书平章政事，江西行省右丞木八剌为中书右丞，参知政事张思明为中书左丞，中书左丞换住则罢为岭北行省右丞，前朝平章政事赤斤铁木儿、御史大夫脱欢则罢为集贤大学士。另外，中书平章政事兀伯都剌被罢为甘肃行省平章政事，阿礼海牙被罢为湖广行省平章政事。同时，一大批在仁宗朝曾经弹劾过铁木迭儿的高官遭到打击、报复。铁木迭儿剥夺了前中书平章政事李孟所受秦国公制命,命人扑倒李孟祖先墓碑。铁木迭儿还以违抗太皇太后懿旨的罪名,矫命杀害了前朝政敌御史中丞杨朵儿只、中书平章政事萧拜住,并籍没他们的家产。延祐七年五月,英宗在上都,铁木迭儿忌恨上都留守贺伯颜向来不依附自己,便上奏英宗,贺伯颜穿便服迎接诏书,大为不敬,结果贺伯颜被杀。上都之民听到贺伯颜被杀的消息后,很多人为之感伤流泪。

英宗在正式即位之前,已经对答已集团企图控制朝政的举动十分不满。延祐七年二月,参议中书省事乞失监因卖官被查办,刑部根据法律断以杖刑,而太皇太后却命人施以答刑,对此他认为不可,他说:"法者天下之公,徇私而轻重之,非示天下以公也。"最终乞失监被施以杖刑。同月,徽政院使失列门根据太皇太后答已的命令请求更换朝中官员,硕德八剌说,这并非除授官员之时,况且朝中的先帝旧臣怎能随意撤换,等到他即位后,会与宗亲、元老商议此事,任人唯贤。延祐七年三月,英宗正式登上皇位,太皇太后答已前来道贺,不料英宗却毅然见于色。答已回来后十分后悔,说道:"我不拟养此儿耶。"答已逐渐饮恨成疾。自此以后,英宗与太皇太后答已的矛盾日益尖锐。

不愿坐视答已集团发展势力的英宗开始行动起来。延祐七年四月,英宗以自己的亲信拜住为中书平章政事,五月又提拔他为中书左丞相,地位仅次于铁木迭儿。此时的宫廷之中,已经充斥太皇太后答已的势力,英宗可谓势单力薄。不过年轻气盛的英宗,显然没有充分认识到政治形势对自己的不利,仍强行推行政治改革。延祐七年三月,英宗下令裁减上都留守司留守五名;降太常礼仪院、通政院、都护府、崇福司,并为从二品,蒙古国子监、都水监、尚乘寺、光禄寺,并为从三品,给事中、阑遗监、尚舍寺、司天监,并为正四品。同月,英宗下令禁止擅自上奏。四月,罢行中书省丞相,河南行省丞相也先铁木儿、湖广行省丞相朵儿只的斤、辽阳行省丞相,并降为本省平章政事,只有征东行省丞相高丽王不降。英宗还下诏京师势要之家与百姓均要服役,同时纠正朝廷百官越等接受官阶的情况。延祐七年五月,中书省大臣请求禁止擅自任命官员,英宗表示大力支持,他说,他恐怕自己会有所遗忘,将来再有滥赐名爵的现象发生,中书省官员要直言上奏。可以说在与答己集团斗争处于下风的情况下,英宗的改革过于迅速,又将矛头直指朝中高官,这不可避免会造成自己不断被孤立。英宗的这一做法,也与历来蒙古皇帝即位伊始大行赏赐,笼络宗亲、大臣的旧制背道而驰。

英宗刚刚即位两个月,就经历了一场阴谋废黜自己的事件。延祐七年五月,有人告发岭北行省平章政事阿散、中书平章政事黑驴及御史大夫脱忒哈、徽政使失列门等,与故要束谋妻亦烈失八阴谋废黜英宗,英宗便将这些涉案者统统诛杀。中书省左丞相拜住请求英宗彻查此事,由于

元朝服饰

英宗意识到此事的幕后主使是太皇太后答己,便没有继续深究。英宗十分清楚地知道,答己集团的势力实在是太大了,此时与答己摊牌,恐怕自己会更加陷于孤立。就在此次阴谋废立事件发生后,英宗还重赏铁木迭儿等,以示安抚。同月,以籍没的贺伯颜、失列门、阿散的家赀、田宅赐给铁木迭儿等人。英宗对这次事件的严肃处理,不能不说是对太皇太后集团的一个严重警告。太皇太后答己虽然在朝中势力很大,但英宗毕竟是掌有实权的一国之君,尤其京师宿卫的军权牢牢控制在英宗手中,此后英宗在与答己集团的较量中开始略占上风。

延祐七年八月戊午,铁木迭儿因大臣赵世延曾经弹劾过自己,诬告赵世延不敬,将其捉拿下狱。铁木迭儿还请求英宗诛杀赵世延,并且追查中书省、御史台大臣中有无同犯,结果英宗拒绝了铁木迭儿的奏请。英宗对近侍讲,铁木迭儿欲置赵世延于死地,而他素闻赵世延忠良。由于英宗重用中书省左丞相拜住,拜住实际上掌管了中书省,身为中书省右丞相的铁木迭儿反而被逐渐架空。一次,拜住奉旨前往范阳为祖先木华黎立碑,借口在家养病的铁木迭儿听说拜住将要暂时离开京师,便准备到中书省处理政事。不料,

元宫秘史

英宗遣使赐酒给铁木迭儿，并说铁木迭儿年老，宜在家休养，等到来年新年再来处理公务吧。于是铁木迭儿气愤地返回住所。可见，在英宗与左丞相拜住的抵制下，答己及铁木迭儿的势力受到了很大的牵制。

不过，朝中形势不久发生了逆转。至治二年（1322）八月庚寅，中书右丞相铁木迭儿卒，次月太皇太后答己亦死去。这样，干政的太皇太后答己集团就失去了靠山，英宗得以掌控朝政。至治三年（1323）五月戊申，监察御史盖继元、宋翼奏言："铁木迭儿奸险贪污，请毁所立碑。"英宗准奏，并追夺铁木迭儿官爵及封赠制书。七月，籍铁木迭儿家资。

太皇太后答己是元代政治史上特别重要的人物，其于武宗、仁宗、英宗三朝政局发挥着重要的影响。《元史》卷一百一十六《后妃传》对答己有如下评价："后性聪慧，历佐三朝，教宫中侍女皆执治女功，亲操井臼。然不事检饬，自正位东朝，淫恣益甚，内则黑驴母亦烈失八用事，外则幸臣失烈门（失列门）、纽邻及时宰迭木帖儿相率为奸，以至箠辱平章张珪等，浊乱朝政，无所不至。及英宗立，群幸伏诛，而后势焰顿息焉。"

<h1 style="text-align:center">拜住与铁失</h1>

拜住为成吉思汗时代蒙古左手万户木华黎国王的后裔。其祖父安童，在世祖朝长期担任中书省右丞相，统领怯薛宿卫。武宗至大二年，拜住袭任怯薛宿卫长，地位尊崇。仁宗即位后，延祐二年，拜住任资善大夫、太常礼仪院使。四年，进阶荣禄大夫、大司徒。五年，进阶金紫光禄大夫。六年，加授开府仪同三司。拜住每次参议国家大事，总是询问是否合乎旧制。太常礼仪院事务不多，拜住在空闲时间总是延请儒士咨询古今礼乐、行政、治乱得失，整日不知疲倦。英宗尚为太子之时，曾向左右询问宿卫之臣的情况，大家都称拜住贤能，于是遣使召见，欲与之交谈，不料拜住竟然婉言回绝了邀请。拜住认为硕德八剌此时应该行事谨慎，他作为仁宗的宿卫大臣，与太子往来，恐遭人怀疑，这会对太子不利。

英宗即位后，拉拢、重用拜住，延祐七年四月，起用拜住为中书平章政事,五月又提拔他为中书左丞相。这样,在太皇太后答己及右丞相铁木迭儿势力充斥朝堂的背景下,英宗利用提拔拜住来制衡铁木迭儿的势力。左丞相拜住为蒙古勋臣之后,又长期担任怯薛宿卫长,在一向很重视根脚出身的蒙元朝廷,拜住的地位无疑是十分显赫的。另外,拜住与英宗在政见上也很契合,他们都主张吸收儒学汉法。拜住作为东平王安童的后裔长期居住在山东地区,深受汉地文化的影响。东平王家族与汉族士大夫集团有着长期的交往与合作,因此这个家族中出现过不少蒙古儒者。此前,拜住作为主掌礼仪、祭祀宗庙和赠谥的太常礼仪院使,有更多的机会与儒臣交往,并受其影响。所有这一些,都使得英宗十分信任、重用拜住。在英宗即位后不久,拜住就率领宿卫之士帮助英宗镇压了太皇太后答己支持的失列门、亦烈失八等的谋逆,沉重打击了答己集团的嚣张气焰。

拜住执法严峻,协助英宗革除近侍干政、徇私枉法等弊政。英宗近侍传旨到中书省,给出了六七百人的注官名单,负责此事的中书省机构选曹的正常工作程序被打乱。拜住为此上奏英宗,奏准革除了上述近侍的传

元朝铁制武器

旨。拜住认为选注官员应该按照相关制度有序进行;在惩治违法官吏方面,拜住则认为对做事合理但不合法的官吏可以从宽处理,而对于那些贪污暴虐的官员,一定要严惩不贷。英宗曾对左右之人讲,你们一定要谨慎行事,一旦触犯了国家的法律,丞相拜住决不会饶恕你们。

拜住还经常建言英宗遵循礼制,不要铺张浪费,滥用民力。至治元年春正月,英宗欲结彩楼于宫中,准备正月十五张灯设宴。时仁宗死后不久,英宗尚在服丧期间,为此参议官张养浩上疏请求英宗取消这一计划。拜住认为张养浩的上疏十分合理,于是便拿着这道上疏入宫禀明英宗,结果英宗欣然接受了张养浩的建言,并对张养浩进行赏赐以褒奖他直言不讳的行为。至治元年三月,拜住跟随英宗巡幸上都,中途驻扎在察罕脑儿之地。英宗觉得自己的行宫亨丽殿过小,准备扩建,拜住持反对意见,他上奏说,该地气候

寒冷，只有到了夏天才能种些粟黍之类的作物，皇上即位不久，如果马上兴此大役妨害农业生产，恐怕会有损皇上在百姓心中的威望。英宗采纳了拜住的意见。

英宗虽对亲信拜住大加重用，但有时也担心拜住不能尽心治理国政或完全效忠自己。一次，英宗对拜住讲，你身为国朝重臣木华黎、安童的后裔，一定要励精图治，尽职尽责。拜住深为触动，马上回答道，英宗委他以大任，他日夜担心三件事：一是有辱祖宗的名声。一是天下政事繁多，自己恐有处置失当的地方。一是自己年少不堪重任，无法回报英宗的大恩。为此拜住希望英宗对自己严加训斥，英宗于是安慰拜住说道，天下之大，并非他一人的思虑所能及，希望拜住不要忘记他的规谏，好好辅佐他治理国家。拜住叩头谢恩说，古时尧、舜为君主，他们遇事征询众人的意见，从善如流，古往今来人们都称他们为圣君，而桀、纣为君主，拒绝听取别人的意见，刚愎自用，重用小人，结果国家灭亡，自己也被杀害，人民至今仍称他们为无道之君。拜住进一步讲，自己身受大恩，怎能不竭忠报效，然而事情总是言易行难，希望皇上身体力行，而如若他知而不言，则是他自己的罪过。

拜住虽为蒙古贵族，但自幼对儒学汉法有较深的了解，这对其施政产生了深远的影响。拜住认为学校是施政教化的根源，似缓实急，而由于得不到主管官员的重视，致学校废驰。拜住于是请求令朝堂内外的官员共商拯治之策。朝中有人言佛教可治天下者，英宗就此事询问拜住，拜住则回答佛教只可以修身，只有儒学才可治天下。英宗又询问拜住：当今也有像唐朝魏徵那样敢直言上谏的官员吗？拜住回答道："盘圆则水圆，盂方则水方。"即有了唐太宗那样善于纳谏之君，才会有魏徵那样敢谏之臣。英宗认为拜住的话十分有道理。

至治二年春，在元朝建祭祀祖宗的太庙数十年后，英宗首次前往太庙大行祭祀之礼，而这乃是拜住施加的影响。世祖忽必烈在位期间就建成太庙，不过世祖、成宗、武宗、仁宗都没有亲自前往祭祀，这也说明元朝诸帝对汉地的祭祀之礼有着较深的隔膜。英宗即位后，拜住奏请英宗亲自前往祭祀太庙，这一建言得到了英宗的采纳。于是英宗诏命有司，制定祭祀的礼节，要

元大都遗址

求严格遵守传统旧制，不得擅自增损。至治元年冬十月，英宗亲自前往太庙拜祭祖先。至治二年春正月，英宗正式按照相关礼节祭祀了太庙。当时宫廷设立了黄麾大仗，英宗穿戴通天冠、绛纱袍，自崇天门而出。拜住等跟随其后。英宗看到仪仗颇为美丽壮观，回头对拜住说："朕用卿言举行大礼，亦卿所共喜也。"拜住则说："陛下以帝王之道化成天下，非独臣之幸，实四海苍生所共庆也。"英宗在近郊太庙行完祭祀之礼，次日还宫。此次祭祀太庙大礼，钟鼓齐鸣，场面十分宏大，而"百年废典，一旦复见，有感泣者"。

凭借着英宗的信任和重用，中书左丞相拜住经常抵制右丞相铁木迭儿的非法行径。当时中书右丞相铁木迭儿贪污腐败，为人欺诈阴险，屡次诛杀大臣，卖官鬻爵，广立朋党，凡是不依附自己的官员他都要找借口加以陷害。铁木迭儿尤其憎恶中书平章王毅以及右丞高昉，他以京师诸粮仓遭盗窃为由上书英宗，请求诛杀二人。拜住秘密上言英宗：中书省宰相的职责在于论道经邦，不宜仅以钱谷小事降责于他们。英宗认为拜住所言有理，于是王毅、高昉二人均幸免于难。

拜住积极倡导宫廷和谐，不主张打击异己。其实不管拜住还是英宗，都对太皇太后一党诸多迁就，不想使矛盾公开化。当时铁木迭儿提拔亲信，中书参知政事张思明为中书左丞，张思明忌恨拜住廉明刚正，经常与同党密谋，打算陷害拜住。拜住身边之人听到张思明的阴谋后告知拜住，要他严加防备。不料拜住却说:他一家效忠朝廷已有百余年,自己年少得宠,必然会遭致各方面的忌恨。大臣之间和睦相处才能好好治理国家,如若因为右丞相仇视他,他就想办法加以报复,这样的话,并非他们两人的不幸,而是国家的不幸。他只要尽心做事,上不负国君、祖先,下不负黎民百姓就可以,至于死生祸福,一切顺应天命。拜住还要求手下的人不要再提及此事。对于大臣王结"除恶不可犹豫,犹豫恐生他变"的劝告,拜住也只是表示赞同,却不愿意采纳。

英宗和拜住虽对铁木迭儿的势力加以限制,但在太皇太后的支持下,铁木迭儿的势力依然十分强大。铁木迭儿的党羽充斥朝堂,朝中之事,必有人会禀告铁木迭儿。但因为有拜住的制衡,铁木迭儿做事不得不有所收敛,为此铁木迭儿想方设法陷害拜住,不过均没有得逞。京师仓漕管库一职空缺,年终应该由中书省任命,主管官员中书左丞张思明借口有病在家休养,故中书省官员皆观望,不敢私自决定。一直在英宗身边执掌宿卫的左丞相拜住得知这个消息,认为事情紧急,便到中书省责问有关人等:"左丞病,省事遂废乎?"中书省郎中李处恭回答说:主管钱谷之职,非常重要,必须谨慎挑选主管官员,没有合适的人选,不敢马上任命。拜住大怒,骂道:你是在考虑如何卖官吗? 拜住于是遣人慰问张思明,张思明不得已赴中书省,与同僚共同处理了这件事。

至治二年五月,英宗以拜住领宗仁蒙古侍卫亲军都指挥使司事,佩三珠虎符。秋七月,拜住奏召中书左丞张思明前往上都。拜住列举了张思明的罪名,"杖而逐之"。同年八月,中书右丞相铁木迭儿病死。然铁木迭儿病死,拜住却恸哭流泪。拜住的这一举动,当然史料记载有渲染的成分,但也多少反映出年轻的拜住丞相对铲除铁木迭儿一党既欣喜,又颇感觉心酸。在铁木迭儿死后次月,太皇太后答己也死去。少了太皇太后答己势力集团的干扰,拜住终于可以辅佐英宗施展其政治抱负了。

至治二年冬十二月,拜住升为中书右丞相、监修国史。英宗欲赐拜住三公之爵,拜住辞而不受。英宗为了体现对拜住的信任,不设左丞相一职,让拜住全权处理中书省事务。拜住担任中书省右丞相后,推荐儒臣张珪为平

章政事,以优厚的待遇征召一些退休的老臣到中书省议事。拜住平日即十分注重延揽人才,"日以进贤退不肖为重务"。

在拜住的推动下,英宗还颁布了仁宗朝编写的法律汇编《大元通制》。

《元史》卷一百三十六《拜住传》对拜住有如下评价:其忧国忘家,知无不言。宫中主管膳食的官员进呈拜住美酒,拜住则忧形于色。拜住家中被盗金器百余两,宝物价值巨万,在有司捉拿到盗贼并缴获赃物后,家童急忙去告知拜住,拜住面无喜色。自仁宗延祐末年以来,国家水旱灾害频繁,民不聊生。拜住担任宰相期间,

元青花瓷

整治朝纲,罢省不急之务,轻徭薄敛。英宗巡幸五台山佛寺,拜住奏曰:"自古帝王得天下以得民心为本,失其心则失天下。钱谷民之膏血,多取则民困而国危,薄敛则民足而国安。"英宗深表赞同,说道:"卿言甚善。朕思之,民为重,君为轻,国非民将何以为君? 今理民之事,卿等当熟虑而慎行之。"至治三年夏六月,拜住认为每年从江南漕运到京师的粮食比世祖时增加了数倍,故江南的老百姓十分困苦,京师的粮仓却十分充足。为了减轻江南百姓的负担,拜住上奏英宗,每年从江南运到京师的粮食减少二十万石。英宗基本接受了拜住的意见,命令铁木迭儿当政时期新增漕运的江淮粮食予以蠲免。元代自世祖朝开始,每年都要从江南漕运大批的粮食到北方,这些粮食主要供给皇室以及北方诸王部族,这给江南各地百姓造成了沉重的负担,以至于元人有"贫极江南,富称塞北"的说法。

英宗倚重拜住,相与励精图治。"时天下晏然,国富民足,远夷有古未通中国者皆朝贡请史,而奸臣畏之"。

英宗朝另一位重臣铁失,在英宗即位之初,相继担任翰林学士承旨、宣徽院使、太医院使,并特命领侍卫亲军中都威卫指挥使,可见英宗对铁失十

分信任和重用。至治元年，英宗赐铁失珍珠燕服。是年三月，英宗特授铁失光禄大夫、御史大夫，仍佩金虎符，忠翊侍卫亲军都指挥使，依前太医院使。这样铁失就成为朝中最高的监察官员，同时领侍卫军、太医院使。英宗对担任御史大夫的铁失寄予厚望。有一次英宗在鹿顶殿对铁失讲，徽政院虽然隶属于太皇太后，而他却认为该机构与其他机构相同，均应接受御史台的监督核查。既而英宗又命铁失统领左右阿速卫侍卫军。至治元年冬十月，英宗亲祀太庙，以中书左丞相拜住为亚献官，铁失为终献官，可见铁失与拜住同为英宗十分倚重的官员。铁失也与拜住一起负责统领侍卫亲军，手握兵权。铁失之所以为英宗重用，有一个十分重要的原因，那就是铁失的妹妹是英宗皇后。时人称铁失与英宗"情过骨肉"。

铁失虽为英宗最信任的官员，但其施政却与拜住大相径庭。铁失经常贪赃枉法，并且与太皇太后一党的关系也十分密切。权臣铁木迭儿死后，其子治书侍御史锁南被罢为翰林侍讲学士，铁失为此上奏英宗清求让锁南官复原职，但这一奏请并没有得到英宗的应允。

至治二年十二月，铁失以御史大夫、忠翊亲军都指挥使、左右卫阿速亲军都指挥使、太医院使，兼领广惠司事，职权进一步扩大。但这以后，英宗对铁失逐渐不满。英宗曾对御史台大臣说：他深居宫中，怎能悉知臣下奸贪，民生疾苦，故任用御史台官员为耳目，辅佐行事，之前铁木迭儿贪蠹无厌，御史台官员为何闭口不言？今铁木迭儿虽死，也要籍没其家，以警示其他官员。至治三年正月，英宗命御史大夫铁失振举台纲，诏谕中外。既而御史台请求英宗降旨大开言路，英宗十分不悦地说道：言路何尝不开？只是御史台选人不当。英宗进一步说：他得知御史台官员因积怨而参劾其他官员，罗织罪名，陷害忠良。监察御史曾举荐八思吉思担当大任，可八思吉思不久就以贪墨被杀。可以说英宗对以铁失为首的御史台官员十分不满。

权臣铁木迭儿死后，铁木迭儿所犯罪行逐渐被揭发，英宗于是委任拜住为中书右丞相，振立纪纲，以进贤退不肖为急务。而与铁木迭儿关系密切的铁失等人日益感到不安，谋求发动政变。尽管如此，英宗竟一点也没有觉察。至治三年五月，英宗以铁失独署御史大夫事。

伯颜之死

中书右丞相伯颜在铲除以中书左丞相唐其势为首的势力集团后,开始变得肆无忌惮,专横于朝堂之上,年轻的顺帝面对伯颜的专权敢怒而不敢言。伯颜万万想不到的是,伯颜的侄子脱脱试图联合顺帝来打击伯颜。

脱脱,字大用,年幼时曾拜浦江人吾直方为老师,"日记古人嘉言善行"以践行之,深受儒家文化的影响。文宗朝至顺二年,授脱脱虎符、忠翊侍卫亲军都指挥使。顺帝元统二年,脱脱任同知宣政院事,兼前职;五月,迁中政使;六月,迁同知枢密院事。脱脱的逐渐升迁离不开伯父伯颜的大力提拔。脱脱从小在伯颜家长大,深得伯颜的信任。脱脱还协助伯颜铲除了以唐其势为首的势力集团。之后脱脱历任太禧宗禋院使、御史中丞、虎符亲军都指挥使,提调左阿速卫。后至元四年(1338),脱脱进御史大夫,仍提调前职,整顿朝廷纲纪。在伯颜的安排下,脱脱还担任顺帝的怯薛宿卫统领,每天侍奉顺帝起居。为了不引起别人猜疑,伯颜乃以枢密知院汪家奴、翰林承旨沙剌班陪同脱脱,一同负责顺帝的宿卫。脱脱担任怯薛宿卫统领后,"政令日修而卫士拱听约束"。这样,脱脱的权势和地位已经仅次于伯颜了。

不过深明大义的脱脱对伯颜的擅权颇为不满和忧虑。脱脱曾对父亲马札儿台说:"伯父骄纵已甚,万一天子震怒,则吾族赤矣,曷若于未败图之。"马札儿台虽同意脱脱的看法,但仍然是犹豫未决。随后马札儿台拜太保,分枢密院出镇漠北。不过脱脱的老师,时任集贤大学士的吾直方,却鼓励脱脱大义灭亲、忠于国家。于是脱脱秘密筹划铲除伯颜。当时顺帝身边之人皆是伯颜安插的亲信,只有世杰班、阿鲁为顺帝心腹之人,脱脱于是便与此二人接触,共同谋划。而担任奎章阁广成局副使的浙江钱唐人杨瑀是顺帝的潜邸旧臣,可以出入顺帝皇宫之中,顺帝知道杨瑀可用,每当脱脱、世杰班、阿鲁三人论事之时,就召杨瑀参议。后至元五年(1339)秋,顺帝在上都,伯颜准备离开上都前往应昌府,脱脱与世杰班、阿鲁准备在上都东门外逮捕伯颜,但因没有必胜的把握而取消了行动。

元宫秘史

　　河南人范孟矫诏杀害中书省大臣，此案牵连到了肃政廉访使段辅，伯颜趁机要求御史台罢汉人为廉访使者，时任御史大夫的别儿怯不花害怕执行伯颜之命会遭人非议，于是借口有病在家休养，致使御史台罢汉人为廉访使者的奏章一直没有上呈顺帝。伯颜催促御史台甚急，御史台监察御史将此事告知同为御书大夫的脱脱，脱脱则说，别儿怯不花地位在他之上，且掌握着御史台的官印，自己不敢专擅行事。别儿怯不花听到脱脱的言论后，害怕自己遭到伯颜的报复，便准备出来理政，采纳伯颜的建议。脱脱看到难以遏止伯颜的计划，便征询老师吾直方的意见。吾直方则说，祖宗的法度不可以废除，他建言脱脱将此事入告顺帝，脱脱采纳了老师的意见。等到御史大夫别儿怯不花上呈罢汉人为廉访使者的奏章后，顺帝按照脱脱的意见，驳回了奏章。伯颜得知这件事是脱脱从中作梗，大怒。伯颜告诉顺帝说，脱脱虽然为他的侄子，但却偏袒、保护汉人，他必将惩罚脱脱。顺帝帮助脱脱辩解道："此皆朕意，非脱脱罪也。"

　　权臣伯颜还擅自流放宣让、威顺二王，顺帝知道后十分愤怒，便下定决心除去伯颜。一日，顺帝哭泣着与脱脱商量铲除伯颜的行动，脱脱也伤心落泪。脱脱便与老师吾直方谋划，吾直方说，此事关系到社稷的安危，必须秘密行事，确保万无一失。吾直方问脱脱，顺帝与脱脱议论之时还有谁在场，脱脱回答说，阿鲁及脱脱木儿在场。吾直方说，伯颜权势极大，若此二人为了谋求富贵，泄漏了计划，恐怕连顺帝都会招致杀身之祸。脱脱便将此二人请到自己家中，设酒宴款待，整天不让他们外出。

　　脱脱与世杰班、阿鲁议论，等伯颜入朝之时设伏兵擒致。于是脱脱便命宿卫士兵严守宫门，戒备森严。伯颜知道后颇为震惊，召脱脱责问，脱脱回答说："天子所居，防御不得不尔。"伯颜便开始怀疑脱脱的动机，自己也增加了卫兵。

　　后至元六年二月，伯颜亲领卫兵，请顺帝出去打猎。脱脱告知伯颜，顺帝有病不能前往。伯颜再次请文宗皇子燕帖古思前去大都附近的柳林打猎，顺帝被迫同意让燕帖古思前往。脱脱看到伯颜离开大都，认为有机可乘，便与世杰班、阿鲁商议，而后通报顺帝。二月戊戌，脱脱拘收大都各城门的钥匙,受顺帝密旨统领诸军,阿鲁、世杰班则侍奉在顺帝左右,负责传达命令。当晚,顺帝在玉德殿,主符檄,发号令。中夜二鼓时分,遣皇子怯薛月可察儿率领三十骑兵马抵达皇子燕帖古思的大营,秘密将燕帖古思接入大都。四鼓时分,顺帝命大臣只儿瓦歹持诏书前往柳林,贬伯颜为河南行省左丞相。己亥,伯颜遣人来到大都城下询问事情的缘由,脱脱在城门上传旨:顺帝仅罢黜伯颜一人,其余侍从官员均无罪。伯颜奏请当面向顺帝辞行,顺帝不许,伯颜被迫南下河南。伯颜经过真定路(治所在今河北省正定县),当地百姓有人献美酒慰劳,伯颜问曰:"尔曾见子杀父事耶?"百姓们回答:"不曾见子杀父,惟见臣杀君。"伯颜低头有惭色。三月辛未,顺帝又下诏徙伯颜于南恩州(治今广东阳江市)阳春县安置,不久伯颜病死在龙兴路(治今江西南昌市)驿舍之内。

　　顺帝在脱脱等人的协助下终于铲除了伯颜,此后脱脱逐渐成为朝中最有权势的大臣。顺帝首先下诏以脱脱的父亲马札儿台为中书右丞相,脱脱则任知枢密院事,虎符,忠翊卫亲军都指挥使,提调武备寺、阿速卫千户所,兼绍熙等处军民宣抚都总使、宣忠兀罗思护卫亲军都指挥使司达鲁花赤、昭功万户府都总使。这样马札儿台与脱脱父子分别统领行政与军事大权。不过从上述任命来看,顺帝任命马札儿台为中书右丞相,主要是因为他是脱脱的父亲,地位不宜低于脱脱。深谙其中玄机的马札儿台于后至元六年十月借口有病辞去相位,顺帝顺手推舟授以太师这一极高的荣誉头衔。至正元年(1341),顺帝命脱脱为中书右丞相、录军国重事,诏告天下。这样从至正元年开始,脱脱主持朝政。此一时期,顺帝借铲除伯颜之机,开始起用亲信,掌握朝政。被顺帝视为心腹的脱脱虽位列极品,但其在朝中的权势已难与之前的伯颜相匹敌,当然这也与脱脱本人忠君、正直的性格有关。

脱脱复相与开河变钞

　　在连续起用数个丞相后,顺帝发现改革的成效并不明显,官吏贪赃枉法依然盛行。而从至正四年(1344)开始,黄河大泛滥,黄河下游受灾惨重,这些都加剧了各种社会矛盾,武装起义此起彼伏。面对这种情况,顺帝决定重新起用脱脱。至正九年(1349)七月乙卯,顺帝罢右丞相朵儿只,左丞相太平罢为翰林学士承旨;闰七月辛酉,下诏任命脱脱为中书左丞相,仍太傅。十年(1350)正月,升脱脱为中书右丞相。脱脱面对如此多的棘手问题,决定首先改变钞法、治理黄河。

脱脱复相后,为了能够强有力地推行各项政策,开始走向了专权的道路。聪明的脱脱知道急流勇退,但在沉寂了一段时间后,改变了想法,这一方面是因为他有着忧国忧民的责任心,另一方面他或许认为顺帝绝对是自己的坚强后盾。于是脱脱任用乌古孙良桢、龚伯遂、汝中柏、伯帖木儿等为亲信僚属,朝中大小之事都和心腹们商量,而其他朝臣均不能参与。当时吏部尚书偰哲笃建言更造至正交钞,脱脱认为可行,便召集枢密院、御史台、翰林院、集贤院诸臣讨论,大臣多唯唯诺诺,只有国子祭酒吕思诚反对改变钞法,脱脱不悦,根本不听吕思诚的意见。结果新的钞法得以推行,元廷发行至正交钞和至正通宝。由于发钞的目的是为了摆脱财政危机、增加收入,于是元廷一味用新钞来压低旧钞,这就决定了钞法改革无法获得成功,"行之未久,物价腾踊,价逾十倍","所在郡县,皆以物货相贸易,公私所积之钞,遂俱不行"。

脱脱还采纳都漕运使贾鲁的建议,准备根治黄河水患。脱脱通告群臣曰:"皇帝方忧下民,为大臣者职当分忧。然事有难为,犹疾有难治,自古河患即难治之疾也,今我必欲去其疾。"不过,脱脱的这项意见遭到了很多人的反对,但脱脱刚愎自用,根本不听别人的意见。例如工部尚书成遵上言,济宁、曹、郓连年饥荒,民不聊生,若在此聚集二十万人修黄河,恐怕后患比黄河水患还要严重。脱脱大怒说:"汝谓民将反耶!"虽不断有人建议成遵听从脱脱丞相的意见,但成遵始终坚持已见。朝中执政者对成遵说:"修河之役,丞相意已定,且有人任其责矣,公其毋多言,幸为两可之议。"成遵回答曰:"腕可断,议不可易也。"由是元廷将成遵贬为大都河间等处都转运盐使。

随后,脱脱奏以贾鲁为工部尚书,总治河防,发黄河南北兵民十七万,修筑决口的黄河河堤,使黄河恢复旧道。此次治理黄河,费时八个月才完工。

贾鲁治河虽获得成功,但结果正如成遵所言,元廷大规模役使军民,引发了农民起义。农民起义的策划者白莲教主韩山童等,趁机"倡言天下大乱",煽动农民起义。至此,长期以来持续不断的民间起义或暴动已经发展到了不可收拾的地步。这样,脱脱复相后进行的开河、变钞,就成了农民起义的导火线,正所谓"丞相造假钞,舍人做强盗。贾鲁要开河,搅得天下闹","堂堂大元,奸佞专权,开河、变钞祸根源,惹红巾万千"。

元宫秘史